北京工业大学研究生创新教育系列教材

公共经济学

主　编　李国正

副主编　李艳梅　王琳琳　闫邹先

编　委　高　波　迟远英　艾小青

闫伟峰　王鉴雪　张雅妮

付建文　陈　硕　王振宇

王正早　陈亚会

首都师范大学出版社

CAPITAL NORMAL UNIVERSITY PRESS

图书在版编目（CIP）数据

公共经济学 / 李国正主编．—北京：首都师范大学出版社，2023.4

ISBN 978-7-5656-7425-9

Ⅰ．①公… Ⅱ．①李… Ⅲ．①公共经济学-教材 Ⅳ．①F062.6

中国版本图书馆 CIP 数据核字（2022）第 257268 号

公共经济学

主编 李国正

责任编辑 林 尧

首都师范大学出版社出版发行

地 址 北京西三环北路 105 号

邮 编 100048

电 话 68418523（总编室） 68982468（发行部）

网 址 http://cnupn.cnu.edu.cn

印 刷 三河市明华印务有限公司

经 销 全国新华书店

版 次 2023 年 4 月第 1 版

印 次 2023 年 4 月第 1 次印刷

开 本 787mm×1092mm 1/16

印 张 29

字 数 432 千

定 价 86.00 元

序　言

本书的编写起始于党的十九大召开之际，历经四年，成书于建党100周年之际。本书致力于体现中国本土教材特色，反映中国特色社会主义市场经济建设经验，围绕改革开放以来政府与市场关系变迁，构建新时代中国特色社会主义公共经济学。

相比国内同类教材，本书具有以下四个方面特点：

一是紧跟党的路线方针政策。教材结合了十八大以来，尤其是十九大以来有关中国特色社会主义经济体制建设的重要论述，探索如何实现“有效市场”与“有为政府”更好结合。

二是立足课程思政建设要求。教材中融入了改革开放以来经济建设与改革的经验以及所取得的伟大成就，比如精准扶贫、抗击疫情、“两不愁三保障”、互联网反垄断、个税改革、共同富裕、三次分配等。

三是编写了一系列热点案例。教材的案例与相关章节的知识点相呼应，不但有助于教学，而且有助于学生更好地理解教材中的理论知识。

四是立足于最新的统计数据。教材在论述中国经济社会建设经验与成就时使用最新的数据资料作为佐证，能够更好地体现中国特色社会主义制度优势。

本教材是北京工业大学经济管理类系列教材的重要组成部分，在编写过程中得到了学校和学院的大力支持；在教材编写过程中，还得到了来自中央财经大学闫伟峰博士以及中国传媒大学王琳琳博士、高波博士的积极参与。

此外，北京工业大学经济与管理学院硕士研究生张赛赛、张彦钊等在本教材的编写中，尤其是在案例编写、数据统计等方面做出了较大贡献。

由于编写组的能力有限，本教材可能还存在很多不足之处，欢迎广大师生批评、指正。

李国正

2022年10月1日

目 录

第一章 公共经济学概述

第二章 公共经济主体

第三章　资源配置方式的选择

第四章　政府与市场关系

第五章 市场失灵与政府失灵

第六章　公共物品与市场失灵

第七章 外部效应与纠正策略

第八章 信息不对称与市场失灵

第九章 经济周期、经济危机与治理

第十章 公共选择

第十一章 公共预算

第十二章　公共支出

第十三章　公共收入

第十四章 收入分配

第十五章 公共企业

「第一章」 公共经济学概述

公共经济学研究的核心问题是什么呢？这是学习公共经济学首先要回答的问题。从亚当·斯密（Adam Smith，1723—1790）的《国富论》到约翰·梅纳德·凯恩斯（John Maynard Keynes，1883—1946）的《就业、利息和货币通论》，对“政府（有形的手）和市场（无形的手）作为资源配置的两种主要方式”这一观点基本达成了共识。然而，这两种资源配置方式都存在一定的问题，即政府失灵（Government Failure）与市场失灵（Market Failure）。因此，如何处理政府与市场的关系，如何推动“有效市场”与“有为政府”更好结合，是实现经济社会良性发展的关键，也是中国改革开放40余年来实现经济腾飞的关键。

概言之，公共经济学研究的核心是政府与市场的关系问题。在中国情境下，公共经济学研究的核心是坚持和完善社会主义基本经济制度，充分发挥市场在资源配置中的决定性作用，更好发挥政府作用，推动“有效市场”和“有为政府”更好结合。建立“有效市场”就要让市场在资源配置中起决定性作用，尊重经济运行规律，最大限度减少“有形之手”对微观经济活动的干预，努力健全市场体系基础制度，实施高标准市场体系建设行动，打破行业垄断、进入壁垒、地方保护，激发市场活力，加快国有经济布局优化和结构调整，优化民营经济发展环境，构建亲清政商关系，提高企业资源要素配置效率和竞争力。建立“有为政府”就是要将供给侧结构性改革的创新突破作用和国内大市场的需求引领作用有机结合起来，建设职责明确、依法行政的政府治理体系，优化市场化、法治化、国际化营商环境，努力推动构建高水平社会主义市场经济体制。有效市场是资源配置的决定形式，有为政府能提高市场在资源配置方面的有效性。[①]

① 黄庆华：《十九届五中全会新论述：推动有效市场和有为市场更好结合》，《光明日报》2020年11月20日。

第一节　公共经济学的产生、发展与内涵

一、公共经济学的产生

公共经济学作为以经济学方法研究公共部门经济行为的学科，缘起于西方市场经济实践和民主政治制度安排，是在财政学的基础上形成与发展起来的。公共经济学起初并没有以单独的学科分支出现，几乎所有研究公共部门经济问题的著作都是以财政学命名。15—17 世纪，随着商品货币关系的迅速发展，重商主义应运而生。其观点持有者认为政府的保护和管制是推动贸易发展和市场扩张的重要因素，政府积极地促进了贸易和手工业的发展。重商主义主张运用财政税收来保护本国对外贸易，从而促进本国经济的发展。[①]被卡尔·马克思（Karl Marx，1818—1883）称为“现代政治经济学的创始者”和“统计学创始人”的威廉·配第（William Petty，1623—1687）是重商主义与古典主义兼具的经济学家，他在 1663 年出版的《赋税论》中，详细地论述了公共支出、公共经费、各种征税方法以及政府筹集资金的方式和手段，提出“赋税是国家机器的娘奶”的命题，为财政学的创立奠定了基础。与此同时，托马斯·霍布斯（Thomas Hobbes，1588—1679）提出了税赋的利益交换说，在税收与公共产品、公共福利、公共财政之间建立了联系；约翰·尤斯蒂（Johann Justi，1720—1771）在《国家经济论》与《财政体系论》中，结合公共财政系统阐述了公共福利问题；查理·路易·孟德斯鸠（Charles Louis de Secondat Montesquieu，1689—1755）强调国家收入来源于公民财产，国家有义务确保纳税人财产的安全以及快乐地享用这些财产；此外，詹姆士·斯图亚特（James Steuart，1712—1780）、大卫·休谟（David Hume，1711—1776）等人也进一步丰富了公共经济学的思想。

18 世纪中后期，英国工业革命带来经济繁荣，工厂手工业开始向大工业过渡。增加生产性劳动、扩大资本积累，同时减少非生产性劳动和政府开支成为增加社会财富的基本途径。[②] 此时，仅仅重视商业的重商主义被逐渐推翻，自由资本主义思想开始影响西方资本主义国家。新兴资产阶级要求摆脱封建残余势力的

① 叶青：《公共福利：重商主义公共财政思想的精华》，《财政研究》2000 年第 9 期。

② 卢洪友、祁毓：《公共部门经济学：演进脉络与发展趋势》，《财经问题研究》2013 年第 7 期。

制约，他们认为政府应该减少干预市场，主张“自由放任”的经济政策。这一时期的财政理论主要研究财政收入与支出问题，尤其是侧重对税收问题的研究。1776年，古典财政学代表人物亚当·斯密出版了经济学巨著《国民财富的性质和原因的研究》（简称《国富论》），这是最早对国家财政进行系统专题研究的著作。亚当·斯密认为“最好的政府就是最少的干预”，著作中全面地分析了“完全自由”的市场经济的运作机制，反对政府对微观经济个体的直接干预，主张通过自由竞争来实现商业时代经济的繁荣。同时斯密指出，一国政府的职能主要包括三部分：一是保护本国社会的安全，免遭其他国家的侵辱，即有坚强的国防力量；二是保护人民不受其他人欺辱或压迫，即建立严正的司法机构；三是建立并维持某些公共机关和公共工程，提供公共服务。①书中还讨论了支出、收入和公债的问题，斯密认为，一国的公共支出主要用于国防、司法、公共工程和维护君主尊严，公共收入主要源于税收和国债，而赋税又主要来源于地租、利润和工资。在政府职能及财政收支被严格限定后，亚当·斯密的财政学几乎等同于税收学，他针对当时封建主义的沉重税赋和征税机构的腐败等现象提出平等、确定、便利、经济的税收四原则，之后长期作为西方国家制定税收政策和税收制度的理论指导。亚当·斯密将财政学和经济学相融合，揭示了财政与经济的内在联系，确立了财政学的理论框架，标志着财政学作为一门独立学科开始出现。

1817年大卫·李嘉图（David Ricardo，1772—1823）完成了其主要经济学代表作《政治经济学及赋税原理》，李嘉图在该书中探讨了资本主义生产关系的内部联系和规律性，详细论述了赋税的来源、税收原则、地租税、工资税和农产品税等财税问题，并分析了各种税收的利弊及其对社会各阶级收入的影响。② 1872年阿道夫·瓦格纳（Adolf Wagner，1835—1917）出版了《财政学》，核心内容是财政是以国家为中心建立起来的共同经济，国家财政分配也应该随着国家职能范围的扩大而增加，形成独立的财政学理论框架。1882年，瓦格纳在对许多国家公共支出资料进行实证分析的基础上得出著名的瓦格纳法则（Wagner's law）：随着国家职能的扩大和经济的发展，要求保证行使这些国家职能的财政支出不断增加，即随着人均收入的提高，财政支出相对规模也会相应提高。瓦格纳把导致政府支出增长的因素分为为政治因素和经济因素。随着经济工业化的发展，市场中当事人之间的关系也愈加复杂，由此对法律和契约的需要愈加迫切，那么政府

① ［英］亚当·斯密：《国民财富的性质和原因的研究（下卷）》，郭大力，王亚南译．北京：商务印书馆，1974年版，第270-284页。

② 陈柳钦：《公共经济学发展动态分析》，《东南学术》2011年第3期。

会把更多资源用于提供治安和法律，公共支出就此增加，以上为政治因素；经济因素是指工业发展带来人口居住密集化，由此将产生外部拥挤性等问题，需要增加公共部门进行管理，从而导致更多公共支出。

在很长的一段时间里，财政学的研究重点都局限于财政收支，特别注重对财政收入（税收）的研究。在当时并没有“财政”一词，更多的是用“公共的”来界定与政府相关的经济活动。1892 年巴斯塔布尔（Bastable，1855—1945）第一次以《公共财政学》为书名出版了财政学专著，财政学第一次以单独的学科成书。1896 年，克努特·维克塞尔（Knut Wicksell，1851—1926）首次将税收与公共支出联系起来，由此开创了“维克塞尔—林达尔（Lindahl，1891—1960）—马斯格雷夫（Musgrave，1910—2007）—萨缪尔森（Samuelson，1915—2009）—维克里（Vickrey，1914—1996）的纯公共品理论”研究历程，维克塞尔在衡量公共品供给效率时创造性地将投票过程作为偏好显示机制，建立了“一致同意”原则下的帕累托公共品供给效率标准，从而成为公共选择理论的重要渊源。

1921 年汉特出版的《公共财政学大纲》中提到“公共财政学是经济学的一个分支”。紧接着 1922 年约翰·道尔顿（John Dalton，1766—1844）出版了《公共财政学原理》，书中第一句就指出，“财政学是介于经济学与政治学之间的一门学科”。1924 年卢兹的《公共财政学》分析了公共经济与私人经济差异，开创了英美财政学著作分析公共经济与私人经济相互关系之先河。1928 年庇古（Pigou，1877—1959）在其《公共财政学研究》一书中指出“就如一个私人应当通过在不同支出类别之间保持平衡，从而以其收入获得更大的满足一样，作为一个共同体通过其政府的活动也应如此”。财政学理论就这样被经济学家及其发表的著作不断充实并逐渐发展起来。

在此之前的研究整体偏重微观领域，而对宏观层面的经济问题以及相应的财政支出规模、结构及效应等缺乏应有的重视。20 世纪 30 年代，资本主义国家爆发了空前严重的经济危机，促使主张放任自由的资本主义古典经济被推翻。面对经济危机，西方资本主义经济学家开始进行反思并对宏观经济问题和财政政策展开深入研究。凯恩斯在《就业、利息和货币通论》中指出经济危机是由于有效需求不足引起的，而有效需求不足是因为边际消费倾向递减、资本边际报酬率递减和流动性偏好陷阱引起的。凯恩斯认为，由于市场中大量非自愿失业的存在，单纯地依靠市场无法自动恢复充分就业的均衡状态，因此，就迫切需要“看得见的手”来调节市场，同时倡导逆风向调节的财政政策，这些理论为西方国家解决经济危机提供了新的思路。2009年，保罗·戴维森高度评价道："约翰·梅纳德·凯恩斯无疑是20世纪最伟大的经济思想家。早在1936年他出版的代表作《就业、利息和货币通论》一书中，他就已经对如何解决困扰发达国家自身的经济顽疾，提出了具有革命性的思路。"① 美国前总统富兰克林·罗斯福（Franklin Roosevelt，1882—1945）在经济危机期间推行的"新政"使得国家宏观调控这只"有形之手"的作用充分发挥，这可看作是对凯恩斯主义的完美诠释和成功典例。

这一时期，公共部门的经济行为发生了重大变化，政府开始进入市场来干预经济并有效地解决了经济危机。这次实践中，政府职能从传统单纯的财政收支扩大到对经济的调节和干预，公共部门规模与范围也随之扩大，单一的市场机制和私人部门的经济模式被彻底打破，市场机制与政府机制混合调节、私人部门与公共部门混合配置以及使用经济资源的混合经济开始形成。② 此时，公共经济学已经超越了传统财政学研究的范围，其方法、理念和内容均发生根本性的变革。之后，经济学者转移方向，对公共经济、公共部门、公共产品等理论展开研究与讨论。1959年，美国著名经济学家理查德·阿贝尔·马斯格雷夫（Richard Abel Musgrave，1910—2007）的《财政学原理：公共经济研究》横空出世，该著作首次引入了"公共经济学 "概念并提出现代公共财政具有资源配置、收入分配和经济稳定三大职能。马斯格雷夫认为，财政职能实际上就是公共部门的职能，是公共政策即预算政策的职能，公共经济理论的任务更多的是研究经济政策问题。随后他又以法文和英文分别出版了《公共经济学基础：国家经济理论概述》和《公共经济学》，马斯格雷夫也因此被称为"公共经济学之父"。

20世纪60年代关于公共经济学的研究进入高潮，纳入政治因素考量的公共选择理论和具有浓厚公共性色彩的福利经济学理论快速发展，极大地助推了公共经济学的发展，使得人们开始跳出单纯的经济学视野去观察、评估政府经济行为。詹姆斯·M. 布坎南（James M. Buchanan，1919—2013）、塔洛克（Tullock，1922—2014）、尼斯坎南（Niskanen，1933— ）和丹尼斯·C. 缪勒（Dennis C. Mueller，1940— ）等公共选择理论的代表人物，将集体选择、决策规则和投票程序进行了综合，建立了公共选择理论体系。布坎南认为，公共选择是政治上的观点，它以经济学的工具和方法被大量应用于集体或非市场决策而产生，布坎南的思想将政治学与经济学融为一体，注重研究政治制度对经济的影响。唐斯分析

① ［美］保罗·戴维森：《凯恩斯方案：通向全球经济复苏与繁荣之路》，北京：机械工业出版社，2011年版，第32页。

② 卢洪友、祁毓：《公共部门经济学：演进脉络与发展趋势》，《财经问题研究》2013年第7期。

了政党的微观经济行为；尼斯坎南对官僚行为进行了经济分析，扩展了公共选择理论研究的视野。1965 年，马斯格雷夫直接以“公共经济学”为书名出版了著作，就此标志着公共经济学的正式诞生；1966 年，美国经济学会正式成立；1969 年卡梅隆将公共经济学和公共财政学进行了区分，使公共经济学范畴扩大，成为一个独立分支。到 1972 年，美国《公共经济学期刊》创刊，公共经济学作为一门相对独立的学科走向成熟，其理论观点被西方经济学界广为接受，并涌现大批高水平的研究者推动其快速发展。此外，经济学者们将公共经济学的研究范围不再限定于资本主义国家而扩大至亚非地区的发展中国家，公共经济学开始进入快速发展时期。

二、公共经济学的发展

经济的发展、经济环境的变化以及经济理论的创新都在很大程度上推动了公共经济学的产生与发展，博弈论和信息经济学中的信息、互动等要素也被引入到公共经济学之中。20 世纪 90 年代以来，许多著名的西方财政学家撰写的相关著作都将财政学改称为公共经济学或者公共部门经济学，这不是简单的名称变化，而是存在着深刻的意义。这种变化说明，随着经济结构和经济环境日益复杂，客观上要求对公共部门的经济活动作更为广泛和更为深入的研究。《公共经济学期刊》创刊 30 周年时，约瑟夫 · E. 斯蒂格利茨（Joseph E. Stiglitz，1942—　）指出：“公共部门问题包括国防、卫生、教育、福利与社会保障等所有经济学中最扣人心弦的问题。”

从研究内容来看，公共经济学历来与税收和政府支出密切相关，随着相关理论的不断发展，税收理论及其相关问题、政府支出、公共物品类问题以及政府间关系等传统而经典的内容依然是当前公共经济学研究的重点。自 20 世纪 70 年代米尔利斯对激励条件下的最优所得税的研究以来，最优税制理论①开始蓬勃发展，并在之后的三四十年逐渐形成一个完整的理论框架，从近年关于税收理论的相关研究中也可看出研究者们的研究思路大致从税收政策的制定以及纳税人行为和税收执行方面展开。最优税制和最佳政策实现的前提条件及要求、所得税征收所带来的公平与效率的权衡问题和影响个人缴纳税款的因素以及如何进行激励等都成为公共经济学和公共经济政策研究的重要问题。公共物品理论是公共经济学

① 信息的不对称使得政府在征税时丧失了信息优势，在博弈中处于一种不利的地位，在自然秩序作用下无法达到帕累托最优状态，最优税制理论研究的是政府在信息不对称的条件下，如何征税才能保证效率与公平的统一问题。

的基础性理论之一，除了基本的公共物品的分类、供需以及搭便车问题，关于潜在的帕累托公共物品的研究、政府和私人在公共物品提供中的职能分配以及公共物品的有效提供等方面的问题越来越受到人们的关注。与此同时，其他与公共经济学领域相关问题的不断涌现，也引起了研究者们的注意。例如，财政透明度与腐败问题、政治问题和决策与公共经济学的关系、人口性别对公共经济学问题的影响等。①

从研究对象来看，公共经济学的研究对象从财政学所主要研究的政府收支问题转向研究政府活动对经济的影响、分析公共部门经济活动的合理性和绩效水平以及对各种类型的公共政策进行评价等内容。作为一门理论与实践相结合的学科，公共经济学更重要的是立足于现实经济发展和社会生活，分析公共部门的经济活动和政策效果，探索改革与发展的新路径，实现公共经济学理论的实际运用。现在公共经济领域越来越多的其他问题也成为公共经济学的研究对象，涉及环境、教育投入的效率和产出、监管环境、房地产和互联网垄断、老龄化问题以及医疗保障等多个领域，以促进人们生活质量的提高和经济社会的稳定发展。特别值得注意的一点是，之前的公共经济学的研究很少立足于全球视角，一般只停留在国家（地区）层面。经济学家安东尼·巴恩斯·阿特金森（Anthony Barnes Atkinson，1944—2017）与斯蒂格利茨在其再版的《公共经济学讲义》导言中写道："在 21 世纪阅读《公共经济学讲义》时发现没有从国际维度讨论公共财政是该书最大的缺憾。如果今天写作本书，我们将撰写一本全球公共经济学教材，财政政策不能只考虑封闭经济的国家—地区层面的问题。财政税收政策的目标受全球税收竞争的威胁与限制，公司投资决策和个体移民行为受国家的税收和支出政策影响。"随着经济全球化的不断深入，在全球不平等状况恶化、经济动荡与贸易摩擦加剧、健康与环境变化莫测等问题日渐显现背景下，公共经济学更需要将这些内容纳入自身的研究范畴。②

研究方法随着公共经济学科的发展也发生显著变化，从用图表和代数研究经济问题的一般均衡理论到之后博弈论和信息分析方法的兴起，再到目前广泛采用的现代经济分析方法即实证分析方法和规范分析方法。实证分析考察政府活动的范围和各种政府政策的结果，规范分析用来评价可以实施的各种政策。从福利经济学中引入的规范分析方法，如帕累托最优、契约曲线、生产可能性曲线、边际

① 唐任伍、李楚翘：《国外公共经济学研究的最新进展和发展趋势》，《经济学动态》2017 年第 8 期。

② 张克中：《全球公共经济学研究进展》，《经济学动态》2020 年第 4 期。

技术替代率、消费者剩余和生产者剩余、社会福利函数等已经成为公共经济学的重要理论构成部分。随着研究者可以获得越来越多的微观数据，实证分析方法可以用来解决很多单纯依靠理论无法解决的问题。同时，计量经济学等相关经济学科的发展又为公共经济学研究提供了更为先进的技术手段，数学工具的运用使公共产品、公共选择、最优税收等理论都得到严格的证明。

公共经济学虽然在国外兴起时间相对较早，但是受到语言和国家相关政策的影响，我国对公共经济学的研究主要在 1998 年以后。随着中国改革开放的深入发展和经济体制改革的进步和创新，城乡贫民问题、农村义务教育问题、就医、住房等由市场化改革所造成的问题随之出现，以市场和政府关系、明确政府职责并对政府行为加以规范为主要研究对象的公共经济学理论开始受到经济研究领域的广泛重视。正是在这样的背景下，政府推出了如部门预算、国库集中支付、政府采购等一系列措施，同时大大调整了支出结构，因此这一时期出现了大量关于优化支出结构方面的文章。① 步入 21 世纪后，中国公共经济学研究得到了进一步发展，研究公共经济学的理论著述和教材等不断地涌现出来，如樊勇明、黄恒学、朱栢铭等相继出版了《公共经济学》；齐守印结合中国实际情况出版了《中国公共经济学体制改革和公共经济学论纲》一书，该书分析了中国公共经济体制的历史变迁与现实，提出了公共经济体制深化改革的总体思路和社会主义公共经济学的理论架构设想等。此后，中国公共经济学的研究发展更为迅速，2007 年，“中国公共经济研究会”的成立，更是推动了中国公共经济学研究的进一步发展。同年，中国人民大学财政金融学院开始编辑出版《公共经济评论》，通过理论界、教育界来传播与公共经济学研究相关的专业词语，对中国经济学在未来的发展产生着相应的积极影响。十九届五中全会之后，2021 年 1 月中共中央办公厅、国务院办公厅印发了《建设高标准市场体系行动方案》，面向今后 5 年提出 51 条具体行动举措，为推动有效市场和有为政府更好结合列出了路线图；问题导向、目标导向，是这份方案的一大特点，行动方案着力从制约市场体系发展最突出、群众反映最迫切、社会各界最关注、市场监管最薄弱的环节和领域入手，提出了加强平台经济、共享经济等新业态领域反垄断和反不正当竞争规制等行动；此外，针对各种坑蒙拐骗、消费者维权能力弱的现象，该方案提出加强消费维权制度建设、大力推进信用分级分类监管等举措。②

① 马骁、冯俏彬：《现状与未来：国内外公共经济学研究评述》，《地方财政研究》2009 年第 11 期。

② 刘红霞：《“有效市场+有为政府”的一次关键行动》，新华社，2021 年 1 月 31 日。

我国公共经济学研究尚处于起步阶段，在接下来的研究中需要结合我国实际情况进行深入的研究，从而形成一个较为完善的公共经济学理论框架。首先，要认真总结、提炼中国特色社会主义经济理论与财政理论，同时学习借鉴西方制度经济学、公共选择理论和博弈论与信息经济学等，努力构建中国现代市场经济理论及制度基础，注重与公共管理学、社会学等学科的交叉融合，吸收其他相关学科的适用理论和研究范式。① 其次，应该延展研究领域，虽然一些中国学者也在公共预算编制、公共产品、公共支出等方面进行了一些探索，但研究成果还是主要停留在一些局部的专题研究领域，对税收的社会经济效应、政府治理的公平与效率以及具体税收或者具体支出的经济效应等有待进一步揭示与评价。此外，公平与效率是公共经济学研究的重点，我国收入分配差距不断扩大，基本公共服务非均等程度也不断加大，与公平正义、共享发展成果的社会主流价值取向形成矛盾。由此，从效率方面而言，我们应重点围绕公共产品供给效率理论研究及制度路径加以探索，这是因为市场经济中的政府配置职能主要体现在公共产品领域；从公平角度而言，应该在研究税收负担归宿公平的同时更着重研究税收受益归宿公平，因为目前中国的大部分税收通过政府公共预算机制被用来提供公共服务，基本公共服务在地区间、城乡间以及不同社会群体间的非均等分享，这是有待解决的社会公平问题。②

总而言之，20 世纪 80 年代以来，国内外公共经济学理论在税收与公共支出等传统理论的基础上，在研究者们的不懈挖掘和探讨中，正在不断发展与完善，并与现代经济社会实际相联系，拓宽研究范围，更新研究方法。同时，我们也应该正视我国公共经济学目前存在的不足以及需要改进的方向，建立完整、规范的中国公共经济学体系任重而道远。

三、公共经济学的内涵

正如美国经济学家布朗和杰克逊所说，“现代公共经济学是经济学的令人激动和富于挑战性的分支”。从亚当·斯密到凯恩斯，从“自由放任”到“国家干预”，与经济学其他分支不同的是，公共经济学将整个国民经济分成“公”与“私”两部分，二者的比例关系关乎整个经济的发展与稳定，如何使二者关系恰到好处是公共经济学研究的重点问题。

---

① 卢洪友、祁毓：《公共部门经济学：演进脉络与发展趋势》，《财经问题研究》2013 年第 7 期。

② 卢洪友：《建立有助于改善社会公平的财政制度》，《地方财政研究》2013 年第 2 期。

马斯格雷夫在《财政学原理：公共经济研究》中指出："最好把本书看成是对公共经济的考察。围绕着政府收入—支出过程中出现的复杂问题，传统上称为财政学。……公共家庭（政府）的活动涉及收入和支出的倾向流量，但基本问题不是财政问题。它们与货币、流动性和资本市场无关，而是资源分配、收入分配、充分就业以及价格水平稳定与经济增长的问题。因此，我们必须把我们的经验看成是研究公共经济的原理，或者更准确地说研究的是预算管理中出现的经济政策问题。"按照他的说法，公共经济学是研究政府所从事的经济活动的主要后果及其与社会目标的关系。

法国著名经济学家让·雅克·拉丰（Jean Jacques Laffont，1947—2004）认为，公共经济学是研究在经济领域中政府如何干预的一门学科，它是在20世纪50年代在财政学基础上逐步发展起来的，在20世纪70年代成为独立的学科，其标志就是1972年创办了《公共经济学期刊》。

储敏伟认为，公共经济学与扩展了的现代财政学较为接近，但两者最主要的区别在于研究范围的差距，公共经济学更加侧重研究财政收支对整个经济产生的影响以及公共经济部门的活动范围。同时他将公共经济学所研究的内容进行了归纳，总结为"一体两翼三重点"，即以公共产品理论为一体，以公共支出经济学与税收经济学为两翼，以公共定价、公共选择、公共管制为三重点。①

唐任伍在其编写的《公共经济学》中对公共经济学是这样定义的：公共经济学又称公共部门经济学，它是专门研究公共部门的经济行为及运行规律的一门学问。政府、企业和家庭是三个平等的个体，它们以各自的方式影响经济的发展步伐，当经济运行出现不平衡时，政府可以通过调节财政政策，居民可以通过消费和储蓄，企业可以通过投资和生产使经济恢复正常。但这三者的目的不同，企业与家庭追求收益最大化，而政府以全社会的公平为追求目标，当市场失灵时，政府发挥其职能来弥补市场的不足。所以他认为，公共经济学也是论述各级政府部门和公共组织的存在意义和行为、回答政府必须做什么以及应该怎样做的学问。

齐守印认为，公共经济学理论应该建立在马克思主义经济学与传统的西方经济学相融合的理论基础之上，对公共经济的研究应当系统地考察公共经济生产、交换、分配、消费过程，从而揭示公共经济再生产全过程的内在联系和运动规

① 古建芹、仇晓洁、王晓洁：《中国公共经济学理论体系创新研讨会综述》，《中国财政》2013年第10期。

律，同时阐明公共经济与民间经济之间的相互联系和相互作用。只有当公共经济理论研究从分配过程转向生产过程并且囊括公共经济再生产全过程的时候，系统完整的公共经济理论体系才算是基本建成，从而形成真正科学而成熟的公共经济学。①

综上所述，本书认为，公共经济学是以政府与市场的关系为切入点，研究以政府为核心的公共部门的经济行为及运行规律，分析公共部门在参与资源配置、调节收入分配和促进经济发展方面的行为方式和作用效果，促进有效市场与有为政府更好结合的一门学科。

第二节　公共经济学的研究对象、研究方法及与其他学科的关系

一、公共经济学的研究对象

学习公共经济学首先需要弄清两点：一是公共经济学的研究主体是什么；二是公共经济学主要研究的问题有哪些。

公共经济学不仅研究传统的财政收支问题，更重要的是揭示与评价政府活动对经济的影响。公共经济学是研究公共部门经济活动的学科，关注的是公共部门在参与资源配置、协调收入分配和促进经济发展方面的行为方式和作用效果。公共部门是指被国家授予公共权力，并以社会的公共利益为组织目标，管理各项社会公共事务，向全体社会成员提供法定服务的组织，政府是公共部门的最主要成员。

关于政府的起源存在多种说法，最为主流的说法主要是“冲突论”“融合论”“契约论”等。对冲突论影响最大的是马克思和恩格斯的阶级分析说，他们认为政府起源于阶级冲突，生产力的发展导致剩余产品的出现，使社会分裂为占有了剩余产品的少数人和被剥夺剩余产品的多数人，由此构成了社会的统治阶级和被统治阶级，为了使这种占有剩余产品具有合法化的永续性，统治阶级为了镇压被统治阶级组成了政府。② 融合论政府起源说的主要代表人物是赫伯特·斯宾

① 齐守印：《简述公共经济理论创新——兼论财政学向何处去》，《财政研究》2013 年第 6 期。

② 《马克思恩格斯选集（第 4 卷）》，北京：人民出版社，1995 年版，第 169 页。

塞（Herbert Spencer，1820—1903）以及埃尔曼·R. 赛维斯（Elman R. Service，1915—1996），他们认为政府起源于协调和管理社会各个部分的一种融合机构。契约论是影响最大的一类学说，霍布斯（Hobbs，1588—1679）是支持契约论政府起源的学者之一，他认为大家为了结束相互战争的“霍布斯丛林”状态[①]，会放弃在损害他人利益基础上寻求幸福的自然权利，同他人签订契约，“把大家所有的权力和力量托付给某一个人或一个能通过多数的意见把大家的意志转化为一个意志的多人组成的集体。”[②] 大家将权力交给了一个叫作“利维坦”的机构，由它来行使公共权力来谋求共同利益，这种“利维坦”机构就是政府。约翰·洛克（John Locke，1632—1704）不仅提出契约论政府起源学说，更为重要的是他提出了对政府的限制[③]。洛克认为在自然状态中，人们之间的权利是相互平等的，而由于缺少公共规则和公共组织的约束，人们在享有自身权利的同时可能会损害他人的利益，所以正是这种情形使他们甘愿各自放弃他们单独行使的惩罚权，交由他们中间被制定的人来专门加以行使；而且要按照社会所一致同意的规定来行使。这就是立法和行政权力这两者产生的缘由，政府和社会本身的起源也在于此[④]。但政府权力必须仅仅限制于谋求人民的最大福利，人们只是让渡了部分的权力，这些权力是神圣不可侵犯的，一旦政府做不到，人们就有权收回让渡的权力。卢梭（Rousseau，1712—1778）认为政府起源于私有制基础上的人类不平等的发展，在富人和穷人的冲突中，富人意识到要建立一种管理机构来管理自己的财产和人类社会，这就导致了政府的诞生。

关于政府的概念有广义和狭义之分，广义的政府是指国家的立法机关、行政机关和司法机关等公共机关的总和，代表着社会公共权力。政府可以被看成是一种制定和实施公共决策、实现有序统治的机构，从这个意义上说，“政府就是国家权威性的表现形式”。狭义的政府是指国家权力的执行机关，即国家行政机关。公共经济学研究的是中央、地方政府以及由其出资兴办的公共企业和政策性金融机构的经济行为及存在意义。

斯蒂格利茨对公共经济学的研究领域进行了分类并提出公共经济学主要研究三个类别的问题：第一，明晰公共部门从事哪些活动，以及这些活动是怎样组织

---

① “霍布斯丛林”状态下，人与人之间没有分界、法律和惯例，每个人的生活都是“贫穷、孤独、肮脏、残忍和短命的”，所有人都不惜牺牲别人以让自己生存，弱肉强食是典型的特征，弱者没有人权与自由，只有被奴役和被欺凌。

② ［英］霍布斯：《利维坦》，黎思复，黎廷弼译．北京：商务印书馆，1985 年版，第 94 页。

③ ［英］洛克：《政府论（下篇）》，叶启芳，瞿菊农译．北京：商务印书馆，1964 年版，第 78 页。

④ ［英］洛克：《政府论（下篇）》，叶启芳，瞿菊农译．北京：商务印书馆，1964 年版，第 80 页。

的；第二，尽可能地理解和预测政府经济活动的全部结果；第三，评价政府组织公共经济活动的各种政策的合理性和必要性。

近年来，公共经济学除了分析公共部门经济行为的影响，更立足于经济发展和社会生活各领域，分析政策效果，研究发展改革路径。越来越多新的社会问题出现，拓宽了公共经济学的研究视角。

生态环境作为一种公共物品，具有公共物品的一般特征，人们在开发和利用生态环境的过程中很容易产生“搭便车”的行为，享受生态环境带来的好处却不承担治理环境的成本，无偿汲取并浪费了大量自然和生态环境资源，致使环境的供给越来越匮乏，同时政府治理环境污染时存在很强的外部效应，这影响了政府的治理积极性。如何区分污染者与受益者，有关政策如何发挥作用、如何达到目标等一系列问题都是亟待解决的问题。

教育问题越来越受到全社会的关注，是未来公共经济学研究的一个重要主题。教育具有公共物品的特征，拥有不同教育水平的劳动力会产生不同的经济外部性，当前大多数国家十分重视教育投入。目前公共经济学研究者将研究重点放在了对基础教育的公共财政补贴保障政策、高等教育扩张的效应以及提高教育投资效率有效措施等方面。

随着生活质量和医疗技术水平的不断提高，人口老龄化成为21世纪不可逆转的常态，社会保障养老金、失业保险金、劳工补偿费以及对老年人、低收入人群的医疗保健和医疗补助等社会保障制度逐渐成为重点研究的领域。[①] 近期，为应对人口老龄化的加剧，优化生育政策，国家出台了“三孩政策”。从公共经济学角度来看，政府需要不断提供和整合公共资源，提高治理能力，实现政策目标从政治一元向政治、经济、社会三元的转变，通过宏观调控和法律规制，更好地服务于“三孩政策”。

贫困是人类社会的顽疾，反贫困始终是世界各国关注的重要领域，如何促进社会公平，提高收入分配效率，解决收入差距悬殊，帮助更多人脱离贫困是公共经济学所研究的关键问题。党的十八大以来，我国脱贫攻坚取得丰硕成果，于2020年完成了消除绝对贫困的艰巨任务，未来公共经济学应该着重探讨相对贫困治理问题。

为了规制利益集团的寻租行为，各国政府都紧锣密鼓地出台相应措施。2019年6月，在全球强化反垄断监管的大背景下，美国国会众议院司法委员会下设的反垄断小组对谷歌、苹果、脸书、亚马逊四大数字巨头开启反垄断调查；2020

① 陈柳钦：《公共经济学发展动态分析》，《东南学术》2011年第3期。

年12月，中国市场监管总局因阿里巴巴集团涉嫌行业垄断对其进行调查并处以罚款。如何避免利益集团的寻租行为、减少行业垄断现象、实现市场公平竞争是当前公共经济学所要研究的又一重要问题。

新冠肺炎疫情是21世纪以来最主要的公共卫生事件之一，在疫情暴发后，我国政府充分发挥宏观调控作用，采用对口支援方式进行地区间资源配置，有效遏制疫情蔓延，全民免费接种新冠疫苗以保障人民生命健康安全。为减轻疫情对经济的冲击，各地政府纷纷出台优惠政策以帮助中小企业渡过难关，这无不体现出"有为政府"在整个社会经济中起到的关键作用。

二、公共经济学的研究方法

研究方法是发现和揭示研究对象内在规律所凭借的工具和手段。公共经济学的研究方法在其发展进程中不断丰富和完善，为分析经济行为并探索公共部门经济活动运行规律提供了重要依据。

（一）实证分析法

实证分析法是通过对研究对象大量的观察、实验和调查，获取客观材料，归纳出事物的本质属性和发展规律的一种研究方法。实证主义认为科学结论的客观性和普遍性必须建立在观察和实验的经验事实上，通过经验观察的数据和实验研究的手段来揭示一般结论，并且要求这种结论在同一条件下具有可证性。实证分析法的操作步骤大致可以概括为：文献回顾—研究假设—变量选取—模型建立—数据采集—实证检验—得出结论。

在公共经济学中，实证分析法有广义和狭义之分。广义的实证研究方法与规范研究方法相对应，是对经济现象或经济行为及其后续的影响做客观描述与分析，回答"是什么"的问题。更通俗来讲，就是从客观角度陈述现实中政府出台了哪些政策、出台这些政策的原因以及分析这些政策会带来怎样的影响。广义实证分析法包括所有经验型研究方法，如：调查研究方法、实地研究方法、统计分析法等，其特点表现为重视研究中的第一手资料，认为经验是科学的基础，具体问题具体分析，并认为研究结论只是作为经验的积累。狭义的实证分析法是指利用专业的数量分析技术，分析各个相关因素之间的相互作用和数量关系的一种研究方法，这种研究方法有较高的专业技术要求，技术方法较为固定，研究程序较为明确，要求研究结论具有一定的广泛性。

（二）规范分析法

规范分析法是在20世纪60年代后期美国管理心理学家皮尔尼克提出的一种

方法，它是指在若干假定的前提下，以一定的价值标准和行为准则为出发点，从理论上对被研究的对象进行纯粹的逻辑思辨和数学演绎，对经济现象或经济问题做出合理与否的判断的一种方法。

公共经济学中的规范性研究是对经济行为或政策手段的后果加以优劣好坏评判，讨论政府是否应该出台这项政策并寻求实现政策目标的有效方法，回答政府“应该做什么”的问题。规范性分析侧重对经济变量之间的内在机理进行分析，并揭示传导机制，注重揭示政府及公共部门经济活动的本质规律。规范研究广泛应用于新政治经济学、财政社会学、法经济学等学科，而公共经济学关注的领域多具有公共性和社会福利性的特征，这种公共性使公共经济学能够更及时和更容易掌握其他学科前沿的规范分析手段，进而融合成一种更具适用性和解释力的方法，对一些公共问题有更加令人信服的解释。

（三）案例分析法

案例分析法是指根据某些普遍原理，对社会生活中的典型事件或范例进行研究和剖析，旨在寻求解决有关领域同类问题的思路、方法和模式的一种研究方法。案例分析法的一般步骤为：首先，依据分析目的，选择有代表性的事件作为分析研究对象；其次，全面收集有关被选对象的资料与数据，常用的数据搜集方法包括文件法、档案记录法、访谈法、直接观察法等；收集完资料后，进行系统的整理与归类；再次，对所要求分析的内容（如特征、属性、关系等）进行逐项分析研究；最后，对各项结果进行综合分析，探求反映总体的一般规律。

一项政策的实施效果一方面可以通过经济指标来体现，另一方面则需要真实事例更加直观地展现出来。常用的案例分析法有对比分析法、外部因素评价模型分析、内部因素评价模型分析、SWOT[①] 分析方法、三种竞争力分析方法[②]和五种力量模型分析方法[③]等。在公共经济学中，案例研究方法是指通过某件典型公共

---

① S（Strengths）是优势，W（Weaknesses）是劣势，O（Opportunities）是机会，T（Threats）是威胁。该方法主要用于帮助决策者分析研究对象所处的内外部环境，将与研究对象相关的内部优势、劣势、机会和威胁等，通过调查列举出来，并依照矩阵形式排列，分别就上述四个方面相互匹配，加以考量、分析利弊得失，从而得出一系列带有决策性的结论。

② 三种竞争力分析方法包含三种不同的战略：差别化战略、集中性战略和低成本战略。差别化战略是提供与众不同的产品和服务，满足客户特殊需求，形成竞争优势的战略；集中性战略是将重点放在一个特定的目标市场上，为特定地区或特定购买者集团提供产品与服务；低成本战略是获取比竞争对手持久的成本优势，即获取比竞争对手相对低的成本。

③ 该模型认为行业中存在着决定竞争规模和程度的五种力量，分别为同行业内现有竞争者的竞争能力、潜在竞争者进入的能力、替代品的替代能力、供应商的讨价还价能力与购买者的议价能力，这五种力量综合起来影响着产业的吸引力以及现有企业的竞争战略决策。

事件来对公共部门经济政策、公共经济行为等做出详细且深入的剖析，从而深化对所涉及公共经济理论的认识。

（四）归纳与演绎结合法

归纳分析法是一种由个别到一般的分析方法，指通过对多个经验或事实的考察分析，归纳其所共同拥有的特征，找出一般规律，来支持或证明自身观点的正确性，主要包括简单枚举归纳法、完全归纳法、穆勒五法、消除归纳法、逆推理法等。简单枚举归纳法是根据某类事物的部分个体具有某种属性，且无一反例，以此推出该类事物都具有这种属性的推理方法，又称为简易归纳法；完全归纳法是指以某类中每一对象都具有或不具有某一属性为前提，推出以该类对象全部具有或不具有该属性为结论的归纳推理；穆勒五法由英国经济学家约翰·斯图亚特·穆勒（John Stuart Mill，1806—1873）在《逻辑体系》一书中提出，五法即契合法、差异法、契合差异并用法、共变法、剩余法；消除归纳法是指根据研究对象有选择地安排某些事例或实验，然后对其所假设的各种条件进行分析、比较，排除那些不是始终与被研究对象相联系的情况，最后得出一个可靠的结论；逆推理法是从问题的目标状态出发，按照子目标组成的逻辑顺序逐级向初始状态递归的一种问题解决策略。

演绎分析是一种必然性推理，是从一般到个别的推理过程，那么只要推理的前提是真实的，推理形式是合乎逻辑的，推理的结论也必然是真实的。归纳是演绎的基础，归纳分析为演绎分析提供必要的假设；演绎是归纳的前导，对实际材料进行归纳的指导思想往往是演绎的成果。公共经济学的研究需要归纳分析和演绎分析的互补，一切科学的真理都是归纳和演绎辩证统一的产物，离开演绎的归纳和离开归纳的演绎，都不能达到科学的真理。

（五）成本—效益分析法

成本—效益分析法是英国经济学家尼古拉斯·卡尔多（Nicolas Calder，1908—1986）和约翰·R. 希克斯（John R. Hicks，1904—1989）对前人的理论加以提炼形成的。成本—效益分析是指以货币单位为基础对投入与产出进行估算和衡量的方法，是一种预先做出的计划方案。无论是企业还是政府，在对项目方案进行决策之前，需要按照一定方式计算每种方案的预期成本与预期收益及二者比值，从而确定所有方案的优次顺序，选择收益大于成本的最佳支出方案。任何一个经济主体在进行经济活动时，都要考虑具体经济行为在经济价值上的得失，以便对投入与产出关系有一个尽可能科学的估计，以期以最少的投入获得最大的收益。

成本—效益分析法考虑货币的时间价值，即我们需要将成本与收益进行贴现，以一定的贴现率，将未来各期现金流折合成现值，使成本与收益的比较在同一时间线上，之后采用净现值法或内部收益率法来选出最优方案。随着经济的发展，政府投资项目的增多，人们日益重视项目支出的经济和社会效益，以此为契机，成本—效益分析法在实践方面得到了迅速发展，被世界各国广泛采用。

三、公共经济学与其他学科的关系

公共经济学的形成和发展借鉴了许多经济学学科的既有研究成果，在研究内容和研究方法上与宏观经济学、微观经济学、福利经济学等学科有着密切的关联。同时，由于公共经济学的主要研究对象是公共部门的经济行为影响，所以其研究范围又超出了传统意义上的经济领域，并与政治学、管理学、公共行政学等社科领域的多门学科相交叉，与经济社会和公共部门的发展相伴随，公共经济学的学科地位和影响也日益受到关注。为了更好地定位公共经济学，明确其学科性质并深化对公共经济问题的研究，必须厘清公共经济学与其他相关社会科学的区别与联系，以便更加科学、系统地揭示公共经济活动的内在规律性。

（一）公共经济学与微观经济学

微观经济学是在马歇尔的均衡价格理论①基础上，吸收美国经济学家张伯伦和英国经济学家罗宾逊的垄断竞争理论②以及其他理论后逐步建立起来的。微观经济学以单个经济单位为研究对象，通过研究单个经济单位的经济行为来说明市场价格机制是如何解决资源配置问题的。

微观经济学从资源稀缺这个基本概念出发，认为所有个体的行为准则都是设法利用有限资源获得最大收益，并由此来考察个体取得最大收益的条件。在商品与劳务市场上，作为消费者的家庭根据各种商品的不同价格进行选择，设法用有限的收入获得最大的效用或满足。厂商的目的则在于如何用最小的生产成本，生产出最大的产品量，获取最大限度的利润。厂商的抉择又将影响到生产要素市场上的各项价格，从而影响到家庭的收入。家庭和厂商的抉择均通过市场上的供求

① 商品的均衡价格是需求价格和供给价格相一致时的价格，马歇尔认为在其他条件不变的情况下，商品价值是由商品的供求状况决定的，且是由商品的均衡价格来衡量的。

② 张伯伦认为，市场上的实际情况是竞争和垄断两个因素的混合。在市场中，生产差别产品并能够决定自己产品价格的许多销售者之间进行着价格和非价格（质量、服务和广告）的竞争。对于市场的整个价格制度，他认为是由纯粹竞争市场、垄断（即完全垄断市场）以及由垄断和竞争力量相混合的各种市场上的价格体系所组成。张伯伦的这种划分方法，为微观经济学的市场结构分析奠定了基础。

关系表现出来，通过价格变动进行协调。因此，微观经济学的任务就是研究市场机制及其作用，均衡价格的决定，考察市场机制如何通过调节个体行为取得资源最优配置的条件与途径。

公共经济学与微观经济学有着密不可分的联系。日本经济学家河野正道认为，公共经济学研究的是次优、公共物品定价、最适税收、最适补贴和外部性等问题，公共经济学涉及的是效率和微观经济特征的问题。① 但微观经济学研究的领域更广，不仅包括“公共经济”部分，更多涉及的是私有经济领域。从研究目的上看，微观经济学是通过对个体经济单位的研究，来说明市场经济是如何通过价格机制来实现社会资源的最优配置，而公共经济学是对政府这一主体的经济行为是否能实现最优化配置进行分析。因此，微观经济学与公共经济学的共同点是关于社会资源最优配置的实现的研究。

（二）公共经济学与宏观经济学

宏观经济学是以整个国民经济为研究对象，通过研究国民经济中各有关总量及其变化来说明如何充分利用资源。公共经济学主要考察就业总水平、国民总收入等经济总量，因此，宏观经济学也被称作就业理论或收入理论。宏观经济学研究经济资源的利用问题，旨在寻求资源未被充分利用的原因，探索被闲置的资源充分利用的途径，以实现经济增长，包括国民收入决定理论、就业理论、通货膨胀理论、经济周期理论、经济增长理论、财政与货币政策等理论。

宏观经济学是凯恩斯的《就业、利息和货币通论》发表以来快速发展起来的一个经济学分支，最早宏观经济学集中讨论研究商业周期波动的原因，在失业、物价方面的表现特征，国民收入增长理论等内容。随着研究范围的不断扩展，宏观经济学已经拓展到很多领域，如投资与消费的决定，中央银行对货币和利率的管理，国际金融危机产生的原因以及一些国家经济繁荣而另外一些国家经济却停滞不前的原因等问题。尽管目前的宏观经济学已经远远超越凯恩斯时期的研究，但凯恩斯提出的一系列命题是现代宏观经济学的基本范畴。

宏观经济学研究的是政府通过宏观经济政策对经济的调节和管理，对收入的再分配，进而直接进入生产领域，并形成相当规模的公共事业，而这也是公共经济学所关注的。两个学科都认同政府的调节作用，政府通过公共支出总量来影响国民收入总量，同时政府收入方式的选择，会影响消费、投资、净出口等其他变

---

① 张文春：《财政学与公共经济学的关系及其发展趋势——对部分著名经济学家的调查》，《财贸经济》2007 年第 3 期。

量，从而达到宏观经济政策目标。除此之外，二者都考察税收等公共收入的效益，政府可以通过不同的税收政策对产业结构、经济的稳定与增长产生影响。马斯格雷夫把政府的职能和经济行为定位为配置、稳定和分配三方面，这与宏观经济学倡导的经济增长、物价稳定、充分就业和国际收支平衡的经济政策目标，在很大程度上是不谋而合的。

（三）公共经济学与福利经济学

福利经济学是由英国经济学家霍布斯和庇古于20世纪20年代创立的研究社会经济福利的一种经济学理论体系。通俗地讲，福利经济学主要是研究一个国家或是社会如何才能通过合理的资源配置来使得整个群体的成员获得最大的利益，即社会经济福利最大化。福利经济学是规范经济学，规范经济学区别于实证经济学，它用一定的道德标准对社会经济进行评价从而研究如何使社会福利趋于最大化及其相应的一些条件。[①] 福利经济学更关注在增加国家财富的同时增加社会福利的问题，即个人如何从全社会的财富增长中获得更多满足。福利经济学最主要的内容就是三大基本定理：第一定理是完全竞争市场的一般均衡状态就是帕累托最优状态。如果企业都追求利润，每个个体都追求自己的效益最大化，市场自然就可以达到一个社会最优的资源配置。第一定理不仅说明了完全竞争市场经济的优越性，也表述了确定帕累托有效配置结果的普遍机制即竞争市场，同时也反映了福利经济学的应用领域和方向。第二定理是在完全竞争的市场条件下，政府要参与调节初始的资源分配，这样才能在自由市场的自我调节之下达到利益最大化，也就是我们通常所说的政府对市场的税收调节。第三定理就是在非独裁的情况下，不可能存在有适用于所有个人偏好类型的社会福利函数，也就是不可能做到福利的平等与满足。

公共经济学的规范研究既利用了福利经济学的理论成果，又超越了福利经济学的限制。福利经济学与公共经济学都承认市场是实现资源最优配置的最有效手段，但是市场失灵现象的存在以及理想市场状况的不存在，需要政府来进行干预，对市场失灵进行矫正，以此来说明政府干预市场的必要性与合理性。但是公共经济学关注的重点不是帕累托最优条件本身，而是以帕累托最优条件为基本参照，考察现实经济状况如何偏离帕累托最优条件，运用次优理论寻找规范性标准。

---

① 王思瓛：《福利经济学的兴起与发展》，《中国集体经济》2015年第8期。

（四）公共经济学与政治学

政治学中一般认为政治分为统治和管理两个层次，这个区分源自国家的统治和管理两种基本职能。统治职能主要包括压迫敌对阶级和敌对分子以及保卫国家不受外敌侵犯；管理职能是国家机关对社会的经济、文化和各种公共事务的管理活动。政治学是研究在国家政权的统治下，各种政治现象和政治关系及其发展规律的社会科学。政治学以政治关系作为研究对象，在实际政治生活中，政治关系具有多种外延形态，它以探求政治关系的发展规律作为自己的目标和任务。因此，政治学既要求对于政治现象的描述和对于政治表征的把握，又要求深入研究政治关系的本质联系及其发展运动。

政府作为一个经济组织，其决策首先考虑到政治影响，政治因素对政府经济行为有重要的影响力，政府的许多经济行为都是借助政治学的框架来完成的。随着经济的发展，公共经济学的思想与研究方法越来越多地渗透到社会生活的各个方面。布坎南创立的公共选择理论，强调政府干预经济，而政府主要是通过财政收支、经济政策和公共事业来提供公共产品和干预市场，现实中这些行为是一种政治过程。在公共选择行为过程中，把政府的经济行为同人们的政治投票联系在一起，通过民主政治程序来决定生产什么公共产品、生产多少公共产品、以何种方式进行生产等，公共选择理论为公共经济学与政治学的进一步沟通架起了一座桥梁。公共经济活动是以政治权力机构——政府为主体的，公共资源通过政治程序在不同层级的政府之间配置，因此，公共经济与公共权力紧密地结合在一起。如果说以资源配置作为研究主题是公共经济学和经济学的结合点，那么以公共部门为活动主体就是公共经济学与政治学的结合点。

课后习题

一、名词解释

有效市场　有为政府　有形的手　无形的手　公共部门

二、简答题

1. 公共经济学研究的核心问题是什么？

2. 如何推动“有效市场”和“有为政府”更好结合？

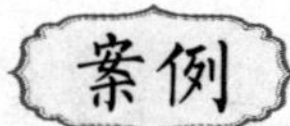

苏州市出台渡疫政策支持中小企业

受新冠肺炎疫情的影响，部分企业尤其是中小企业遭遇短期困难，鉴于此，中央政府和全国各地方政府纷纷出台多项有针对性的政策，支持中小企业渡过难关。苏州是全国首个出台扶持中小企业渡疫政策的城市，2020 年 2 月 2 日，苏州市人民政府为应对新冠肺炎疫情出台了《关于应对新型冠状病毒感染的肺炎疫情支持中小企业共渡难关的十条政策意见》，要求各银行机构和职能部门加大对中小企业的支持力度，确保经济稳步运行，扶持政策主要分为以下三个方面。

在加大金融扶持方面，确保小微企业信贷余额不下降。各银行机构加大对小微企业的支持，确保 2020 年小微企业信贷余额不低于 2019 年同期余额。对受疫情影响较大，以及有发展前景但暂时受困的小微企业，不得盲目抽贷、断贷、压贷。确保小微企业融资成本降低，鼓励各银行机构通过压降成本费率，加大对小微企业的支持力度，特别是“三必须一重要”重点领域和资金困难的中小企业，在原有贷款利率水平上下调 10% 以上，确保 2020 年小微企业融资成本不高于 2019 年同期融资成本。

在稳定职工队伍方面，实施援企稳岗政策，对不裁员或少裁员的参保企业，可返还其上年度实际缴纳失业保险费的 50%，暂时无力足额缴纳社会保险费的中小企业，最多可以缓交6个月：对于面临暂时性生产经营困难，确实无力足额缴纳社会保险费的中小企业，可缓缴养老保险、失业保险和工伤保险费，缓缴期最长6个月；缓缴期满后，企业足额补缴缓缴的社会保险费，不影响参保人员个人权益。

在减轻企业负担方面，减免中小企业房租，对承租国有资产类经营用房的中小企业，1个月房租免收，2个月房租减半。对租用其他经营用房的，鼓励业主（房东）为租户减免租金，具体由双方协商解决。因疫情原因，缴纳房产税、城镇土地使用税确有困难的，可申请房产税、城镇土地使用税困难减免。对因受疫情影响办理申报困难的中小企业，由企业申请，依法办理延期申报。对确有特殊困难而不能按期缴纳税款的企业，由企业申请，依法办理延期缴纳税款，最长不超过3个月。此外政府扶持中小企业创业园，对在疫情防控期间为承租的中小企业减免租金的创业园、科技企业孵化器、创业基地等各类载体，优先予以政策扶持。

苏州出台“惠”十条之后，北京、上海等地也纷纷出台政策，体现了特殊时期政企合作、共渡难关的决心。北京提出停征部分行政事业性收费、减免中小微企业房租，延缓纳税，增加信贷投放，采取援企稳岗政策等；上海提出四项举措，包括实施失业保险稳岗返还、推迟调整社保缴费基数、可延长社会保险缴费期、实施培训费补贴政策。这些政策大多以中小企业为重点扶持对象，从加大金融支持、减轻企业负担、优化政府职能等方面采取政策，旨在加快经济复苏脚步，使经济回归正轨。（资料来源：人民网）

请从公共经济学的角度谈谈你对新冠肺炎疫情防控期间各地政府出台企业扶持政策的看法。

「第二章」 公共经济主体

2020年，北京市$PM_{2.5}$年均浓度为38微克/立方米，首次实现“30+”，较“十二五”末的2015年下降了42.6微克/立方米，在京津冀及周边地区城市中保持最优，超额完成“十三五”规划目标任务。“十三五”时期北京市已基本形成“党委领导、政府主导、企业施治、公众参与”的社会治理格局。蓝天保卫战中多元主体共同参与环境治理，凸显了在经济社会发生巨变的现实背景下，多元主体共建共治共享的社会治理之必要性、紧迫性。

第一节 公共经济主体多元化

一、公共经济主体多元化的内涵

在公共产品理论形成之前，古典理论和新古典理论受到自然法的影响，认为政府是理性的、至善的，是唯一的公共产品提供者。[①] 由于公共经济活动具有成本高、规模大、周期长、收益低等特点，因此人们认为私人没有能力或没有激励机制促使其投身于公共经济活动、提供公共产品；相比之下，政府拥有巨大的“暴力潜能”和动员大量社会资源的能力，所以，政府有条件、有能力来从事具有规模经济优势和非营利性的公共经济活动。[②] 自20世纪70年代开始，西方国家开始发展并宣传新自由主义和公共经济的思想，在这个过程中，[③] 政府治理结构也开始向市场发展转型，从而导致在公共经济经营发展过程中，形成了政府、私人部门、第三部门与社区等多元主体参与的格局。[④]

---

① 曹堂哲：《公共经济的主体选择理论依据和标准》，《学术研究》2003年第1期。

② 齐守印：《基于公共经济内在矛盾的国家治理研究》，《财政研究》2017年第3期。

③ 曹雪原：《公共经济主体多元化与政府现代化治理改革探究》，《中国管理信息化》2020年第2期。

④ 冯国忠、覃俊：《基于公共经济内在矛盾的国家治理机制问题探讨》，《法制与社会》2019年第34期。

因此，公共经济主体多元化是指在政府主导下吸收私人部门、社区、第三部门等来共同参与公共服务和公共物品的生产和提供的多中心解决方案。具体而言，即政府通过政治过程做出决策，确定公共产品和服务的供给数量和质量标准，然后以市场机制为杠杆，通过多种方式调动公共部门、私人部门等组织的参与，在竞争中完成公共产品与服务的供给。其目的是在政府部门不放弃公共政策制定责任的前提下，通过引进市场机制，挖掘社会一切可以利用的资源来提高政府提供公共服务的能力。

公共服务主体多元化是一种制度创新，突破了政府决策、政府执行的传统模式。通过政府权威与市场交换之间的复合配置，凸显双方各自的功能优势，从而为政府以更高效更经济的方式履行公共服务职责提供可能。多元主体参与公共经济实际上就是政府、企业、社会三方面的主体共同参与、分工、协作，共同达到高效的公共服务供给。这个模式概括起来有三个特点：首先，主体是多元的，公共产品与服务的供给者多元并存，政府已不再是公共服务的唯一提供者，打破了政府垄断公共服务的局面，各种非政府组织、营利组织和公共部门都有可能通过竞争而成为公共服务的提供者；其次，服务的目标是一致的，都是为了发展社会事业和解决民生问题，满足公众需求这一最终目标；最后，参与过程中强调各个主体互相合作。三个主体之间的紧密合作是保障公共服务有效性的关键，同时各主体通过合作可以更好地实现共赢。多元主体提供公共服务供给对于促进政府职能的转变、合理配置资源、提高公共服务的质量和效率是非常有益的。

二、公共经济主体多元化趋势的成因

随着市场经济的发展与完善，人们对公共经济尤其是公共产品的认识不断发生变化，这为公共经济主体多元化的形成奠定了基础。1954 年以来，公共产品理论得到发展，除了大众所熟知的纯公共产品外，还定义了俱乐部型公共产品和公共资源型公共产品，公共产品理论的这种发展为其他主体参与到公共经济活动中提供了理论依据。人们由最开始的政府是单一公共物品提供者逐渐认识到私人部门、第三部门等的参与会使公共产品的供给更有效率。

公共经济主体多元化的成因是复杂的。一般包括以下几个原因：

第一，公共经济中广泛存在政府失灵现象，如食品安全以及腐败问题。由于政府系统缺乏明确的绩效评估制度，其效率和效益较私人部门难以测量，因而现实中存在政府公共部门效率和效益低下的现象。此外，在公共经济生活中，官员也是理性的经济人，也可能出现特殊利益集团的寻租现象。

第二，公共服务领域不断扩大，单独依靠政府的财政收入无法满足公共需要，对公共服务的投入严重不足一方面严重制约了公共事业的发展，另一方面又影响到公共产品和服务的质量。这些现实的问题决定了公共事业必须改革，并实现参与主体由唯一的政府向多元化主体转变。

第三，公共经济主体多元化趋势的形成面临好的机遇。市场化体制改革的深化，为实现多元主体参与公共经济提供了体制和机制的保障，经济发展阶段的变化，为实现多元主体参与公共服务供给奠定了物质基础[①]。以 PPP 模式[②]为例，它将部分政府责任以特许经营权方式转移给企业，政府与社会主体建立起利益共享、风险共担、全程合作的共同体关系，PPP 模式大多用于公益性较强的有害废弃物处理和生活垃圾的焚烧处理与填埋处置环节。同时，全球化背景下进一步开放的新进程，为实现多元主体参与公共服务供给提供了成熟市场经济国家的新借鉴。

第四，当今世界的一个显著特征是强调国际合作机制，建立某种基于公正原则的超国家机制以联合各个国家参与国际公共经济问题的治理已是必然趋势。例如，“一带一路”就是一种新型的全球化，它将欠发达国家和发展中国家与地区链接至全球经济社会网络之中，构建“去中心化”的全球治理，推进经济公平与普惠发展，极大丰富和加深了以往的国际合作机制。

多元主体参与公共产品供给，既能解决公共基础设施资金不足问题，又能改善旧体制下服务效率低、质量差的问题，从而激发市场活力。[③] 因此，在强化政府公共服务职能的同时，要积极支持、组织和引导民间组织参与公共服务，以形成多元主体参与公共服务供给的格局和有效的公共服务社会责任机制。

第二节　公共经济主体：政府、私人部门、第三部门、社区与国际组织

一、公共经济主体之一：政府

（一）政府的起源

关于政府起源有很多的流派，其中被广为接受的主要有以下观点。

① 陈柳钦：《公共经济学发展动态分析》，《东南学术》2011 年第 3 期。

② PPP（Public-Private-Partnership）模式是指政府与私人组织之间，为了提供某种公共物品和服务，以特许权协议为基础，彼此之间形成一种伙伴式的合作关系。

③ 唐任伍、李楚翘：《国外公共经济学研究最新进展和发展趋势》，《经济学动态》2017 年第 8 期。

1. 神权论

这种理论认为，政府源自于神，政府权力来源于神或天或上帝，是根据神的意志建立的。这种观点最早出现在古代东方奴隶主国家，如中国、印度、埃及和古巴比伦。中国在夏、商、周时代，创造了至尊无比的“上帝”，把它说成是万事万物的主宰，给奴隶主阶级的统治披上了“君权神授”的外衣；古巴比伦的《汉谟拉比法典》声称，汉谟拉比王是应众神之父和众神之王的召唤来统治人民的。欧洲中世纪的神权政治仍很盛行，认为世俗政权来源于上帝。这种神权论虽然荒诞不经，但它在政治思想史上却反映了一个历史时代的思想风貌。这种国家和政府起源学说主要盛行于中世纪，是为中世纪的封建等级制和专制统治服务的一种政治学说。持这种观点的政治思想家除极少数古代奴隶社会奴隶主阶级的代表人物之外，绝大多数都是封建地主阶级的代言人。可见，“神权论”政府起源观是为君主专制国家中少数统治者的统治服务的一种观点，它通过国家权力神授（即君权神授）说来使国家和一切国家机构服务于极少数统治阶级，成为镇压大多数被统治阶级的工具。随着封建君主专制制度的垮台和灭亡，这种政府起源学说也自然而然地随之销声匿迹。

2. 自然论

最早提出这种观点的是古希腊人亚里士多德。对于国家或政府的起源，他认为最初是由于男女与主奴这两种关系的结合，组成了家庭。在他看来，家庭是人类满足日常生活需要而建立的社会的基本形式。为了适应更广大的生活需要，若干家庭便联合组成“村坊”。由若干村坊组合而成为城邦进而发展成国家，社会就进化到高级而完备的境界。家庭常常由亲属中的老人主持，各家所繁衍的村坊同样也由年辈最高的长老统率，而君王正是家长和村长的发展。城邦国家是“自然所趋向的”，是“自然地生长起来的”，因此一切城邦既然都是这一生长过程的完成，也该是自然的产物。人类自然是趋向于城邦生活的动物，即人类在本性上，也正是一种政治动物。也就是说，城邦的起源是出于人的生活需要，是出于人的自然本性，所以这种观点被称为“自然论”，或称为“有机论”。这种观点对后世影响很大，成为关于政府起源理论的基础。“自然论”设想了一种可能的国家与政府起源模式，其设想过于简单化，但从其简单明了的基本观点出发仍不难看出，国家及其具体机构（政府）在此主要扮演着协调阶级关系和阶级利益的角色，归根结底就是应统治阶级的“自然需要”而产生的维护统治阶级利益的必备工具。

3. 阶级冲突论

政府起源于阶级冲突的这一解释模式最早是由美国人类学家摩尔根系统提出的。19 世纪，马克思、恩格斯运用摩尔根的社会进化模式，进一步发展了政府起源的理论，集中体现在《家庭、私有制和国家的起源》一书中 。在该书中恩格斯详细论证了生产力的发展导致了剩余产品的增加和私有制的出现，并进而使社会分化为两大对立的阶级，阶级之间不可调和的冲突最终导致了国家的形成。[①]

恩格斯对这一过程有非常清晰的论述："现在产生了这样一个社会，它由于自己的全部经济生活条件而必然分裂为自由民和奴隶，进行剥削的富人和被剥削的穷人，而这个社会不仅再也不能调和这种对立，反而必然使这些对立日益尖锐化。一个这样的社会只能或者存在于这些阶级相互间连续不断的公开斗争中或者存在于第三种力量的统治下，这第三种力量似乎站在相互斗争着的各阶级之上，压制它们的公开的冲突顶多容许阶级斗争在经济领域内以所谓合法形式决出结果来。"[②] 这里所说的第三种力量就是国家。因此在恩格斯看来，国家和政府其实在本质上没有非常明显的区别，国家也并不是站在公正的立场上来调和阶级矛盾。[③] 当社会分裂阶级之后，整个社会就被划分为两个阶级——统治阶级和被统治阶级，于是阶级斗争几乎是不可避免的。统治阶级为了镇压被统治阶级的反抗，于是在整个社会中建立起了军队、法庭、监狱、警察等暴力机构，国家由此而产生了。

4. 社会契约论

在现代西方政治哲学关于国家或政府起源的理论中，社会契约理论影响最为深远。国家起源于人民相互间的契约，起源于社会契约（social contract），这一观点就是伊壁鸠鲁[④]最先提出来的。[⑤] 伊壁鸠鲁的契约思想对后世产生了非常大的影响，特别是对启蒙运动中诞生的思想家产生了较为深远的影响。契约论的思想家较多，由于篇幅有限，下面只阐释霍布斯、洛克、卢梭几位典型的代表。

（1）"霍布斯丛林"——无限政府的起源。

霍布斯是较为系统地阐释契约论政府起源的学者之一。他认为人类天性中存

---

① 章荣君：《政府起源及其信任问题的发轫》，《湖湘论坛》2020 年第 3 期。

② 《马克思恩格斯选集（第 4 卷）》，北京：人民出版社，1995 年版，第 169 页。

③ 李延明、刘青建、杨海蛟：《马克思恩格斯政治学说研究》，北京：人民出版社，2001 年版，第 95 页。

④ 伊壁鸠鲁（Epicurus，公元前 341—前 270 年），古希腊哲学家、无神论者、伊壁鸠鲁学派的创始人，他的学说的主要宗旨就是要达到不受干扰的宁静状态，并要学会快乐。代表作有《论自然》、《准则学》、《论生活》和《论目的》等。

⑤ 《马克思恩格斯全集（第 3 卷）》，北京：人民出版社，1956 年版，第 147 页。

在着猜疑、竞争和对财富以及荣誉的捍卫。在没有权威威慑大家的时候，人们便处在所谓的战争状态之下。这种战争是每一个人对每一个人的战争，人与人之间的这种关系，必然陷入了相互战争的“霍布斯丛林”状态。为了结束这种状态，人们放弃在损害他人利益基础上寻求幸福的自然权利，同他人签订契约，“把大家所有的权力和力量托付给某一个人或一个能通过多数的意见把大家的意志转化为一个意志的多人组成的集体”。[①] 于是这个集体就成了一个既能够抵御外来侵略，又能够制止相互侵害的拥有公共权力的机构。人们签订的这种契约形成了“使大家畏惧，并指导其行动以谋求共同利益的公共权力”。可现在霍布斯看来为了摆脱相互战争的丛林状态，人们放弃了个人利益，将自己的权力交给了一个叫作“利维坦”的机构，由这个机构来行使公共权力来谋其共同利益，这种“利维坦”就是霍布斯称之为拥有无上权威的政府。[②]

（2）保护私有财产——有限政府的起源。

洛克不仅提出了契约论政府起源学说，更为重要的是洛克提出了对政府的限制。在洛克看来，在自然状态中，人们之间的权力是相互平等的，没有任何人比他人享有更多的权力。但是自然状态绝不是一种自由放任的状态，它是由自然法引导着有意遵从理性的全人类，人人都是平等和独立的，任何人就不得侵害他人的生命、健康、自由或财产。[③] 国家或政府的权威必须以保护人的生存、自由和财产的权利为目标，否则，人们就有权废除原来订立的契约，重新订立新的契约，组建新的政府。人们在参加社会时让渡了他们在自然状态所享有的平等、自由和执行权，把它们交由社会，由政府按照社会的利益来行使，但是如果政府的行动与大多数人的意志相矛盾时，人们就可以收回交出的权力，以保卫自己不受任何团体的攻击和谋算。

（3）政府是主权者的执行机关。

卢梭是契约理论的集大成者。他认为随着生产力的发展慢慢地就出现了私有制，而私有制的出现打破了过去在自然状态中的平等关系。不平等产生的根源在于财产权的确立，并由此形成了富人和穷人两个阶级的对抗。权力机关的设置又造成了强者和弱者之间的不平等。由此，私有制和法律的建立，使得不平等终于

---

① ［英］霍布斯：《利维坦》，黎思复，黎廷弼译．北京：商务印书馆，1985 年版，第 131 页。

② 章荣君：《政府起源及其信任问题的发轫》，《湖湘论坛》2020 年第 3 期。

③ ［英］洛克：《政府论（下篇）》，叶启芳，程菊农译．北京：商务印书馆，1964 年版，第 65 页。

变得根深蒂固而成为"合法"的了。[①] 于是富人和穷人之间几乎进入了一种混乱的冲突中，但是富人在实践中很快意识到要建立一个管理机构来管理自己的财产，这种深谋远虑的计划就孕育着政府的诞生。

（二）政府的概念以及特征

政府在当今依然是最重要的公共经济主体。广义的政府（Government），泛指一切国家政权机关，包括立法机关、司法机关、行政机关以及一切公共机关。狭义的政府（Administration）专指一个国家的中央和地方的行政机关，如我国的国务院、地方各级人民政府。

政府自国家产生以来一直是公共管理和公共服务的主导者。西方国家早期的政府组织扮演"守夜人"的角色，政府的职责包括：一是使国家安全不受侵犯；二是公正司法；三是建设并维护某些公共事业和公共设施。[②] 绝大部分的基础设施和服务都是由国家直接建立并提供，包括卫生、教育、科技、交通等领域。

尽管近年来随着经济与技术的发展，很多基础设施等公共产品也可以被企业等其他主体投资建立，例如私人医院、民间学院、合资高速、合资地铁等，但是科技领域以及其他投资过大、回报不明显的基础设施基本上是全部由国家来直接提供，例如天眼 FAST、国防、航空航天等领域投资极大、无直接利润回报，这些方面都是私人部门难以提供的公共产品。

（三）政府参与公共经济的优势

我国经济体制改革的实践经验表明，建立"统一、安全、可靠、有序"的大市场以及相应的工业组织必须以政府为主导，政府和市场共同参与，并且各方都付出巨大的协调努力和社会投资[③]。政府参与公共经济的优势包括以下三点。

一是从政治学理论上讲，国家具有政治统治职能和社会管理职能，是反映统治阶级利益的集团组织，国家的活动具有强制性和普遍性。在现实生活中，政府通过提供公共产品来维护社会秩序，满足社会需要，促进社会目标和价值的实现，这是政府公共行政活动的中心。[④] 政府的这一系列属性和目的恰好证明了其

① ［法］卢梭：《论人类不平等的起源和基础》，李常山译．北京：商务印书馆，1962 年版，第 32 页。

② ［英］亚当·斯密：《国家论》，上海：立信会计出版社，2016 年版，第 373 页。

③ 刘儒、郭荔：《社会主义市场经济条件下政府和市场的互补关系及特征》，《东南学术》2021 年第 1 期。

④ 周恩毅、张小飞：《制度型开放视域下政府职能转变的理论逻辑与实践探索》，《经营与管理》2021 年第 4 期。

是提供公共产品的必然主体，具备与生俱来的优势。

二是从权力保障角度而言，维护弱势群体利益。在使用由自由市场提供的排他性公共产品时，弱势群体经常无法承担使用公共产品所必需支付的费用，一部分人会选择放弃这类公共产品或选择替代品，便会导致资源空置，弱势群体权益得不到保护。但在政府供给公共产品的前提下，所有公民共同享有公共产品的使用权而不受他人影响，切实保障了弱势群体的基本生活权益，同时，公共产品资源也得到优化配置，满足了人民的公共利益，维护了社会的稳定。

三是从社会效益方面出发，政府参与的公共事业不以收益为目的，从根本上保障本国居民安全，维护社会稳定，提高人民福祉。政府主要依靠税收来取得收入，并向全社会提供服务。对于产品成本高、周期长、规模大、无直接金钱回报的纯公共产品，私人部门难以提供或无动力提供，这都需要政府为了人民的福祉与安全而进行规划与生产。

（四）政府在公共经济中存在的缺陷

政府在公共经济中的作用并不是万能的，政府干预也会出现失灵。所谓的政府失灵是指国家行动不能改善经济效率或当政府把收入再分配给不恰当的主体，个人对公共物品的需求得不到很好的满足，甚至公共部门在提供公共物品时趋向于浪费和滥用资源，致使公共支出效率降低，① 具体表现在以下几个方面。

第一，政府政策的低效率，即公共决策失误。政府干预经济活动达不到预期目标或者政府干预虽达到了预期目标但成本高昂。首先，政府制定所谓的公共政策并不一定代表社会公共利益，政府的思维方式和具体行为也并非完全理性、完全符合公共利益，② 如政府有关部门为维护本部门利益而出台的非公益性政策、地方保护主义等。在这种情况下，政府往往借社会公共利益之名，行政府机构私利之实。③ 其次，公共政策的制定过程，实际上是一个涉及面很广、错综复杂的过程，而正确的决策必须以充分可靠的信息为依据。但由于这种信息分散在无数的微观个体行为者之中，政府很难全面掌握，加之现代市场经济活动的复杂性和多变性，增加了政府对信息分析处理的难度，很容易导致政府决策的失误。此外，公共政策在执行上也存在着一些难以逾越的障碍。任何好的政策在实施和执行过程中，都必须具有相应的前提和条件，主要包括必要的政策资源、正确的执

---

① ［美］丹尼斯·C. 缪勒：《公共选择理论》，北京：中国社会科学出版社，1999 年版，第 123 页。

② 王东艳：《制度摩擦、协调与制度型开放》，《华南师范大学学报（社会科学版）》2019 年第 2 期。

③ 张静渊：《试析公共事业管理中政府失灵现象》，《经营管理者》2020 年第 10 期。

行策略、合格的执行者、有效的沟通、正确的协调、适宜的环境、有效的监督等，这些因素中的任何一方面或它们之间的配合出了问题，都可能导致政策失效。另外，在政策实施和执行过程中，由于中央和地方的财权和事权的分离及两者利益上的差异，易发生下级政府执行不力的情况，这必然导致政策失效。①

第二，政府工作机构的低效率。首先，由于政府在提供公共物品的时候处于垄断地位，政府不但是公共物品的唯一提供者，而且政府中的各个部门也分别处于各类公共物品的垄断生产者地位，相互之间因为缺乏替代性而无竞争，这样政府各部门就缺乏降低成本、提高服务质量的压力。② 其次，由于政府官员花的是纳税人的钱，没有产权约束，往往不太考虑成本，而且本部门的年度财政节余不能自留，降低成本不能给本部门带来直接的收益，因此政府各部门都有扩大开支预算的倾向。再次，政府在提供公共物品和从事其他政府行为时，由于政府行为机制与市场机制的差异以及公共物品价格的非敏感性，衡量这些行为的社会成本和社会收益比确定市场行为的成本收益更加困难，政府在很多情况下很难利用“边际社会成本等于边际社会收益”的原则来判断自己的行为是否有效率。③ 最后，由于民众与政府机构的地位不平等和信息不对称及监督力量薄弱，全社会缺乏对政府机构和官员的有效监督，从而不能很好地促进政府提高效率。

第三，政府的创租、寻租活动及官员腐败。租金是指某种资源由于产权垄断或经营垄断而产生的超额收入。寻租是指由于政府的无意创租、被动创租和主动创租行为使经济中产生巨额租金，经济人通过各种政治的、经济的、合法的、非法的手段从政府官员那里获得某种垄断特权或者是政府机构及其官员直接凭借其垄断特权而取得的非生产性利润的活动。寻租排除竞争，造成经济上的特权，阻碍生产效率的提高，过度干预资源配置，可能使社会平均利润被少数生产者不公平地占有。同时寻租活动把本来可用于生产活动的资源浪费在无益于增加社会财富的活动上，实质上增加了全社会的非生产性支出，其存在直接带来了资源配置的无效率及分配不公。④ 更值得注意的是，寻租活动扭曲了政府行为，如果政府官员接受了来自企业的特殊利益，就会使政府行为出现不公正，出现官员滥用权

① 马晓路：《公共产品供给中的“政府失灵”现象分析》，《经济研究导刊》2012 年第 4 期。

② 张洪武：《政府提供公共产品的有效性选择》，《党政干部学刊》2010 年第 5 期。

③ 王身余：《转变政府职能与建设人民满意的服务型政府》，《湘潭大学学报（哲学社会科学版）》2018 年第 5 期。

④ 李华俊、赵立新、余湛：《政府购买社会组织服务与政府职能转变——关系、困境和出路》，《江汉学术》2020 年第 6 期。

力的腐败现象。[①]

第四，政府机构的内在效应及其规模的扩张。政府行为的内在效应是指政府机构及其官员在以追求公共利益或社会福利为借口的同时，力求实现自身的组织目标或自身利益的现象。如同外部性被看成是市场缺陷及市场失灵的一个重要原因一样，内在效应被认为是非市场缺陷以及政府失灵的一个基本原因。[②] 沃尔夫曾指出，市场缺陷理论的核心是外在性，而非市场缺陷理论的核心是内在性。内在效应使政府机构在非市场活动中不断扩大机构规模和提高运行成本，使其高于技术上的成本，导致较高的单位成本和比社会有效水平更低的非市场产出水平，这样就产生了非市场缺陷。[③] 政府部门这种追求私利的内在效应必然使社会资源低效配置，并极大地促进政府机构规模的扩张。虽然这种扩张表面上可能包含着政府要做得更好的愿望，其结果却是事与愿违。政府也是由经济人组成的，无论是扩大官员自己的权限，还是提高待遇，都要通过扩大本部门的规模和提高预算来实现。[④] 为了本部门规模的最大化和预算的最大化，官员总是设法从上级争取更多的拨款，政府开支因此而增加，其结果虽然有利于官员所属的部门，但公共福利却受到损失。既然内部性决定了政府机构的行为及运行，那么政府机构对“利润”的追求在很大程度上左右了那些意志薄弱的行政部门和贪图享乐的政府官员，诱使其行为动机和行为准则可能会偏离服务的宗旨，以致他们很可能无视国家和人们的利益，利令智昏，运用人们赋予的权力去贪婪地追逐私人利益。

二、公共经济主体之二：私人部门

（一）公共物品由私人部门提供的可行性

私人部门一般是指除了政府之外的家庭部门和私人企业部门。私人部门的特点是它们的活动依赖于个体的收入、个人所有的资产，并且以追求自身利益最大化为宗旨。在西方宏观经济学的理论中，政府、企业、家庭是三个平等的主体，三者相互联系，经济要保持正常运行，要使企业的投资等于家庭的储蓄，同时政

---

① 徐勇：《公共服务购买中政府职能转变的困境与出路》，《中共天津市委党校学报》2015 年第 4 期。

② 姬超：《中国政府规模扩张的经济解释：理论与实证——基于发展型国家的理论视角》，《东南学术》2021 年第 3 期。

③ 郭菊娥、袁忆、张旭：《改革开放 40 年政府职能转变的演进过程》，《西安交通大学学报（社会科学版）》2018 年第 6 期。

④ 毛捷、管汉晖、林智贤：《经济开放与政府规模——来自历史的新发现（1850—2009）》，《经济研究》2015 年第 7 期。

府从企业和家庭取得的税收与其向企业及家庭提供的产品和劳务相等。① 当经济出现不均衡时，三者又通过各自的方式进行调节，政府可以调节公共收入与公共支出，居民可以调节消费与储蓄，企业则是通过改变投资与生产来使经济恢复均衡。

传统经济学认为，公共产品由于其自身的特性，市场不可能有效提供。但是，通过长期的实践发现，政府也同样不能独自承担公共产品供给的重任。很多专家、学者开始反思公共产品应该由政府提供这一古老的命题，在这方面做出了颇有成效的研究，从理论和历史的角度论证了公共物品私人供给的可能性。

有学者从技术的角度探讨公共产品私人供给的可能性，他们认为没有什么产品或服务是由其内在性质决定它是公共产品或不是，存在的只是供给产品或服务的不同方式，即“平等进入”和“选择性进入”。产品和服务采取何种供给方式取决于排他性技术和个人偏好的多样化。② 若产品不能通过市场手段被充分地提供给消费者，那是因为把不付费者排除在外的技术还没有产生或者在经济上不可行。若能够把不付费者排除在外的技术趋于成熟，并且排他成本较低，私人企业就能够有效地提供公共产品。

从经验方面探讨公共产品私人供给的可能性。公共产品应该由政府供给的结论，很大程度上是一种逻辑推理的结果，缺乏经验事实的支持。科斯在其经典论文《经济学上的灯塔》中考察了经济学中最经常引用的公共产品——灯塔的产权变动历史，认为从 17 世纪开始，英国的灯塔就一直是由私人提供的，并且不存在不充分供给的情况。科斯的研究为公共产品的私人供给找到了历史依据。

从制度安排上探讨公共产品私人供给的可能性。产权学派从制度安排上探讨公共产品私人供给，认为公共物品之所以导致市场失灵，是由于产权不明确，如果产权完全确定并得到充分保障，则有些市场失灵现象就不会发生，这是科斯定理的一个具体运用。③ 科斯定理认为：只要产权是明确的，并且交易成本是零，或者很小，则无论在开始时将产权赋予谁，市场均衡的结果都是有效率的。还有经济学家从具体的制度安排，如公共产品的期货交易、公共产品生产决策的保险制度等方面探讨了公共产品私人供给的可能性。

① 毛紫君：《公共物品有效供给的经济学分析与对策研究》，《技术经济与管理研究》2021 年第 4 期。

② 龙新民、陈湘满、张萤：《西方公共产品私人提供实验研究最新进展》，《湘潭大学学报（哲学社会科学版）》2006 年第 5 期。

③ Josef Falkinger. Efficient Private Provision of Public Goods by Re-warding Deviations from Average. Journal of Public Economics, 1996 (62).

（二）私人部门提供公共产品的形式

通过前人对公共产品私人供给可能性的大量经济学研究，可以总结出，并非所有的公共产品都适合私人供给。市场经济国家在公共物品的生产和经销方面可以有以下形式①：

签订合同。发达国家通常采用与私人公司签订合同的方式来生产公共物品。这类公共物品主要是具有规模经济性的自然垄断性物品，大部分为基础设施，还包括一些公共服务行业。

授予经营权。在发达国家，诸如自来水、电话、供电、电视台、广播电台、报纸、杂志等公共领域的物品供给，大都是以委托私人公司经营的方式来生产和经营的。我国对这类公共物品大都采取由国有企业经营的方式，并实行许可证制度，尤其是对广播电台、电视台、报纸、杂志等物品的管制性措施非常严格。

经济资助。欧美国家对私营公共物品进行经济资助的途径和方法很多，包括补助津贴、优惠贷款、无偿赠款、减免税收等。财政补贴的主要公共领域是科学技术、住宅、教育、卫生、保健、图书馆、博物馆等。

政府参股。政府参股私人供给公共物品的方式包括：收益分享债券、收购股权、国有企业经营权转让、公共参与基金等。政府参股的领域主要有桥梁、水坝、发电站、高速公路、铁路、电信系统、港口、飞机场等。

法律保护私人进入。运用法律手段允许、促进并保护私人进入公共物品的生产经营领域，不但减轻了国家在公共物品领域的财政负担，而且能够提高服务质量和消费效率。

社会服务。允许社会团体和个人持合法执照经营，只要遵守宪法和各种法律，个人、团体、宗教、慈善事业单位、基金会等，均可参与经营。随着中国经济体制改革的进一步深入，公共事业进一步社会化，营利性和非营利性的机构都将可以核准经营。

私人部门参与公共经济是我国现代化发展与市场化改革的必然选择。私人参与公共产品供给并不意味着要完全脱离政府，政府作为公共责任的直接承担者在其中仍然发挥着重要的作用。政府要为私人供给者提供良好的政策、制度、法律环境，同时对于私人供给公共产品可能出现的某些负外部性问题，政府要进行必要的规制监管，从而更有效地促进公共产品私人供给，保障公共利益。

① 唐任伍：《公共经济学》，北京：中国人民大学出版社，2018年版，第76页。

（三）私人部门参与公共经济活动的形式

私人部门参与公共事务、供给公共物品和服务的方式有许多种。通过分析世界上 49 个国家的民营化模式，学者萨文斯把公共物品和服务供给归类为以下几类，① 它们分别是：政府服务、政府出售、政府间协议、合同承包、特许经营（排他）、特许经营（非排他）、补助、凭单制、自由市场、志愿服务、有合同承包的志愿服务、自我服务。在这些制度安排中，只有政府服务、政府出售、政府间协议三种制度安排的生产者是政府，而合同承包、特许经营、补助、凭单制、自由市场和有合同承包的志愿服务等方式均是由私营部门生产的。其中，合同承包、特许经营、补助和凭单制，是最为主要的几种机制与方式。

合同承包方式的最重要的特点就是政府出钱、民间办事。签约的双方可以是政府与私营部门，也可以是政府与非政府组织。在这种方式中，民间部门仅仅进行生产经营，并不投资，其生产经营权是从政府那里获得的，资金也是政府提供的。因此，政府出资、私人部门（或第三部门）生产经营，意味着在公共物品和服务的整个供给过程中，至少存在着两个环节和两个主体，中间的联系纽带是契约。政府与民间部门相互之间通过契约予以规范、约束双方的行为，保证自己的利益。其中，政府的责任和作用体现在：首先，政府要确定某种可以承包给社会生产的公共物品和公共服务的种类、数量和会晤标准，这是一个政治过程，民主的政治机制起主导作用；其次，政府组织竞争性的招标过程，与路标的承包商签订承包合同；再次，合同签订之后，公共物品进入生产过程，政府还负责监督合同的如实执行；最后，政府用税收购买承包商按合同生产出来的公共物品和公共服务，用心满足社会公共需求。

特许经营即政府核准私人部门进入公共事务领域的资格。获得资格的私人部门投资、生产、经营和管理公共事务，拥有一定的收益权，政府则保留价格核准权。在这种方式中，政府以特许、优惠政策或其他方式吸引私人部门进入。在政府垄断的某些公共事务领域，政府并不投资但在必要情况下也可能会给予一定的补贴，私人部门完全按照市场规则操作，负责投资、融资并生产经营，其成功或失败完全依靠它们为公众服务的能力。私人部门具有一定期限的投资受益权，投资成本由消费者付费来承担，即对消费者实行付费消费制度，而不像在政府单一供给公共物品和服务的情况下由广大纳税人承担投资成本。19 世纪时英、美等

① ［美］曼瑟尔·奥尔森：《集体行动的逻辑》，陈郁，郭宇峰，李崇新译．上海：格致出版社，2014 年版，第 67 页。

国私人部门在社会治安领域、基础设施等公共事务中所发挥的作用基本上是以这种方式实现的。20世纪70年代以来，这种参与方式在自然垄断性公共事务领域中所发挥的作用重新引起重视。在美国和其他发达国家和地区，发电厂、废水和固体废物处理、桥梁、隧道、港口、收费公路、江河大坝、自来水、煤气、电信、机场等基础设施的供给中，都大量采用私人部门融资并建设运营的方式。如目前在全世界流行的BOT方式，就是特许经营的一种。

在补助和凭单制度下，政府和消费者支付公共服务的成本，而私营部门或营利组织是生产者，但消费者能够在政府指定的范围内享有有限的选择权，从而形成消费市场的竞争压力。不过，私人部门愿意或能够投资并经营的公共物品范围是有限的。因而，私人部门参与公共事务的领域，基本是准公共物品的生产或经营领域。

三、公共经济主体之三：第三部门

（一）第三部门的内涵及特征

第三部门（The Third Sector）这一概念首先由美国学者列维特（1973）提出，指独立于政府和企业以外的第三种社会组织。如果把人们的社会活动分为政治活动、经济活动和社会活动这三大领域，那么与此相适应，人们的社会组织也可分为三类，即政府组织、营利组织和非政府非营利组织。[①] 其中，政府组织是第一部门，营利组织是第二部门，第三部门就是各种非政府非营利组织的总称，由此也产生了“第三域”、“非营利组织”和“非政府组织”这些与第三部门相同或相关的概念。

要将所谓的第三部门作为公共经济经营管理的主体，主要有以下几个方面的原因。首先，目前市场经济提供的公共产品出现了一定程度的失灵。如果具有市场经济和盈利意识的市场主体不能保证公共产品供给的数量和质量，那么寻找和增加非市场主体，比如第三部门或非营利的组织机构，去提供公共产品是合理的。[②] 其次，政府在提供公共产品的数量和质量方面也出现了一定的失灵。甚至可以说，政府部门在提供社会发展不可或缺的公共产品方面存在的缺陷是第三部门产生和发展的重要原因。最后，随着社会意识的发展和觉醒，西方社会开始提倡的新自由主义、公民权利以及自觉意识也在某种程度上推动了第三部门和社会

① 俞可平：《论国家治理的现代化》，北京：社会科学文献出版社，2014年版，第12-35页。

② 曹雪原：《公共经济主体多元化与政府现代化治理改革探究》，《中国管理信息化》2020年第4期。

的发展壮大。

（二）第三部门在我国的兴起

我国第三部门的涌现，一方面体现了全球性发展问题的凸显，如资源危机、环境危机等，引发了世界范围内的环保组织的成立；另一方面则与我国改革开放后特有的历史背景有关。这是研究我国第三部门的兴起所必然要关注的。[①] 十一届三中全会以来，中国的改革经过了多年的摸索，逐步建立起了社会主义市场经济体制，政府职能也经历了由“全能政府”向“小政府，大社会”的转变。我国的改革开放就成为第三部门在20世纪80年代以后兴起的重要背景。

政企分开是我国第三部门兴起的重要前提。[②] 在过去的计划经济体制下，庞大的政府体制管理着社会的每个角落。作为第二部门的企业的各种权力统统由政府行使，失去了其独立性。第一部门和第二部门作为一个整体而存在，因此完全意义上的第二部门没有了，当然就更谈不上第三部门的发展。改革开放以后，我国面临的任务首先就是要政企分开。邓小平说，“企业下放，政企分开”是经济体制改革，也是政治体制改革。计划经济体制下的企业实际上是官办机构，对内没有任何自主权，对外也不承担任何责任。政企分开就是要政府放权，恢复企业活力，使其自觉参与市场活动，自主经营，自负盈亏。政企分开也转变了政府的职能，真正做到权力下放，提高了社会效率，也扩大了社会主义民主，使第一部门和第二部门的划分越来越清晰，这就成为我国第三部门兴起的重要前提。

第三部门的兴起是发展社会主义市场经济的需要。[③] 经济体制改革的一个主要方面就是要正确认识和处理社会主义与市场经济的关系。20世纪80年代，中国进入了改革开放的新时期，这一时期的改革实践强调了发展商品经济遵循价值规律、发挥市场调节的重要作用。直到20世纪90年代，党的十四大才正式确立了建立社会主义市场经济体制的改革目标。十四届三中全会又通过了《关于建立社会主义市场经济体制若干问题的决定》，把建立市场经济体制的目标和基本原则加以系统化和具体化。我国的第三部门同样兴起于20世纪80年代，它起源于传统计划经济的改革，所以许多第三部门组织与市场经济组织几乎同时产生。[④] 发展市场经济就是要建立完善的市场体系，使企业完全进入市场，享受充分的活

---

① 王宏伟、徐福缘、何建佳：《第三部门：复杂供需社会下的创新》，《管理学报》2011年第11期。

② 王杰、朱志伟、康姣：《政府购买公共服务背景下的第三部门失灵及其治理》，《领导科学》2018年第32期。

③ 张军涛、曹煜玲：《第三部门管理》，大连：东北财经大学出版社，2010年版，第71页。

④ 赵小平、卢玮静：《公益参与公共精神塑造的关系研究——以第三部门激励理论为视角》，《清华大学学报（哲学社会科学版）》2014年第5期。

动自由，而不受政府的直接干预。在这一过程中，许多第三部门组织如行业协会、行会等纷纷出现。这些组织和企业密切相连，它们通过各种活动为企业及其劳动者争取权利，促进了市场经济的发展和完善。另外，市场经济的发展还会引发一些新的社会问题，如国有企业改制出现了大量的下岗工人，城市拆迁改造中的被拆迁人对安置方案不满，农民工拿不到辛苦工作应得的工资，企业与员工之间出现诸多矛盾等，要解决这些问题维护社会公正仅仅依靠个人的力量是不够的。如果政府直接出面协调各种社会矛盾又可能被一方认为政府已经与另一方成为“利益共同体”，致使部分群众产生与政府对立的情绪，使矛盾解决的成本和难度加大。第三部门则能够使民间诉求组织化，通过与其他部门或群体的对话协商，进行组织化的利益表达，而产生巨大的力量。[①] 由此可见，随着我国经济体制改革的深入，第三部门本身就成为发展市场经济不可缺少的组成部分。

第三部门的兴起有利于促进政府职能的转变。建立社会主义市场经济体制也离不开政府，但政府的职能不再是对经济活动的直接干预，而主要体现在宏观调控上。其中，宏观调控的一项重要内容就是社会保障。社会保障要对老弱病残、失业者、贫苦人群实施社会救助，也要保障全体劳动者及其家庭的基本生活。进入20世纪90年代，政府在社会保障方面的政策发生了重大转变，过去“政府办社会”“企业办社会”的现象在改后已不复存在，劳动者曾经依赖单位获得的福利保障没有了，个人和家庭需要承担的责任明显增加。所以在住房、医疗教育等问题上许多人都忧心忡忡，一些弱势群体甚至连解决温饱问题都有困难。这就需要有一些新的社会组织出现，以承接过去由政府统揽的社会职责与功能，提供相应的社会服务。第三部门因其公益性、非营利性和民间性而具有较高公信力，在社会保障方面发挥了重大作用。这些组织、团体通过发起社会捐赠、组织志愿服务，大量吸收社会资源，为弱势群体提供多种服务，维护了社会稳定并减轻了政府负担，在一定程度上为政府职能的转变解决了后顾之忧。同时第三部门还可以发挥整合作用，把公众的个人意志聚合起来，“以一种制度化的公共利益取代了四分五裂的个人利益”，进而影响政府决策。[②] 近年来，我国的第三部门有了很大的发展，并逐渐显示出其对于社会公共事务的影响力，有时这些组织通过其卓越的活动甚至可以影响公共决策。

因此，在我国，第三部门的兴起是转变政府职能的需要，同时第三部门的发

---

① 党秀云：《公民精神与公共行政》，《中国行政管理》2005年第8期。

② 赵小平、王乐实：《NGO的生态关系研究：以自我提升型价值观为视角》，《社会学研究》2013年第1期。

展也促使政府的决策更加科学化。

(三)第三部门参与公共经济的优势

政府在提供社会保障的过程中会出现不可避免的官僚主义，由此将导致社会保障服务效率与质量的低下，对社会需求反应迟钝，供给趋于保守，保障服务意识缺乏，在社会保障服务过程中的寻租行为使得社会保障服务成本上升等等。第三部门是具有民间性、非营利性和公益性的组织，和政府组织相比，它独立于政府官僚体系之外，具有较强的使命感，灵活、平等、多样式的自治性组织，因而在提供社会保障服务时相对于政府来说具有成本低、效率高的优势，能够提高服务质量，完善服务项目，规范服务行为。①

第三部门不以利润最大化为目标，具有很强的公益色彩，能把公平和效率有机地结合。行动目标较为单一和明确，要么关注某个特定社会问题，要么关注某个社会群体，因而能够在某一方面积累丰富的经验，从而有利于提高服务效率和改进管理质量。

第三部门具有极大的灵活性。它独立于政府官僚体系，是公民志愿参与的自治性组织，实行灵活的、参与式的组织结构，更贴近社会基层，其成员也往往具有共同价值、使命感、志愿精神、服务意识，因而其互信和合作机制容易建立，在提供某些公共物品时比政府更具低成本、高效率优势。

第三部门能够把市场机制和社会自治组织力量有效地结合起来。作为一个独立的组织来向公众提供服务，第三部门可以收取服务费，从而降低所投入的总成本；除此之外，第三部门也可以利用政府之长，通过民主政治程序设定社会需要的优先目标，还可以为公益服务找到相应的捐赠等。总之，第三部门的优势使它在提供公共服务、增进社会福利方面发挥了重大作用。

中国虽然已经存在着大量的第三部门，但是第三部门仍然不是社会主流。中国政府仍然是社会公共产品和服务的主要提供者，在高度集中的社会体制中，第三部门提供的社会公共服务也在政府的监管和控制之中。② 与此同时，第三部门在管理方面有着不可忽视的缺陷，一方面，第三部门多数在政府的监管之下，其在提供社会产品和服务方面很难完全发挥其功能。另一方面，第三部门发展不成

---

① 王杰、朱志伟、康姣：《政府购买公共服务背景下的第三部门失灵及其治理》，《领导科学》2018年第32期。

② 张冉：《社会转型期中国非营利组织危机溯源与重塑路径研究》，《浙江大学学报（人文社会科学版）》2014年第1期。

熟，很多部门追求经济利益，便失去了其公信力，也让第三部门很难发挥其社会作用。[①] 当前，一些人认为第三部门并不具备提供公共服务的能力，导致人们对第三部门还存在一些顾虑。

四、公共经济主体之四：社区

（一）社区的含义及其经济特征

社区是某一地域里个体和群体的集合，其成员在生活上、心理上、文化上有一定的相互关联和共同认识，具体来说就是有共同文化的居住于同一区域的人群。[②] 社区是国家和社会治理的基本单元，是社会群体或社会组织聚集在一起、相互关联的大集体，是宏观社会的缩影。社区具有相对稳定的人口规模，是在一定领域内相互关联的人群形成的共同体及其活动区域，拥有一定的社会与经济属性。

相比于社会，社区具有区域性、共同性、功能性、紧密性的特征。[③] 社区是拥有一块固定的区域划分，在此范围内为一个社区，进行相关活动，而社会的范围是全部有人有交互的地方。相对于社会上人与人之间的多样性而言，社区内的人都拥有共同性，他们都聚集于某一领域、方面或者地区，关系更为紧密。社区内相互之间的联系以及交往远远多于社会上陌生人之间的交互量。而且社会的功能是多样、全面的，但是社区的功能更专一化，主要目的就是解决相应的特定的问题。

相比于政府，社区在绝大部分情况下不具有政府那样的强制性与普遍性，更多的是建立在自愿之上，例如要求社区居民配合调查，若进行拒绝，则需要承担相应的责任及后果。但是社区不具有强制性，更多的是劝说，居民可以自主选择做或者不做，拒绝相应的事情也不会因此承担严重的后果。在一些特殊情况下，社区也可以拥有强制性，例如新冠疫情防控期间，社区对于进出小区的人员进行强制性的把控与登记，如果拒绝相应的要求，则会触犯相应的法律。

政府提供的公共产品一般面向全部的公民，然而社区提供的公共产品及服务都是仅仅面向小区内的居民，具有相应的排他性，可以有效解决“免费搭便车”问题，有效提升公共产品的利用效率。例如政府建立的图书馆与社区建立的图书

---

① 方俊：《第三部门发展面临的三重困境及出路选择》，《中国行政管理》2012 年第 9 期。

② 刘视湘：《社区心理学》，北京：开明出版社，2013 年版，第 60 页。

③ 马良灿、哈洪颖：《新型乡村社区组织体系建设何以可能——兼论乡村振兴的组织基础建设》，《福建师范大学学报（哲学社会科学版）》2021 年第 3 期。

馆，政府建立的图书馆可以允许所有的市民前来借书以及阅览，带来的问题就是可能里面的人数众多，体验变差，或者某一部分书籍都被借走，导致后来者无法再借阅；然而社区图书馆仅仅面向社区内的居民，条件必然会好很多，更少的人数会带来更好的体验感。相对于政府提供的公共产品，社区的公共产品具有小范围内的非排他性与对于非小区内的人的排他性，把成本转化成收益的效率更高。

党的十九大报告提出："加强社区治理体系建设，推动社会治理重心向基层下移，发挥社会组织作用，实现政府治理和社会调节、居民自治良性互动。"群众真实意愿的可获得性和群众直接参与的可容纳性是社区最大的特色和优势。社区是将政府方针政策与基层群众日常生活联系起来的"最后一公里"，新冠肺炎疫情防控事实上强化了基层社区的自治。在基层防控防疫工作中，如果社区"自治"和"治理"偏离了法治的轨道和德治的要求，就会损害公众权利和政府形象。因此，要有效增强基层社区队伍法治意识，提高依法防控、依法治理的能力。可以想见，未来任何重大社会风险危机的爆发，都一定会伴随着各种形式的社区自治，会在一定程度上强化各地区、各领域的管理。在自上而下和自下而上的多形式监督缺位的情况下，如何确保危机状态下的基层治理始终保持在法治轨道，如何使少数人的权利能够得到规范和约束，使多数人的权利和社会文明受到基本尊重和保护，这是基层治理体系建设不能回避的重大问题。未来，建立健全公共危机状态下基层社区治理的法律法规和制度规则，加强权力监督和民主监督，确保基层队伍依法治理、守法治理，将成为国家治理领域完善治理体系的重要课题。

(二) 社区公共产品及其分类

上面的阐述不足以使我们深刻理解和把握社区公共产品，为了深入研究，还要依据不同的标准从多个方面细分社区公共产品。

1. 依据受益对象细分社区公共产品

根据受益对象，社区公共产品可细分为社区福利产品、便民利民产品。针对社区弱势群体提供的社区福利产品是指受益对象主要是社区特殊群体，包括老年人、残疾人、优抚对象、特困家庭等；便民利民产品的受益对象是全体社区居民，比如提供良好的社区医疗服务以及优美的环境等。这种以受益对象为依据的划分方法，实际上反映了居民社区公共产品需要的"相似性"和"共同性"，社区福利产品供给既反映了社区弱势群体相似性需要，也以满足社区弱势群体的相似性需要为目的；便民利民产品供给同样既反映了全体社区居民的共同性需要，也以满足全体社区居民的共同性需要为目的。

2. 依据竞争性和排他性细分社区公共产品

依据社区公共产品的竞争性和排他性，可分为收费物品、共用资源、集体产品。根据社区公共产品竞争性和排他性的具体情况，细分如下（见表 2–1）。

表 2–1 社区公共产品属性及分类

公共产品属性	排他性	非排他性
竞争性	—	共用资源
非竞争性	可收费产品 邮件投递、公交服务、通信网络、自来水供应和下水道维护、电力供应、天然气供应、社区养老院、物业管理、青少年特长培训等。	集体产品 社区活动设施、社区道路、社区照明、垃圾处理、社区绿化、社区医疗卫生及防疫、弱势群体救助、社区安全与消防、公民自由与社区民主、社区公共教育（除特长培训）、社区公共文化体育、邻里产品等。

3. 依据技术属性细分社区公共产品

根据社区公共产品的技术属性，可分为资金密集型产品、技术密集型产品、劳动密集型产品。资金密集型产品包括供水、供电、道路、通信、文化场地、养老设施等基础设施，以及社区保障、社区医疗卫生、社区环境和绿化等；技术密集型产品包括社区物业管理、就业技术培训、残疾人康复、健康教育、计划生育技术指导等。社区公共产品中，资金密集型产品往往也是技术密集型产品，如社区物业管理、社区教育、社区卫生等，既具有较强专业性，也需要投入大量的资金。劳动密集型产品主要是邻里产品，如居民共同维护社区环境、开展社区文体活动，居民之间的精神互助、生活互助以及社区民主和社区自治活动等。

4. 依据供给主体数量细分社区公共产品

根据供给主体数量，可分为垄断性、非垄断性社区公共产品。垄断性社区公共产品只能由一个主体供给，例如对社区居民进行的社会管理，就只能由政府这个唯一的主体提供。非垄断性社区公共产品可以由多个主体供给，除了垄断性社区公共产品之外的所有社区公共产品都可以由多个主体合作供给，它们是非垄断性社区公共产品。

5. 依据是否拥有独占使用权细分社区公共产品

根据社区对公共产品是否拥有“独占使用权”，可分为独占性社区公共产品和共用性社区公共产品。如果一个社区能够独自享有某一公共产品的使用权，这一社区公共产品就具有被独占的特点，我们把可以被独占的社区公共产品称之为独占性社区公共产品。例如物业管理就是典型的独占性社区公共产品，因为一个社区独自聘请物业管理公司为其服务，该物业管理公司提供的服务就会被该社区独自享有。但是，现实中大量的社区公共产品可以同时被多个社区居民享用，这样的社区公共产品我们称之为共用性社区公共产品，例如覆盖若干社区的社区热线、社区治安、社区广场、社区防治、社区绿化、社区卫生、社区教育、社区老人院服务、居家养老服务、社区就业服务、社区福利服务、社区中心设施服务等。[①]

西方公共经济学认为，社区作为公共经济主体的特点在于社区公共产品的生产是基于生活聚集区的居民的实际需要，由居民根据协商原则集资完成居民缴纳的资金，并不出于利润的目的。[②] 社区具有自愿基础上的契约性。但是，作为公共经济主体的社区属于自发组织，经费有限，其提供公共产品的能力也相对有限。例如，在中国城区，如今最典型的社区组织是小区的业主委员会。作为开发商、物业公司与业主沟通的桥梁，业主委员会的作用不言而喻。然而现实情况是由于业主委员会的缺失，众业主无法实现与开发商和物业公司平等对话，经常不得不采取过激的方式进行维权抗议。

五、公共经济主体之五：国际组织

国际组织（International Organization）是指由众多国家组成的国家间的组织，是近代出现的跨国性组织。国家间在政治、经济、社会、文化等领域进行交流与合作过程中，出现一些任何单独国家都难以解决的问题，需要有关国家共同研究。为此，它们定期或不定期举办国际会议，由于需要处理日常事务而成立秘书处，逐步转化成为相应的国际组织。主要的国际组织见表 2-2。

① 杨团：《社区公共服务评析》，北京：华夏出版社，2002 年版，第 123-130 页。

② 余斌：《公共经济主体的多元化与政府治理结构的改革》，《重庆工商大学学报（社会科学版）》2015 年第 1 期。

表 2-2　主要国际组织名录

名　称	成立时间	总部所在地	成员数量	主要职责
世界贸易组织 World Trade Organization（WTO）	1995	日内瓦（瑞士）	164	通过实施市场开放、非歧视和公平贸易等原则，实现世界贸易自由化的目标；组织实施多边贸易协议以及提供多边贸易谈判场所；统一处理成员之间产生的贸易争端，并负责加强同国际货币基金组织和世界银行的合作，以实现全球经济决策的一致性。
联合国 United Nations（UN）	1945	纽约（美国）	193	维护国际和平与安全，发展国家间以尊重各国人民平等权利自决原则为基础的友好关系，促成国际合作；维持和平行动；采取行动救助灾民，在世界各地大力消除贫穷和促进经济及社会发展。
世界卫生组织 World Health Organization（WHO）	1948	日内瓦（瑞士）	194	旨在提高全世界各个国家和地区的卫生状况。
国际货币基金组织 International Monetary Fund（IMF）	1945	华盛顿（美国）	190	保持全球金融稳定，促进全球货币合作、国际贸易、经济增长。
世界银行 the World Bank	1945	华盛顿（美国）	189	通过向中等收入国家和信用好的贫困国家提供贷款和分析咨询服务，促进公平和可持续的发展，创造就业，减少贫困，应对全球和区域性问题。
石油输出国组织 Organization of the Petroleum Exporting Countries（OPEC）	1960	维也纳（奥地利）	13	稳定石油价格，维持供求平衡。

现代国际组织的发展，从普遍性到专门性，从全球性到区域性，从政府间到非政府间，从政治、经济、文化、社会到生态、卫生、人权等方面，几乎覆盖世界的各个领域，其类型的多样性、领域的广泛性前所未有。以联合国为核心的国际组织是多边主义的产物和体现。冷战结束后，特别是进入21世纪以来，恐怖主义、金融危机、气候变化等全球性问题成为国际社会面临的主要威胁。如何捍卫和加强多边主义，更有效地开展全球治理，以应对这些全球性威胁，解决全球性问题，并致力于实现可持续和平与可持续发展，成为国际组织的重要使命。①

（一）国际组织与国际公共产品

国际组织分为政府间组织和非政府间组织，也可分为区域性国际组织和全球性国际组织。政府间的国际组织有联合国、欧洲联盟、非洲联盟、东南亚国家联盟（东盟）、世界贸易组织、亚投行等，非政府间的国际组织有国际足球联合会、国际奥林匹克委员会、国际红十字会等，各种国际组织在当今世界都发挥着重要的作用。随着信息技术的迅猛发展和全球化趋势的推进，国际组织快速扩张，它们不仅数量上数以万计，而且覆盖广泛，包括政治、经济、社会、文化、体育、卫生、教育、环境、安全、贫穷、人口、妇女儿童等众多人类生存和发展相关的领域，已成为左右世界局势和人类社会发展的重要力量。

世界银行认为，所谓全球性公共物品，是指那些具有很强跨国界外部性的商品、资源、服务，以及规章制度和政策。在国际社会，需要发达国家与发展中国家通力合作，采取集体行动，才能充分供应这类物品。国际组织作为全球公共产品的提供者，其制定国际规则、实施项目、开展活动等实际上是在为国际社会提供公共产品。②

随着全球治理呼声的提高，发达资本主义国家正试图强化他们所控制的国际组织的国际公共经济主体地位，以维护自己的霸权。最重要的国际公共产品，如各种商品的生产标准、质量标准和环境标准等，也掌握在受欧美发达国家控制的国际组织和跨国公司手里，成为发达国家谋取私利和限制发展中国家发展的重要工具。而发展中国家则试图成立自己的国际组织，公正地为自己提供国际公共产品。③ 例如，2014年7月15日，中国、巴西、俄罗斯、印度和南非五国成立金砖国家新开发银行，建立金砖国家应急储备安排，这样做有助于减少发达国家利

① 张贵洪：《多边主义、国际组织与可持续的和平发展》，《人民论坛》2020年第32期。

② 张彬、胡晓珊：《区域性国际金融公共产品的中国供给：缘起、问题与对策》，《太平洋学报》2020年第6期。

③ 陈小鼎：《区域公共产品与中国周边外交新理念的战略内涵》，《世界经济与政治》2016年第8期。

用其控制的世界银行和国际货币基金组织对发展中国家进行掠夺，使发展中国家能够平等地成为全球治理的主角。

（二）国际公共物品的分类

有关学者对国际公共物品没有较为一致的概念，却比较一致地认为国际公共物品是指国际体系中的秩序、合作、安全、汇率稳定等诸如此类的东西。[①] 即国际公共物品是一种原则上能使不同地区的许多国家的人口乃至世界所有人口受益的公共品。它是公共物品概念在国际范围内的引申和拓展，因此也必然具有公共品的基本特性，即受益的非排他性和消费上的非竞争性。依照不同的标准，国际公共物品还可以进行如下的分类：

第一，根据国际公共物品的性质进行分类。按照国际公共物品是否满足非竞争性和非排他性两个基本特性，将其分为纯国际公共物品和准国际公共物品两类。但实际生活中的纯国际公共物品很少，主要是指完全符合非排他性和非竞争性的国际公共品，其受益者包括所有的国家、群体和世代，如臭氧层保护、知识等。实际生活中常见的大都是准国际公共品，它们不完全满足非排他和非竞争的性质，但具有广泛性的趋势，如渔场保护、猎场保护等。俱乐部产品，即拥有可排他的部分竞争性收益的国际公共品，则是准国际公共品中的重要一类，如北美自由贸易区、北约等。

第二，根据国际公共物品项目不同，可以将其分为环境、健康、知识、安全和管理等类别，又根据其活动的不同，将其分为核心活动和补充活动。核心活动旨在生产国际公共物品，主要包括一些能促进全球利益的国际行动，以及外部性较大的某个国家的活动，如预防性健康服务、教育服务等；补充活动则主要是帮助国家消费由那些核心活动生产出来的国际公共品，主要包括提供一些必要的资助以提高国家消费国际公共物品的能力，如环境研究、疾病研究等。

第三，根据国际公共物品的产生和面临问题不同，可以将国际公共物品分为全球条件、自然全球共有和人造全球共有等三种主要的类型。其中第一类和第三类物品是由于人类的存在和发展而产生的，如和平、健康、金融稳定、自由贸易和知识、标准、原则等；而第二类物品则是自然界本来就已经存在的，如臭氧层、空气等。第一类和后两类的区别主要在于前者是流量，必须要有持续的努力来保证它们的供给，而后两类则是存量，要求人类正确、适当地消费以保证它们充分发挥其效用，因此，第一类主要面临供给的问题，而后两类则主要面临消费

① 田光强：《国际公共物品与美国制度霸权》，《太原师范学院学报（社会科学版）》2013 年第 6 期。

的问题。

第四，根据国际公共物品所处的不同生产环节进行分类。如果将全部国际公共物品的供给看作一个生产过程，那么可以根据国际公共物品在这个过程中所处的不同环节将其分为最终国际公共物品和中间国际公共物品。最终国际公共品，也就是可以供消费者直接消费的产品，其既可以是有形的，如环境或人类共同遗产等，也可以是无形的，如和平或稳定的金融秩序等。中间国际公共物品则不能直接用于消费，其主要是为提供最终国际公共物品服务，如国际秩序等。

第三节　协同治理理论

一、协同治理的内涵

协同治理（Collaborative Governance），是自然科学中的协同理论与社会科学中的治理理论相结合的交叉性理论。托克维尔[①]（1805）认为："在统治人类社会的法则中，有一条最明确清晰的法则：如果人们想保持其文明或希望变得文明的话，那么，他们必须提高并改善处理相互关系的艺术。"[②]

协同学最早是由德国著名物理学家赫尔曼·哈肯[③]提出的，认为客观世界是由多个系统所构成，既有自然界系统也有社会系统，既有宏观系统也有微观系统，这些系统之间是相互联系且相互影响的。协同理论运用数学模型来解析不同系统转化的机理，探索它们共同的规律，并推广到其他领域。协同理论在不同学科领域都有广泛适应性，该理论一经推出就在经济学、社会学、公共管理学等领域得到广泛应用，很多学者将其与治理理论进行结合提出了协同治理理论。20世纪90年代末期，英国政府引入"协同政府"理念，主要目的是更好地实现横向与纵向政府间的协同，化解新公共管理运动带来的弊端，不断提高政府职能部门的行政效率。合作治理是指在公共部门与私营部门合作协同过程中创造公共价值，致力于公共目标的实现。美国学者大卫·惠顿提出了各个组织间进行协同的

① 阿历克西·德·托克维尔（Tocqueville，1805—1859），法国历史学家、政治家，社会学（政治社会学）的奠基人，代表作有《旧制度与大革命》《论美国的民主》。

② ［美］塞缪尔·P. 亨廷顿：《变化社会中的政治秩序》，王冠华等译．上海：上海人民出版社，2008年版。

③ 赫尔曼·哈肯（Hermann Haken，1927— ），美、英、法、日、苏等国多个研究机构的客座科学家、顾问和访问教授，2005年《协同学——大自然构成的奥秘》一书由上海译文出版社出版，广受好评。

条件：一是各组织对协同的态度是积极的；二是对组织间的共同目标达成一致；三是对潜在的协同有共同的认识；四是对协同合作进行科学评估；五是对协同的过程进行控制反馈。

西方协同治理理论被我国学者关注并加以本土化研究，其内在的动因不仅在于我国治理实践中对于治理理论的迫切需求，也来自于我国传统思想中协同文化基因的传承。在中国古代，协同治理思想最早可以追溯到《尚书》，其中“协和万邦”指的是各个邦国之间和谐合作。2018 年，习近平在上海合作组织青岛峰会欢迎宴会上的致辞中用了“协和万邦”这个词来倡导各个国家间相互尊重、相互合作、共同发展。我国学者在治理理论的基础上对协同治理理论进行研究是从 20 世纪 90 年代中期开始。当前在复杂性、动态性和多样性的社会背景下，面对日益复杂的社会公共问题依靠传统的单一行政力量进行管理难以满足人民群众的需求，必须与社会组织、人民群众进行有效互动。① 协同治理是政府部门、市场组织、社会组织、公民等多元治理主体为了共同的社会公共利益，运用一定的治理机制和方式对社会公共事务进行治理的过程。其概念至少应该包含以下六个方面：

第一，治理主体的多元性和非排他性。福山在《国家构建》中认为，在政府职能不断缩减的过程中，民众既希望削减政府力量的强度，也希望能衍生另一类力量。② 协同治理理论认为，为了更好地实现公共利益，政府部门不是唯一的主体，政府、市场主体、社会组织、群众通过协商民主的方式参与治理公共事务的过程中，各主体间利益都应得到尊重。

第二，协同治理的权威来源不是单一的，而是多元的。过去在公共事务治理过程中，治理权威主要来源于政府部门。但是，协同治理理论认为，治理权威不是单一来自于一方，而是应该尊重多元治理主体的利益诉求，运用德治、法治、自治三治融合手段来增进公共价值。

第三，协同治理的过程是双向互动的，而非单向的。在传统管理框架下，治理的过程更多的是自上而下的单向治理过程，主要依靠的是许可、授权、审批等形式。而协同治理强调治理过程是双向互动的，要求政府职能部门积极发动市场组织、社会组织和群众多元力量积极参与，共同化解社会治理过程中遇到的难题

---

① 张成福：《政府治理创新与政府治理的新典范：中国政府改革 40 年》，《国家行政学院学报》2018 年第 2 期。

② ［美］弗朗西斯 · 福山：《国家构建：21 世纪的国家治理与世界秩序》，北京：中国社会科学出版社，2007 年版，第 104 页。

和困境。

第四，强调系统治理。在日益复杂多变的社会大背景下，很多社会问题展现出的复杂性、多样性、动态性等特征要求政府各职能部门之间的协同，也要求政府部门与市场组织、社会组织和群众间形成相互协作关系，运用系统治理来推动社会向良好的方向发展。例如，2017 年 6 月，由国家发展改革委牵头，水利部、国家林草局、京津冀晋四省（直辖市）政府、国家开发银行组建部省协调领导小组，协调推进流域治理工作。到 2020 年底，永定河流域综合治理与生态修复经过几年的实践探索，已形成具有典型永定河流域特点的职责清晰、形式多元、管理延伸的立体式协同治理管理体制。

第五，协同治理追求的是社会的有序性。协同治理能有效避免公共事务管理过程中政府失灵和市场失灵的双重困境，通过多元社会治理主体间的调节与整合，实现社会治理由无序向有序方向发展，确保社会营造出公平正义、稳定团结、活力与秩序兼得的社会局面。

第六，协同治理的愿景是共同的、非单方的。人们之所以参与协同过程，最重要的动力之一就在于利用集体的力量弥补个体的脆弱，通过公共利益的实现推及个人利益的获取。[①] 协同治理下，各主体摆脱了敌对和劫掠，各方都懂得追求一种互动、协作、共赢的发展方向，[②] 在这样一种合作的框架下，任何一方的牺牲不再是随机的、自我承担的，会得到来自整体的调和、补偿甚至是鼓励，这就使得各主体都有为共同利益努力的积极性，从而形成一种共同的愿景。

二、协同治理的优势

自人类社会进入 21 世纪之后，社会治理日益呈现高度复杂性和不确定性的状态，如气候变化、恐怖主义、自然灾害、艾滋病以及其他传染病等棘手社会问题的治理。这类社会问题的一个突出特点是，跨越组织的传统管辖区并且跨越公共部门与私人部门之间的传统边界，所以，政府、市场、社会，都无力独自应对此类社会问题的治理。[③] 复杂性、不确定性带来的社会治理难题，产生了一系列的现代化治理理论：互动式治理、网络化治理与协同治理。

---

① 金太军、鹿斌：《协同治理生成逻辑的反思与调整》，《行政论坛》2016 年第 5 期。

② ［美］乔治·弗雷德里克森：《公共行政的精神》，张成福等译 . 北京：中国人民大学出版社，2003 年版，第 78 页。

③ Klijn E H，Koppenjan J F M. Managing Uncertainties in Networks：A Network Approach to Problem Solving and Decision Making. London and New York：Routledge，2004，p. 1.

在治理浪潮的冲击下，自上而下的驾驭已经不再是有为政府唯一的身份特征，行政化治理已经被多方行动者参与其中的互动式治理所取代。互动式治理不同于以国家为中心的、自上而下式的、行政化的传统式治理，而是通过治理者与被治理者之间的平等互动，推动公共政策的理性决策和有效实施。政府与社会经济行动者之间的互动推动着政府行动的转型，即政府并不一定采用命令与控制型的行政治理方式，而是更多地引入市场治理和社群治理的方式，以多元化的契约谈判和协商参与取代单一化的权威行使。[①] 互动式治理进一步强化了市场机制的积极作用和社群机制的决定性作用，但是这给传统的行政化治理中国家行动者的角色带来了一定的困难。一方面，治理者和被治理者的界限变得模糊了；另一方面，多方行动者互动所涉及的事项，既有政治性的，也有行政性的，政治家和行政者都需要扮演跨界协调角色，这对于行动主体构成了一定的挑战。[②]

网络化治理以反思理性的“复杂人”为逻辑起点，通过构建多种形式的治理网络，并在其中探索政府、市场以及社会等多元主体合作治理之路。从治理网络的主体构成来看，不仅包括国家、区域以及地方各级政府，还涉及其他政治、社会组织团体，如众多特殊利益取向的利益团体、私人企业、非营利组织及社区公民团体等多元主体的广泛参与。因此，网络化治理既包含高程度的公私合作，又意味着对公私合作网络的管理能力强。然而正是由于网络化治理更多地依靠由合作伙伴、承包商联盟组成的网络来提供公共服务，所以面临着目标的一致性问题，有效的监督管理问题和不同部门之间的沟通与协调问题，这些问题导致网络化治理的效果大打折扣。

协同治理作为现代公共治理的新视角，是一种兼容多元治理力量，兼具政治经济社会文化生态多重治理目标，兼有灵活运用行政与市场多种治理手段的复合型治理理论。[③] 作为科学的理论参照和有力的变革工具，它是与我国国家治理体系现代化建设高度契合的治理之道。协同治理的优势主要表现在以下三个方面：

第一，协同治理有助于社会公众民主意识的增强和民主参与能力的提升。协同治理理论强调公民对公共事务的参与，更强调公民与政府、非政府组织等主体在政策过程中的互动，这样政见不同的公民可以相互讨论，也可以直接与其他参

---

① 顾昕：《互动治理的三个模式》，《北京日报》2019 年 3 月 4 日。

② 顾昕：《走向互动式治理：国家治理体系创新中“国家—市场—社会关系”的变革》，《学术月刊》2019 年第 1 期。

③ 曹海、军梁赛：《理解“中国之治”的密钥：“协同优势”与“优势协同”》，《学术月刊》2021 年第 4 期。

与主体磋商。这种广泛而充分的多元互动，因融入了各方参与者的意见，虽未必能够产生正确的决策，但可以在参与者之间产生更多的政治支持与信任。互动决策模式已经成为那些强调个性、竞争和聚合的民主模式的必然发展。如奥尔森①所言，"在地方，公民正不断通过对话和直接讨论，以不同于以往代表制和官僚机构的决策方式，向政府显示需求，表达不同方面的利益，以求对公共政策产生实际影响力，可以说，这是当代治理的标志。"②

第二，协同治理有助于政府职能转变和服务型政府建设。服务型政府是在社会本位理念指导下，在整个社会民主秩序的框架下，经过法律许可，按照民众意志组建起来的以提供服务为宗旨并承担着服务责任、讲究效能的政府，各方参与在这一过程中显然不可或缺。

第三，协同治理有助于公共政策的优化和政策效能的实现。协同治理强调政府、市场、社会各方在平等基础上进行公开理性的对话、交流和协商，形成并维持一种深层次的相互信任和理解，包容不同观点、思想或诉求，在不同利益相关者之间形成一种动态均衡。

三、协同治理面临的挑战

协同治理能够充分发挥政府、民间组织、企业、公民个人等社会组织和行为者各自资源、知识、技术等的优势，实现对社会公共事务"整体大于部分之和"的治理功效，因而是治理社会公共事务的理想模式。但是，协同治理的实现仍然被一系列的现实因素所制约，主要表现在以下几个方面：

政策目标的一致性挑战。协同治理的重要前提是各方拥有相对一致的政策目标，然而处理复杂公共事务的成效是不明确的，有时还难以测量和评估，甚至要花费较长时间才能实现。③ 协同治理将具有不同目标的参与者聚合到一起，依据各自目标在同一框架内开展活动，试图实现自身利益最大化，从而在不同参与者之间形成张力和冲突。更为复杂的是，在漫长的目标实现过程中，各方初始目标的偏离或异化就在所难免，这在政府主导下建立的协同治理网络中表现得尤为明显。例如跨区域环境治理，由于涉及不同地方政府和市场主体，治理污染的决心

① 曼瑟尔·奥尔森（Mancur Lloyd Olson，1932—1998），美国经济学家和社会学家，在他的著作《权利和繁荣》中，奥尔森区分了不同类型政府中所产生的经济效应，特别是对独裁政府、混乱政府，以及民主政府做了详细分析。

② March J，Olsen J. Democratic Governance. New York：Free Press，1995，p. 31.

③ 唐敏、程跃：《协同治理视角下多主体参与农村垃圾治理研究》，《资源节约与环保》2021年第5期。

受经济形势和舆论氛围影响，当经济下行压力加大时，治理力度往往会减弱，以回应民众对经济发展的诉求。尽管政府可以引导和激励各方将个体利益与公共利益兼容，但各方利益固有的竞争性以及价值理念的差异化使得政策目标难以达成一致。

政府干预的有效性挑战。协同治理是多元主体的共同行动，政府通常在其中发挥主导作用。① 为实现协同治理目标并确保治理过程有序，政府需要对其他参与主体进行适当干预，其手段包括监督管理、经济激励、教育引导等。然而经验告诉我们，政府干预行为经常会失灵，几乎所有政府至今未能寻找到协同治理中适度监管的标准和节点。② 例如，为充分调动参与各方的积极性，政府会通过放松监管和结成良好的公私伙伴关系来营造宽松的合作环境，其结果可能会造成高额财政支出和低质量公共服务，这一情况在水电气等城市公用设施领域屡见不鲜。

信息沟通的对称性挑战。信息不对称是市场失灵的重要原因。同样道理，良好沟通与协调是协同治理成功的重要保障。传统政府部门习惯由单一组织承担某项任务，组织内部结构关系和沟通渠道有助于信息流动。在多元主体参与的协同治理网络中，分权式组织结构和非制度化传播途径会带来种种沟通困难，不同参与主体间建立的信息壁垒进一步加剧了问题严重性。例如在跨国气候治理、流行疾病防治、打击网络犯罪等国际事务中，国与国之间、社会组织与社会组织之间都会有所保留地共享信息，而不是和盘托出。

协同治理一般要在多级政府、各类企业和社会组织以及社会公众之间进行政策协调。③ 每一个参与主体都代表一定群体的利益，也都有一部分支持者。不同体制各有其独特的组织逻辑，不同逻辑的体制难以相互协调。当所面临公共事务的复杂性高而各主体间职责又不甚清晰时，协调就变得困难重重。此时，若参与协同的各方使用独立且不相兼容的信息沟通系统，就会加剧信息不对称，协同治理的效果可想而知。

示范效应和“搭便车”现象。政府部门、市场主体、社会组织的属性和定位不同，其价值理念和行为模式也存在差异。因此，在多元主体参与的协同治理

---

① 顾玲巧、余晓、卢宏宇：《基于政策协同的政府整体性治理水平测度框架分析》，《领导科学》2020 年第 4 期。

② 胡颖廉：《推进协同治理的挑战》，《学习时报》2016 年第 5 期。

③ 杨清华：《协同治理：治道变革的一种战略选择》，《南京航空航天大学学报（社会科学版）》2011 年第 1 期。

中，示范和标杆的参照作用显得十分重要。优质示范能增加参与主体的自觉性和积极性，提升协同治理整体绩效，但同时也不可避免地存在劣质示范，其负面效应经由协同网络发挥作用，侵蚀整个协同治理体系和正向效能，阻碍政策目标实现。① 典型案例是作为世界级难题的医药卫生体制改革，若主导改革的政府部门具有自身利益或偏袒某一方，那么制药企业、保险公司、患者等其他参与主体的行为就不可能致力于公共利益最大化。

从理论到实践，多元共治的协同治理模式克服了单一的中心治理的种种局限，反映了社会主义制度的价值追求，也顺应了国家治理体系和治理能力现代化的时代要求。因此，将各类治理主体纳入治理场域，培养治理主体的共同体意识，建设服务型政府，同时积极培育社会力量，加强社会建设，实现协同治理的制度化供给，既是推进社会治理创新的关键之举，也是走出治理困境的治本之策。②

---

① 孙迎春：《现代政府治理新趋势：整体政府跨界协同治理》，《中国发展观察》2014 年第 9 期。

② 姚怡帆、叶中华：《社会治理创新的逻辑转向——基于协同治理理论》，《领导科学论坛》2020 年第 12 期。

课后习题

一、名词解释

政府　私人部门　第三部门　社区　国际组织　协同治理

二、简答题

1. 公共经济的参与主体为何趋于多元化？

2. 结合协同治理理论，谈谈党的十九届五中全会提出的“加强和创新社会治理”的含义？

案例一

共享经济：从政府监管走向协同治理

共享经济是指利用互联网等现代信息技术，以使用权分享为主要特征，整合海量、分散化资源，满足多样化需求的经济活动总和，是近年来出现的新业态新模式。2016 年以来，我国共享经济呈现出快速发展态势。国家信息中心的研究报告显示，2017 年我国共享经济市场交易规模达 4.9 万亿元，较上年增长 47%；参与共享经济活动的人数达 7 亿，其中服务提供者约 7000 万人，在推动经济转型发展、带动就业和促进包容性增长方面的作用日益凸显。但是，我国共享经济领域也暴露出了一些问题，原有监管制度和实践面临不同程度的困境。

一是用户权益保障难。首先，共享经济通过网络平台整合资源，许多产品和服务需要线上线下结合，但线下的法律条文很难直接适用于线上业务。共享经济面临“监管难、取证难、维权难”的挑战。其次，用户隐私保护与信息安全面临挑战，用户隐私的信息容易发生泄露或被不正当利用，将威胁到用户权益甚至人身财产安全。

二是传统属地管理模式的局限性日益突出。共享经济“一个平台、服务全国”的运营特点与传统的属地管理制度之间的冲突日益凸显。比如，在网约车管理方面，各地出台的网约车管理措施基本延续了传统出租车管理体制和做法，所有的网约车平台企业都要适应出租车的属地管理要求，要求在本地设立分公司并取得行政许可。以滴滴出行为例，要获得全国300多个地级市的行政许可，需要携带几乎相同的材料跑遍这些城市，因材料中包含营业执照、法人身份证、线上能力认证函和公章的原件，又不能异地同步办理，即使马不停蹄地逐个城市递送材料，300多个地级市至少需要3年才能办完，若全国近2800多个县级单位也要求办证，周期可能长达20多年，企业合规成本极高。

三是新的共享模式给城市治理带来新挑战。如在共享单车领域，平台企业为了抢占市场，导致短期内单车投放数量急速增加，再加上现有城市规划中在慢行交通系统管理方面存在的规划建设不足、智能化管理水平不高等短板以及用户自觉有序停放意识薄弱等原因，导致车辆乱停乱放问题严重。

由此，面对这些困境，传统的政府监管在共享经济时代面临诸多困境，共享经济的规范健康发展，需要建立起多方参与的协同治理机制。一是政府需要加强现有政策制度与分享经济的适用性研究，抓紧修改已经明显不适用的法律法规，进一步清理制约分享经济发展的行政许可等事项。二是充分发挥平台企业内生治理的作用。分享经济平台作为一个节点，既是交易的平台、数据的平台，也是信用的平台和消费者保护的平台。平台企业在发展中逐步形成一些参与者共同认可的规则，包括质量与安全保障、信用管理、风险控制等多个方面。三是充分发挥行业协会等社会组织的自律和引导作用。从我国发展实践看，行业协会等可以组织、引导和督促企业贯彻国家关于分享经济发展的法律法规和政策方针，规范企业经营行为；加强行业自律，研究建立争议、投诉处理机制和反馈机制；组织开展行业情况调查，研究制定行业服务标准和业务规范，完善社会监督；协调企业之间、企业与政府有关部门之间的关系，发挥桥梁纽带作用。（资料来源：光明网）

结合案例一回答以下问题：协同治理在社会治理方面有哪些优势？

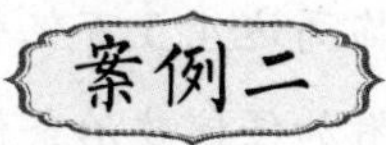

案例二

“疫苗民族主义”损害全球合作抗疫

在携手世界各国同心抗疫的过程中，中国国家领导人多次强调“病毒没有国界，是全人类的共同敌人”，承诺中国疫苗研发完成并投入使用后，将作为全球公共产品，为实现疫苗在发展中国家的可及性和可负担性做出中国贡献。

然而，就在中国向多个发展中国家援助疫苗，推进公平分配时，部分西方国家政客和媒体不断刻意炒作，诬称中国是在搞“疫苗外交”，质疑中国利用疫苗出口和援助来扩大地缘政治影响。事实上，当前全球疫苗公平分配出现问题，根源在于部分发达国家人为制造“免疫鸿沟”，推行“疫苗民族主义”。

一些高收入国家与医药厂商签署协议，保证在为其他国家提供疫苗之前首先供应本国民众。但是这些高收入国家订购的疫苗数量远超本国人口数，造成疫苗囤积、过剩，而低收入国家则“一剂难求”，陷入无法获得疫苗的困境。

当前，英、美等国在国际市场过量采购疫苗。2月19日，致力于解决贫困和可预防疾病的国际非营利组织 ONE Campaign 发布的报告显示，美国、欧盟国家、英国、澳大利亚、加拿大和日本当时已经获得30多亿剂新冠疫苗，比这些国家所有人注射两剂疫苗所需的20.6亿多出10多亿剂。其中，加拿大的疫苗购买量是其人口数量的5倍。

3月12日，世界卫生组织总干事谭德塞表示，144个经济体接种了3.35亿剂次新冠疫苗，其中76%在10个国家内。疫苗公平，是当前全世界面临的一场道德考验。

与此同时，高收入国家间也在内斗。由于阿斯利康和辉瑞两大公司为保证英美两国的疫苗供给，延迟向欧盟国家交付疫苗，导致欧盟整体疫苗接种计划受影响。当前，欧盟国家疫苗接种比例远远低于英、美等国。据世界卫生组织截至2021年3月3日的数据，欧盟4.47亿人口中只有5.5%接种了第一剂疫苗。

在应对国际公共卫生紧急事件中，“疫苗民族主义”是损人不利己、短视之举，暴露了西方一些政客的零和思维和狭隘视角。

直到所有人都安全之前，没有人能真正安全。无论发达国家在出入境管控上采取多么严格的措施，欠发达国家的疫情如果失控，终将外溢“倒灌”。国际商会的一项研究表明，如果发达国家只管对本国人口进行全面接种而忽视欠发达国家，那么这些发达国家可能会面临高达4.5万亿美元的经济损失。

中国对外出口及援助疫苗不附加任何政治条件，深刻展现命运与共的人道主义情怀。“只要还有一个国家存在疫情，国际社会团结抗疫的努力就不应停止；只要还有一个人感染病毒，我们就都有责任及时伸出援手。”2021年全国两会期间，国务委员兼外交部长王毅在外长记者会一开始就展示了中国与国际社会团结抗疫的决心和态度。

在新冠疫情这一全球性、普遍性威胁面前，种种以邻为壑的个体本位主义、狭隘民族主义的行径，终将害人害己。世界各国唯有摒弃“疫苗民族主义”，以人类命运共同体意识相互增援，方能渡过劫难，迎来新生。（资料来源：人民网）

结合案例二回答以下问题：

1. 谈一谈我国提供疫苗作为全球公共产品为什么不被接受？全球协同治理面临着哪些挑战？

2. 全球抗疫为什么要构建人类命运共同体？

「第三章」 资源配置方式的选择

“我走了很远的路，吃了很多的苦，才将这份博士学位论文送到你的面前。”中科院自动化所2017届博士毕业生黄国平的论文“致谢”部分在网络刷屏。他回顾了自己从山坳穷学生到计算机博士的艰辛历程，这份被网友称为“现代版《送东阳马生序》”的“致谢”，令许多人潸然泪下。一个很重要的原因是，黄国平逆境中坚忍奋进的故事，触动了人们对城乡教育公平的关切。这也折射出了促进教育资源公平、切断贫困代际传递，依然任重道远。其实，优化资源配置不仅仅体现在均衡教育资源方面，医疗卫生、养老服务、基础设施以及生态建设等方面也同样需要提高资源利用效率以及促进公平分配。换言之，资源的配置问题是任何以分工为基础的社会都会面临的重大经济问题。

第一节 资源配置的内涵与原则

一、资源配置的内涵

（一）资源是稀缺的

在经济学中，资源有狭义和广义之分。狭义资源是指自然资源，如河流、矿藏等；广义资源是指经济资源或生产要素，不仅包括自然资源，还包括劳动力、资本以及土地等。可以说，资源包含了社会经济活动中的人力、物力和财力，是社会经济发展的基本物质条件。亚当·斯密认为，在任何社会中，人的需求作为一种欲望都是无止境的，而用来满足人们需求的资源却是有限的。因此，资源具有稀缺性。稀缺性是人类面临的永恒问题，稀缺性是绝对的，它存在于人类历史的各个时期和一切社会，无论是古代还是现代，无论是贫穷的非洲还是富裕发达的欧美。资源稀缺性与人们需求无限性的矛盾是人类社会最基本的矛盾。

资源稀缺是经济学研究的逻辑起点，政府如何促进社会资源配置优化是公共经济学的基本出发点。① 用于生产的资源无论在质还是在量上都是有限的，比如土地、矿藏、资本等，但有限的资源要用来满足人类无限的、多样的需求。资源的稀缺性决定了任何一个社会都必须通过一定的方式把有限的资源合理分配到社会的各个领域中去，以实现最佳利用，即用最少的资源耗费，生产出最适用的商品和劳务，获取最佳的效益，于是就产生了资源如何最优配置的问题。②

（二）资源最优配置

资源配置（Resource allocation）是指相对稀缺的资源在各种不同用途上加以比较从而做出选择，即在一定的范围内，社会对其所拥有的各种资源在其不同用途之间分配。资源配置合理与否，对一个国家经济发展的成败有着极其重要的影响。一般来说，资源如果能够得到相对合理的配置，经济效益就显著提高，经济就能充满活力；否则，经济效益就明显低下，经济发展就会受到阻碍。

资源的最优配置分为狭义的资源最优配置和广义的资源最优配置。狭义的资源最优配置指以有限的资源（生产要素）尽可能生产出更多的符合人们偏好的产品和服务，即效率问题：生产什么？如何生产？为谁生产？不考虑人们收入分配的公平及宏观经济的稳定。而广义的资源最优配置要解决的问题包括效率、公平和稳定三方面的内容，这也是评价社会经济活动的三条基本原则。

社会资源的配置是通过一定的经济机制实现的，分别是动力机制、信息机制和决策机制。③ 资源配置的目标是实现最佳效益，在资源配置是通过不同层次的经济主体实现的条件下，实现不同经济主体的利益，就成为它们配置资源的动力，从而形成资源配置的动力机制。为了选择合理配置资源的方案，需要及时、全面地获取相关的信息作为依据，而信息的收集、传递、分析和利用是通过一定的渠道和机制实现的，如信息的传递可以是横向的或者是纵向的。④ 资源配置的决策权可以是集中的或分散的，集中的权力体系和分散的权力体系，有着不同的权力制约关系，因而形成不同的资源配置决策机制。

二、资源最优配置的原则

（一）效率原则

帕累托最优理论是意大利经济学家维尔弗雷德·帕累托提出的，他最早地观

① 王凯：《数字经济、资源配置与产业结构优化升级》，《金融与经济》2021 年第 4 期。
② 王云中：《论马克思资源配置理论的依据、内容和特点》，《经济评论》2004 年第 1 期。
③ 陈石：《资源配置论》，北京：经济科学出版社，2006 年版，第 55-56 页。
④ 李文莲、王粲：《资源的解构与优化配置研究》，《上海经济研究》2019 年第 8 期。

察到意大利20%的人口拥有80%的财产，从而提出著名的帕累托法则，成为了福利经济学的最高理想。

帕累托最优理论也被称为帕累托效率、帕累托最佳配置，是博弈论中的重要概念，在经济学、工程学和社会科学中有着广泛的应用。帕累托最优是指资源分配的一种理想状态，即当一种资源的任何重新分配，已经不可能实现在不使一个人福利减少的情况下使任何一个人的福利增加。换言之，社会已经达到这样一种状态，如果资源在某种配置下，不可能由重新组合生产和分配来使一个人或多个人的福利增加，而不使其他任何人的福利减少，那么社会就实现了资源的最优配置。

如果可以找到一种资源配置方法，在其他人的境况没有变坏的情况下使一些人的境况变得好一些，那么这就是帕累托改进。如果不存在任何改进的方法，那就是帕累托最优。帕累托改进可以在资源闲置或者市场失效的情况下实现。[①] 在资源限制的情况下，一些人可以生产更多并从中受益，但又不会损害另外一些人的利益。在市场失效的情况下，一项正确的措施可以消减福利损失而使整个社会受益。帕累托改进是动态过程，而帕累托最优状态是静态呈现。

实际上，在现实经济生活中，帕累托效率是不可能完全实现的。大多数经济活动都可能是以其他人条件变坏为条件使某些人情况变好。[②] 一般认为，在交易成本为零的情况下，社会资源能够得到最大程度的有效配置，在信息完全对称的情况下，需求一方能够得到他所需要的资源，这种配置就是最优配置，无须进一步改进，从而达到帕累托最优，但是这种情况在现实经济中是不存在的。

图3-1中WW_1曲线上的点代表A和B的福利总和达到了社会资源所能提供的最高水平，称WW_1为福利边界。如果某一种资源配置使A和B的福利水平处于N点，那么认为该种资源配置方式是一种缺乏效率的配置方式，因为N点移到曲线上的E点，A和B的福利水平可以同时提高，而E点移到WW_1围成区域内的任何一点，一个人的福利水平的提高必然伴随着另一个人的福利水平的下降或者两个人的福利水平同时下降，所以WW_1曲线上的任何点都满足帕累托最优条件。

---

① Rong K, Hu G, Lin Y, Shi Guo Li. Understanding Business Ecosystem Using a 6C Framework in Internet-of Things-based Sectors. International Journal of Production Economics, 2015, 159, pp. 41-55。

② Debreu. G. Continuity Properties of Paretian Utility. International Economic Review. 1964, 5, pp. 285-293.

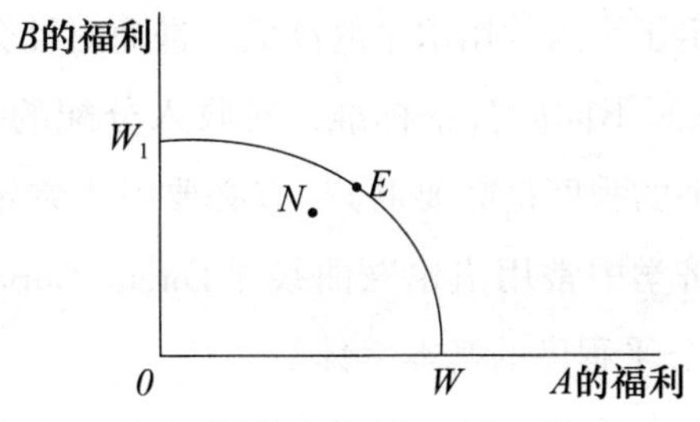

图 3-1 福利边界与帕累托最优

（二）公平原则

在经济学的理论分析上，公平是指人们对一定社会历史条件下，人与人之间利益关系的一种评价，评价的不同，导致了人们对公平的不同解释。①

第一种解释，市场主导的观点。这种观点认为，市场为经济当事人提供了相同的参与自由竞争的机会，市场交易是自愿的，从而市场竞争性的结果就是公平的，在此基础上资源配置使那些有能力而且努力工作的人获得相应的报酬。这种公平强调的是竞争规则和过程的公平，它能够激发经济当事人的积极性，推动社会经济的发展。

第二种解释，经济学家罗尔斯的观点。他认为，如果社会的不公平能够给社会中的最弱者带来收益，那么社会公平程度会得到提高。因此，罗尔斯认为，最公平的配置就是使社会中最弱者的福利效用最大化。基于此，公平可以是平均的，也可以不是。假如通过赋予具有较高生产能力的人一定的收入，可以调动其积极性，从而增加社会产品，那么社会中最弱者的境况同样会变好。

第三种解释，平均主义的观点。这种观点认为，通过社会产品的平均化，每个社会成员都能够获得与他人均等的一份消费品。人们一般并不期望这种分配的发生，尤其是将平均主义引入到社会，它会将财富从生产能力较强的人手中转移到生产能力较弱的人那里，这种转移是不利于社会财富总量增加的。

第四种解释，平均主义改良的观点。这种观点认为，基数效用论使个人福利大小的衡量成为可能，于是，出现了考察个人效用水平总和的社会福利函数。这种社会福利函数中，社会赋予每个人的效用以同样的权数。平均主义变成其特例。由于个人效用的度量以及效用水平之间的比较存在着较大困难，所以，这种类型的社会福利函数难以得到承认。

收入或财富的分配决定不同消费者获得消费商品数量的多少，影响所提供的

① 韩康：《公共经济学》，北京：经济科学出版社，2010 年版，第 14 页。

劳动等要素，从而决定了个人效用水平的高低，进而对社会福利函数的构造产生影响。[①] 为此，需要依照不同的公平标准，对收入分配的不公平状况加以调节。因此，衡量社会不公平的程度是必要的，[②] 有必要引入判定社会福利水平的另一个标准——公平。经济学中常用洛伦兹曲线（Lorenz Curve）和基尼系数（Gini Coefficient）作为分析公平程度的基本工具。

如果收入平均分配于所有家庭，则洛伦兹曲线就是对角线 *OC*，*OC* 被称为绝对公平线（Line of Perfect Equity）。另一个极端则是绝对不公平的洛伦兹曲线 *OFC*，因为这一折线意味着一个家庭拥有 100%的财富，而其他家庭一无所有。当今世界上任何一国收入分配都处于这两种极端状况之间。为了评价收入分配的公平程度，经济学家引入了一个定量指标——基尼系数：由图中绝对公平线和洛伦兹曲线所围成的阴影面积（*A*）与由绝对公平线和绝对不公平线围成的三角形（*A*+*B*）的比例，即基尼系数=*A*/（*A*+*B*）。

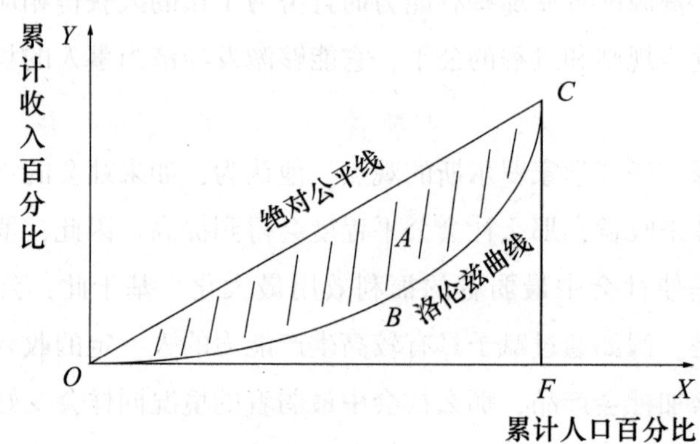

图 3-2　洛伦兹曲线图

（三）稳定原则

20 世纪 30 年代的经济危机震撼了全世界，在危机期间，发达国家的经济遭受了沉重的打击，为了解决危机问题，凯恩斯提出的政府干预经济的理论得到了美国政府的推崇和采纳。长期推行凯恩斯主义的宏观经济政策后，西方国家在 20 世纪 50 年代后出现了不同程度的通胀，国际收支状况也日益恶化。宏观经济政策的目标也相应地发展为稳定物价、充分就业、经济增长和平衡国际收支。[③]

---

① 钟文、严芝清、钟昌标等：《兼顾公平与效率的区域协调发展能力评价》，《统计与决策》2021 年第 10 期。

② 陈江生：《西方经济学视域中的公平与效率》，《科学社会主义》2005 年第 5 期。

③ 贾利军、蒋映泉：《资源配置与生产效率——西方经济理论中关于金融系统功能的解释与比较》，《河北经贸大学学报》2015 年第 1 期。

稳定物价即抑制通货膨胀，设法使一般物价保持动态的稳定，从而保证币值的稳定。充分就业并不意味着失业率为零，而是指在某一工资水平下，所有愿意接受工作的人都获得了就业机会。经济增长即一个国家或地区的产品和社会福利总量的增长。衡量经济增长程度一般用国民生产总值（GNP）或国内生产总值（GDP）的增长率。平衡国际收支是指实现一国对外经济往来中的货币收入和货币支出大体平衡，避免长期大量盈余或赤字。

第二节　福利经济学基本定理

一、福利经济学概述

福利经济学（Welfare Economics）主要是研究一个国家或是社会如何才能通过合理的资源配置来使得整个群体的成员获得最大的利益即社会经济福利最大化。[①] 福利经济学其实离人们的生活很近，人们生活中的许多事都会和我国的福利政策等关联，例如养老问题、医疗问题等其中都不乏福利经济学的一些知识，这些问题不可忽视也不容忽视。

福利经济学于20世纪早期形成于英国，它的思想可以追溯到亚当·斯密，但也有西方学者认为它最早起源于霍布森。在霍布森看来，传统的经济学是一种只分析竞争制度中控制价格和人们收入力量而不关心收入分配的不平等的商业学科，同时，他认为利润、利息和经济地租都是“不劳而获的增量”，现实中存在的收入分配不平等应当引起人们的重视。在他看来，经济学的中心任务是研究如何增加社会福利，发现现行社会制度下财富分配所依据的原则，并提出改进财富分配以消除不平等的方法。尽管霍布森在福利问题上提出一些有价值的观点，但最终并没有建立社会福利经济学的体系。

真正的资产阶级福利经济学产生的标志是英国剑桥大学著名经济学家庇古的《福利经济学》的出版。从此，福利经济学成了经济学中的一大重要分支，庇古也因此获得“福利经济学之父”的称誉。以庇古为代表的旧福利经济学的主要特征是：经济学是解决物质福利问题的；使用物质福利来表示效用概念。[②] 这样

① 王思颙：《福利经济学的兴起与发展》，《中国集体经济》2015年第24期。

② 乔洪武：《西方经济伦理思想研究及其发展》，《中国社会科学评价》2020年第1期。

的效用概念等同于生产能力，如个人的健康状况等，它与个人的生产能力有关，进而与经济效率有关。因此，这样的效用概念是客观的，继承了英国效用主义伦理学的传统，认为个人的效用是可以用基数来度量的，是可以进行人际比较的，并且边际效用是递减的。① 但是，旧福利经济学也存在一些问题：旧福利经济学以基数效用理论为基础，但是效用是人的主观感受，很难用基数来度量；一个人的效用和另一个人的效用是不可以进行比较的；适用于所有人的基数效用的度量单位是不存在的；等等。②

20 世纪 30 年代的一场大争论使西方福利经济学发生了一次大的转折：旧福利经济学被新福利经济学所取代。当时大争论的焦点是关于经济学分析中要不要规范分析，要不要加入价值判断的问题。这场争论以罗宾斯③的胜利而告终。罗宾斯认为，经济学和伦理学的结合在逻辑上是不可能的，经济学不应该涉及伦理的或价值判断的问题。1932 年罗宾斯出版了《论经济科学的性质和意义》一书，对庇古的福利经济学进行了以下三方面的批判：第一，罗宾斯否定了个人间效用比较的可能性。第二，罗宾斯认为个人效用是一种主观评价，是不科学的。凡是从事研究“应该是什么”的经济政策问题的福利经济学都是主观评价，这和研究“是什么”的实证经济学应当是加以区别的。第三，经济科学是中立的，“凡是使我们说明政策好坏的经济学都是不科学的”，福利经济学不是经济学家所应当研究的固有科学。

在新福利经济学之后，又有一部分经济学家就福利的概念及福利经济学的命题提出了各种不同的看法，使福利经济学的理论研究和实际应用继续向深度和广度发展，主要有以下三个方面：一是次优理论。④ 次优理论认为既然社会福利的最优极大值不可能达到，那就通过满足原来没有满足的帕累托最适度条件使社会福利的次优状态更好。二是相对福利理论。英国经济学家米香、美国经济学家伊

---

① 乔洪武等：《西方经济伦理思想研究（第 2 卷）》，北京：商务印书馆，2016 年版，第 396 页。

② ［德］维克多 · J. 范伯格：《经济学中的规则和选择》，史世伟等译．西安：陕西人民出版社，2011 年版，第 44 页。

③ 莱昂内尔 · 罗宾斯（Lionel Robbins，1898—1984）：英国当代著名经济学家，以经济学理论家知名，代表作有《论经济科学的性质与意义》（1932 年）、《大萧条》（1934 年）、《经济计划和国际秩序》（1937 年）、《阶级冲突的经济根源》（1939 年）、《战争的经济原因》（1939 年）、《和平与战争时期的经济问题》（1947 年）、《英国古典政治经济学的济政策理论》（1952 年）、《经济思想中的经济发展理论》（1968 年）、《现代经济理论的演变》（1970 年）、《反通货膨胀》（1979 年）。

④ 井润生：《西方福利经济学的发展演变》，《学术研究》2002 年第 8 期。

斯特林[①]认为社会福利不一定随国民收入的增加而增加，不同的人会因不同的时间或地点，因欲望的满足而感到快乐，所以就无法确定福利水平的统一标准。三是公平和效率。[②] 公平和效率是福利经济学中的重大问题，庇古一方面强调国民收入的增长、坚持效率，另一方面强调分配，追求平均；补偿论者坚持效率导向和经济效率第一的原则；社会福利函数论者认为经济效率是必要条件，而分配公平（不是庇古的平均）是充分条件，所以他们既要公平又讲效率。新福利经济学之后的福利经济学只是对新福利经济学进行了批判和补充，但没有形成一个完整、独立的理论体系。[③]

二、福利经济学第一定理

（一）福利经济学第一定理表述

在完全竞争的条件下，市场竞争能够通过价格机制有效调节经济活动，从而达到帕累托最优的资源配置。换言之，在一个完全竞争、完全信息、无交易成本、无外部性、无规模经济的世界里，每个人追求自身利益最大化就会促使整个社会达到帕累托最优的资源配置状态。即完全自由竞争的市场是帕累托最优的，这种政策导向为崇尚自由竞争，反对政府干预。

福利经济学第一定理的证明有很多种方法，这里引用范里安的方法（反证法）来证明。[④] 假设市场均衡不是帕累托最优的，这样意味着存在其他的可行配置（$yA1$，$yA2$，$yB1$，$yB2$），这种配置优于以前的配置（$xA1$，$xA2$，$xB1$，$xB2$）。其中1、2代表商品种类，A、B代表不同行为主体，y代表相对于x的资源配置情况，$yA1$就代表相对于x的资源配置状况，行为人A对商品1的选择。（$yA1$，$yA2$，$yB1$，$yB2$）配置满足以下条件：

$$yA1+yB1=wA1+wB1$$

$$yA2+yB2=wA2+wB2$$

这个方程组表明配置是可行的，最终资源禀赋和初始禀赋（w：初始禀赋点）相等。除了满足这个条件外，还满足（$yA1$，$yA2$）>（$xA1$，$xA2$），（$yB1$，$yB2$）>

① 理查德·伊斯特林（Richard Easterlin，1926— ）：美国著名人口经济学家，南加利福尼亚大学的教授，最早对主观快乐进行理论研究的当代经济学家。著有《生育率革命：一种供求分析》《是否需要对不发达状况进行历史的研究》《经济增长可以在多大程度上提高人们的快乐》等书。

② ［英］李特尔：《福利经济学评述》，北京：商务印书馆，1980年版，第8页。

③ 杨德明：《当代西方经济学基础理论的演变》，北京：商务印书馆，1988年版，第27页。

④ ［美］哈尔·R. 范里安：《微观经济学：现代观点》，费方域等译. 上海：上海人民出版社，2006年版。

$(xB1, xB2)$，这表示对 A 和 B 来说，他们更偏好（$yA1$，$yA2$）和（$yB1$，$yB2$）配置。假定每个行为人按照自己的财力购买最佳的消费束，如果（$yA1$，$yA2$）优于他所选择的消费束，那么选择（$yA1$，$yA2$）的费用一定大于他的财产，即 $p1\times yA1+p2\times yA2>p1\times wA1+p2\times wA2$；同理，对于行为人 B，他的情况跟 A 相同，即 $p1\times yB1+p2\times yB2>p1\times wB1+p2\times wB2$，将上述两个方程联立得 $p1\times(yA1+yB1)+p2\times(yA2+yB2)>p1\times(wA1+wB1)+p2\times(wA1+wB2)$，又因为 $yA1+yB1=wA1+wB1$，$yA2+yB2=wA2+wB2$，则方程 $p1\times(wA1+wB1)+p2(wA2+wB2)>p1\times(wA1+wB1)+p2\times(wA2+wB2)$，方程两边显然矛盾，因此方程不成立。方程不成立的原因在于方程的假设条件——市场均衡不是帕累托最优的，因此根据反证法，市场均衡是帕累托最优的。

（二）福利经济学第一定理的说明

福利经济学第一定理有很多假设条件，这些假设条件和帕累托最优原则假设条件相似，包括市场是完全竞争的市场，市场上所有人都是价格的接受者；理性人假设，消费者追求效用最大化，生产者追求利润最大化；消费者满足局部非饱和性；不存在外部性以及非市场化的因素等。福利经济学第一定理旨在将市场均衡和帕累托最优结合起来，说明在完全竞争的市场上，如果允许市场主体自由竞争，市场会自动实现出清状态，并且这种均衡是帕累托最优的，是有效率的。可以看到福利经济学第一定理“实际上是亚当·斯密《国富论》的主体思想”，只不过是将相关的概念和条件加以说明而已。因此，福利经济学第一定理也被看作是斯密“看不见的手定理”的现代版本。

福利经济学第一定理的重要性，在于阐述了竞争市场的优势，这是一种可以确保帕累托最优的普遍机制。帕累托标准可以通过完全竞争、完全计划经济体制的中央调控，甚至完全价格歧视来实现。然而，哈耶克等人试图证明，完全竞争市场是实现帕累托最优的成本最小的方式。① 假设有无数个行为人参与资源配置，如果是计划经济体制，可能需要建立一个机构，专门搜集所有的与商品、生产要素、消费偏好相关的信息，还需要建立一系列复杂的数理方程组，测算出每一个行为人对某种商品的需求。显然，计划经济体制运行的成本是巨大的。按照福利经济学第一定理的观点，完全竞争市场不需要行为人掌握所有的信息。每个行为人在做出决策时，只需要关注市场价格信息，即商品和生产资料的价格，便

① ［英］弗里德里希·冯·哈耶克：《通往奴役之路》，王明毅译．北京：中国社会科学出版社，1997 年版，第 121-137 页。

根据价格做出消费和生产的决策。在竞争市场上，消费者不必知道商品是如何生产、由谁生产的，他们只要知道价格就可以决定自己的需求。竞争市场可以减少每一个人需要掌握的信息量，从而降低获取信息的交易成本，以最小的成本实现资源配置效率最大化。

因此，按照福利经济学第一定理，只要具有完备的市场体系，竞争性均衡就能达到帕累托最优。诚然，中国特色社会主义进入新时代，要不断完善社会主义的市场经济和价格机制，才能实现资源的最优配置，才能实现国民收入和经济福利总量达到最大值。经济效率是最大福利的必要条件，因此在社会主义现代化建设时，必须提倡经济效率优先的原则，才能体现解放生产力、发展生产力、以先富带后富的社会主义本质特征。因此，只有大力发展社会生产力，不断完善市场机制，才能推进物质文明建设和国民经济的高速发展，才能满足人们不断提高生活水平的需要和全面建成社会主义现代化强国。

三、福利经济学第二定理

福利经济学第一定理有一系列假设条件，认为如果存在完全竞争均衡，那么这种状态一定是帕累托最优状态。显然，福利经济学第一定理，首先强调完全竞争均衡的存在，如果存在外部性、信息不对称、公共物品和公共资源等问题，完全竞争均衡是否存在是一个很重要的疑问。所以，一般称福利经济学第一定理为弱定理，福利经济学第二定理尽量弥补第一定理的缺点，也被经济学家称为真正基本的福利经济学定理。

（一）福利经济学第二定理表述

在完全竞争的市场条件下，自由竞争市场可以使资源配置达到帕累托最优状态。每个人的福利状态取决于他初始资源的拥有状态。政府要想调节社会间的福利水平，应该对每个人的原始资源配置状态进行干预和调整。第二定理是在第一定理上的深化，加入了一个论点，即初始资源配置状态决定最终资源配置状态。①

（二）福利经济学第二定理的说明

福利经济学第二定理，在初始分配基础上探讨效率问题，其意义在于可以将分配和效率两个问题分开考虑，② 任何帕累托标准都可以得到市场机制的支持，

① 万海远、李实、卢云鹤：《全民基本收入理论与政策评介》，《经济学动态》2020年第1期。

② ［美］哈尔·R. 范里安：《微观经济学：现代观点》，费方域等译. 上海：上海人民出版社，2014年版，第421页。

市场机制在分配上是中性的，不管商品和财富的分配标准如何，都可以利用竞争市场实现这种标准；同时，效率问题和公平问题也可以分开来处理，即在公平和效率决策问题上，是可以找到平衡点的，因为任何旨在使得社会更加公平的政策，可以改变每个行为人的商品禀赋，[①] 在完全竞争的条件下，改变后的商品禀赋点会自动实现帕累托最优。福利经济学第二定理，为政府的转移支付和财产的重新分配提供了理论指导。

目前，我国的社会不公平问题正变得越来越严重，尤其是我国的收入分配差距悬殊已成为一个十分突出的问题。主要表现为贫富差距持续扩大，城乡居民人均消费绝对差距逐年增大，相对差距虽逐年减少但消费差距仍在 2 倍以上。[②] 近几年，政府已经开始采取措施遏制社会不平等程度的发展，如个税改革、精准扶贫，虽然在一定程度上缓和了收入差距问题，但效果上还没有达到预期的目的，贫富悬殊趋势仍在扩大。按照福利经济学第二定理，关于市场在收入分配方面的失灵，政府可以通过适当的一次性财富转移缓解。[③] 因此，政府可以在收入方面采取适宜的税收和补贴政策，以及全面的社会保障制度，使财富适当地从富人手中转移到穷人手中，穷人得到的效用大于富人损失的效用，结果使社会福利总量增加。公平分配是最大福利的充分条件，因此，在进行社会主义现代化建设时，必须提倡兼顾社会公平的原则，进一步体现消灭剥削，消除两极分化，最终达到共同富裕的社会主义本质特征。

四、福利经济学第三定理

在民主社会中，能否找到一种投票机制，能够将所有个人的偏好合理地转换为一种社会偏好，并做出前后一致的决策呢？阿罗经过严格的数学推导证明这是不可能做到的，这就是著名的福利经济学第三定理，又叫作阿罗不可能定理。也就是说，任何一种多数同意规则，都不可能万无一失地保证投票的结果符合大多数人的意愿。[④] 本节简要介绍阿罗不可能定理，在公共选择章节会有更加详尽的阐释。

---

① 马旭东、史岩：《福利经济学：缘起、发展与解构》，《经济问题》2018 年第 2 期。

② 李国正、艾小青：《“共享”视角下城乡收入与消费的差距度量、演化趋势与影响因素》，《中国软科学》2017 年第 11 期。

③ 岳经纶、方珂、蒋卓余：《福利分层：社会政策视野下的中国收入不平等》，《社会科学研究》2020 年第 1 期。

④ 俞立平、武夷山：《阿罗不可能定理对科技评价结果的影响研究——兼谈定序评价与定值评价》，《科技进步与对策》2012 年第 3 期。

（一）福利经济学第三定理表述

福利经济学第三定理是指，如果众多的社会成员具有不同的偏好，而社会又有多种备选方案，那么在民主的制度下不可能得到令所有的人都满意的结果。① 阿罗不可能定理所揭示的问题被形象地比喻为，一个集体想设计出一匹马，但结果设计出的却是一只骆驼。下面将通过投票悖论（Paradox of voting）② 来简单说明一下阿罗不可能定理。假设甲、乙、丙三人，面对 a、b、c 三个备选方案，有以下偏好排序：

对于甲来说 $a>b>c$；对于乙来说 $b>c>a$；对于丙来说 $c>a>b$。其中，$a>b>c$ 代表甲偏好 a 胜于 b，又偏好 b 胜于 c。

1. 若取 a、b 对决，那么按照偏好次序排列如下：甲（$a>b$）、乙（$b>a$）、丙（$a>b$）。社会次序偏好为（$a>b$）；

2. 若取 b、c 对决，那么按照偏好次序排列如下：甲（$b>c$）、乙（$b>c$）、丙（$c>b$）。社会次序偏好为（$b>c$）；

3. 若取 a、c 对决，那么按照偏好次序排列如下：甲（$a>c$）、乙（$c>a$）、丙（$c>a$）。社会次序偏好为（$c>a$）。

综合以上得到了三个社会偏好次序（$a>b$）、（$b>c$）、（$c>a$），结果代表着“社会偏好”有如下事实：社会偏好 a 胜于 b，社会偏好 b 胜于 c，社会偏好 c 胜于 a。显而易见，这种所谓的“社会偏好次序”有内在的矛盾，即社会偏好 a 胜于 c，而又不如 c。所以按照投票的大多数规则，不可能得出合理的社会偏好次序。

（二）福利经济学第三定理的说明

阿罗不可能定理对人们认识和求解福利经济学基本问题做出了重大的贡献。但是同时也表明，从阿罗的结论到对福利经济学的基本问题做出满意的回答依然还有较大的距离。③ 它所给出的“不可能性”结论，一方面为人们探索集体决策机制的理论研究工作蒙上了一层悲观的阴影，另一方面则挑战了人们对福利经济

① 张庆元、古志辉：《阿罗一般可能性定理与科斯定理的逻辑比较》，《华侨大学学报（哲学社会科学版）》2006 年第 1 期。

② 阿罗的不可能定理源自孔多塞的“投票悖论”，早在十八世纪法国思想家孔多塞就提出了著名的“投票悖论”。

③ 周海欧：《揭开社会选择的神秘面纱——从阿罗不可能定理到现代福祉经济学》，《北京大学学报（哲学社会科学版）》2005 年第 5 期。

学基本问题的信念：民主而公正的社会选择难道在本质上真的是不可实现的吗？[①] 因此，如何认识阿罗不可能定理的本质以及它和基本问题之间的联系从而找到理论的突破，就成为现代福利经济学发展的基本线索。

阿罗不可能定理也带给了我们重要的启示，其中揭示出的民主决策的重要性与我国社会主义政治文明建设中的以民主政治为核心的精髓相辅相成。自改革开放以来，我国始终坚持人民代表大会制度这一根本政治制度，人民当家作主的积极性和创造性不断提高，人民的意愿大部分得以实现，社会主义现代化事业不断向前推进。因此，在社会主义初级阶段，吸收和借鉴福利经济学第三定理进一步发展我国社会主义民主政治，建设社会主义政治文明，加强社会主义法治建设，始终把人民当家作主作为出发点和归宿，立足一切为了人民，一切依靠人民，坚定不移地走适合我国国情的政治发展道路，坚持社会主义制度的自我完善和发展，这样才能充分调动人民群众的积极性和创造性，才能维护国家统一、民族团结、社会稳定和国家安定，才能促进经济和社会的全面发展。

第三节　资源配置方式与经济体制

一、资源配置的方式

人类社会对经济资源的配置方式是随着生产力的进步、经济体系的规模化和复杂化逐步演变的，资源的配置在不同的时候、不同的背景下有不同的方式。[②] 在自然经济条件下，资源是采取自然配置的方式，小农生产者和小手工业生产者以家庭为单位，为满足自身的需要，自己决定生产什么、生产多少、如何生产。而在现代经济社会的复杂经济条件下，资源的配置方式主要有计划方式和市场方式。

（一）计划配置方式

计划配置方式的运动形态是由政府决定的，是通过计划机制发挥作用来实现资源配置的，即是由政府按照预定的计划，通过行政手段将社会资源分配到各个

① 陈晓平：《何谓社会选择的合理性？——评阿罗不可能性定理及其论证》，《湖南社会科学》2016年第1期。

② 段彦丞：《公共资本与资源配置制度》，《山西财经大学学报》2019年第1期。

部门，从总体上保持国民经济的协调发展和社会资源的合理配置。[①] 生产什么、生产多少、如何生产主要由政府通过高度集中的、自上而下的、严格的指令性计划来决定。产品稀缺程度的显示信号是计划平衡决算的差额或缺口。[②] 如民航签约购买多少架飞机、每天飞行多少航班、飞哪条航线、机票价格多高、企业用多少员工、每个员工的工资多少都由政府决定，企业自身没有决定权。计划配置是计划经济体制中占主体地位的资源配置方式。

（二）市场配置方式

市场配置方式的运动形态是由市场主体根据市场价格信号，为适应商品供求关系的变化而决定的，即企业作为市场主体以利润最大化为目标从事生产经营活动，企业与市场发生直接的联系，企业根据市场上供求关系的变化状况和产品价格的信息，在竞争中实现生产要素的合理配置。[③]

市场配置资源是由市场经济体制支撑的，整个资源的配置和使用主要依靠市场机制来实现。市场机制作为价格、竞争、供求、利率、工资等诸要素构成的有机制约体系，包括价格机制、竞争机制、供求机制、利率机制和工资机制等，这些部分，在相互作用过程中具有关联性、制约性、客观性、内在性、动态性。市场机制主要有两个功能：一是作为指示器向企业反映市场供求状况，二是作为利益制约力量调节企业的生产和经营活动。市场的资源配置方式与计划的资源配置方式之根本区别在于生产什么、生产多少、如何生产等问题主要通过一种价格机制来决定，企业根据市场价格的变化来决定生产什么、生产多少、如何生产，消费者和生产者拥有充分的自由选择权。[④] 如民航签约购买多少架飞机、票价多高、经理的工资多少、员工的奖金如何发放等是企业自己说了算。

市场调节是由价值规律自发地调节经济的运行。即由供求变化引起价格涨落，调节社会劳动力和生产资料在各个部门的分配，调节生产和流通。市场调节符合商品经济的客观要求，能够比较合理地进行资源配置，使企业的生产经营与市场直接联系起来，促进竞争。但市场调节具有盲目性，因而在社会主义条件

① 靳涛、张建辉、褚敏：《从中国60年两次制度变迁再反思计划经济与市场经济的迥异》，《江苏社会科学》2011年第1期。

② 方书生：《计划经济时期中国工业的创新机制（1949—1978）》，《上海经济研究》2021年第3期。

③ 刘国光：《基于经济手段的视角解析计划与市场的关系》，《福建论坛（人文社会科学版）》2018年第1期。

④ 李燕、张霞：《新中国成立70年来马克思主义中国化的基本经验》，《新疆社科论坛》2019年第4期。

下，有必要加强宏观调控。市场调节的三个机制①分别如下：

1. 价格机制

价格既是市场机制运作的开始，又是市场机制运作的结果。价格传递商品和要素稀缺性程度的信息，刺激人们采取最低成本的生产方法，把所占有的资源用于最有价值的生产中去。② 价格还执行着分配的职能，价格的分配职能是相对于生产要素的价格而言的。社会总产品的分配，取决于社会成员出售他们所拥有的生产要素时得到的报酬。

2. 供求机制

价格机制是通过价格与价值的背离及其趋于一致的过程来发挥的，而价格相对于价值的波动是由供求决定的。没有供求的作用，价格的作用是不可能发挥的。而只有在竞争性的市场上形成的价格，才能准确反映市场供求关系，才能形成准确的价格体系。

3. 竞争机制

竞争机制即优胜劣汰、适者生存的机制。竞争机制为市场配置资源提供了高效率。竞争机制的作用不是孤立的，而是与供求关系、价格变动、资金和劳动力流动等市场活动密切联系的。

市场经济的运行是在发挥价格机制、供求机制、竞争机制的基础上，通过价格、供求、竞争的相互制约和相互联系，调节社会经济的运行，最终实现社会资源的优化配置。

（三）两种资源配置方式的差异

计划和市场两种资源配置方式各有优劣，它们的差别主要表现在以下四个方面。

1. 计划经济与市场经济供求关系不同

计划经济是一种供给型的经济体制。在这个经济体制中，经济活动只表现为单一的商品运动。③ 国家计划完全以实物量为指标来进行综合平衡。物资平衡成为平衡的核心，货币总是服从物资供求关系。在货币相对过多时，国家采取发票证的办法使多余的货币无法成为现实购买力被存入银行，退出流通领域，从而达到货币和物资的平衡。货币在此不构成需求，它只是一种记账符号，实际上已经

① 刘树杰：《价格机制、价格形成机制及供求与价格的关系》，《中国物价》2013 年第 7 期。

② ［德］乌尔里希·宾德赛尔：《货币政策实施：理论、沿革与现状》，齐鹰飞，林山等译．大连：东北财经大学出版社，2013 年版，第 67-82 页。

③ 王志学、徐崇恩、宋春发：《计划经济与市场经济比较谈》，《工业技术经济》1993 年第 1 期。

丧失了作为一般等价物的作用，因此人们一般不追求货币。① 在此，物质利益原则被扭曲，人们的生产积极性受到极大挫伤，派生出“大锅饭”等一系列弊端。在这种情况下，传统的社会总需求和总供给概念没有实际意义。

市场经济是一种供给需求型的经济体制。在这个经济体制中经济活动存在着两种运动方式：一种是商品的运动，另一种是货币的运动。前者构成了社会的总供给，后者则表现为社会总需求。这两种运动方式既相互交织又相互分离，这便形成了以价值量为衡量标准的社会总需求和总供给的关系。② 在市场经济中，社会经济活动中分成两个层次：一个是高层次的货币，一个是低层次的物资。由于货币是最重要和最高形式，国家调节经济也主要以货币供求的多少（利用利率、税收等经济杠杆）来实现。因此，有人也称市场经济为货币经济。

2. 计划经济与市场经济发展方式不同

计划经济追求均衡发展，认为经济发展是平稳的发展过程，正常的经济发展应是没有失业现象、没有通货膨胀、没有经济周期的。③ 这样便通过计划的安排人为地实现了整个社会的普遍就业、物价不变和生产持续高速增长。这些实际上使经济发展中的问题表现为隐性的特点，即隐性失业、隐性通货膨胀、隐性经济周期。在这种平稳、均衡的发展过程中，人们往往安于现状、不思进取，社会劳动生产率提高缓慢。

市场经济是不均衡发展，表现为经济周期、通货膨胀、失业现象表面化和经常化。整个经济长期处于社会总需求与社会总供给的矛盾中，由于货币（需求）对商品（供给）的强有力的拉动和调节，使整个经济在矛盾中发展，在运动中前进，充满了生机和活力。

3. 计划经济与市场经济对竞争的看法不同

计划经济是无竞争的。在此人们对于发展的衡量标准不是以经济利益为标准，而是以速度和计划指标完成情况为标准。④ 整个经济领域人为地主观划分成许多部门和单位，部门之间彼此缺乏比较和沟通。生产的产品按计划配给个人，形成“皇帝的女儿不愁嫁”的状态。而最能直接体现出竞争和效益的商业部门，在计划经济中仅仅是将产品分配给个人的一个环节，其本身无效益，更不创造国

① 刘国光：《政府和市场关系的核心是资源配置问题》，《毛泽东邓小平理论研究》2015 年第 11 期。

② 魏明康、万高潮：《经济体制改革与政治体制改革》，《南昌师范学院学报》2016 年第 4 期。

③ 魏明康、万高潮：《从计划经济到市场经济——邓小平与毛泽东的经济理念比较》，《南昌师范学院学报》2017 年第 2 期。

④ 张旭昆：《大数据时代的计划乌托邦——兼与马云先生商榷》，《探索与争鸣》2017 年第 10 期。

民收入。[①] 因此，第三产业（服务业）不构成产业，随着经济的发展，第三产业不仅不发展，而且在逐渐萎缩。

市场经济是一个充满竞争，充满商业化气息的经济形式。整个社会以竞争为主，优胜劣汰。商业化意识弥漫整个社会，甚至从某种意义上来说，市场经济也是商业经济。在一个成熟的市场经济中，商业文化代替了商战成为竞争的主旋律。[②] 在一些体育、文艺甚至教育等社会领域产生出一种商业文化形式，这种商业文化作为培养、引导和刺激人们消费的竞争手段深入人心，成为人们现实精神生活和物质生活的重要组成部分。例如，我们以往的观念是，体育事业是一种锻炼身体、增强体质的事业。但是在成熟的市场经济中，任何高水平的体育竞技绝不是为了增强体质，而是以其特有的对人类感官的强烈吸引和强烈刺激作用来引导和促使人们从事商业消费。而任何国际水平的大赛也绝不单单是国家和个人荣誉的竞争过程，也是一次以商业竞争为核心的商品大展示、大比较、大竞争的过程。正是在这样的前提下，任何高水平的体育竞技队伍往往职业化，职业化队伍水平的高低也直接代表了商品生产者经济实力和商业竞争水平的高低。

4. 计划经济与市场经济价格体系作用不同

计划经济中价格由国家决定，不反映商品供求关系。价格体系一般不完善，商品比价不合理。价格作为国家计算销售额必不可少的价值指标，它一般不波动。由于价格不反映供求关系，所以经济生活中价值规律这只“看不见的手”对经济影响很小，甚至没有影响。理想的计划经济在实践中价格是没有弹性的。

市场经济中，复杂的经济生活主要表现为总需求和总供给的关系。[③] 但国家一般不计算一定时期社会总需求和总供给各是多少，而是通过价格的变动来反映一定时期社会总供给和总需求的相对差异，并以此来调节经济。[④] 因此，市场经济中价格体系是最完善、最合理的。价格对社会经济生活反映也最敏感、最直接，这样价格波动往往是经常的，不可避免的。这也反映了价值规律的潜在作用。也正是在价格的不断波动过程中，生产资源、生产要素在经济活动中得到了最佳和最优的配量。一般从长期来看，价格总水平不断上涨是纸币流通条件下市

---

① 钟祥财：《计划经济的技术和市场经济的价值》，《学术月刊》2012 年第 4 期。

② 程承坪：《中国特色社会主义政治经济学应提炼和总结六大经济实践经验》，《经济纵横》2017 年第 10 期。

③ 崔友平：《中国经济体制改革：历程、特点及全面深化——纪念改革开放 40 周年》，《经济与管理评论》2018 年第 5 期。

④ ［美］约瑟夫·阿洛伊斯·熊彼得：《经济发展理论：财富创新的秘密》，杜贞旭，郑丽萍，刘昱岗译．北京：中国商业出版社，2009 年版，第 84 页。

场经济最基本的特征之一。

经济效率与经济增长的理论和长期的资源配置方式的实践证明，市场经济在资源配置效率上比计划经济更优越，经济发达国家大多采取了市场经济的资源配置方式。正是因为这样，20 世纪 80 年代以后，原来采取计划经济进行资源配置的国家，大都转向采用西方经济的资源配置方式，所以从更加一般的意义上来说，市场经济仅仅是一种资源配置方式，或者说市场经济是一种以市场为导向，通过价格机制来配置资源的经济形式。

二、我国社会主义市场经济体制的探索

（一）对社会主义经济体制的探索

1949 年 10 月新中国成立后，面临着国内外条件的限制，中国共产党顺应当时的历史环境，将我国有限的社会生产资料集中起来，确立了高度集中的计划经济体制，对我国国民经济的恢复、工业体系的建设、综合实力的提升起着至关重要的作用。一方面，随着经济社会的发展，高度集中的经济计划体制的弊端日益凸显，使得社会主义经济建设陷入混沌；另一方面，面临苏联日益凸显的经济问题，以毛泽东为代表的中国共产党人开始探索走自己的道路，明确提出了“以苏为鉴”“走自己的路”，[①] 这对于中国特色社会主义经济建设道路的形成，有着重要的意义。

以《论十大关系》为标志，党在八大前后开始突破苏联模式，对计划经济体制进行改革。1960 年，毛泽东在《十年总结》中谈到，我国“从 1956 年提出十大关系起，开始找到一条适合中国的路线”。这种路线既是一种方法，又是一种新模式的探索，为社会主义经济体制的创新提供了新的经验，为以后的改革提供了新的方法论。[②] 在此过程中积累了大量宝贵经验，其中主要体现为以下几点：一是可以“消灭资本主义，又搞资本主义”，言外之意就是，必须在保证国营经济和集体经济的主体地位下，私营经济和个体经济可以得到适当发展；二是处理好各方关系，不仅要处理好国家统一调度与地方灵活生产的关系，而且要处理好生产单位与个人的关系；[③] 三是经济计划要符合客观规律，最主要的原则是

---

① 张占斌、杜庆昊：《我国经济体制改革的历程、影响与新时代改革的新方位》，《行政管理改革》2018 年第 11 期。

② 马艳、刘泽黎、宋欣洋：《中国特色社会主义市场经济体制改革的早期探索研究》，《上海财经大学学报》2019 年第 4 期。

③ 陈健：《中国共产党领导经济体制改革的百年道路与新发展阶段实践研究》，《经济问题》2021 年第 6 期。

保持相对平衡的计划和实现综合平稳的发展；四是在公有制基础上发展商品经济，同时尊重和利用价值规律。

在新中国成立后的几十年中，我国通过高度集中的计划经济体制，从生产力水平极端落后和国际环境极其恶劣的状态下取得了社会主义建设的巨大成就，不仅改善了国内长期以来一穷二白的面貌，而且使得国际环境得以改善；不仅建立了独立的工业体系，而且使得经济社会得到发展，从而为改革开放积累了重要的经验和创造了相对稳定的国际和国内环境。

（二）对社会主义经济体制转型的探索

1978 年召开党的十一届三中全会，重新确立了实事求是的思想路线，并提出将党的工作重心转移到经济建设上来，重点是厘清市场和计划之间的关系，这打破了原有意识形态的束缚。

通过对改革开放前三十年的经验总结，邓小平指出："目前我国的经济管理体制权力过于集中，同时我国的生产力水平比较低下，这种情况严重束缚了经济的发展。"以党的十一届三中全会为标志，党中央在尊重价值规律的前提下，开启了改革计划经济体制的历程。邓小平指出："社会主义也可以搞市场经济。"不久，中共中央提出："在公有制基础上实行计划经济，同时发挥市场调节的辅助作用。"随着经济社会形势的好转，党的十二大提出，"计划经济为主，市场调节为辅是经济体制改革中的一个根本性问题"。党的十三大提出，在计划与市场相协调中发展经济和"国家调节市场，市场引导企业"的运行模式。1992 年春天，邓小平在南方谈话中根据当时我国经济发展水平提出，"计划和市场都是经济手段"。从这一科学论断可以看出，邓小平科学地回答了我国经济发展模式的问题，消除了姓"资"、姓"社"对社会发展的影响，为我国发展经济提供了新思路、新方法，大大解放了人们的思想。① 在这一阶段，党对社会主义市场经济体制改革目标的实现，成为我国经济体制改革史上重要的里程碑。②

（三）对社会主义市场经济体制改革的探索

党的十四大正式确立了建立社会主义市场经济体制的目标。这一目标的提出，既强调发挥市场对资源配置起着基础性作用，又强调要发挥国家宏观调控的效力，通过市场和价格之间的互动引导生产和消费之间的供需平衡，调节资源流

---

① 宋冬林、谢文帅：《中国社会主义基本经济制度的历史演进与实践愿景》，《社会科学战线》2021 年第 4 期。

② 简新华：《社会主义市场经济的运行特征和合理有效机制探索》，《毛泽东邓小平理论研究》2017 年第 8 期。

向，激活各方面的积极要素。[①] 同时，市场也有自身的弊端，需要更好地发挥“看得见的手”的作用。党的十四届三中全会，在充分认识社会主义市场经济体制的基础上，做出了《中共中央关于建立社会主义市场经济体制的若干问题的决定》，首次提出了加快改革和开放的全球视野，打造开放型经济。党的十四届五中全会提出在今后一段时间，要逐步完善社会主义市场经济体制。根据我国初级阶段的国情，党的十五大创新和完善了社会主义所有制理论，补充和发展了社会主义市场经济体制理论。[②] 党的十六大，明确了我国社会主义市场经济体制已初步建立，提出了股份制改革和混合所有制经济发展的新模式。[③] 2003 年，党的十六届三中全会指出，要在更大程度上发挥市场在资源配置中的基础性作用，增强企业活力和竞争力，发挥国家宏观调控的功能，完善政府社会管理职能，建立更加公平、高效的市场机制。党的十七大，进一步提出了扩大市场机制，促进各行各业的公平竞争，实现资源的优化配置。[④]

社会主义市场经济体制的确立与完善，使得整个市场体制得到了进一步发展，实现了市场经济资源配置的功能，建立了要素市场，这是社会主义改革与中国特色社会主义道路上史无前例的创举，具有重大的历史意义。

（四）对社会主义市场经济体制的深化与发展

党的十八大以来，我国社会主义市场经济在实践中取得了较好的成效，我国的经济持续向好发展，建设现代化的经济体系成为当下亟须解决的问题，中央政府和市场的关系成为经济体制改革的核心问题，对经济发展和人民利益都有着重要的影响。[⑤] 2013 年，党的十八届三中全会提出我国已经初步建立了社会主义市场经济体制，既要发挥市场的作用又要发挥政府的作用，使市场在资源配置中起决定性作用。[⑥] 党的十九大重申“使市场在资源配置中起决定性作用，更好发挥政府作用”。这说明，市场和政府之间的关系是在认识中不断深化，市场经济体

① 中共中央文献研究室：《十四大以来重要文献选编（上）》，北京：人民出版社，1996 年版，第 19 页。

② 中共中央文献研究室：《十五大以来重要文献选编（上）》，北京：中央文献出版社，2011 年版，第 16 页。

③ 中共中央文献研究室：《十六大以来重要文献选编（上）》，北京：中央文献出版社，2011 年版，第 16，20-21 页。

④ 中共中央文献研究室：《十七大以来重要文献选编（上）》，北京：中央文献出版社，2009 年版，第 21 页。

⑤ 何伟、杨新铭：《社会主义市场经济体制演进的基本逻辑与经验》，《求是学刊》2021 年第 2 期。

⑥ 中共中央文献研究室：《十八大以来重要文献选编（上）》，北京：中央文献出版社，2014 年版，第 16 页。

制在改革中不断发展。其中市场在资源配置中起决定作用，主要表现为：一是政府要减少对资源的直接配置；二是要进一步加强和完善社会主义市场经济体制，打破和改造原有贸易壁垒和垄断，创造更加公平、合理的竞争体系，着力推动各方要素市场全方位发展；三是增添国有企业活力，创建完善的创新激励体制，支持引导非公有制经济发展，探索混合所有制经济体制改革新模式。党的十九届五中全会提出："坚持和完善社会主义基本经济制度，充分发挥市场在资源配置中的决定性作用，更好发挥政府作用，推动有效市场和有为政府更好结合。"这是我们党对科学把握市场与政府的关系进行的深刻总结，指明了当前和今后深化社会主义市场经济体制改革的明确方向。

党对社会主义市场经济体制的改革，在不断探索中前进、不断奠基中转型、不断完善中成熟、不断深化中发展，从"计划经济为主、市场调节为辅"到"公有制基础上的有计划的商品经济"，从明确"建立社会主义市场经济体制"到"加快完善社会主义市场经济体制"，从"市场在资源配置中起基础性作用"到"市场在资源配置中起决定作用"。① 党在这一认识过程中，社会主义市场经济体制在理论与实践的发展中找准了自己发展的方向，这是中国化马克思主义在实际中的应用，是马克思唯物史观的具体体现。

三、社会主义市场经济体制的理论创新

基于中国共产党对社会主义市场经济体制性质与功能的认识，十九届四中全会对社会主义基本经济制度做了新概括，即"以公有制为主体、多种所有制经济共同发展，按劳分配为主体、多种分配方式并存的社会主义基本经济制度"。党对社会主义市场经济体制的理论创新是中国共产党在经过几十年实践与认识基础上的理论创新，② 经历了从摸索前行到水到渠成、瓜熟蒂落的过程，特别是在对我国社会主义初级阶段的国情、民情、体制、制度深刻把握的基础上，使得社会主义市场经济体制的地位得到提升，社会主义基本经济制度更加完善。

（一）体现社会主义市场经济体制地位的提升与完善

十九届四中全会把社会主义基本经济制度确立为所有制制度、分配制度和经济体制三部分，三者相得益彰，共同成为中国特色社会主义基本经济制度。十九

① 余良：《社会主义市场经济体制上升为基本经济制度之一的理论思考》，《中国市场》2021 年第 10 期。

② 顾海良：《基本经济制度新概括与中国特色社会主义政治经济学新发展》，《毛泽东邓小平理论研究》2020 年第 1 期。

届四中全会的理论贡献在于完善和深化了社会主义基本经济制度，其中所有制制度决定了分配制度和经济体制，是根本性的制度要求；分配制度保障了所有制制度和经济制度，是关键性的制度要求；社会主义市场经济体制影响了所有制制度和分配制度，是条件性的体制要求。① 三者密切联系、相互作用、相互影响，有利于解放和发展生产力，实现经济高质量发展和推进国家经济治理体系和经济治理能力现代化。同时，十九届四中全会强调正确处理好公有制经济与各类非公有制经济之间的适当关系，按劳分配和按生产要素分配之间的比例关系，政府和市场之间的权重关系。一方面体现了所有制关系与分配体系的不断完善；另一方面体现了市场经济体制对所有制关系与要素参与分配的载体作用。②

社会主义市场经济的发展有其自身的发展规律，立足于百年未有之大变局和实现中华民族伟大复兴的历史交会点上，党的十九届四中全会，对社会主义基本经济制度的新概括，为中国特色社会主义政治经济学理论的建设和经济社会的发展开启了新篇章。此后，完善和深化社会主义基本经济制度，将制度优势转变为经济发展的不竭动力，实现治理效能的提升，保障经济社会高质量发展，成为中国共产党与中国特色社会主义经济建设的重要任务。

（二）发挥作为基本经济制度的社会主义市场经济体制的优势

随着社会主义市场经济体制的不断完善，我国社会主义基本经济制度的独特优势得到了充分的发挥，进而为推动经济社会的平稳发展，将制度优势转变为经济效能，为建设社会主义现代化市场经济体制增添新动能。

首先，社会主义市场经济既是所有权的实现形式，也为所有制关系的实现与发展提供了条件，在尊重经济发展的规律之上，有利于巩固我国公有制的主体地位。③ 一方面，从所有制关系来看，马克思和恩格斯基于社会所有制提出了社会主义社会商品关系消亡的理论，这种所有制称之为“个人所有制”，不仅要求劳动者充分占有社会生产资料，而且体现为劳动者不局限于劳动分工。④ 在现有生产力发展水平下，公有制的实现只能是平等拥有生产资料基础之上，企业以各自

① 张玉明、纪虹宇、刘芃：《科学社会主义原则下中国特色社会主义市场经济对马克思理论的创新与发展》，《现代财经（天津财经大学学报）》2018 年第 12 期。

② 金瑶梅、彭先：《新时代全面深化社会主义经济体制改革的源和流》，《东华大学学报（社会科学版）》2021 年第 7 期。

③ 牟敦果、王秋：《中国特色社会主义市场经济体制制度自信研究——基于<习近平谈治国理政（第二卷）>17 个主题的西方经济学分析》，《厦门大学学报（哲学社会科学版）》2020 年第 6 期。

④ 丁春福：《社会主义市场经济：公平与效率有机结合的中国方案》，《广西社会科学》2019 年第 4 期。

的劳动为基础，进行生产、分配、交换，成为商品生产和交换的主体；另一方面，社会主义市场经济体制是公有制为主体、多种所有制经济共同发展以及中国特色社会主义分配制度的具体实现形式和实现载体。[①] 因为市场经济体制实现了公有制经济和非公有制经济之间的有效对接与融合，对国有与非国有企业的整体发展和态势稳固有着非常重要的作用。积极发展社会主义市场经济，不仅有利于国有制经济的稳固与国有资本潜能的发挥，而且有利于国有企业的创新竞争与增强抗风险能力，能够更好地发挥国有经济在社会中的主导地位。[②]

其次，市场体制是实现资源配置的重要因素，构建健全的社会主义市场经济体制能够为经济发展创造良好的内、外部条件。[③] 马克思认为，社会发展最理想的状态就是，消耗最少的力量，在适应人的本性条件下的发展。因此，要实现市场之间的交换就需要健全的市场经济体制及其相关产权法规与竞争机制，进而实现市场要素的合理配置。[④] 一方面，要保证各种要素市场的合理流动，提高质量，满足市场配置所需的条件；另一方面，根据土地、劳动力、资本、技术和数据的不同，制定相关经济政策，对各种要素进行积极正确的引导，释放出各要素配置自身的经济效能。同时要建立公平合理的竞争机制，消除各种隐性障碍，为各类市场主体参与公平竞争提供良好的条件。

再次，处理好政府与市场的关系，发挥我国经济发展的独特优势，做到“有利于调动各方面的积极性，有利于实现效率和公平的有机统一”。其中主要体现在两个方面：一是党在社会主义市场经济体制中发挥着总揽全局、协调整体的作用；二是发挥有为政府和有效市场双效并举的措施。前者既是后者的前提与保证，又能同时突出两者之间的优势，进而从整体上为经济社会的发展注入新动能。

（三）实现社会主义市场经济体制优势向治理效能的转化

党的十九届四中全会，关于社会主义基本经济制度的新概括，强调了在新时代背景下，社会主义市场经济体制在实现现代化经济治理体系和经济治理能力上的效能，即在坚持社会主义基本经济制度的基础上，把社会主义基本经济制度的

---

① 冯根福：《中国特色基本经济制度攻克人类公平与效率难题的中国贡献》，《当代经济科学》2017年第6期。

② 张维迎：《市场的逻辑》，西安：西北大学出版社，2019年版，第56-58页。

③ 沈文玮、杨仁忠：《从理论突破到体制创新：中国特色的社会主义与市场经济融合发展研究》，《现代财经（天津财经大学学报）》2018年第11期。

④ 李兴山：《社会主义市场经济理论与实践》，北京：中共中央党校出版社，2004年版，第75-76页。

优势特别是市场经济体制的优势转化为经济治理效能，实现经济社会高质量发展。现代化的经济体系是实现现代化治理的重要手段，也是中国特色社会主义基本经济制度上体现治理体系和治理能力现代化的显著标志。① 一方面，实现社会主义市场经济体制优势向经济治理效能的转化，关键在于市场对资源配置的决定性作用的贯彻。十八届三中全会提出实现向市场对资源配置起决定性作用的转变，这在理论上表现为对市场机制和运行规律给予充分的承认和最充足的空间，承认配置资源的关注点是公平竞争、地位平等的经济主体。这就要求政府彻底转变职能，相信市场的力量，让各种生产要素和资源的活力充分发挥，让各种要素资源充分涌流，政府则实现服务型转型，为各经济主体提供政策、法律、计划和应急调控的服务，让权力干涉让位于规律贯彻，让“闲不住的手”变为“帮一把的手”。减少政府对资源配置的直接影响和干预，使资源配置去行政化，从而实现社会效益最大和市场效率最优。另一方面，实现治理效能转化的突破点在于创新精神和工匠精神。② 习近平总书记指出：“只有把关键核心技术掌握在自己手中，才能从根本上保障国家经济安全、国防安全和其他安全。”高质量的经济发展既需要有一丝不苟、精益求精的工匠精神，也需要有适应经济新常态的现代化市场经济体系。在我国经济社会实现变革的大背景下，探索先进技术的研发，融合创新体系，发挥国家宏观调控和市场资源的最优化配置，为我国经济发展注入活力，是新时代赋予社会主义市场经济体制的使命与担当。③

中国特色社会主义市场经济体制的发展过程，证明了中国共产党坚强的领导力、社会主义制度巨大的优越性、人民群众伟大的创造力和实现现代化治理能力的决心。十九届四中全会对社会主义基本经济制度的新概括，有利于我国经济效能的转化和现代化市场经济的建立，党的十九届五中全会描绘了我国未来发展的宏伟蓝图，做出了应对变局、开辟新局的顶层设计。坚持和完善社会主义市场经济体制，对构建更高水平、更加开放的经济体系和推进我国经济高质量发展具有重大的意义。

---

① 逄锦聚、荆克迪：《加快完善更高水平的社会主义市场经济体制》，《政治经济学评论》2020 年第 5 期。

② 韩保江：《建立和完善社会主义市场经济体制的实践探索和基本经验》，《中共党史研究》2018 年第 10 期。

③ 任保平、王思琛：《新时代高水平社会主义市场经济体制升级版的构建》，《经济与管理评论》2020 年第 4 期。

课后习题

一、名词解释

市场经济　计划经济　社会主义市场经济体制　帕累托最优　帕累托改进　阿罗不可能定理

二、简答题

1. 计划经济缺陷主要表现在哪些方面？
2. 举一个帕累托改进的现实例子。
3. 市场最优配置的内涵是什么？
4. 在我国经济建设过程中，社会主义市场经济的优越性如何体现？
5. 简述福利经济学基本定理。谈一谈这些定理带给你哪些启示。

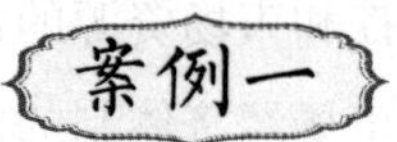

鼓励生育，要先解决“后顾之忧”

2021 年 5 月 31 日，中共中央政治局审议了《关于优化生育政策促进人口长期均衡发展的决定》，做出“实施一对夫妻可以生育三个子女政策及配套支持措施”的重大决策，引发社会热议。生育政策调整要实现人口与经济社会、资源环境相协调，也要讲包容性。想方设法解决生育的“后顾之忧”，是优化生育政策的题中应有之义。如何降低生育、养育、教育成本，科学提高人口质量，这个事关民族长远发展和群众现实利益的大课题，是治理能力现代化的试金石。

以瑞典为例，在首都斯德哥尔摩这样的大城市，2—3 个孩子的家庭很常见，主要是瑞典利用人口总数不多的优势，以人性化的福利政策体系促进性别平等，并间接鼓励生育。比如，实施带薪育儿假；法律对职场中休产假的父母做出了种种保护：如果孩子生病，父母一方可以随时请假在家照顾孩子，同时获得经济补偿等。

瑞典为了鼓励生育实施的相关福利政策值得我们借鉴，从我国的国情出发，党的十九届五中全会进一步明确了“优化生育政策，增强生育政策包容性，提高优生优育服务水平，发展普惠托育服务体系，降低生育、养育、教育成本，促进人口长期均衡发展，提高人口素质”的各项要求。国家“十四五”规划纲要将实现适度生育水平，促进人口长期均衡发展和人的全面发展作为经济社会发展的重要内容。党中央、国务院的系列决策部署体现了对人口发展态势的准确把握，对人民美好生活期待的积极回应，对社会变迁和人口发展规律认识的不断深化。实施三孩政策及配套支持政策，是落实十九大决策部署的重要举措，是新时期优化生育政策的重要内容。政策能否平稳落地，还有赖于各地加强统筹规划、制定有效政策，依法组织实施。（资料来源：整理自《经济参考报》与新华网评）

结合案例思考瑞典的鼓励生育政策能够给我国带来什么启示？你认为文中提到的“三孩政策”的配套支持政策应该包括哪些方面？

案例二

打捞“沉默”的需求，公共服务别忘了特殊群体

近年来，我国在交通、通信、医疗、养老、教育等多领域推出大量为民服务的较为特殊的公共服务项目，努力让公共服务的阳光照耀到每一个角落。

例如，在各地推进的老旧小区改造工程中，其中一个重要方面就是适老化改造。近几年，对于老人等特殊群体的公共服务关照不断强化。日前，工信部也发布 App 适老化通用设计规范，提出严禁适老化 App 出现广告弹窗；在高铁普及的今天，一些偏远地方依然保留了慢火车，以方便当地居民出行。此外，目前符合条件的罕见病药品已基本纳入基本医疗保险的支付范围。

相关研究表明，特殊人群的界定在国际上一直处于模糊状态，随着社会的不断发展，特殊人群的外延也不断扩大。如最初“特殊人群”几乎等同于弱势群体，但目前已经基本变化为弱势群体、优抚对象、边缘人群三类人群的统称。简单地说，这一群体因为各种原因远离社会的主流视野，对于公共服务有着特殊需求。如何满足这一“少数群体”的需求，考验着社会公共服务的人性化水平和完善程度。

应该看到，特殊群体虽然是“少数群体”，但作为社会的一部分，其正当权

利理应得到公平充分的保障。标准化的公共服务体系之外，因地制宜、因人而异地为他们留一些人性化的空间，满足多元化、差异化的需求，这不仅是构建完善的现代化公共服务体系的题中应有之义，更关乎社会公平。而他们得到善待，也有利于社会的稳定与和谐。这部分人群由于各方面的影响，对于公共服务的需求其实相对于一般人更强烈。如果他们不能得到及时的关照，或者说长期被基本的社会保障所忽视，他们难免感到孤立感和疏离感，进而对社会发展产生各种负面情绪。在此意义上，关照好特殊群体，就是为了关照我们每一个人的生存境遇。

需要注意的是，在当前这样一个技术创新和应用不断加快的社会中，我们还得重视因为技术进步而催生的“特殊群体”。在传统观念中，我们定义特殊群体，可能主要是从生理意义上、物质意义上的。比如，穷困地区的孩子、罕见病患者等。但在当前，一部分不会使用智能手机的老人，其实也算得上是“特殊群体”。像此前疫情防控期间，部分老人就因为不会使用健康码而出行受阻。因此，如何更好地满足未能跟上社会前进步伐的“特殊群体”的需求，同样不容忽视。相关部门要求各大网络平台推出适老化App，实则就是一种积极的示范。

要指出的是，由于各种原因，特殊群体往往处于相对边缘的状态，他们多数无法为自己的权利和正当需求“发声”，这也使得他们相对更容易被忽视。那么，要真正让特殊群体能够及时享有基本的公共服务保障，也还需要公共服务部门更主动打捞那些沉默的声音。

当前，我国人均GDP已经突破1万美元，社会正在向一个更高水平的方向发展。对特殊群体予以更多的关照，具备了更多的物质支撑和社会共识。当然，重视对特殊群体的关照，不仅需要公共资源的倾斜。如有研究就呼吁，应逐步形成政府主导、社会参与、市场推动的多元化特殊人群服务供给模式，推动特殊人群公共服务的均衡发展，这一点值得重视。而对个体来说，在日常生活中给予特殊群体更多理解、平视，同样重要。（资料来源：新华网）

结合案例和所学知识谈谈公共服务供给应该注意哪些问题？

「第四章」 政府与市场关系

政府与市场关系是理论界一直关注的重点问题。现实中两者关系的博弈也影响着我国资源配置、利益格局调整甚至政策走向。当前，国际、国内形势发生了深刻变化，从国际环境来看，当今世界正经历百年未有之大变局，新冠肺炎疫情大流行加剧了经济不稳定性因素。世界经济深度衰退，全球产业链、供给链遭受冲击，治理赤字、信任赤字、发展赤字、和平赤字仍在扩大。单边主义、保护主义、霸凌行径上升，经济全球化遭遇逆流，加剧了世界经济中的风险和不确定性①。从国内环境来看，新时代以来我国经济已由高速增长转入高质量发展阶段，发展前景广阔、发展长期向好，但发展不平衡不充分的问题仍然突出，面临结构性、体制性、周期性问题相互交织所带来的困难和挑战。在新形势下，构建高水平社会主义市场经济体制，这就要求在理顺、调整政府和市场的关系上，进一步“把市场机制能有效调节的经济活动交给市场，把政府不该管的事交给市场，让市场在所有能够发挥作用的领域都充分发挥作用”②，达到更高水平的有效供给、更高质量的有效需求，充分展示出社会主义市场经济体制的活力。

第一节 西方政府与市场关系的理论变迁

在处理政府与市场的关系上，西方资本主义国家以善于利用市场机制见长，但资本主义并非一直都以放任市场为主导。从主流经济学兴衰更迭看，西方资本主义在不同时期采取了不同模式，呈现“政府干预主义到放任自由主义”左右摇摆的特点。

① 习近平：《构建新发展格局 实现互利共赢——在亚太经合组织工商领导人对话会上的主旨演讲》，《人民日报》2020年11月20日02版。

② 习近平：《习近平谈治国理政第一卷》，北京：外文出版社，2014年版，第117页。

一、重商主义时期

重商主义（Mercantilism）是资产阶级最初的经济学说，它对资本主义生产方式进行了最初的理论考察，15—18世纪初受到普遍推崇，历史上对国际贸易的研究和理论在最早的时候几乎都是出自重商学派。

重商主义的观点认为贵金属（货币）是衡量财富的唯一标准。贵金属（金银等）是一个国家必不可少的财富。[①] 一切经济活动的目的就是获取金银。除了开采金银矿以外，对外贸易是货币财富的真正的来源。因此，要使国家变得富强，就应尽量使出口大于进口，因为贸易出超才会导致贵金属的净流入。一国拥有的贵金属越多，就会越富有、越强大。因此，重商主义认为政府应该竭力鼓励出口，不主张甚至限制商品（尤其是奢侈品）进口。

同时重商主义主张对外贸易必须保持顺差，即出口必须超过进口。[②] 由于不可能所有贸易参加国同时出超，而且任一时点上的金银总量是固定的，所以一国的获利总是基于其他国家的损失，即国际贸易是一种“零和游戏”。因此，伊丽莎白一世不仅采取许多有利于贸易发展的措施，同时提高商人的政治地位。早期重商主义主张采取行政手段，禁止货币输出和积累货币财富。晚期重商主义与早期不同的是，认为国家应该将货币输出国外，以便扩大对外国商品的购买。不过他们的要求是，在对外贸易中谨守的原则是购买外国商品的货币总额，必须少于出售本国商品所获得的总额，其目的仍是要保持有更多的货币流回本国。因此，晚期重商主义者主张，对外贸易必须做到输出大于输入，以保持出超。

重商主义把货币与资本等同起来，贸易顺差也被错误地等同于收入超过消费的年差额（亚当·斯密对重商主义批判的要点）。正是基于这样一个错误的认识，重商主义才轻率地把高水平的货币积累与供给等同于经济繁荣，并把贸易顺差与金银等贵金属的流入作为其唯一的政策目标。[③]

二、自由放任主义时期

在西方经济学理论中，最早系统全面地论述自由经济思想主张的是古典政治经济学理论体系的创始人亚当·斯密。其代表作是1776年出版的《国民财富的

---

① 黄阳华：《重商主义及其当代意义》，《学习与探索》2020年第4期。

② 王闯闯：《“共同体”与英国重商主义者的富强观》，《江海学刊》2019年第3期。

③ 梁琳、孙晓慧：《新重商主义视域下的国有企业在国家能源外交中的影响和作用》，《长春工程学院学报（社会科学版）》2020年第3期。

性质和原因的研究》（简称《国富论》），这本书也是古典经济学理论的奠基之作。

亚当·斯密经济理论的前提是“经济人”假设，即认为人在经济活动中总是追求自身利益的最大化，同时假定在经济活动中人是理性的，即人知道在经济交换中获取自己利益的最佳的方法。在亚当·斯密看来，只要设立人人都可以进入的市场，让商品经济在完全自由放任的状态下运行，在“看不见的手”的引导下，社会资源能够得到合理配置，经济社会就能够自然而然地处于协调状态。[①] 因此，垄断或独占、政府的干预都是不可接受的，“垄断是良好经营的大敌，良好经营只靠自由和普遍的竞争，竞争驱使个人为了自卫而采取良好的经营方法。”

政府的不干涉对于亚当·斯密来说并不意味着完全无为的政府。在他看来，政府也具有一定的职能：第一，巩固国防，以防止外力对于社会的侵犯；第二，建立严正的立法和司法机关，维持社会治安与公正；第三，创建公共事业及公共设施，以补救私人企业的不足。此外，他还赞成政府管理邮政、合理限制利率、规范国民义务教育等。

亚当·斯密的经济思想一经传播即产生重大影响，在他之后，古典经济理论进一步发展。大卫·李嘉图继承了他的经济自由主义理论，并成为古典经济学理论的完成者。他相信市场机制有自动调节和自动均衡的功能，主张对内实行经济的自由放任政策，对外实行自由贸易政策，[②] 并指出：“在没有政府干预时，农业、商业和制造业最为繁荣”，需要国家做的全部事情，就是避免一切干预，既不要鼓励生产的一个源泉，也不要抑制另一个源泉。[③]

与李嘉图同时期的法国经济学家萨伊也继承了亚当·斯密的经济自由思想，并提出“供给创造自己的需求”的萨伊定律。萨伊定律要说明的是，市场运行具有内在的程序和自我调节机制，政府对于经济活动的干预不仅是不必要的，而且有可能破坏这种自我均衡。所以，政府的作用范围限于防止危害生产事业以及公共安全的欺骗行为，保护消费者的利益、保护人身财产的安全等，以此保证经济活动的自由运行。[④] 此外，受古典经济学经济自由主义的影响，以马歇尔为代

---

① 丁万鹏：《政府干预和自由放任经济思想的演变及对经济新常态下中国的启示》，《山西农经》2015 年第 3 期。

② ［法］雅克·比岱：《新自由主义及其主体：一个元结构的视角》，《哲学动态》2016 年第 2 期。

③ 朱安东、王天翼：《新自由主义在我国的传播和危害》，《当代经济研究》2016 年第 8 期。

④ 白云真、孙智慧：《新自由主义全球化对发展型国家的挑战》，《太平洋学报》2012 年第 6 期。

表的新古典经济学派也继承了古典经济学对资本主义经济的主张，即认为资本主义经济需要自由竞争，市场能够实现自动的调节和均衡，不需要政府干预市场经济的运行，政府只充当“守夜人”的角色。

三、政府干预主义时期

新古典经济学在19世纪末20世纪初占据着西方经济学的统治地位，被奉为经济学的“正统”理论，直到1936年出现凯恩斯的经济理论才打破了这种局面。凯恩斯主义经济学是建立在凯恩斯著作《就业、利息和货币通论》的思想基础上而来的经济理论，主张国家采用扩张性的经济政策，通过增加需求促进经济增长。①

凯恩斯的经济理论认为，宏观的经济趋向会制约个人的特定行为。18世纪晚期以来的“政治经济学”或者“经济学”建立在不断发展生产从而增加经济产出的基础上，而凯恩斯则认为对商品总需求的减少是经济衰退的主要原因。② 由此出发，他认为维持整体经济活动数据平衡的措施可以在宏观上平衡供给和需求。因此，凯恩斯理论和其他建立在凯恩斯理论基础上的经济学理论被称为宏观经济学，以与注重研究个人行为的微观经济学相区别。

凯恩斯经济理论的主要结论是经济中不存在生产和就业向完全就业方向发展的强大的自动机制。③ 这与新古典主义经济学所谓的萨伊法则相悖，后者认为价格和利息率的自动调整会趋向于创造完全就业。将宏观经济学和微观经济学联系起来成了凯恩斯《就业、利息和货币通论》以后经济学研究中最富有成果的领域，一方面微观经济学家试图寻找他们思想的宏观表达，另一方面，例如货币主义和凯恩斯主义经济学家试图为凯恩斯经济理论找到扎实的微观基础。二战以后，这一趋势发展成为新古典主义综合学派。

四、新自由主义时期

新自由主义经过近百年发展，其主要观点有：在经济理论方面，新自由主义继承了资产阶级古典自由主义经济理论的自由经营、自由贸易等思想，并走向极

① 杨贤才、张世晴：《凯恩斯学派就业理论及其政策主张对中国的启示》，《现代管理科学》2014年第11期。

② 周姝：《国家干预经济的法哲学思考》，《经济师》2016年第5期。

③ 漆光瑛：《国家干预的艺术：凯恩斯主义经济学的沿革》，北京：当代中国出版社，2002年版，第98-149页。

端，大力宣扬“三化”。[①] 一是“自由化”，认为自由是效率的前提，“若要让社会裹足不前，最有效的办法莫过于给所有的人都强加一个标准”；二是私有化，在他们看来，私有制是人们“能够以个人的身份来决定我们要做的事情”，从而成为推动经济发展的基础；三是市场化，认为离开了市场就谈不上经济，无法有效配置资源，反对任何形式的国家干预。

在政治理论方面，新自由主义特别强调和坚持三个“否定”。[②] 一是否定公有制，几乎所有的新自由主义者都一致地认为，当集体化的范围扩大了之后，“经济”变得更糟而不是具有更高的“生产率”，因此，不能搞公有制。二是否定社会主义，在新自由主义者们看来，社会主义就是对自由的限制和否定，必然导致集权主义。集权主义思想的悲剧在于：它把理性推到至高无上的地位，却以毁灭理性而告终，因为它误解了理性成长所依据的那个过程，因此，是一条“通往奴役之路”。三是否定国家干预。在他们看来，任何形式的国家干预都只能造成经济效率的损失。

在战略和政策方面，新自由主义极力鼓吹以超级大国为主导的全球一体化。[③] 经济全球化是人类社会发展的一个必然趋势和一个自然的历史过程。但经济全球化并不排除政治和文化的多元化，更不等于全球经济、政治、文化一体化。新自由主义并不是一般地鼓吹经济全球化，而是着力强调要推行以超级大国为主导的全球经济、政治、文化一体化，即全球资本主义化。

20 世纪 70 年代后期，新经济自由主义理论逐渐在西方经济理论中占据了支配地位。同时，它在实践中也成为了西方主要资本主义国家政府经济政策的指导思想。[④] 于 1979 年当选英国首相的撒切尔夫人及于 1980 年当选美国总统的里根，他们都以新经济自由主义理论为依据展开了一场旨在缩小政府职能范围、扩大市场领域的新公共管理运动。

五、新凯恩斯主义时期

20 世纪 70—80 年代发生在西方世界的经济滞胀使传统的凯恩斯主义既无法提供理论上的合理解释，也无力提供有效的政策建议。在此背景之下，新自由主

---

① 张南燕：《新自由主义国家治理的逻辑悖论》，《华南理工大学学报（社会科学版）》2021 年第 2 期。

② 朱天飙：《国家治理与新自由主义》，《学术月刊》2014 年第 7 期。

③ 鲁绍臣：《新自由主义资本逻辑的政治本体论批判》，《国外理论动态》2017 年第 5 期。

④ 黄宗智：《国家—市场—社会：中西国力现代化路径的不同》，《探索与争鸣》2019 年第 11 期。

义思潮卷土重来，各种学派开始强调供给的重要性，反对政府对于经济的过多干预，认为经济中的不确定性和“时滞”损害了经济政策的有效性，人们对经济的理性预期完全否认了政府政策的必要性，最好的货币政策不是政府的相机抉择而是固定的货币增长率。

为了应对新自由主义的挑战，以曼昆、布兰查德、费雪等人为代表的经济学家对凯恩斯主义经济学进行了一些修正，于是得到了新凯恩斯主义学说。[①] 新凯恩斯主义学说关于政府和市场关系的论述中，最为重要的当属协调失灵理论。

协调失灵理论为宏观经济政策有效性和国家积极干预提供了理论依据。但是该理论所主张的国家干预又比传统凯恩斯主义更为强调市场机制的作用，主张“适度”的国家干预而不是对经济过度频繁的干预，主张政府对经济进行“粗调”而不赞成对经济进行“微调”。[②] 协调失灵理论揭示了，即使价格具有充分的伸缩性，并且所有的经济当事人都是经济人，市场机制也无法成功地协调整体的经济行为，在经济中会出现各种效率不同的多重均衡。多重均衡的存在表明，通过政府干预来把经济从低效率均衡改变为高效率均衡的可能性，因而政府的宏观经济政策并不是如同新古典经济学家们所声称的那样是无效的。协调失灵理论还揭示了，在存在多重均衡的情况下，经济当事人的信念或预期可以决定对实际均衡的选择。[③] 经济之所以会停留在一个低水平均衡状态，只是因为经济中每个当事人都预期它会这样低，从而没有什么激励因素能够使经济当事人改变他们的行动。新凯恩斯主义经济学认为，在这种情况下，不仅政府仍然可以通过传统凯恩斯主义的总需求管理政策来影响实际的产出水平，它还有一个新的“用武之地”，即通过政府的经济政策影响经济当事人的信念或预期来达到同样的目的。如果能够影响人们对多重均衡的选择，将人们的预期协调到一个高水平均衡，则政府的宏观经济政策就是有效的，而且与微观经济主体的理性行为是相容的。

第二节　我国政府与市场关系的实践探索

新中国成立以来，在传统计划经济体制演进过程中，关于计划手段和市场手段的运用经历了长时间曲折的理论探讨和实践摸索过程，为改革和社会主义市场

① 郭佩颖：《凯恩斯主义宏观经济理论演进脉络探析》，《吉林金融研究》2020 年第 4 期。

② 张静：《新凯恩斯主义经济学的兴起、发展与问题》，《经济问题探索》2016 年第 4 期。

③ 汤为本：《新凯恩斯主义的“协调失灵”理论述评》，《中南财经大学学报》2000 年第 6 期。

经济体制的建立奠定了理论和实践基础。进入 21 世纪，伴随全面改革的不断深化，我们党和学术界对政府与市场关系的认识愈发清晰、深入，理论研究和实践探索的重点也随之由过去政府和市场两者之间的替代关系转向互为补充的关系。①

一、我国政府与市场互补关系的演进历程

习近平总书记指出："在社会主义条件下发展市场经济，是我们党的一个伟大创举。"社会主义市场经济发展主要包含两个层面的问题：一是政府与市场的关系问题，二是公有制与市场经济结合的问题。前者属于经济体制改革问题，后者则属于所有制或经济制度的创新问题。政府和市场之间优势互补、协同发力，对完善社会主义市场经济体制至关重要。新中国成立以来，政府与市场互补关系的演进历程大致可分为四个阶段。

（一）计划经济体制：强政府与弱市场

1956 年底，农业、手工业、资本主义工商业的社会主义三大改造的完成，标志着社会主义制度在我国的基本确立。在这一阶段，我国实施严格的计划经济体制，对各类物资统购统销、统一配置资源均由政府把控。从积极的一面来看，传统计划经济体制在这一阶段起到了集中稀缺资源进行经济建设和优先发展重工业，加快实现国家工业化的经济发展战略作用，但也带来了一些负面影响，比如导致供求脱节及宏观经济比例重大失调等问题。因此，从实际出发探索适合中国国情的社会主义道路和体制机制成为了中国共产党人的重要课题。早在 1956 年，毛泽东就强调应"注意研究社会主义整个经济体制问题"。② 党的八届一中全会决定针对计划经济体制存在的权力过于集中的弊端进行"经济管理体制改革"，主要内容是向地方政府和企业下放权力，调动一切积极因素，建设强大的社会主义国家。从 1958 年初到 1976 年底，中央通过"体制下放"向地方政府和企业放权让利，以此激发活力，但这种放权改革始终只针对政府和企业层面，基本未触及政府和市场关系的核心问题。

纵观这一阶段政府与市场关系，不仅受到苏联模式的影响和快速实现工业化等现实国情条件的限制，而且受到当时"左"倾错误的影响，导致党对商品经济充分发展的重要性、对政府和市场的辩证关系认识不足，在相当长的一段时间

---

① 刘儒、郭荔：《社会主义市场经济条件下政府和市场的互补关系及特征》，《东南学术》2021 年第 1 期。

② 《毛泽东文集（第七卷）》，北京：人民出版社，1999 年版，第 53，176 页。

内采取了限制商品经济甚至基本取消商品经济的政策和做法。集市贸易、商品交换、商品货币关系在计划经济的夹缝里艰难生存，弱小的市场和市场机制自发地甚至扭曲地发挥作用。在20世纪60年代初国民经济调整时期，为了迅速恢复国民经济，提高有效供给，我国采取了一些应急措施，比如允许“地下工厂”存在，在农村推行“三自一包，四大自由”①，在高度集中的计划经济中有限地引入市场的力量。这是极其特殊条件下又是极其短暂的商品经济。② 但这表明，即使在政府成为绝对主导因素的“强政府”情况下，市场的“消亡”也仅仅存在于理论层面。正是市场力量的顽强存在，在特定时期、特定区域对国民经济发展和保障人民生活起到不可小觑的积极作用，在一定程度上弥补了政府配置资源的滞后性、盲目性。市场因素的存在证明了市场不可能完全被政府替代，某种程度的互补是必然的。这也为1978年之后我国开启经济体制改革，科学认识和正确处理政府与市场关系提供了一定的借鉴。

（二）体制转轨下：主导型政府与成长型市场

20世纪70年代末，高度集中的计划经济体制难以为继。1978年，党的十一届三中全会全面开启了决定我国现代化事业和社会主义事业前途命运的经济体制改革之路。虽然当时只是提出通过改革经济管理体制和经营管理方式，完善计划经济体制，但是我们党从那时开始就逐渐认识到社会主义与商品经济的兼容性，社会主义发展商品经济的重要性。1979年，邓小平明确指出：“说市场经济只存在于资本主义社会，只有资本主义的市场经济，这肯定是不正确的……社会主义也可以搞市场经济。”③ 之后，我国经济体制改革日渐突破传统计划经济体制的框架，我们党也随之开始对改革进程中的政府与市场关系进行探索。进行的初步探索有：一方面以“大包干”形式赋予农民生产经营自主权，另一方面放松产品与要素市场化控制，通过农村价格改革和农产品统购统销制度改革，刺激农民自主发展农业和非农产业的积极性，对农村生产要素形成了明显的市场激励。从1980年邓小平提出“计划调节和市场调节相结合”到党的十一届六中全会提出“计划经济为主、市场经济为辅”，再到党的十二大对“计划经济为主、市场经济为辅”的确认，都表明我们党的政策已逐渐转向以政府为主导发展商品经济的模式，即促进市场成长，培育市场机制，向市场主体放权让利。1984年党的十二届三中全会通

---

① “三自一包”是指自留地、自由市场、自负盈亏、包产到户。“四大自由”是指自由租地、自由贷款、自由雇工、自由贸易。

② 胡鞍钢：《中国国家治理现代化》，北京：中国人民大学出版社，2014年版，第117页。

③ 《邓小平文选（第二卷）》，北京：人民出版社，2014年版，第236页。

过的《中共中央关于经济体制改革的决定》提出，社会主义经济是公有制基础上的有计划商品经济，回答了社会主义与商品经济是否能兼容这一科学社会主义发展史上重大的理论与实践问题。在国有企业改革过程中，微观层面以“经理承包制”“奖金制”等方式，在宏观层面以“贷改拨”“利改税”等方式，承认资本人格化代表——企业管理者对企业的主导地位①。在“双轨制”阶段，通过财政“分灶吃饭”赋予地方政府更多的财政自主权，更有效地激发地方政府积极性。在此基础上，党的十三大提出“国家调节市场、市场引导企业”的社会主义有计划商品经济运行模式，并将社会主义有计划商品经济新体制规定为计划与市场内在统一的体制，形成了体制转轨框架下主导型政府和成长型市场的互补关系。

客观而论，由于这一阶段处在体制转轨的起步时期，我国政府与市场的关系更多地表现为替代关系，即通过改革政府把更多配置资源的权力归还给市场。但是，中国的市场化改革并没有像苏联、东欧国家受新自由主义影响走向极端，而是坚持政府与市场关系上的辩证法和两点论，在大胆用市场替代政府的同时，积极探索政府和市场在配置资源中相互依存、相互补充、相互协调的作用与关系。这一时期，我们党在处理政府与市场互补关系方面呈现出三点变化：一是对政府与市场的认识上超越了政府和市场“二元对立”的传统思维定式；二是具体政策制定上逐步落实“计划经济为主、市场调节为辅”的中央决策；三是对政府、市场各自发挥作用的领域与范围进行了理论研究与实践探索。

（三）社会主义市场经济体制下：培育型政府与基础型市场

1992年，党的十四大提出“经济体制改革的目标是建立与完善社会主义市场经济体制”，并明确指出“我们要建立的社会主义市场经济体制，就是要使市场在社会主义国家宏观调控下对资源配置起基础性作用”。② 这一重大理论突破彻底消解了长期以来把社会主义与市场经济“二元对立”的传统观念，提出建立社会主义市场经济体制的改革目标，是我们党在建设中国特色社会主义进程中的一个重大理论和实践创新，解决了世界上其他社会主义国家长期没有解决的一个重大问题。③

1993年党的十四届三中全会通过的《中共中央关于建立社会主义市场经济

① 温铁军等：《八次危机：中国的真实经验（1949—2009）》，北京：东方出版社，2013年版，第36页。

② 江泽民：《加快改革开放和现代化建设步伐，夺取有中国特色社会主义事业的更大胜利》，《人民日报》1992年10月21日。

③ 习近平：《习近平谈治国理政第一卷》，北京：外文出版社，2018年版，第94页。

体制若干问题的决定》，对建立社会主义市场经济体制的具体任务和时间安排做出明确规定。由此，在党的领导和部署下，我国计划经济体制逐步向社会主义市场经济体制转轨，我国政府与市场的互补关系在体制层面得到确认，并伴随着社会主义市场经济发展得以深化和完善。为适应建立社会主义市场经济体制要求，理顺中央与地方政府权责关系，解决与民争利与市场无活力的问题，1994 年中国财政实行了“分税制”改革，对改革开放前 15 年中由于“条块分割”行政隶属关系控制体系内“放权”“让利”带来的财政实力过弱、财政体制关系紊乱、中央财政调控能力严重不足等问题进行了彻底解决。此次改革为适应市场经济客观要求的财政职能转轨和探索社会主义市场经济体制下政府与市场互补关系的全局性改革奠定了基础。党的十五大提出“使市场在国家宏观调控下对资源配置起基础性作用”，党的十六大提出“在更大程度上发挥市场在资源配置中的基础性作用”，党的十七大提出“从制度上更好发挥市场在资源配置中的基础性作用”，以上党中央关于市场作用的表述都表明市场在资源配置方面的基础性作用日渐突出。

在这一时期，为适应社会主义市场经济体制的内在要求，政府职能重心转向培育市场发育和成长，催生各类市场主体。与此相适应，政府计划加快实现从指令性计划向指导性计划的转变。在建立社会主义市场经济初期，由于我国的市场发育还不成熟，市场体系并不完善，市场机制不健全，市场竞争不公平、不透明，因此在微观经济放开与激活的同时，需要政府适当地加强宏观调控。党的十六大以后，针对长时间存在的片面追求增长速度、增长方式粗放、民生领域矛盾凸显和市场经济在社会公平、公共服务、生态保护等方面的固有缺陷，政府政策的组合拳持续发力，成功跨越了许多体制转轨过程中经济体一味的“纯粹市场化”陷阱。

正是在社会主义市场经济体制中政府与市场的共同作用下，我国经济持续高增长，实现了跨越式发展，1992—2011 年 GDP 年平均增速达 9.59%。这个阶段政府与市场的互补关系在社会主义市场经济体制基本框架内持续完善，与前一阶段相比，其主要变化体现在：以“以人为本”为处理互补关系的基本原则，以“效率优先、兼顾公平”为处理互补关系的基本思路，以“实现共同富裕”为处理互补关系的基本目标。

（四）全面深化改革下：有为政府与有效市场

以党的十八大为标志，我国进入中国特色社会主义新时代这一新的历史方位。党的十八大报告指出“经济体制改革的核心问题是处理好政府与市场的关系，必须更好尊重市场规律，更好发挥政府作用”。从 2013 年开始，国内外经济形势发生了极为深刻、复杂的变化。从国外经济环境看，受 2008 年国际金融危机的持续拖累，世界经济复苏放缓，贸易保护主义盛行，世界经济对中国的带动力减弱；从国内经济环境看，持续多年的经济超高速增长放缓，经济发展进入新常态。面对市场体系不完善，市场机制不健全，市场秩序不规范，市场配置资源作用不充分，部分领域政府干预过多导致的产能过剩、经济发展质量不好等结构性问题，我们党充分认识到政府与市场在互补领域、各自职能、作用强度等方面还需进一步探索和创新。党的十八届三中全会通过的《中共中央关于全面深化改革若干重大问题的决定》首次明确指出："经济体制改革是全面深化改革的重点，核心问题是处理好政府和市场的关系，使市场在资源配置中起决定性作用和更好发挥政府作用。"党的十九大报告对这一提法再次予以确认和强调。可见，中国特色社会主义新时代理顺政府与市场的职能，形成良性互动的关系充分体现了我们党在处理政府与市场关系上的辩证法和两点论。

首先，从市场在资源配置中起"基础性作用"到"决定性作用"，说明我们党对市场经济的一般规律和社会主义市场经济发展阶段中国特色社会主义建设规律认识得到了升华。[①] 一方面，市场经济在本质上就是市场决定资源配置的经济。无论什么国家，只要采取市场经济体制，市场就必然发挥资源配置的决定性作用。另一方面，"提出市场在资源配置中起决定性作用，是我们党对中国特色社会主义建设规律认识的一个新突破，是马克思主义中国化的一个新成果，标志着社会主义市场经济发展进入了一个新阶段"，为进一步完善社会主义市场经济条件下政府与市场的互补关系提供了理论指引。[②] 由此出发，十九大明确提出坚决破除制约使市场在资源配置中起决定性作用的体制机制弊端。其次，强调更好发挥政府作用，体现了我们党对社会主义市场经济体制特殊性的清醒认识，彻底革除了新自由主义对我国全面深化经济体制改革的影响。

市场在资源配置中起决定性作用和更好发挥政府作用这一表述，也为完善政府与市场协同互补的关系指明了具体路径。我们党实施大规模机构改革，建立服务型政府，同时尊崇市场规则，赋予市场更多权力，努力形成有为政府和有效市场有机统一、优势互补、和谐共生的新格局。

这一阶段政府与市场互补关系的理论和实践创新体现在：一是政府与市场之

① 郭兰平、李永安：《双向互动与动态变迁：历史方位论视角下政府与市场关系透视》，《财会月刊》2020 年第 20 期。

② 翟玉琪：《以中国经济为主体研究政府与市场关系演变》，《现代工业经济和信息化》2020 年第 11 期。

间的分工更加明晰，政府从宏观层面把握资源配置，市场从微观层面决定资源配置。二是政府职能从管理型向服务型转变，更加精准地简政放权于市场，实施和推进以优化机构设置和职能配置为主的机构改革。三是最终实现市场配置资源由基础性作用向决定性作用转变，充分体现了我国社会主义市场经济的本质特征。

从新中国70年政府与市场关系演变历程中可以看出，中国的市场特别是改革开放后从无到有，是政府根据经济社会发展的需要构建和培育出来的①，随着市场的发生、发展，才生发出如何理顺政府与市场关系的问题，但政府与市场之间并不存在尖锐而不可调和的矛盾。这与近代西方国家先有发达的市场，存在政府与市场之间的尖锐矛盾，需要妥善处理政府与市场的关系，以缓解它们之间的矛盾，是有所不同的。尽管西方国家处理政府与市场的关系在一定程度上可供中国借鉴，但因为中国与西方国家之间存在政府与市场关系的起源、文化背景、经济发展理念、矛盾性质等多方面不同，因此可供借鉴之处有限②。同时，这也意味着，新中国70年处理政府与市场关系的经验及教训，形成了世界上处理政府与市场关系的独特样本，它既属于中国，也属于世界，可供其他国家借鉴。将这些经验及教训理论化、体系化，有助于创新经济理论、政治理论和行政理论等理论，贡献中国智慧。

二、我国政府与市场互补关系的基本特征

通过梳理我国政府与市场互补关系的阶段性演进历程可以发现，新中国成立以来尤其是改革开放以来，我们党创造性地继承和创新性地发展了马克思主义，通过经济体制改革，不断推进社会主义经济体制机制的发展和完善，建立和完善了社会主义市场经济体制，最终形成有为政府和有效市场有机结合的体制机制和资源配置架构，为建设社会主义现代化强国和实现中华民族伟大复兴构建了体制机制保障。而社会主义公有制条件下的商品经济和以公有制为主体的社会主义市场经济体制有着不容置疑的特质和特殊性，这也使得社会主义市场经济条件下的政府与市场的互补关系呈现出明显的特征。

（一）党总揽社会主义经济体制发展完善的全局

党的十九届五中全会将“坚持党的全面领导”作为“十四五”时期经济社会发展必须遵循的首要原则，指出要实现“十四五”规划和2035年远景目标，必须坚持党的全面领导，充分调动一切积极因素，广泛团结一切可以团结的力

① 严静峰:《政府建构型市场经济的中国逻辑》,《浙江社会科学》2018年第12期。

② 程承坪:《中国经济改革的政治经济学分析》，北京：北京经济科学出版社，2017年版，第57页。

量，形成推动发展的强大合力。在党的领导下，构建高水平社会主义市场经济体制下新型的政府与市场互补关系，是我国成功实现体制转轨独有的政治优势。党的领导既是构建社会主义市场经济体制下新型的政府与市场互补关系的基本经验，也是中国特色社会主义政府与市场新型关系的最本质特征。[①]

第一，牢牢把握住社会主义的前进方向，着眼战略全局谋划推动工作。坚持走中国特色社会主义道路，坚持经济改革与经济发展的正确方向，包括党在社会主义初级阶段的基本路线、基本经济制度、以人民为中心的发展思想、社会主义市场经济改革方向、“两个一百年”奋斗目标[②]、对外开放基本国策等。制定经济社会发展的战略规划和长期目标，把握国民经济和社会发展中的重大比例关系，统筹协调各方面利益和行动，对国民经济和社会发展中的全局性、战略性、前瞻性的重大问题做出研判，提出解决思路，做出总体安排。

第二，确立党和国家工作战略目标和战略举措。战略是党制定的解决全局性、根本性和长远性问题的规划和部署，包括国民经济和社会发展总体战略，像“三步走”发展战略[③]、“四个全面”[④]战略布局、“五位一体”[⑤]总体布局，以及解决经济领域重点问题、关键环节突出问题的重大战略，[⑥]如“一带一路”倡议、乡村振兴战略、区域协调发展战略等。围绕党的基本路线和总体战略进一步制定具体的工作规范，包括国民经济和社会发展的基本政策，以及解决重点领域和突出环节的政策，如“六稳六保”、供给侧结构性改革等。

第三，坚持以人民为中心深化改革开放，加强监督管理推动责任有效落实。党始终把握“旗帜决定方向，道路决定命运”这条主线。改革是由问题倒逼而

---

① 陈健、郭冠清：《党的领导在社会主义市场经济法治化中的作用与意义》，《上海经济研究》2021年第4期。

② 中共十八大报告提出“两个一百年”奋斗目标：第一个一百年，是到中国共产党成立100年时（2021年）全面建成小康社会；第二个一百年，是到新中国成立100年时（2049年）建成富强、民主、文明、和谐、美丽的社会主义现代化强国。

③ 具体为：第一步到本世纪（即20世纪）八十年代末，实现国民生产总值比1980年翻一番，解决人民的温饱问题；第二步到本世纪末，使国民生产总值再增长一倍，人民生活达到小康水平；第三步到21世纪中叶，人均国民生产总值达到中等发达国家水平，人民生活比较富裕，基本实现现代化。这成为新时期党和政府及全国各族人民奋斗的总目标。

④ “四个全面”战略布局，即“全面建成小康社会、全面深化改革、全面依法治国、全面从严治党”。

⑤ 着眼于全面建成小康社会、实现社会主义现代化和中华民族伟大复兴，党的十八大报告对推进中国特色社会主义事业做出“五位一体”总体布局：经济建设、政治建设、文化建设、社会建设、生态文明建设。

⑥ 冯大勇：《实现“十四五”规划和二〇三五年远景目标必须坚持党的领导》，《经济师》2021年第4期。

产生的，改革进程中的矛盾只能用改革的办法才能解决。① 完善和发展中国特色社会主义制度、推进国家治理体系和治理能力的现代化是我们党必须承担的责任，作为改革的领导者，党必须负责改革的总体设计、统筹协调、整体推进、督促落实等职责。我国的基本经济制度决定了公有制经济占据国民经济的主导地位，因而不论从战略地位还是从经济体量来讲，公有制经济都具有举足轻重的作用。怎样使国有经济做大做强，更好地发挥公有制经济的重要作用尤为重要。党还必须加强对经济领域执政骨干的监管，在经济领域从严治党既符合我国经济治理的逻辑，也是我国独有政治制度的必然要求。

（二）有效市场以有为政府为先导

中央政府在经济活动中扮演主导性的重要角色。中国 40 多年经济体制改革的实践经验表明，建立“统一、安全、可靠、有序”的大市场以及相应的（基于劳动分工原理的）工业组织的社会成本非常高昂，如果仅靠市场自发生成难以长成“参天大树”。因此在市场创造并发展壮大的过程中，需要以政府为主导，政府和市场共同参与，并且各方协调努力。“自由”市场本身既不“自由”也不“免费”，而是一种昂贵的公共品。② 具体而言，社会主义市场经济中有效市场以有为政府为先导体现在以下四个方面。

其一是国家意志。从原始工业化进程看，中国既不可能像西方资本主义国家那样通过原始积累攫取大量财富，也不具备通过技术变革，开启工业化原始积累的能力。但事实却是，中国仅用短短的 40 年时间就完成了西方 250 年时间才完成的工业化进程，从一个积贫积弱、人均收入仅是撒哈拉以南非洲国家平均水平 1/3 的农业国，转变为世界上最大和最具生机活力的制造业经济体，并快速实现工业化和现代化。我国得以实现高速发展的主要原因之一就在于政府对市场的正确认识，积极地推动计划经济向有序市场转型，并在此基础上运用国家意志去创造一个统一的国内市场，引导市场创造，有效调配各种资源。从这个角度看，亚当·斯密忽视了创造市场的巨大社会成本，以及国家意志和政府在市场创造中的关键作用。

其二是制度安排。我国社会主义市场经济和经济制度安排都是建立在坚持国家整体利益与企业微观效率相互统筹的基本原则上的，并运用积极有为的制度激

---

① 蔡承荣、张玉庆：《构建“双强模式”的政府与市场关系，促进经济高质量发展》，《经济研究导刊》2021 年第 15 期。

② 文一：《伟大的中国工业革命》，北京：清华大学出版社，2016 年版，第 232 页。

励调动各类要素发展壮大。① 在这个框架下，从政治与经济两个维度来分析政府行为。市场化改革过程中，中央政府以“以经济建设为中心”作为核心目标，在此基础上中央政府将财政收入作为一种相容性集体利益，赋予地方政府更多权力，通过有效激励手段鼓励良性竞争，而地方政府对自主财力增长的追求以及地方官员通过经济建设取得政绩来谋求政治上的晋升，成为了政府建立、参与有效市场的最大动力。②

其三是宏观调控。宏观经济存在失衡是市场经济的固有弊端。市场经济条件下价格机制自发调节达到供给与需求的平衡，但是这种自发调节很难保证全社会总生产与总需求的平衡，很可能会导致失业和恶性通胀。事实也充分证明市场存在缺陷，如果只是被动应对而非主动作为，市场将始终处于“打补丁”状态，资源配置就无法实现帕累托最优。③ 因此，应对失衡或偏差，政府通过宏观经济政策主动作为，规范市场行为，通过财政政策与货币政策传导机制调节并促进国民经济总体平衡与物价稳定，通过对劳动力市场的宏观调节和就业政策促进充分就业，通过经济逆向调节消除经济运行波动，采取增加公共支出、完善社会保障制度、加大转移支付等手段对收入分配进行调节，实现共同富裕及效率与公平的统一。④ 例如，在此次疫情中国家优先保障疫情防控经费需求，给予受疫情影响较大行业税费优惠政策，出台普惠性降费政策等措施保障宏观经济稳定运行。通过制定产业政策影响市场行为、引导产业发展、促进结构调整、调节供求关系，以此拉动经济增长。从目前来看，我国现有的产业政策仍存在与经济新常态不相适应的地方，这就需要对产业政策的调控范围和政策优惠进行严格限定，并进一步协同处理政府与市场的边界问题。在制定产业政策时必须尊重市场规律，同时建立起更加审慎的机制，但这并不能否认产业政策对引导市场经济发展产生的积极作用与巨大成效。⑤

其四是市场监督。随着“放、管、服”改革的深化，政府放权并让利于市场主体，释放了市场活力和社会创造力。但政府一味地“放”，也会带来一系列社会乱象。如何做好“裁判”角色，政府应重点把握住以下几点：一是利用新

① 杜楠、刘俊杰：《化制度优势为治理效能：探究“中国之治”的有效路径》，《广西社会科学》2021 年第 4 期。

② 吕炜、靳继东：《始终服从和服务于社会主义现代化强国建设——新中国财政 70 年发展的历史逻辑、实践逻辑与理论逻辑》，《管理世界》2019 年第 9 期。

③ 董昀：《中国特色社会主义宏观调控的实践探索与理论创新》，《马克思主义研究》2020 年第 8 期。

④ 刘凤义：《论社会主义市场经济中政府和市场的关系》，《马克思主义研究》2020 年第 2 期。

⑤ 蔡昉、张晓晶：《构建新时代中国特色社会主义政治经济学》，北京：中国社会科学出版社，2019 年版，第 144 页。

技术、新体制加强监管体制创新，通过精简审批事项、下放审批权限、优化审批流程、压缩审批时间等提高管理水平与效能；二是加强对重点领域与重点环节的监管力度，特别是由于垄断、市场外部性、公共产品等问题造成市场容易失灵的领域，2021 年 5 月，阿迪达斯体育（中国）有限公司由于违反广告内容管理规定行为及其从属，被苏州工业园区市场监督管理局罚款 5 万元；三是加强对民生领域的监管力度，着力整治食品安全、道路监督、人居环境、政务服务等方面，特别是在较大天灾、较强传染性疫情暴发时，需要政府及时加强监管，稳定物价。总而言之，政府加强监管就是加强对市场主体及其所从事的交易、竞争等行为的监督和管理力度，按照社会道德和规范标准，用法律引导、监督社会各个生产生活环节，防止损害社会公共利益、市场秩序和其他市场主体合法权益的行为出现，保证市场运行良性有序，为充分发挥市场机制创造良好条件。

（三）有为政府以有效市场为基础

在社会主义市场经济体制下，生产关系对社会生产力发展的促进作用的大小，在相当程度上取决于市场是否能够健康、有效地运行。政府通过宏观调控作用于市场，目的也在于促进社会生产力持续、快速发展，实现社会财富充分涌流。总的来说，市场机制的有效性是通过市场在资源配置中的决定性作用加以实现，具体包括以下四个方面。

第一，市场化下的价格形成机制是核心。要让供求决定价格，价格调节供求，并同时放开要素市场，[①] 不论是社会主义市场经济体制还是西方市场经济体制都具备市场经济的一般属性与特征。同时，都需要尊重价值规律及价格机制。价格机制通过价格、供求、竞争、生产要素的流动，调节生产，体现效率，实现社会总资源在各部门之间按比例分配。

第二，健全市场要素体系和组织体系是基础。只有建立健全的市场要素体系和组织体系，才能真正支撑起市场经济的合理运行，才能真正发挥出市场机制在资源配置中的决定性作用。

第三，完善市场规则是保障。围绕统一的市场准入制度，建立公平、开放、透明的市场规则，推进负面清单准入管理方式，建立市场基本法制体系与监管体系。规避“劣币驱逐良币”现象，以及消除市场运行造成的各种负面问题，都需要对市场进行有效监管，这是构建有效市场的基本保障。

第四，健全市场基础环境是前提。具体包括建立日益透明的基本社会信用体

① 王东京：《中国经济体制改革的理论逻辑与实践逻辑》，《管理世界》2018 年第 4 期。

系和不断扩大的市场基础设施。有效市场还体现在，市场决定产业经济、城市经济的资源配置，市场法则对产业经济、城市经济的竞争性起着根本性作用，① 健全市场环境也是实现经济高质量发展的基础。

(四) 有为政府与有效市场在对立中统一

从微观个体角度看，政府与市场存在对立关系；若从宏观和社会发展整体性的角度看，二者并非对立关系，而是相辅相成的。政府有为，市场才能有效。习近平总书记在处理政府与市场二者关系时提到，"要讲辩证法、两点论，'看不见的手'和'看得见的手'都要用好"。② 政府与市场的结合并非无差别的结合，而是"对立统一"的有机结合。一方面，政府与市场调节在解放生产力和发展生产力的目的上具有一致性；另一方面，由于社会主义基本经济制度与市场经济存在一定的矛盾和冲突，客观存在的不同经济利益主体有着不同的利益诉求。要实现以人为本、互助合作、共享共建、共同富裕的目标，实现个人利益与社会利益、个人利益与国家整体利益的统一，需要有为政府和有效市场共同发挥作用。③

第三节　发展型国家

一、发展型国家的内涵

(一) 发展型国家的起源与内涵

发展型国家（Developmental State）④ 是建立在东亚新型工业化经济体，尤其是日本和韩国经验基础上的，关于后发国家如何实现经济跨越式发展的一组关于政府的经济理念、制度和政策的经验概括与总结。它被普遍认为是将东亚新型工业化经济体与多数其他后发国家区分开来的关键。⑤ 发展型国家最早是由查默斯·

---

① 陈云贤：《中国特色社会主义市场经济：有为政府+有效市场》，《经济研究》2019 年第 1 期。

② 中共中央文献研究室：《习近平关于社会主义经济建设论述摘编》，北京：中央文献出版社，2017 年版，第 68 页。

③ 周树辉：《有力政党、有效市场、有为政府：中国特色社会主义行稳致远的关键密码》，《湖南行政学院学报》2021 年第 2 期。

④ 发展型国家，英文表述为"developmental state"。严格来说，"state" 一词实指"政府"，但在韦伯式的国家概念下，常将"state"（国家）一词作为"government"（政府）的同义词。此派学者遵循此传统，所以多使用"state"一词，如将"developmental state"翻译成"发展型政府"亦无不妥。

⑤ 张振华：《发展型国家视野下的中国道路：比较与启示》，《学海》2018 年第 6 期。

约翰逊[①]在《通产省与日本奇迹——产业政策的成长（1925—1975）》一书中提出。

发展型国家的首要目标在于寻求经济增长，能够不受社会集团影响独立地制定并有效推行产业政策，通过金融借贷、财政补贴或者关税优惠等政策工具实现对特定产业的扶持，使其在短期内获得快速成长，推动整体经济快速繁荣。发展型国家并非以政府取代市场，而是通过政府干预塑造市场激励机制，进而实现经济发展目标。发展型国家把经济增长作为国家整体目标的同时，通过管理经济、政策调适、制度创新等手段，减少增长中的各种冲突。发展型国家理论的提出表明，一个国家的历史、文化与社会特征在一定程度上决定了该国的发展路径，东亚国家的崛起表明非西方的发展模式是可行的。

（二）发展型国家的优势与不足

发展型国家模式可以概括为：产业政策与国家能力。[②] 产业政策是国家介入经济的最重要的手段，具体可以表现为：（1）关税保护（包括出口补贴、进口配额等），典型者如早期的英、美；（2）金融资金支持，如19世纪末至20世纪初的德国；（3）财税补贴，如第二次世界大战后的日本；（4）用行政指导干预价格制定，意图部分取代市场，如苏联的计划经济。[③] 作为国家，可以选择上述一种或多种手段的组合对经济进行干预。至于国家能力层面，正如上述列举各种观点所示，发展型国家理论的支持者无一例外地都提出了“强国家”能力，用以试图解决政策制定与执行力问题。国家相对于社会的“自主性”，一方面可让国家能够不受特定利益集团的干扰和左右，制定出有利于整体利益的发展政策；另一方面，可凝聚高效的官僚体系，以便有效地将产业政策落到实处。可以说，强国家的“政治结构”有利于保证产业政策的成功实施。

然而，发展型国家亦存在着诸多缺陷。首先，发展型国家只是特定时间与空间下的历史产物，需要建立在特定的国际环境和文化环境下方能成功。[④] 亚洲金

---

① 查默斯·约翰逊（Chalmers Ashby Johnson，1931—2010）是美国日本政策研究所所长，东亚问题专家，被称为日本发展模式概念之父。其著作《通产省与日本奇迹——产业政策的成长（1925—1975）》（1982年），以经济国家主义为视角，提出了“资本主义发展型国家”概念；在此基础上，许多学者对东北亚国家进行了研究，由此形成一种发展型国家理论范式。

② 陈玮、耿曙：《发展型国家的兴与衰国家能力、产业政策与发展阶段》，《经济社会体制比较》2017年第2期。

③《林毅夫VS张维迎：一场产业政策的“世纪之辩”》，《中国经济周刊》2016年11月15日。

④ Hayashi, Shigeko. The Developmental State in the Era of Globalization : Beyond the Northeast Asian Model of Political Economy. The Pacific Review, 2010（1）.

融危机之后，世界货币基金组织（IMF）提出发展型国家可能存在的裙带资本主义（Crony economy）与腐败问题（Corruption）。[①] 其次，政府对企业实行过度保护。一是容易形成政商联盟，而这种联盟会破坏市场竞争机制，造成资源不合理分配。发展型国家扶持特定产业做大做强，因此极易形成利益团体。随着经济的发展，利益团体实力壮大，不再甘受国家领导。因为利益团体诉求多元化，很有可能与国家整体利益发生冲突，更有可能渗透、俘获国家机关，或者抗衡、节制国家机关，令国家丧失自主性，阻碍既有发展规划。二是政府对企业实行过度保护，会放缓企业预算约束，使得企业失去危机意识，高风险经营。比如，日本作为发展型国家就有着深刻教训：为了追求“世界最快计算机”，日本于2006年实施了“通用京速计算机”项目。因其固守原有大型计算机的思路，与当时利用多处理器分散运算的世界先进方向刚好相反，最终导致创新失败，但是为国家推动的发展计划埋单的却是社会大众。

二、发展型国家理论的演变

（一）初代发展型国家理论——政府介入

第一代发展型国家理论是约翰逊等人在20世纪80年代基于日韩等东亚国家和地区发展的观察而提出的发展型国家理论的最初形态，这一阶段发展型国家理论的核心观点是突出国家的作用，一是由政府精英官僚作为保障，二是国家具备很高的自主性和很强的国家能力。[②] 该理论强调国家利用行政干预手段制定产业政策，并且有意识地把相关资源引导到对本国未来经济增长至关重要的行业或战略性部门中去，进而达到保护处于初级发展阶段的产业和促进国内经济发展的目的。

与国家社会主义体制不同，东亚发展型国家对经济的干预是建立在私有制基础上的，即所谓资本主义发展型国家。由于缺乏实质性的国外和国有资本，东亚发展型国家必须更多依赖本土企业家的配合。它们毫无例外地发展出了一系列体制和机制来推动这一目标的实现。[③] 以日本为例，一是经济官僚与企业家间建立了各种正式和非正式的关系。这种关系建立在发达的行业协会、商会、校友、官

① Sender, Henny . The Devil to Pay. Far Eastern Economic Review, June, 1997 (5) .

② 陈玮：《“发展型国家”的三次理论辩论：政府介入的必要性、有效性和时机》，《公共行政评论》2019年第12期。

③ 封凯栋、姜子莹：《国家在创新转型中的双重角色：创新理论视角下发展型国家兴衰对中国政策选择的启示》，《经济社会体制比较》2020年第6期。

僚退休后到其任职时负责规制的产业部门“再就业”，在私人产业部门普遍设有联络员专门负责与当局进行日常的面对面的联络，私人产业部门的人员被借调到当局所设定的临时性岗位上等复杂的网络关系与制度安排基础上。密切的政商关系一方面促进了双方的信息共享，成为政府有效干预经济的基础，另一方面，政策网络的不透明、非正式和排他性往往意味着网络外的行为者（政治家和公众）缺乏足够的关于产业部门实际状况的信息，这使得官僚能够将其所拥有的信息优势转化为政策制定和执行中的更大自主性。二是发展型国家普遍拥有诱导私人资本合作的手段和资源，防止私人资本威胁到政府对经济过程的主导作用。“用资本来驯服资本家”是东亚发展型国家的普遍做法，而这通常建立在一个国有的，或者起码是政府能够对其施加实质性影响的金融体制基础上。

（二）第二代发展型国家理论——国家—社会

在20世纪80年代中期之后，韩国与中国台湾地区出现民主化的趋势，在经历多场选举之后，最终于20世纪90年代完成。与此同时，日本也在1993年实现了自由党和民主党的轮替执政。东亚以往支持发展型经济体的政治基础已不复存在。

民主化对发展型经济体最主要的冲击表现在两个方面。一方面，民主化之后能否持续执政要以选举决定。为了尽可能扩大选票基础，政治领袖必须将各种社会需求纳入施政考虑。经济发展非但不是唯一考虑，甚至也不见得是首先考虑，这就让以往发展型国家的思维与政策难以为继。其次，民主化也让社会组织与政府之间的议价空间逐渐扩大。社会不再只是被国家所领导，民主化让社会组织崭露头角，并不断提升重要性，对政府的自主性和能力也构成了一定的挑战。由此，新一代发展型国家理论——“国家—社会”的论争也随之展开。

在该阶段，发展型国家理论开始注重国家和社会之间的互动关系，虽然和前一阶段一样，也强调国家的自主性和国家能力，但更加强调“强国家”和“精英社会”（强社会，包括社会中的产业或资本精英）之间的合作。

（三）后发展型国家理论——国家—全球化

第二代发展型国家理论将重心调整至“国家—社会”关系，有效处理了民主化之后各经济体内部社会力量提升的问题。在第二代发展型国家理论蓬勃发展的20世纪90年代，经济全球化的浪潮如火如荼，第二代发展型国家理论越来越难以揭示经济全球化现象背后的本质。另外，经济全球化的潮流不只单独发生作用，也能结合民主化的趋势形成合力，进一步推动东亚经济体的转型与调适。所以对发展型国家理论而言，进一步的理论发展必然围绕着“国家—全球化”的探讨而展开，于是初步形成了后发展型国家理论。

在1991年苏联解体、冷战结束后，美国积极寻求新的国家目标，此时，自由贸易与资本流动的全球化现象越发明显。1993年上台的美国总统克林顿将施政重心转移到经济问题上，比历届的民主党政府更为重视市场的力量，尤其是金融市场。克林顿当局不仅支持国内的金融自由化，更想将金融与资本项目的自由化推广到发展中国家的新兴市场，同时借由冷战结束的契机，积极向海外推销民主与市场价值。①

在这些经济全球化潮流的冲击之下，针对东亚地区的发展型经济体是否已经过时这一问题，有两种观点甚嚣尘上：一是“趋同论”（Convergence thesis），二是“转型论”（Transformation thesis）。“趋同论”认为：经济全球化的潮流，特别是金融全球化的影响，成为制约国家作为的外生变量，并推动国家进行或多或少的经济结构与政策的调整。调整的方向是向美式自由市场经济靠拢。而“转型论”的观点认为：全球化是当前政治、经济与社会变迁背后的核心动力，正以史无前例的规模重塑当代社会与全球秩序；但也因为如此，全球化的作用要依情况而定，未来走向如何，当前依然没有清晰的结论。② 毫无疑问，发展型国家理论的支持者更加赞同后者。虽然经济全球化影响巨大，一切都还在变动中，但以往和发展型国家有关的制度安排已深植在东亚各经济体之中，未来仍将发挥“路径依赖”的作用，主导整个东亚的转型过程。③就转型的走向而言，由于东亚经济体各自有不同的外部处境与内部制度，在两者不断的交互作用之下，东亚地区的发展走向可能日渐分歧。

“后发展型国家”的共同特征是什么，至今理论解释仍然缺乏共识，只能将目前的理论进展暂且称为“后发展型国家的多样性”。出现能概括整个东亚转型经验的“第三代发展型国家理论”仍需要更长时间的酝酿。④

① 封凯栋：《国家创新系统：制度与演化的视角》，《国家行政学院学报》2011年第13期。

② 封凯栋：《发展转型与自主创新：基于工业革命历史经验的讨论》，《经济社会体制比较》2012年第6期。

③ Linda Weiss, States in the Global Economy: Bringing Domestic Institutions Back in New York: Cambridge University Press, 2003, pp. 23-24. 有关东亚各经济体制度路径如何开启的研究参见：Hidetaka Yoshimatsu, Comparing Institution- Building in East Asia: Power Politics, Governance, and Critical Junctures, New York: Palgrave Macmillan, 2014.

④ 黄宗昊：《“发展型国家”理论的起源、演变与展望》，《政治学研究》2019年第5期。

三、新时代中国式发展道路的再超越

发展型国家理论范式抓住了东亚国家经济发展的一些本质特征，具有较大的解释力，在发展型国家理论对于中国的适用性问题上，不同学者有不同的看法。支持者一般认为中国政府以经济发展为优先性目标、对于重点行业的控制、对出口经济的高度依赖以及对传统儒家观念的宣扬等特征是符合发展型国家理论的解释模式的①；反对者则指出中国并没有把大多数资源分配给最重要的生产部门，且其特殊的政治体制、巨大的地区间差异性以及地方主义等特征不符合发展型国家的理论要旨。② 1997—1998 年亚洲金融危机触发了批判和反思“发展型国家”的浪潮。2002 年以后，中国进入经济建设与社会建设并重的新时代，推动科学发展、促进社会和谐，日益成为中国经济社会发展的主题。③ 通过确立可持续发展的新目标，转变经济发展方式；开展以改善民生为重点的社会建设，构建和谐社会；转变市场管制方式，增强市场管制能力；重新调整中央与地方关系以及区域间关系，寻求集权与分权之间的均衡等，中国开始了超越发展型国家的进程。④ 关于超越发展型国家的讨论的重心放在了重构政府与市场、社会之间关系，扩大发展目标，改善制度和治理的思想资源等方面上。

（一）建设服务型政府，优化政府职责体系

党的十九届四中全会提出：“必须坚持一切行政机关为人民服务、对人民负责、受人民监督，创新行政方式，提高行政效能，建设人民满意的服务型政府。”党的十八大以来，中国政府改革从行政审批改革切入，大量削减行政审批事项；此后，进一步落实“事前—事中—事后”管理原则，分类施策，大力推进“放管服”改革。党的十九大以来，中国政府更加注重解决体制性深层次障碍，推出一系列重大改革举措，有效化解了一批结构性矛盾，在诸多领域实现了系统性重塑、整体性重构。例如，各地产生了诸如“一站式服务”“一窗受理，集成服务”“最多跑一次”“不见面审批”“街乡吹哨、部门报到”“接诉即办”等制度或实践，这是加强全面深化改革顶层设计和尊重基层首创精神相结合的产物。再如，通过简政放权、放管结合、优化服务，有力激发和释放了市场主体活力。世

① 宋磊：《发展型国家论的研究传统与中国悖论》，《公共行政评论》2021 年第 2 期。

② 宋磊、谢予昭：《中国式政府—市场关系的演进过程与理论意义：产业政策的视角》，《中共中央党校（国家行政学院）学报》2019 第 1 期。

③ 张振华：《发展型国家视野下的中国道路：比较与启示》，《学海》2018 年第 6 期。

④ 郁建兴、石德金：《超越发展型国家与中国的国家转型》，《学术月刊》2008 年第 4 期。

界银行发布的《2020营商环境报告》显示，中国营商环境排名由2018年的第46位跃升为2019年的第31位；在经济下行压力加大的形势下，新登记市场主体数活跃，外资仍保持适度增长，数字经济、创客经济、孵化器企业、人工智能、5G应用、平台经济等具有创新意义的新产业、新业态、新商业模式快速增长。①

（二）全面深化改革，重构政府与市场关系

政府与市场既相互对立又彼此共生。政府要提升GDP，发展经济，改善民生，赢得执政合法性，必须依赖于市场；反过来，市场同样需要政府来提供安全、秩序、法律以及公共服务等，为经济腾飞保驾护航和维持市场秩序。

基于政府维度，更好发挥政府作用。一是加强国民经济的基础设施建设，营造良好的政治与政策环境、经济与社会环境。② 二是充分挖掘内需潜力，为国民经济增长提供足够的动力与活力。三是加大对国有经济、集体经济和私营经济的扶植和保护，政府成为国企和私企的坚强后盾。四是大力推进配套改革，实现体制优化与机制创新。加强对私有产权的保护，真正做到有法可依，有制可循；加大对企业创新和技术创新的鼓励和支持，形成有效的激励机制。五是加强市场监管。建立和落实权力清单制度，积极采用信用综合监管、风险分类监管以及大数据监管等改革措施，有针对性地实施跨地区、跨行业和跨部门联动监管。

基于企业维度，发挥市场在资源配置中的决定性作用。在市场上，充分尊重企业的意愿。一是充分利用价值规律，促成公司或企业转型、升级和换代，提升产品质量和企业信誉，引导和支持有实力企业参与国际市场竞争。二是推进供给侧改革，向以文化、教育、健康、医疗、旅游等为重点的服务产业进军，提升第三产业在国民经济中所占比重，改善供给结构，拉动国民经济增长。三是支持和鼓励企业或公司做实业，发展实体经济。四是支持和鼓励企业或公司进行科学研究投资投入，开展科学研究工作。五是引导高校人才培养方向和目标，实现企业界与教育界的专业对接，以优化人才资源配置，从而实现企业可持续发展。

（三）培育公民社会，重构国家与社会关系

国家组织公民社会是中国社会的显著特色，但并不意味着所有的使命都由国家来完成。如果缺乏发达的公民社会和市场力量，那么国家就必然承担全能政府角色，因为它即使想放权，也没有可以放权和委托的对象。随着公共事务日益复

① 燕继荣：《建设人民满意的服务型政府》，《光明日报》2020年1月21日。

② 肖莉娜、陈玮：《迈向共享发展型国家：新时代中国式发展道路的再超越》，《河北学刊》2019年第3期。

杂和不断增多，有限的国家资源将无法应付。其结果可能是，一方面旧的问题还没解决，另一方面新的问题越来越多。在最坏的情况下，可能引发社会对国家和政府的普遍不满和失望，国家越来越难以获得社会的支持。因此，国家必须进一步转变对待公民社会的态度，致力于改善公民社会的制度环境，最大限度地激发社会创造活力。

必须指出，任何地方的公民社会组织“都是由良莠不齐，甚至完全怪诞的成分组成的令人眼花缭乱的纵队”①。它们常常与私有的经济利益相关，在争夺权力和资源中势必“阻遏代表性的制度运作，并系统地歪曲政策效果”。因此，强调大力发展公民社会，并不意味着政府必须放弃对公民社会的管理。政府需要创新社会管理体制，坚持培育发展和管理监督并重，完善培育扶持和依法管理社会组织的政策，更好地发挥各类社会组织对提供服务、反映诉求、规范行为的作用，将公共服务型政府建设与公民社会建设有机结合起来。

（四）建立健全法治，实现政府、市场和公民社会之间的良性互动

国家的变迁也可以说就是法治的变迁。② 超越发展型国家需要在政府与市场、集权与分权、政府权力与公民权利、国家与公民社会之间实现新的平衡。而无论是公民权利的确认与保障，还是政府与市场、国家与社会、中央与地方的分界与互动，都需要宪法与法律制度作为基础，并将这一过程纳入正常的制度体系。③ 尽管法律环境还要靠文化环境和管理环境来支撑，但没有制度化的法律环境，政府、市场和公民社会之间的均衡和良性互动就难以建立和持续下去。历史经验已经表明，建立一种法理制度基础，为人与人之间、组织之间、政府之间、国家与社会之间的博弈提供合法化、程序化、制度化平台，更加符合国家长治久安的现代治国理念。④

① Jude Howell. Reflection on the Chinese State. Development and Change，2006（37），pp. 273-297.

② ［法］莱昂·狄骥：《公法的变迁：法律与国家》，沈阳：辽海出版社，1999年版，第7页。

③ Qiusha Ma. Non-Governmental Organizations in Contemporary China：Paving the way to civil society? London and New York：Routledge，2006，pp. 167-200.

④ 徐康宁：《科技创新、大国优势与国家现代化建设》，《苏州大学学报（哲学社会科学版）》2021年第1期。

课后习题

一、名词解释

服务型政府　发展型国家

二、简答题

1. 简述有效市场和有为政府的关系。
2. 简述放、管、服的基本内涵和意义。
3. 为什么说“经济体制改革的核心问题是处理好政府与市场的关系”？
4. 何为发展型国家？美国和中国是发展型国家吗？

案例

深化“放管服”改革新举措

2021 年 3 月 31 日召开的国务院常务会议推出深化“放管服”改革新举措，涉及就业环境、涉企审批、扩大内需、民生服务供给、公正监管五个方面的具体举措。

会议围绕更大激发市场主体活力、促进稳就业、保民生，确定了深化“放管服”改革的具体举措：一是改善就业环境。压减准入类职业资格数量，推进社会化职业技能等级认定；支持新就业形态健康发展；推进灵活就业职业伤害保障试点，扩大工伤保险覆盖面，维护灵活就业人员合法权益。二是推进涉企审批减环节、减材料、减时限、减费用。加快商标专利注册申请全流程电子化；降低守法合规企业和低风险商品通关查验率；减并港口收费。三是支持扩大内需。清理违规设置的二手车迁入限制，合理放宽旅游民宿等市场准入。四是优化民生服务供给。推动更多涉及民生的服务事项“跨省通办”；推进养老机构发展，引入社会力量扩大能力、提高运营和服务质量。五是进一步推进公正监管。坚持放管结合，把公正监管作为简政放权的必要保障，落实部门监管责任，完善监管规则和标准，建立行政裁量权基准制度，创新和加强事中事后监管，对涉及群众生命健康和公共安全的要严格监管。通过深化改革，做到放出活力、管出公平、服出效率。

近年来，全国市场监管部门持续组织开展涉企收费检查，取得积极成效，2020 年为企业减轻负担 50 多亿元，违规收费问题得到有效遏制。2021 年，全国市场监管部门将开展“治理涉企收费　减轻企业负担”专项行动，聚焦中介机构、行业协会商会、交通物流、水电气暖等公用事业、商业银行等五大重点领域收费，全面启动重点领域涉企违规收费专项治理，减轻企业负担、优化营商环境，增加市场主体活力。(资料来源：人民网、光明网)

结合案例谈谈政府在市场中扮演了怎样的角色？政府在什么情况下应对市场进行监管，在什么情况下应放任不管？

「第五章」 市场失灵与政府失灵

上海车展上特斯拉女车主“车顶维权”事件引发广泛关注。消费者该如何维护自身权益，企业该如何对待消费者的诉求，成为大家议论的热点。至今，公众普遍关心的“特斯拉是否存在刹车失灵”仍无定论。

涉及公共安全，谁能告知公众真相？相关鉴定机构及专家表示，第三方检测是确认事故原因以及车辆有无问题的必要手段。特斯拉和车主张女士双双发声，均提到了第三方检测。车主张女士否认曾拒绝第三方检测，特斯拉再次表示愿推动第三方检测。双方各执一词的背后事实究竟如何？第三方检测为何迟迟未能进行？哪些机构能检测进口电动汽车？当事人双方未达成一致的情况下，若涉及公共安全，监管部门应如何作为？此次特斯拉事故，暴露出政府对自动驾驶监管的缺失和市场自发运行的弊端，凸显了构建健康的市场秩序和良好市场生态的紧迫性。

第一节 市场失灵

一、市场失灵及其起源

所谓市场失灵（Market failure），是指通过市场机制不能实现资源最优配置的情况。[①] 经济自由主义鼻祖亚当·斯密认为，市场的运行至少有三个特征：一是自然性，指不以人的意志为转移的实在，导致社会趋向和谐的“自然状态”；二是协调性，指个人利益与集体社会利益之间的矛盾，通过市场过程自身内在的机制调整，逐渐趋向公平与统一；三是系统性，指各个人在维持自身利益的同时，社会利益可达到最高目标，这是社会诸多经济因素通过市场过程相互集合和相互作用而形成的结果，而非某种单个因素独立发挥作用。

① 田贵平：《物流经济学》，北京：机械工业出版社，2007 年版，第 26 页。

尽管如此，古典的政治经济学在崇拜市场机制，并不断分析市场作用的优点时，也对市场的一些不完美之处提出了质疑，如西斯蒙第、马尔萨斯、穆勒等。但他们主要强调分配不公、贫富不均或者生产过剩，仅仅从现象上强调市场运行结果与一般伦理判断之间的冲突。他们的观点零星而不系统，尚不能构成市场失灵理论。真正的市场失灵理论的产生，不可回避的有两个阶段。

第一阶段是 19 世纪末期杰文斯①、门格尔②、瓦尔拉斯③的边际革命。他们运用边际效用价值论和一般均衡等理论构建出的微观经济学为基础，把市场现象归结为个人选择的结果，并着重解释了在资源稀缺和技术约束条件下，市场如何趋同于协调和均衡；而张伯伦、罗宾逊夫人在这个微观经济学基础上，考察了垄断和垄断竞争条件下的生产者行为，将垄断现象置于市场内生的地位来考虑，从而使垄断成为研究市场失灵的第一个着眼点。也就是说，边际主义不但促进了微观经济学的产生，也为人们全面认识市场及市场缺陷准备了一个工具箱，从而为市场失灵理论纳入微观经济分析的框架打开了大门。至此，市场失灵开始了从现象到内核的研究历程。

第二阶段是福利经济学的产生。从第三章可知，福利经济学分为新、旧福利经济学。以庇古为代表的旧福利经济学的突出贡献在于确立了资源最优配置的标准，确立了社会福利最大化标准，提出了外部性理论。旧福利经济学对市场失灵理论的贡献在于，它在新古典传统的框架内为市场评价找到了具体的标准，而这个标准，就是社会福利的标准。④ 但社会的生产是由私人进行的，生产的数量是由私人根据自己的边际成本来决定的，所以，旧福利经济学便通过私人边际成本与社会边际成本的一致作为最优标准。有了标准，市场失灵的评价才能够摆脱一般的道德伦理标准，而回到经济理论本身，尤其是回到边际革命所产生马歇尔所完成的经济理论的一般范式中来。新福利经济学则在批判和吸收旧福利经济学的

---

① 威廉姆·斯坦利·杰文斯（William Stanley Jevons，1835—1882），英国著名的经济学家和逻辑学家。他在著作《政治经济学理论》（1871 年）中提出了价值的边际效用理论。杰文斯同奥地利的卡尔·门格尔、瑞士的利昂·瓦尔拉斯共同开创了经济学思想的新时代。

② 门格尔（Anton Menger，1841—1906），奥地利法学家。长期任维也纳大学法学教授、法学院院长和校长。主要著作有《十足的劳动收入权的历史探讨》（1886 年）、《民法与无产阶级》（1890 年）、《法学的社会任务》（1895 年）、《新国家论》（1903 年）等。

③ 里昂·瓦尔拉斯（Léon Walras，1834—1910），法裔瑞士经济学家。在瑞士洛桑学院开创了后来以“洛桑学派”著称的经济学学派。《纯粹政治经济学要义》是最早用数学方法对一般经济均衡进行全面分析的著作之一。瓦尔拉斯在完全自由竞争社会制度这一假设下，创立了一种数学模型，其中生产要素、产品和价格会自动调节达到均衡。这样，他把生产、交换、货币和资本各方面的原理联系起来。

④ 刘元春、杨丹丹：《市场失灵、金融危机与现有潜在产出测算的局限》，《经济学动态》2016 年第 8 期。

基础上，以帕累托最优为研究的核心，从社会福利的角度来考察市场经济制度的优点和缺点，并把市场缺陷作为重要的研究领域。①

除了进一步推进对外部性的研究以外，市场失灵理论更深入地探讨了公共物品的研究。同时，在帕累托标准不断具体化的过程中，对于市场失灵的评价体系也在逐渐建立。如果说垄断还是通过市场行为产生，外部性则逐渐涉及市场力量所达不到的领域，而公共物品更是出现在市场交易之外。可以说，市场失灵理论研究的内容，逐渐向着自由价格体系所能支配的经济生活之外的领域开拓。②

二、市场失灵的原因及表现形式

近年来，明星“天价片酬”的话题不断触痛大众神经。2018 年中宣部等五部委联合发文，剑指影视行业“阴阳合同”、偷逃税等乱象。失灵的市场机制是造成“天价片酬”的重要根源。明星作为生产要素的相关薪酬标准，其演技好坏的技术标准存在明显的“管理真空”，特别在资本热潮冲击下，部分粗制滥造的影视剧产品大打明星牌，通过高片酬、“捞快钱”的方式获得了不错的回报，使得市场的纠错机制失灵，导致影视剧高片酬陷入积重难返的境地。诸如此类的案例不胜枚举，引起市场失灵的原因有很多，其中主要包括公共物品、外部性、垄断与信息不对称。在每一种情况下，要么导致生产的低效率或无效率，要么导致消费的低效率或无效率。

（一）公共物品

在提供人们所需的物品方面，市场能否完美地发挥作用，完全取决于所涉及物品的性质。③ 如果所涉及的是私人物品，则市场可以完美地发挥作用，因为私人物品既有排他性又有竞争性。但一涉及公共物品，情况立刻就变得复杂了。

公共物品（Public goods）通常指具有非排他性和非竞争性的物品。非排他性是指，只要某一社会存在公共物品，就不能排除该社会任何人消费该物品，因为在技术上无法排除，或者虽然在技术上可以排除，但排除的成本太高。④ 公共物品的非排他性意味着消费者可以“搭便车”。非竞争性是指，消费者的增加不

---

① 张平、刘霞辉、袁富华等：《中国经济长期增长路径、效率与潜在增长水平》，《经济研究》2012 年第 11 期。

② 刘辉：《市场失灵理论及其发展》，《当代经济研究》1999 年第 8 期。

③ 何继新、陈真真：《价值链网络结构范型下社区公共物品协同供给创新》，《吉首大学学报（社会科学版）》2020 年第 2 期。

④ 何继新、陈真真：《公共物品价值链供给治理内涵、生成效应及应对思路》，《吉首大学学报（社会科学版）》2016 年第 6 期。

会引起生产成本的增加，即增加的消费引起的社会边际成本为零，或者说一个人使用这种物品并不减少其他人使用该物品的机会。一个典型的例子是灯塔。多一条船在灯塔附近航行并不增加额外的成本，即灯塔具有非竞争性；当一条船刚好经过灯塔时，为了不让它从灯塔得到好处而将灯塔关掉也是很困难的，即灯塔具有非排他性。同时具有非排他性和非竞争性这两种特性的公共物品，是严格意义上的公共物品，又被称作纯公共物品，例如公益性铁路建设，该种建设投资大，回收期长，沉没风险高，其经营在低运价、低运量、高营运成本的“两低一高”条件下深陷亏损。但公益性铁路建设本质上是政府行为，是政府替代市场发挥作用的领域。另一些公共物品只具备这两个特性中的一个，例如公共资源、消防、不拥挤的收费道路等。正因为公共物品具有上述特性，所以市场本身提供的公共物品数量将低于最优数量。这就需要政府自己来提供或为私人企业提供生产公共物品的激励。①

（二）外部性

市场价格能够将信息正确地传递给生产者和消费者，从而使得价格机制有效运行。② 但这是以假设消费者或生产者的行为对他人的经济福利不发生影响为前提的，而这种假设往往与经济现实背离。经济现实是：消费者和生产者是相互联系、相互作用的经济单位，一个消费者的行为会影响到其他消费者的经济福利；一个生产者的行为会影响到其他生产者和消费者的经济福利。③ 当这些生产或消费的某些外在影响未能反映在市场价格中时，就会产生外部性问题。

在相互作用的经济单位中，如果一个经济单位对其他经济单位产生影响，而该经济单位没有根据这种影响对其他单位进行赔偿，或从其他单位获得报酬，那么这种影响就被称作外部效应。当外部效应存在时，社会对市场结果的评价扩大到市场中买者与卖者的社会福利之外，包括受影响的第三者的福利。④ 而买者与卖者在决定需求或供给多少时并不考虑他们行为的外部效应。在此情况下，私人成本同社会成本、私人收益同社会收益不相一致，价格机制被扭曲，价格机制不再传递获得效率所必需的正确信息，结果市场均衡并不能使资源达到有效率的配置，市场均衡并不能使整个社会的总利益最大化。

以社会化的数据使用为例，在此过程中存在着巨大的负外部性。虽然目前并

---

① ［日］青木昌彦等：《市场的作用国家的作用》，北京：中国发展出版社，2002 年版，第 82 页。

② 李宗克：《国家治理中的外部性问题及其对策》，《中国延安干部学院学报》2018 年第 5 期。

③ 唐跃军、黎德福：《环境资本、负外部性与碳金融创新》，《中国工业经济》2010 年第 2 期。

④ 刘圣欢：《外部性、计量与连锁反应》，《华中师范大学学报（人文社会科学版）》2010 年第 1 期。

没有精确的度量和举证方式来衡量负外部性，但可看到数据在使用中可能会泄露个体的信息隐私或集体机密，侵犯他人的权利或集体（国家）利益；使用数据的群体相对减少了其他群体的选择权。比如基于个人数据画像产生的个性化推荐相对削弱了非应用群体和产品的选择权和被选择权；大规模使用大数据或人工智能技术的潜在社会和经济风险尚未完全清晰，即使这种风险事件已经发生，受害者也很难举证是大数据或人工智能造成的伤害，政府也较难强制相关行为人来弥补这种伤害。

（三）垄断

垄断（Monopoly）指少数大资本家为了共同控制某个或若干部门的生产、销售和经营活动，以获取高额垄断利润而实行的一种联合。

自由竞争引起生产集中，生产集中发展到一定阶段就必然引起垄断。在以自由竞争为基本特征的资本主义发展阶段，资本主义企业为了攫取更多的剩余价值，必然会采取先进的生产技术和科学的管理方法，实行生产的专业化和协作，提高劳动生产率。[①] 在激烈的竞争中，大企业往往凭借自己在经济上的优势，不断排挤和吞并中小企业，使生产资料、劳动力和劳动产品的生产日益集中于自己手中。同时，资本主义信用制度和股份公司的发展，突破了单个资本的局限，加速了资本集中的发展，从而也推动了生产集中的发展。[②] 生产和资本的集中发展到一定程度，则意味着企业数目减少，一个部门的大部分生产都集中在几个或几十个大企业手中，它们之间比较容易达成协议，共同操纵部门的生产和销售，从而使垄断的产生具有可能。

在我国由计划经济体制向市场经济体制过渡的过程中，由于适应市场经济的管理体制不完善，政府干预普遍存在，再加上政企不分，导致政府错估竞争对市场经济的重要性和垄断的危害性，从而滋生了垄断行为。[③] 2021 年 5 月，中国市场监管总局依据《反垄断法》对电子商务巨头阿里巴巴“二选一”垄断行为作出罚款 182.28 亿元的处罚，是中国《反垄断法》历史案件中最重磅罚款。中国政府对中国科技巨头进行严格的监管，虽然可能会削弱它们的实力，但这将更加有效地鼓励和促进企业和行业的发展。

（四）信息不对称

信息不对称问题广泛存在。信息不对称形势下的弱势者不光要面临被骗的局

---

① 郭传凯：《市场力量分析下反垄断规制体系的完善》，《中国流通经济》2021 年第 5 期。

② 郝俊淇：《基于不同成因的市场支配地位及其反垄断法关注与应对》，《岭南学刊》2020 年第 4 期。

③ 陈林、李康萍：《公平竞争审查视阈下行政性垄断与资源错配》，《产业经济研究》2018 年第 4 期。

面，其自身信息也常会被利用，成为强势者赚钱的手段。在街边或商场的促销活动上，促销员随地招揽顾客扫描二维码免费领取奖品的场景很常见。然而，这些顾客自以为“免费”领到一瓶矿泉水甚至更廉价的“礼品”是占到了便宜，却不知这正是以牺牲自己的“隐私信息”为代价的。同样的情况还发生在网站注册、扫码骑行、网络导航、健康咨询等诸多“免费”的生活场景中，而消费者的每一次参与，其实都是对自己“隐私信息”的廉价甚至无偿出卖。

传统经济理论认为，市场上每个经济行为者都拥有关于市场的全部信息，例如用户完全了解商品的质量、效用以及市场上全部相关商品的价格行情，而生产厂商则完全掌握市场动态以及用户的消费偏好和信誉程度等。[①] 于是全部决策都是在完全确定的条件下进行的最优决策，不存在决策失误和投资风险问题。显然，这只是一种理想的假定。由于人们对现实中的经济信息难以完全了解以及某些经济行为人故意隐瞒事实、掩盖真实信息，因此现实经济生活中具有完全信息的市场是不可能存在的，不同市场不同程度地存在着信息不对称。[②] 信息不对称的存在使各经济行为人在认识市场环境状态上存在着差距，并导致每个经济行为人所进行的市场活动及其结果无法及时地通过价格体系得到有效传递，从而引发各种问题：收入与财富分配不公、竞争失败和市场垄断的形成等，从而导致市场失灵。

三、市场失灵的对策

任何的制度安排都不可能面面俱到，完美无缺，市场经济制度也一样。市场失灵来源于市场制度本身，所以需要市场之外的手段来进行干预和矫正。有学者曾用机器失灵来比喻市场失灵，在这里，同样可以用修理机器来比喻对市场失灵的干预，各种应对策略就是工具。不同原因造成的失灵需要用不同的工具和手段。

（一）政府干预

市场机制之所以能促进资源配置效率的提高，主要是因为市场机制刺激了市场主体的自私自利动机和行为。然而，市场失灵很大程度上恰恰是由于市场主体是完全的“经济人”——只考虑个体利益最大化的理性人造成的。如果要克服

① 苏治、荆文君、孙宝文：《分层式垄断竞争：互联网行业市场结构特征研究——基于互联网平台类企业的分析》，《管理世界》2018 年第 4 期。

② 赵燕飞、王勇、文悦等：《需求信息不对称下考虑公平关切的供应链产品定价决策研究》，《管理学报》2021 年第 6 期。

市场失灵，就需要限制市场主体的自私自利行为和动机，然而这就会弱化市场机制的作用。若在市场机制中，把主要考虑社会利益的市场主体引入进来，以此来中和市场中的利益分配，那么就有可能达到私人利益和社会利益相对均衡的状态。而在所有的市场主体中，政府就是公共利益的典型代表。同时，市场在提供公共产品和服务的领域往往失灵，这就需要政府干预作为一种补充手段来进行弥补。

政府在克服市场失灵方面具备多种优势。政府之所以能够通过各种方式来干预经济从而克服市场失灵，是因为政府拥有对全体社会成员的强制权力。① 首先，政府拥有征税权，它能通过制定各项税收政策来调节税收，调节商品流转税、消费税等税种，从而发挥税收的调节作用。其次，政府拥有禁止权。政府能禁止某些活动，没有政府的行政授权，一些企业就不能进入市场，这样就会影响到整个市场的竞争与资源的适用，影响供求关系。再次，政府具有处罚权。它能够对一些违法的经济行为进行处罚，维护市场秩序，使整个社会经济能够合理有序地运行下去。最后，政府在克服市场失灵方面具有一定的节省交易费用优势。

（二）健全相关法律法规

市场失灵的一个重要原因是由于市场主体的短视和自利特性。由于市场信息的不充分、市场前景的不确定、投机行为盛行等原因，市场主体往往只顾自身利益，而不顾公共利益，而国家则是各市场主体利益的代表，它以追求公共利益和个人利益均衡为己任，以适当抑制市场的自私为目的，国家的这种特性是其他任何主体都不可能有的。② 国家可以将其意志通过法律法规的形式来实现其对经济的预期。如针对垄断而言，一般情况下无法由市场独自消除，此时应由国家制定反垄断法、限制垄断价格、严格控制垄断或寻租行为。

以拼多多为例，自创立以来该平台就充斥着“假货”“盗版”等相关的新闻报道，同时又有很多知识产权纠纷（盗版书籍猖獗），权利人对其提起诉讼后，拼多多以自己“仅是平台，并非适格被告”“接到通知然后删除链接”等为由推脱责任，这严重违反了国家保护知识产权的要求。拼多多一边自辩“无任何错”，一边享尽恶的红利。面对频发的电商售假现象，我国对它的管制相对滞后，这就需要从顶层设计做起，完善法律法规，提高违法成本。

---

① 荀明俐：《政府干预市场的三重边界——基于公共责任视角》，《中国行政管理》2016 年第 4 期。

② ［美］理查德·布隆克：《质疑自由市场经济》，南京：江苏人民出版社，2000 年版，第 274 页。

（三）倡导践行道德规范

市场经济是交换经济，参与其中的各个利益主体通过自愿的交换行为来实现和增进自己的利益。交换的实质就是资源的优化配置过程，通过这一过程，各市场主体获得最大的效用。然而，现代市场经济的运行表象却给人们一个相反方面的启示：市场的运行是要有成本的①。

市场运行的主要成本是各利益主体在市场中寻找合适的产品、客户，了解产品的质量、价格以及谈判和履行合同的费用等。这些费用的高低往往是市场能否顺利运行，生产和交换能否如期完成的关键。② 例如在交易中，消费者对消费品的外观式样和颜色等比较容易考核，但是对其材料和内在质量就难以考核。面对可能的欺骗行为，消费者会去了解商家的经营作风，小心仔细地挑选，甚至索赔等，以保护自己的权益。反过来，如果消费者的道德水平不高，他可能利用挑选消费品的机会偷拿或者破坏商家的消费品，这时候商家会加大对消费者的监督。可见，经营者和消费者的道德水平下降会明显地增大市场交易的障碍，使得交易成本增高，市场效率下降。

（四）强化非政府组织协调作用

非政府组织（Non-Governmental Organization，简称为 NGO）又称第三部门。我国的非政府组织有中国科学技术协会、中国青少年发展基金会、中华慈善总会、中国青年志愿者协会、中国残疾人联合会以及中国消费者协会等，随着非政府组织规模的扩大和数量的逐渐增加，其在国际经济、社会、环境、文化、教育、卫生保健、科学技术以及人权等公共管理领域中发挥着越来越重要的作用。在调节市场失灵时，相比于政府干预的大众化、普遍性，NGO 能提供更加个性化、小众化的公共产品和公共服务③；相比于法律法规，NGO 具有灵活性和低成本的特点；相比于道德调节的宽泛和宽松，NGO 具有一定的约束力，这种约束力是建立在如果有必要，那么就会诉诸法律武器或政府干预的基础上；相对于个体，NGO 具有较强的组织性和团体性，其维护自身利益和促进公共利益的能力要强很多。④ 同时，在解决一些专业性问题时，NGO 往往具有专业优势，因为 NGO 组织中的成员一般具有较高的专业技能，来自于各行各业，每个 NGO 也往

---

① 王力民：《关于市场经济中道德建设的经济学思考》，《中央社会主义学院学报》2002 年第 3 期。

② 王书梅：《正确认识市场经济对道德建设的影响》，《辽宁大学学报（哲学社会科学版）》2020 年第 2 期。

③ 李建华、周琼：《追寻非政府组织实践的伦理维度》，《江苏行政学院学报》2021 年第 1 期。

④ ［德］汉娜·阿伦特：《人的境况》，上海：上海世纪出版集团，2009 年版，第 126 页。

往会专注特定的领域，使得他们在某些领域具有相当的经验积累和优势①。

第二节 政府失灵

一、政府失灵的内涵

（一）政府失灵的起源

亚当·斯密在《国富论》中论述了：追求利益的个人被“看不见的手”引导着，不自觉地增进了整个社会的福利；个人利益和社会利益是一致的；市场在“无形的手”的调节下运行顺畅，政府做好“守夜人”的工作就足够了。随后几乎所有的古典经济学家和新古典经济学家都力图使亚当·斯密的理论精确化、规范化。但从西方市场经济发展的历史来看，仅靠市场的力量无法解决公共物品、外部性、垄断和信息不对称等问题，周期性的经济危机导致经济效率低下和社会福利损失，这表明市场失灵了。

1929—1933 年世界性经济危机爆发，凯恩斯主义应运而生。二战后西方国家广泛采取凯恩斯主义干预政策的确在一定程度上纠正了市场失灵，国家干预政策从此成了西方国家重要的经济政策，用来克服市场失灵，恢复市场的功能，实现社会福利最大化。但是，政府也不是万能的。在力图弥补市场失灵的过程中，政府干预行为本身的局限性导致另一种非市场失灵——政府失灵，即政府采取的立法、司法、行政管理及经济等各种手段，在实施过程中出现各种事与愿违的问题和结果，如干预不足或干预过度等，并最终不可避免地导致经济效率和社会福利的损失。② 战后凯恩斯主义政府干预政策在西方盛行二十余年，带来了政府规模膨胀过度、巨额财政赤字、寻租、交易成本增大、社会经济效率低下等问题。20 世纪 70 年代西方国家的滞胀是政府失灵的典型现象。在这一背景下，西方学者在分析政府与市场的关系问题时，改变了重视市场失灵而忽视政府失灵的局面。

---

① 朱火云、杨超柏：《城市新贫困：政府与非政府组织合作扶贫研究》，《杭州师范大学学报（社会科学版）》2019 年第 5 期。

② 李时敏、肖兴志、李健军：《西方国家市场失灵与社会性规制》，《世界经济与政治论坛》2014 年第 1 期。

（二）政府失灵的概念解释

政府失灵（Government Failure）是指个人对公共物品的需求在现代代议制民主政治中得不到很好满足，公共部门在提供公共物品时趋向于浪费和滥用资源，致使公共支出规模过大或者效率降低，政府的活动并不总像理论上所说的那样"有效"。[①] 在布坎南看来："政府作为公共利益的代理人，其作用是弥补市场经济的不足，并使各经济人所做决定的社会效应比政府进行干预以前更高。否则，政府的存在就无任何经济意义。但是，政府决策往往不能符合这一目标，有些政策的作用恰恰相反。它们削弱了国家干预的社会'正效应'，也就是说，政策效果削弱而不是改善了社会福利"。[②]

政府失灵与市场失灵一样是一种客观存在的现象，它是政府克服市场失灵所导致的效率损失超过市场失灵所导致的效率损失。一般来说，政府失灵表现为以下几种情形：其一，政府干预经济活动达不到预期目标；其二，政府干预经济活动虽达到了预期目标，但成本高昂且效率低下；其三，政府干预经济活动达到预期目标且效率较高，但引发负效应。

二、政府失灵的表现

布坎南对政府干预行为的局限性的表现及原因进行了较深入具体的研究，其表现主要有以下几个方面。

（一）公共决策失误

公共选择主要就是政府决策，政府对经济生活干预的基本手段是制定和实施公共政策。公共选择理论认为，政府决策作为非市场决策有着不同于市场决策之处，如市场决策是以个人为决策主体，以私人物品为对象，并通过完全竞争的经济市场来实现。而政府决策中，虽然单个选择者也是进行决策的单位，但是做出最终决策的通常是集体，而不是个人，以公共物品为决策对象，并通过有一定秩序的政治市场（即用选票来反映对某项政策的支持）来实现。因此相对于市场决策而言，政治决策是一个十分复杂的过程，具有相当程度的不确定性，存在着诸多困难、障碍或制约因素，使得政府难以制定并实施好的或合理的公共政策，导致公共决策失误。

---

① 施建刚、徐奇升、魏铭材：《农村集体建设用地流转中的政府失灵：表现、原因及其矫正——以上海市为例》，《农村经济》2016 年第 2 期。

② 忻林：《布坎南的政府失败理论及其对我国政府改革的启示》，《政治学研究》2000 年第 3 期。

（二）政府工作机构的低效率

所谓政府工作机构的低效率是指政府机构执行政策的效率不高，官僚主义作风严重。而这必然影响政策执行的结果，有可能使好的政策产生恶的结果，从而导致政府失灵。①

首先，由于政府在提供公共物品的时候处于垄断地位，政府不但是公共物品的唯一提供者，而且政府中的各个部门也分别处于各类公共物品的垄断生产者地位，相互之间因为缺乏替代性而无竞争，这样政府各部门就缺乏降低成本、提高服务质量的压力。其次，由于政府官员花的是纳税人的钱，没有产权约束，在行政时往往不太考虑成本，而且本部门的年度财政节余不能自留，降低成本不能给本部门带来直接的收益，因此政府各部门都有扩大开支预算的倾向。再次，政府在提供公共物品和从事其他政府行为时，由于政府行为机制与市场机制的差异以及公共物品价格的非敏感性，衡量这些行为的社会成本和社会收益比确定市场行为的成本收益更加困难，政府在很多情况下很难利用“边际社会成本等于边际社会收益”的原则来判断自己的行为是否有效率。② 最后，由于民众与政府机构的地位不平等和信息不对称及监督力量薄弱，全社会缺乏对政府机构和官员的有效监督，从而不能很好地促进政府提高效率。

（三）政府的创租、寻租活动及官员腐败

寻租活动是指人类社会中非生产性的追求经济利益活动，或者说是指那种维护既得的经济利益或是对既得利益进行再分配的非生产性活动。③ 在布坎南等人看来，寻租是指用较低的贿赂成本获取较高的收益或超额利润，租或租金则是指支付给生产要素所有者的报酬中，超过要素在任何可替代用途上所能得到的那一部分。租金是超过社会成本的收入。从某种意义上说，这是不需要吸引资源用于特定用途的一种分配上不必要的支付款项。④

现代社会中的寻租活动，是利用行政和法律的手段来阻碍生产要素在不同产业之间自由流动、自由竞争，以维护和攫取既得利益。寻租活动赖以存在的前提是政府权力对市场交易活动的介入，寻租活动会使政府决策和运作受利益集团或

---

① 伍开群：《产业竞争悖论：市场失灵与政府干预》，《经济问题探索》2018 年第 7 期。

② 王博、吕沛璐、冯淑怡等：《中国建设用地配置中政府失灵的理论解析及其改良、框架设计》，《中国土地科学》2018 年第 5 期。

③ 段军山、黄伟涛：《腐败、市场化与民生发展——理论分析与经验证据》，《山西财经大学学报》2020 年第 2 期。

④ ［美］布坎南：《寻求租金与寻求利润（中译文）》，载《经济社会体制比较》编辑部编．腐败：权力与金钱的交换．北京：中国经济出版社，1993 年版，第 112-113 页。

个人的摆布。[1] 布坎南认为，由于政府的各项经济决策往往以某种公共利益需要为解释而为某些利益集团服务，特殊的利益集团为谋求政府保护，逃避市场竞争，实现高额垄断利润，往往进行各种“寻租活动”。而为了获得这种经济租金，政府官员会想方设法地去利用种种特权寻求租金，这就是所谓的“政治创租”或“抽租问题”。寻租活动导致“政府失灵”，因为它导致经济资源配置扭曲，或者说它是资源无效配置的一个根源。

寻租作为一种非生产性活动，并不增加任何新产品或新财富，只不过改变生产要素的产权关系，把更大部分的国民收入装进私人腰包。寻租也导致不同政府部门官员的争权夺利，影响政府的声誉和增加廉政成本，导致社会资源浪费。公共选择理论认为寻租主要有三类：（1）通过政府管制的寻租[2]；（2）通过关税和进出口配额的寻租[3]；（3）在政府订货中的寻租。

（四）政府机构的内在效应及其规模的扩张

政府行为的内在效应是指政府机构及其官员在以追求公共利益或社会福利为借口的同时，力求实现自身的组织目标或自身利益的现象。如同外部性被看成是市场缺陷及市场失灵的一个重要原因一样，内在效应被认为是非市场缺陷以及政府失灵的一个基本原因。沃尔夫曾指出，市场缺陷理论的核心是外在性，而非市场缺陷理论的核心是内在性。内在效应使政府机构在非市场活动中不断扩大机构规模和提高运行成本，使其高于技术上的成本，导致较高的单位成本和比社会有效水平更低的非市场产出水平，这样就产生了非市场缺陷。政府部门这种追求私利的内在效应必然使社会资源低效配置，并极大地促进政府机构规模的扩张。虽然这种扩张表面上可能包含着政府要做得更好的愿望，但其结果却是事与愿违。政府也是由经济人组成的，无论是扩大官员自己的权限，还是提高待遇，都要通过扩大本部门的规模和提高预算来实现。为了本部门规模的最大化和预算的最大化，官员总是设法从上级争取更多的拨款，政府开支因此而增加，其结果虽然有利于官员所属的部门，但公共福利却受到损失。既然内部性决定了政府机构的行为及运行，那么政府机构对“利润”的追求在很大程度上左右了那些意志薄弱的行政部门和贪图享乐的政府官员，诱使其行为动机和行为准则可能会偏离服务

① 马红、侯贵生：《土地财政、双向寻租与制造企业创新意愿》，《管理学报》2020 年第 2 期。

② James, Buchanan. The Theory of Public Choice. Ann Arbor: The University of Michigan Press, 1972, pp. 5-19.

③ ［美］布坎南：《自由、市场和国家》，北京：北京经济学院出版社，1988 年版，第 13，28，22，28，262 页。

的宗旨，以致他们很可能无视国家和人们的利益，利令智昏，运用人们赋予的权力去贪婪地追逐私人利益。

政府部门的扩张包括政府部门组成人员的增加和政府部门支出水平的增长。[①] 布坎南指出，由于政府官员也是个人利益最大化者，他们总是希望不断扩大机构规模，增加其层次，扩大其权力，以相应地提高其机构的级别和个人待遇。同时也使他们去制定更多的规章制度，增加自己的利益，结果导致社会资源浪费，资源配置效率低下，社会福利减少；而且政府机构扩张直接导致财政赤字，当赤字压力过大时，便会迫使政府增加货币发行，诱发通货膨胀。近两个世纪以来特别是二战之后，西方国家的政府迅速膨胀。对于政府机构为什么会出现自我膨胀，布坎南等人从五个方面加以解释[②]：一是政府作为公共物品的提供者和外在效应的消除者导致扩张；二是政府作为收入和财富的再分配者导致扩张；三是利益集团的存在导致扩张；四是官僚机构的存在导致扩张；五是财政幻觉导致扩张。公共选择理论还特别指出，官僚机构和立法部门都追求预算的最大化，他们与利益集团结成“铁三角”，导致政府预算具有不断扩大的趋势。[③]

三、政府失灵的原因

在公共选择过程中，政府失灵的原因从来都不是唯一的。公共选择理论研究非市场决策，对政府的决策过程进行了经济分析之后发现，政府失灵既有偶然性的因素，更多的是必然性的因素。在布坎南看来，政府机构工作低效率的原因在于以下四个方面。

（一）政府部门之间缺乏竞争

由于官僚机构垄断了公共物品的供给，没有竞争对手，就有可能导致政府部门的过分投资，生产出多于社会需要的公共物品，如不适当地扩大机构，增加工作人员，提高薪金和办公费用，造成大量浪费。布坎南以美国政府机构为例分析，如总统、副总统、州长、副州长等国家和州一级的领导以及监督这些领导的参众两院议员是由直接选举产生的，只占政府工作人员总数的很小比例，而其他部门领导则由国家和州一级领导人任命并由相应的参众两院认可。由于部门领导

---

① 王垒、赵忠超、刘新民：《地方政府间竞争与政府规模扩张对碳福利绩效的影响效应分析》，《管理评论》2019 年第 4 期。

② 胡祥：《规则的逻辑与政府权力扩张的约束——对布坎南宪政经济学理论的一种解读》，《甘肃行政学院学报》2012 年第 6 期。

③ ［美］伯烈特·史宾斯：《诺贝尔之路》，四川：西南财经大学出版社，1999 年版，第 204 页。

与当选代表之间存在着密切的利害关系，不会因工作效率低而遭到解雇，因而他们也就没有压力去高效率地工作。[①] 另外，由于约束政治家个人活动的限制体制不以盈利为目的，提供公共服务的各部门之间不存在竞争，因此，政府官员拥有的自由比私人企业经理要大得多，而过多的自由又使他们没有努力工作的积极性。可见，从纵向（逐级任命）和横向（部门之间）来看都缺乏竞争性压力。

（二）政府干预缺乏完全准确的信息

政府干预的合理性与准确性必须以信息的完备性与准确性为前提。然而，在以社会化大生产为基础的现代经济中，政府不可能充分了解经常变化的经济生活，也不可能对要调控的行业以及自己做出的调控决策进行充分的经济分析与论证。[②] 因此，政府任何干预经济的良好愿望与理性都具有一定盲目性，以此为基础做出的调控决策难免出现失效的情况。此外，即便政府获得了信息，也未必就是真实有用的。

（三）政府干预活动的时滞性

政府对经济活动的干预，取决于所要干预的客观经济形势，当客观经济形势发生急剧变化后，势必要求政府的干预行为乃至政府自身的组织结构和权力结构也要发生相应的变化，进行更新和转换职能。[③] 但是，政府机构的自我扩张行为只能使机构扩大和人员增加，其结构变化对经济结构的变化敏感性差，缺乏弹性，往往滞后于现实经济的变化。由此可见，政府干预过程中种种非线性、多变量的经济社会变化和各种突发事件的出现，会阻碍政府贯彻既定政策，达不到预期目标，使政府干预滞后或出现政策的时滞效应，同样会导致政府失效。

（四）对政府行为缺乏有效监督

从理论上讲，通过选票上台的政治家与政府官员的权力来自于人民的让渡，并不能为所欲为，而是必须服从公民代表的政治监督。[④] 然而，在现实社会中，这种监督作用将会由于监督信息不完备而失去效力。监督机构为了执行监督职能，必须对被监督部门的运行情况了如指掌，但是向他们提供政府运行情况的正是被监督部门，由于前面所提到的垄断性，监督者可能为被监督者所操纵，因为

---

① 邢成举：《压力型体制下的“扶贫军令状”与贫困治理中的政府失灵》，《南京农业大学学报（社会科学版）》2016 年第 5 期。

② 虞满华、徐东辉、褚丽：《市场与政府的双重失灵与阶层利益失衡》，《湖南社会科学》2016 年第 2 期。

③ 程永林：《财政分权、经济增长及市场失灵问题分析》，《商业研究》2014 年第 5 期。

④ 俞宪忠：《市场失灵与政府失灵》，《学术论坛》2004 年第 6 期。

被监督者的地位实际上可以使它们强制规定某些政策措施，从而能够使实现被监督者自身利益最大化的政策得以实施。①

四、政府失灵的对策

我国的政府失灵问题集中体现为政府在弥补市场失灵时虽进行宏观调控，但却过分干预，政府行政决策缺乏强有力的权力约束机制，政府在提供公共产品、履行职责时效率低下。矫正政府失灵是我国新时期政府职能转变、行政体制改革的关键。

（一）建立有限性政府

布坎南等人认为，现代资本主义社会陷入了一种恶性循环，即国家权力总是追求更大的国家权力。要补救“政府失灵”，首先就要从这种恶性循环中解脱出来，矫正政府失灵。② 矫正政府失灵的核心就是处理政府与市场关系。在新时期政府不再是计划经济时代传统的管制型政府，而是需要政府在弥补市场失灵的同时，仍然让市场在资源配置中发挥决定性作用，即建立有限性的政府。

有限性政府并不是放任市场失灵不顾，任其自我调节，而是在宏观上为市场提供以良好的法律监督为主、适当的政策调节为辅的外在发展环境。③ 有限性政府的建立是需要进一步推进市场化改革，市场能够发挥作用的领域政府就要为其创造良好的发展空间，政府对市场失灵的弥补更要适可而止。我国政府的行政理念受计划经济时代影响较大，建立有限性的政府就变得非常有必要。

有限性政府是在行政规模上有限，即简政放权，层层递进的传统行政审批是制约政府办事效率的主要因素。在这一点上不是职能履行环节的省略，而是合理分权、提高行政办事效率，达到推动建立有限性的政府并提高政府职能进一步转变的效能。另外，有限性政府也对政府权力合理约束提出了新的要求，即需要合理分配权力，为市场提供发展空间的同时避免出现有权无责、有责无权的现象。建立有限性的政府是一个协调政府与市场如何发挥各自功能的过程，也是平衡政府权责对等、推进职能转变的必然结果。因此，有限性政府的建立应作为矫正政府失灵的首要目标。④

---

① 吴金群：《论我国权力制约与监督机制的改革战略》，《江海学刊》2013年第2期。

② 俞可平：《治理与善治》，北京：社会科学文献出版社，2000年版，第116页。

③ 王一：《有限政府理论视角下的国家与社会关系重构》，《求实》2012年S2期。

④ 方平：《我国金融消费者权益保护立法相关问题研究》，《上海金融》2010年第7期。

（二）完善行政监督体系

矫正政府失灵不仅需要内部行政理念的转变，更重要的是需要外在的监督机制的完善。[①] 由理性经济人假设可知政府也是由有自利动机的经济人组成，在自利动机的驱使下，政府对市场活动进行干预时，其机构不断地自我膨胀，行政规模在利益面前不断扩大，必然导致行政效率下降，这就需要监督体系尤其是权责监督体系的完善。此外，政府在公共决策中体现出的政策时滞、政策执行受阻等问题，也缺乏外在的监督机制。

完善行政监督体系，首先要做的是在现有内部监督部门的基础上要进一步完善监督系统，使监督部门在监督职能的履行上更具有系统性、独立性、规范性、高效性。[②] 即要由独立的监督部门对政府行政活动的各个环节的行为进行规范，避免行政审批中人为拖延时间，不给寻租行为的发生留有可乘之机。其次，要培养法治思维，从政府到社会乃至民众法治思维的培养，是政府职能转变中权责合理划分的保障，也是对政府制定公共政策运用科学方法收集信息的外在动力。完善行政监督体系不仅需要政府由内而外的完善，更重要的是公民对政府行为的监督与反馈。政府要主动接受来自公众舆论的监督，根据社会的需求调整政府对市场的干预力度和政策内容，这样不仅符合新时期政府职能转变的要求，更能缩小政府行为与民众目标期望的偏差，并且有利于公共政策的顺利推行。

所以，完善行政监督体系是对政府在权力使用、行为约束方面通过法律进行合理监督的过程，也是政府与民众加强互动交流的转变。无论是新时期政府改革，还是矫正政府失灵，完善行政监督体系均是不可或缺的外在保障。

（三）政府内部引入竞争机制

在对我国政府失灵表现的分析中，可得出我国政府行政模式是带有明显的传统烙印的，即自上而下的层级制和统管全局的特点。长期的政府权力高于一切的状况，导致政府内部缺乏危机感和竞争意识。[③] 长此以往，行政效率低下、忽视社会真正需求、对市场干预过度、职能转变滞后等现象均是导致政府失灵的因素。

与企业等社会组织不同的是政府是非营利性的公共部门，这也使政府内部缺乏竞争机制。而引入竞争机制对政府失灵的矫正有着重要作用。要根据政府的职

---

① 张开、王声啸、王腾：《试论新中国70年计划与市场的理论逻辑——兼论按比例分配社会劳动的两种实现形式》，《山东社会科学》2019年第11期。

② 程恩富：《完善双重调节体系：市场决定性作用与政府作用》，《中国高校社会科学》2014年第6期。

③ 汪永成：《基于政府竞争视角的服务型政府建设》，《学习与探索》2005年第5期。

能特性引入竞争机制，政府的职能特性表现出的公共性、强制性、扩张性决定了政府内部不能像营利组织那样通过利润、解雇职员等举措培养竞争意识。[①] 政府内部引入竞争意识是为了提高公共服务质量、改善公共物品的提供效率低下等问题，所以在政府内部各个部门之间可以定期进行政务公开，并由独立的监督部门进行监督；对公务员的考核机制不要仅局限于国家统一的考试形式，对已经录用的公务员也要定期组织培训考核，加强公务员自身的学习意识，加快"铁饭碗"等传统观念的转变；对即将录用的公务员要注重以民为本的服务意识和政务熟练程度的考察。在政府考核机制中和部门内部引入新的行政理念也是在无形之中引入竞争机制，这符合新时期政府改革的目标，更是矫正政府失灵的重要举措。

第三节　街头官僚道德困境

一、街头官僚的内涵与特征

"街头官僚"这一概念最早是美国学者李普斯基在《街头官僚》（*Street Level Bureaucrat*）一书中提出的。在他看来，街头官僚就是指与公民直接打交道的公务员，他们在执行政策过程中拥有充足的自由裁量权。[②] 具体包括：教师、警察和其他执法人员、社会工作者、法官、公共律师和其他法院官员、医疗工作者以及其他公共服务人员等。

通过与街头官僚的互动，公众对政府机构的合法性和可信度有了自己的认知。街头官僚在政策执行中显示出以下鲜明的角色特征。

一是街头官僚是政策执行中的主体。街头官僚处于政府机关金字塔的最底层，数量庞大。他们直接与公众打交道，并经常与公众进行互动。

二是街头官僚是政府和公众之间的传声筒。在各个层级当中，街头官僚处于官僚制的最底层，直接向服务对象提供服务。对于公众而言，与他们直接接触的"官员"是街头官僚。正是通过这些街头官僚，民瘼之声得以闻于庙堂之上，政府指令得以播于乡镇之野。

三是街头官僚是政府政策执行能力的直接体现者和政府形象代表。街头官僚

① 徐晓林、周立新：《信息技术对政府服务质量的影响研究》，《中国行政管理》2004 年第 4 期。

② 杨卫玲：《街头官僚政策执行的失灵及其矫正——基于制度分析的视角》，《领导科学》2012 年第 2 期。

具有一定的自由裁量权，可以对公民进行赏罚决断。他们对自由裁量权的运用及其经验、技能、专长、价值观直接影响政府的行政能力，并主导着公众对政府的评价。

四是街头官僚在政策执行中扮演着再决策的角色。街头官僚虽然位处政策过程的末端，但是他们承担着现场执行法律法规、规章制度和上级命令等职责，在政策执行的过程中具有再决策的权力和动因。

五是就社会地位而言，街头官僚是基层政府官员；就经济状况而论，他们可以说是小资产者。这两种属性决定了他们的工作态度与政治态度也具有两面性：一面是在其位谋其事，另一面是在其位也谋其私。

二、街头官僚道德困境的表现

街头官僚具有国家代理人和公民代理人的双重身份，肩负“向政府负责”和“为社会服务”的双重职责，其面临源自政策规则、公众需求、专业准则及个人价值观的复杂性、多元性和冲突性。在多重压力的作用下，街头官僚表现为在可能的行动与不行动之间做出选择时的执行失灵[①]，即街头官僚道德困境。

具体而言，街头官僚在政策执行时会出现以下四种道德困境。第一，对待常规工作敷衍性执行。这表现为街头官僚在政策执行中敷衍塞责，偏好做表面文章，搞形象包装，缺乏动力去采取切实可行的具体办法来解决实际问题，常常置深层次问题于不顾。第二，遇上麻烦任务依规则执行。在政策执行过程中，街头官僚的工作常常面临着许多的约束、挑战和风险，甚至动辄引发各种形式的争议、纠纷甚至诉讼。对此，保守的街头官僚只会按章办事，躲在规则的“避风港”中隔岸观火，机械地执行政策，一旦执行出现问题，往往归咎于公共政策本身。第三，面对利害关系选择性执行。街头官僚的个人利益优先于公共利益，他们常采取选择性执行的方法。行政官僚可以被定位为一种组织化的公民，作为公民的街头官僚，面对利害荣辱免不得避重就轻，有利可图就积极推进，有害无益就消极逃避。第四，碰到危险情况逃避性执行。街头官僚经常需要深入危险而紧张的作业现场，作为理性经济人的街头官僚往往会以非常巧妙的方式临阵脱逃，或动作迟缓，或不作为，克里斯托弗·胡德[②]称之为“一线弃权”，此类现象在基层政府中颇为常见。

---

① 孙斐、王刘娟：《街头官僚的道德困境：一个文献综述》，《公共管理与政策评论》2021 年第 3 期。

② 克里斯托弗·胡德（Christopher Hood，1947—　），英国著名学者，是英国乃至整个英语世界公共管理研究的代表人物之一。

三、街头官僚道德困境的根源

街头官僚在一种特定的工作环境执行政策，受到个人特征、官僚体制、空间等诸多因素的影响。无论是什么人，只要他担任街头官僚这个角色，就有可能陷入道德困境（也被称为执行失灵）。引起街头官僚道德困境的原因主要包括价值多元冲突和自由裁量权两个方面。

（一）价值多元冲突

街头官僚提供公共服务的过程就是诠释和平衡多种公共价值的过程，他们必须考虑公共治理的一些基本价值，如效益、效率、合法性、问责、廉正、透明、平等和诚实等。然而，由于价值间的不可兼容性和不可通约性，对一些价值的追求必然会限制追求其他价值的能力[①]。例如，最有效地利用有限公共资源可能涉及以不公平的方式分配资源；严格遵守公平标准可能会削弱回应公众需求该具备的灵活性；回应性可能有损于公平，并可能减慢工作速度，从而妨碍效率。结果是，当面对多组冲突的价值时，街头官僚往往需要进行艰难的道德选择。就算街头官僚的选择在功利主义的基础上是完全正当的，仍然会犯下道德错误，即使其决策是完全负责任的，也会经历道德困境。

（二）自由裁量权

街头环境的复杂性与资源的稀缺性导致了街头官僚对自由裁量权[②]的需求，这既是一种机会，也是一种负担。具体而言，街头官僚的自由裁量权可能从三个方面触发道德困境：第一是自由裁量权不足导致的道德困境。出现在一线的街头官僚常常面临一些紧迫问题，如果他们不能胜任角色的要求，就只能按照自己的理解，来使实践与规则要求保持一致。这样一来，就会削弱其对自身角色和责任的理解，进而陷入道德困境。第二是自由裁量权使用不当导致的道德困境。自由裁量权有很大可能会被滥用，这会导致街头官僚朝着利己动机的方向行动，来保证其工作更容易、更安全、更有回报，不仅会威胁组织的目标，还会影响到资源的分配[③]。第三是自由裁量权在执行中膨胀。街头官僚自由裁量权的制度设计不太完善，使得街头官僚可以挥舞手中的权力大棒对公众肆意进行自由裁量。由于

---

① Grandy, C. The "efficient" Public Administrator: Pareto and A Well-rounded Approach to Public Administration. Public Administration Review, 2009, 69 (6), pp. 1115-1123.

② 自由裁量权即自由选择的权力。

③ ［美］查尔斯·T. 葛德塞尔：《为官僚制正名：一场公共行政的辩论》，上海：复旦大学出版社，2007 年版，第 213-215 页。

工作要求他们在政策执行过程对执行对象进行主观的观察和判断，所以很难对他们的执法行为进行系统化和程序化的规定。

四、走出街头官僚道德困境的路径选择

党的十九大和党的十九届四中全会强调，要推动社会治理重心向基层下移，构建基层社会治理新格局。街头官僚作为城市治理体系与街头社会之间的中介角色，对于夯实基层治理基础，提升基层治理效能具有举足轻重的作用。

首先，建立人力资源长效培训机制。在形式上，可以对街头官僚进行定期培训，适当提高其薪水，改善其工作环境，实施招聘制等，以提升街头官僚执行政策的水平。在内容上，应着眼于街头官僚对政策的理解和认知能力，培养其正确执行政策的素质和能力。政府要提高街头官僚的政治素质，引导他们树立正确的角色观；注重提高街头官僚的文化素质，增强他们对政策内容、政策目标、政策精神的理解和认同[①]；提高街头官僚解决问题的能力，使他们更准确地履行政策执行的职责。

其次，加强多维权力监控机制。街头官僚在政策执行过程中不可避免地要使用自由裁量权。政府要健全街头官僚自由裁量权和自主权的相关法律法规，尽量避免街头官僚滥用自由裁量权，促使街头官僚在法律和法规允许的范围内做出自由裁量行为；要完善街头官僚自由裁量权规范手册，避免对街头官僚自由裁量权的规定过于宽泛、笼统，让街头官僚的政策执行更加有据可依，以提升街头官僚规范执行政策的水平[②]；要建立起以公民权、公共利益、公平正义等为指向的公众满意度评价体系，把公民参与和公众监督落到实处，以约束街头官僚的自由裁量权和自主权。

最后，积极推广实施政务信息公开制度。[③] 政府要建立街头官僚提供服务的信息公开机制，让公众对于街头官僚的政策执行享有充分的知情权。当公众对街头官僚的政策执行有异议时，要给予公众充分的陈述权和申辩权。要引导街头官僚改变以往单一使用行政手段的执行方式，采用灵活多样的执行手段，变直接的行政干预为间接的行政指导，对公众做好政策执行的解释工作，多使用劝解、说

① ［美］赫梅尔：《官僚经验：后现代主义的挑战》，韩红译．中国人民大学出版社，2013年版，第9页。

② 董伟玮、李靖：《街头官僚概念的中国适用性：对中国街头官僚概念内涵和外延的探讨》，《云南社会科学》2017年第1期。

③ ［美］特里·L. 库珀：《行政伦理学：实现行政责任的途径》，北京：中国人民大学出版社，2010年版，第96页。

服等柔性的执行方式，与公众建立平等沟通关系。

第四节　公共经济政策

一、财政政策

美国经济学家曼昆认为，财政政策为“政府对政府购买和税收总水平的选择”；财政学家埃克斯坦则指出，“政府为了实现充分就业和稳定物价水平这些短期目标而实行的各种税收和财政支出的变化，通常叫财政政策”。这两种解释更加凸显了凯恩斯主义的观点，即认为政府通过税收和支出参与经济活动，达到一定的目的。

广义的财政政策是指与财政相关的所有政策，政府有目的的税收和支出行为，有利于实现社会的充分就业，保持物价的稳定，促进经济稳定发展。狭义的财政政策是指政府根据一定时期政治、经济、社会的发展任务，制定的与财政有关的原则规范，通过财政手段间接地干预市场经济，对市场经济进行宏观调控，通过政府的税收及支出行为，促进社会供求总量的平衡，实现充分就业、物价稳定、国际收支平衡、经济增长等一系列目标，避免通货膨胀或通货紧缩的发生，从而实现经济稳定，是政府促进经济发展的间接手段。财政政策主要通过财政支出政策和财政收入政策来实现对宏观经济的调控作用。在财政支出政策方面，主要包含政府投资、政府购买、政府转移支付等内容；在财政收入政策方面，主要包含税收、政府债务等内容。

2008 年全球性金融危机爆发后，我国采取 4 万亿财政计划来刺激经济，对拉动全社会投资和稳定经济发挥了重要作用。2020 年又遭遇新冠疫情对全球经济的持续冲击，宏观当局也积极寻求更加有效的政策来促进我国经济高质量发展，[①] 就业、金融、外贸、外资、投资和预期这六大方面（“六稳”）得到宏观政策的全方位支持扶助。财政政策作为宏观调控的两大宏观政策之一，正发挥着稳定经济的关键性作用。我国通过减税降费、优化支出结构、扩大财政赤字等积极财政政策实现惠企利民，促进财政政策更加积极有为，保障财政资金规范配置，切实提高财政资金的使用效益。

① 蔡昉：《认识中国经济减速的供给侧视角》，《经济学动态》2016 年第 4 期。

（一）财政政策目标

现阶段，我国财政政策的目标可以归结为以下六个方面。

1. 经济增长

经济增长目标是指财政政策的实施要保证和促进国民经济持续、稳定、协调、健康、快速地增长。[1] 这是社会生产、各项事业发展和人民生活水平提高的物质基础，也是关系到国富民强、社会的长治久安和国家在国际社会中的地位的首要问题。因此，在现阶段我国应抓住机遇，大力促进经济增长和经济发展。当然，在推动经济增长过程中必须充分认识到我国经济发展中的若干制约因素，发挥财政在结构调整和推进创新方面的重要作用。

2. 资源配置

资源配置是指对现有的人力、物力、财力等社会经济要素进行合理分配，使其得到最有效的使用，来获得最大的经济和社会效益。在社会主义市场经济条件下，资源的合理配置是由价值规律通过市场机制进行调节的，但是市场缺陷或市场失灵也会影响资源的合理配置。政府可以从全社会的整体利益出发，运用财政作为资金分配的枢纽对资源进行有计划的分配。[2]

3. 充分就业

充分就业的目标就是运用财政政策工具将失业率限制在公认的限度以内，但它并不是使所有的劳动者都有固定的工作。由于就业的标准是以劳动力的失业率来衡量的，因此，如果存在着大量失业，则说明社会劳动力资源没有得到充分开发利用，有劳动能力的劳动者的劳动权利没能得到实现，从而既影响经济的稳定增长，又影响社会的安定。[3] 政府可以运用扩张性财政政策，通过增加财政支出、增加对公共工程的财政投资、增加财政转移支付、增加财政的福利救济支出等方式，促使经济扩张吸纳剩余劳动力实现充分就业。

4. 调控市场

财政政策会为各个市场主体创造公平的竞争环境，对确立社会主义市场经济秩序起着重要的调节作用。尤其是它在培育市场体系、健全市场组织网络方面可以发挥重要功能。[4] 它在调节不同种类企业之间，各部门、各行业之间的收入分

---

① 刘勇、杨海生、徐现祥：《中国经济增长目标体系的特征及影响因素》，《世界经济》2021 年第 4 期。

② 朱军、许志伟：《财政分权、地区间竞争与中国经济波动》，《经济研究》2018 年第 1 期。

③ 刘金全、张龙：《我国财政政策对经济增长质量的动态效应分析》，《财经论丛》2019 年第 7 期。

④ 贾俊雪、郭庆旺、赵旭杰：《地方政府支出行为的周期性特征及其制度根源》，《管理世界》2012 年第 12 期。

配方面有着其他政策手段不可替代的调节作用。在社会主义市场经济中，财政政策在调控市场时应遵循间接宏观调控原则，主要运用经济手段和法律手段来实施发展规划，协调各市场主体之间的利益关系。[①] 完善社会主义市场机制，对市场的运行进行监督，并为市场提供必要的服务。

5. 社会收入公平分配

收入公平分配是指通过财政参与国民收入和财富的分配。通过调节分配比例，理顺分配关系，使国民收入分配达到社会公平、公正的分配状态。[②] 在这一过程中必须注意处理好公平与效率的关系，将两者统一起来。收入分配不合理，收入差距过大，不利于调动劳动者的积极性，也不利于经济的增长。因此，政府必须动用财政税收杠杆，合理调节收入分配，使收入分配合理化进而调动各方面的积极性，实现经济的稳定和发展。

6. 国际收支平衡

实现国际收支平衡的直接目的是保持适当的国际储备和汇率的稳定。如果存在大量的国际收支逆差，就会影响国内外经济的双平衡。相对于货币政策的作用而言，财政政策对国内经济活动的作用大，对国际收支的作用小。所以，运用财政政策实现内部平衡时，应与货币政策进行适当配合，以促使外部平衡的实现。

（二）财政政策工具

财政政策的作用和财政目标的实现都是依靠相关的财政政策工具来实现的。财政政策工具也称财政政策手段，是指国家为实现一定财政政策目标而采取的各种财政手段和措施，它主要包括国家预算、税收、国债、财政投资、财政补贴、转移支付等，这些财政政策工具既可以单独使用，也可以相互配合使用。

1. 国家预算

国家预算是国家财政收入与支出的年度计划。国家预算作为一种财政政策的工具，相对于其他财政政策工具而言，主要起到制约作用。[③] 财政政策的预算调节功能主要体现在财政收支规模和差额上。在收支规模上，财政收入规模将会涉及多个方面，比如财政收入应占国民收入的比重以及中央财政收入占国家财政收入的比重有多大，或是财政收入的增长和经济增长间保持何种关系。财政支出规模将会涉及财政收支平衡关系，以及决定民间部门可支配收入规模，从而决定政

---

① 张馨、康锋莉：《中国相机抉择型财政政策：时间一致性分析》，《管理世界》2007 年第 9 期。
② 杨海珍、李昌萌：《“中等收入陷阱”存在与否及其影响因素》，《管理评论》2021 年第 4 期。
③ 谢志华：《论国家预算的国家治理效应》，《北京工商大学学报（社会科学版）》2017 年第 5 期。

府的投资规模和消费规模，最终影响经济运行中的货币流通量，从而对整个社会的总需求和总供给产生重大影响。①

这些涉及财政总量的基本政策问题都要通过国家预算的编制、审定和执行，以此来保证其具体实现并贯彻落实。在财政收支差额上有三种类型，即赤字预算、盈余预算和平衡预算，三者起到的调节作用各不相同。当有效需求不足时，为了推动经济发展，可以通过赤字预算来刺激总需求的增长；当需求过度膨胀时，为了给过热的经济"降温"，可以通过盈余预算来抑制总需求；当供求大体平衡时，则要实施平衡财政预算。因此国家预算的制定对于本国的物价稳定、促进经济增长等目标都能发挥至关重要的作用。

2. 税收

税收是国家凭借其政治权力、按照预先确定的标准，强制性地、无偿地向社会成员收取实物或货币，以取得财政收入的工具。② 税收已经逐渐成为政府收入的主要形式和政府活动的主要财政支柱。总体而言，税收具有调节社会总供求平衡和调节各种收入分配均衡的功能。

税收调节作用主要通过税率的高低及变动来反映赋税负担轻重和税收总量的关系。③ 社会总需求是由消费需求和投资需求构成的，在对社会总需求的影响上，可以通过调节，如征收个人所得税来调节居民收入差距；在对社会总供给的影响上，主要涉及税负的政策问题。如果税率过高、税负过重，企业税后净利润将会过低，从而影响社会投资和生产，减少社会总供给。相反，降低利率，将会增加企业税收利润，刺激投资和增加总供给。因此，可以通过调节税率来影响社会总需求。总需求不足时，减少税率来刺激有效需求；总需求过度时，通过增税来抑制增长的总需求。

税收对收入分配的调节功能主要体现在国家可以通过征收各种所得税对企业和居民收入直接调节，并以此制定相应的税率实现按劳分配的收入分配原则。同时，又要通过累进所得税等税收方式来解决收入分配上差距过大的问题，以防止贫富悬殊，从而保障社会公平。

---

① 范永茂：《预算改革：国家治理能力现代化和依法治国语境下的路径选择》，《北京行政学院学报》2016 年第 5 期。

② 金春雨、董雪：《我国税收政策对经济增长的非线性冲击效应——基于总量与结构双重视角》，《财政研究》2021 年第 4 期。

③ 白仲、林缪言：《分税制与中国宏观经济波动——基于新凯恩斯 DSGE 模型的实证分析》，《财经论丛》2016 年第 4 期。

3. 国债

国债是国家按照信用、有偿的原则筹集财政资金的一种形式，同时也是实现宏观调控和财政政策的一个重要手段。[①] 马克思曾指出，国债产生的原因就在于国家支出经常超过收入。国债的调节作用主要体现在三方面：一是调节国民收入的使用结构。国民收入的使用分为积累基金和消费基金两部分，居民通过购买国债可以在不改变其所有权的条件下，使其消费基金转化为积累基金，从而调节积累与消费之间的比例关系。二是调节货币供求和货币流通。国债是调节金融市场的重要手段，国债的发行会使潜在的货币变为现实流通的货币，也会把居民手中的货币转移到政府手中，或者中央银行购买国债从而增加货币市场的货币供应量。总之，通过增加或减少国债的发行，以及调节国债的利率和贴现率，可以有效地调节资金供求和货币流通量。三是调节产业结构。国债投入农业、能源、交通、原材料等国民经济薄弱和基础产业部门，通过影响投资结构，从而影响产业结构，[②] 促进国民经济结构的合理化，弥补微观经济主体对那些微观经济效益低但宏观经济效益高的产业投资不足的缺陷。

4. 财政补贴

财政补贴是国家为了某种特定需要，提取一部分财政资金无偿补助给企业或居民的一种再分配形式。[③] 它是配合价格政策和工资政策发挥调节作用的一个政策手段，财政补贴大都与价格政策有关。中国的财政补贴主要包括价格补贴、企业亏损补贴、财政贴息、房租补贴、职工生活补贴和外贸补贴等。一般而言，合理的财政补贴政策配合价格政策可以稳定物价，避免社会震荡，还可促进外贸收支平衡，调节社会总供求的平衡。[④] 要正确运用财政补贴手段以使其发挥应有的调节作用，这就要求补贴要适当与灵活，要合理规定补贴的范围和数额，还要适应经济改革和发展变化的情况，有升有降，有增有减，不能把补贴凝固化。同时，要改革补贴方式，尽可能改暗补为明补，提高补贴效应，为经济发展创造良好的宏观环境。

5. 转移支付

财政的转移支付是指政府把以税收形式形成的财政资金转移到社会福利和财

① 王国刚：《从理论和实践看赤字国债的发行与使用》，《中国外汇》2020 年第 11 期。

② 吴宇、李巧莎：《20 世纪末期日本的财政改革与国债政策》，《日本问题研究》2008 年第 3 期。

③ 王海杰、安康：《财政补贴、融资约束与高端装备制造企业研发投入》，《科技管理研究》2021 年第 6 期。

④ Rehman, N U. Innovation Performance of Chilean Firms: A Bivariate Probit Analysis. Journal of Entrepreneurship in Emerging Economies, 2016 (8).

政补贴等费用的支出，它是财政支出体系的一个重要组成部分，也是实施财政政策的重要手段之一。[①] 从我国的国情来看，转移支付包括中央政府对地方政府拨付的各项补助、政府对企业的补贴以及政府向个人提供的社会保障资金。

转移支付的功能主要是调节中央政府与地方政府间的财政纵向不平衡和地区间的财政横向不平衡。[②] 就中国而言，由于地区间经济发展不平衡，各地政府之间在收入能力和支出规模方面也存在很大差异。从各地区财政收支状况看，东部地区是收入大于支出，向中央上缴收入；中部地区是收支基本平衡，收入略大于支出或支出略大于收入；西部地区是支出大于收入，由中央给予一定的财政补助。这种地区间的收入差距，往往需要由中央财政通过转移支付制度实施调节，将高收入地区的一部分财力转移支付给低收入地区，以支持落后地区的经济发展。此外，转移支付也包括中央财政对经济发达地区和中等发达地区的某项特定事业的专项补助。

6. 公共支出

公共支出是指政府为满足公共需要的一般性支出（或称经常性支出），是国家在预算中安排的社会文教、行政、国防等支出的总称。公共支出对国民经济和社会发展有着长期而潜在的重要作用，其支出具有刚性作用。

（三）财政政策功能

1. 导向功能

财政政策的导向功能就是通过调整物质利益，进而调节个人和企业的经济行为，以此来引导国民经济的运行。[③] 具体表现在两个方面：第一，配合国民经济总体政策和各部门、各行业政策，提出明确的调节目标。第二，财政政策不仅规定应该做什么，不应该做什么，同时通过利益机制，引导人们的经济行为。

2. 协调功能

财政政策的协调功能是指对社会经济发展过程中出现的某些失衡状态的制约和调节能力，它可以协调地区之间、行业之间、部门之间、阶层之间的利益关系。

3. 控制功能

财政政策的控制功能是指政府通过调节企业和居民的经济行为，实现对宏观

---

① 刘晓明、谭建立、刘小勇：《转移支付、政府竞争与区域经济协调——基于省级空间面板数据的实证研究》，《经济问题》2020 年第 9 期。

② 胡日东、王卓：《收入分配差距，消费需求与转移性支出的实证研究》，《数量经济技术经济研究》2002 年第 4 期。

③ 张佐敏：《财政规则与政策效果》，《经济研究》2013 年第 1 期。

经济的有效控制，如对个人所得征收超额累进税，可以防止两极分化。

4. 稳定功能

财政政策的稳定功能是指国家通过财政政策调节总支出水平，使货币支出水平恒等于产出水平，实现国民经济的稳定发展，其稳定功能主要体现为实施反周期操作。

（四）财政政策乘数

财政政策乘数是指国家运用财政政策工具所引起的国民收入（或国内生产总值）变化的倍数。

国民收入决定理论是推导和理解财政政策乘数的基础。为便于分析，假定该经济体是一个封闭性经济，而且不考虑公司保留利润、国有企业和财产收入等因素。财政支出只用于购买当期产品，税收也只是所得税，且价格水平在短期内不受总需求变化的影响。在上述假设条件下，根据国民收入决定理论，国民收入取决于总需求状况，即：

$$Y = AD \tag{1}$$

其中，Y 为国民收入，AD 为总需求。

在三部门经济中，总需求中既包括家庭和政府向厂商购买商品和劳务的意愿支出，也包括厂商以投资形式彼此购买产品的意愿支出。这样，总需求可以归结为家庭的消费支出（C）、厂商的投资支出（I）和政府的购买支出（G）。

在供求平衡时，国民收入将通过以下 4 个式子决定：

$$Y = C + I + G \tag{2}$$

$$C = a + bY_d \tag{3}$$

$$Y_d = Y - T + TR \tag{4}$$

$$T = T_0 + tY \tag{5}$$

其中，（2）式是国民收入决定模型的基本方程，即总产出等于总需求。（3）式是消费者的消费方程式，a 为给定常数，表示与收入水平无关的消费，即自主消费；b 为边际消费倾向（$0<b<1$），表示消费者每增加 1 单位的收入中，有多少用于消费；Y_d 为消费者的可支配收入。（4）式是消费者可支配收入的决定式，其中 T 为政府税收，Y 为政府对居民的转移支付，TR 为政府对居民的转移支付。（5）式是税收函数，这里的税收仅指个人所得税，其中 T_0 为与收入无关的税收，即自主税收，t 为税率（$0<t<1$）。

对上述 4 式求解，可得均衡国民收入水平为：

$$\bar{Y} = \frac{1}{1 - b(1 - t)}[a + b(TR - T_0) + I + G] \tag{6}$$

从均衡国民收入决定模型，即（6）式可以看出，不同的财政政策工具对国民收入水平的影响程度是不同的。为此，我们可以根据财政政策工具的具体使用情况，将财政政策乘数分为财政支出乘数、税收乘数和平衡预算乘数。

1. 财政支出乘数

财政支出乘数是财政支出变化所引起的国民收入变化额与财政支出变化额之间的比值。财政支出乘数用 K 表示。

$$K_c = \frac{\Delta Y}{\Delta G} = \frac{1}{1 - b(1 - t)} \tag{7}$$

2. 税收乘数

税收乘数指因政府税收增加（减少）而引起的国民生产总值或国民收入减少（增加）的倍数。

$$K_T = \frac{\Delta G}{\Delta T} = \frac{-b}{1 - b(1 - t)} \tag{8}$$

3. 平衡预算乘数

不论是财政支出乘数还是税收乘数，都假定财政支出水平或税收水平两者中有一个因素不变，而另一个因素发生变动。其实，这两者都能使财政收支的平衡状况发生变化。① 如果要在政策上维持预算平衡，财政支出和税收就必须在一定的条件下互动。在这一约束条件下，政府变动预算规模之后，国民收入水平受到的影响可用平衡预算乘数来解释。平衡预算乘数是指政府在增加税收的同时，等量增加购买性支出，引起国民收入变化的倍数。

$$\Delta Y = K_G \Delta G + K_T \Delta T = \frac{1}{1 - b(1 - t)}\Delta G - \frac{b}{1 - b(1 - t)}\Delta T \tag{9}$$

$$K_b = \frac{\Delta Y}{\Delta G} = \frac{\Delta Y}{\Delta T} = 1 \tag{10}$$

（10）式结果表明，平衡预算乘数等于 1，即如果等额增加（或减少）税收和政府购买支出，那么国民收入将会增加（或减少）相等数量。

二、货币政策

货币政策有广义和狭义之分。广义的货币政策主要指政府、中央银行和其他

① 王国静、田国强：《政府支出乘数》，《经济研究》2014 年第 9 期。

有关部门所有有关货币方面的规定和采取的影响金融变量的一切措施（包括金融体制改革等）。狭义的货币政策是指中央银行为实现其特定的经济目标而采用的各种控制和调节货币供应量和信用量的方针、政策和措施的总称，包括信贷政策、利率政策和外汇政策等。

（一）货币政策目标

货币政策目标是指中央银行通过实施各种控制货币和信用的手段所要达到的宏观经济目标。[①] 货币政策的目标有四个：稳定物价、充分就业、经济增长及国际收支平衡。根据《中华人民共和国中央人民银行法》的规定，我国货币政策的最终目标是保持货币币值稳定，并以此促进经济增长。

1. 稳定物价

维持物价稳定是货币政策目标中的首要目标。其含义是指将一般物价水平的变动控制在一个较小的区间内，在短期内不发生显著的或急剧的波动。但是，货币政策所要达到的物价稳定目标，是指稳定一般物价水平，而不是指物价水平绝对不变，要将物价水平完全控制在一个零增长的状态，不仅不可能，而且违背经济规律。[②] 因为，在市场经济条件下的自由竞争、要素自由流动和组合中，某种商品的价格相对其他商品价格的变动是一个基本条件，没有价格的变动，经济就没有了活力，[③] 因此价格体系的必要调整能够推动全社会的资源科学配置，提高整个社会的经济效益，这一切的关键都在于通货膨胀能够控制在经济正常运行和发展所能接受的正常范围内。货币政策要始终坚持稳定物价的目标，因为货币行使其职能的前提就是要保证币值的稳定。币值不稳就会造成物价的剧烈波动，货币就不能成为被人们普遍接受的价值尺度、交易手段、支付手段，在生产过程中就不能用货币准确地核算成本、利润等，使企业无法准确有效地制订经营计划与投资决策；在流通过程中将会缺乏买卖双方都能信任和接受的交易媒介，正常的商品交易就无法通过货币来实现；要素分配过程中，货币如果不能如实代表持有者分配到的实际国民收入，合理公正的利益分配也必将不能实现[④]；最后在实际消费的过程中会降低人们消费的意愿。总的来说，只有保持币值稳定，才能让社

① 王彦伟、宋林：《差异化货币政策目标的福利影响研究》，《财经问题研究》2018 年第 12 期。

② Zhang Wan . China's Monetary Policy：Quantity versus Price Rules. Journal of Macroeconomics，2009，31（3），pp. 473-484.

③ 温彬、霍天翔、冯柏：《全球重启货币宽松政策背景下我国货币政策选择》，《金融经济》2020 年第 4 期。

④ 江春、向丽锦、肖祖沔：《货币政策，收入分配及经济福利——基于 DSGE 模型的贝叶斯估计》，《财贸经济》2018 年第 3 期。

会经济生活有最基础的保障。

2. 充分就业

充分就业作为货币政策的目标，是指将失业率降到一个社会能够接受的水平。最理想的状态是，凡是具备工作能力并且愿意从事工作的人都能拥有合适自己的职业，但是世界上任何一个国家都不能完全做到失业率等于零。因为劳动力市场需求是随着产业结构的变化而不断调整改变的，而劳动力市场需求发生改变的时候，并不能保证所有劳动力都能立即适应新的劳动力需求来找到适合自己的职业。正因如此，失业问题已经成为困扰各国经济发展和社会安定的基本问题，因为高失业率通常会与资源闲置、经济萧条和政权不稳等相应并存，所以只有降低失业率才能发展经济、稳定社会。

3. 经济增长

经济增长作为货币政策目标之一，并不是要求做到经济增长速度越快越好，而是指国民经济能够在一个较长的时期里始终处于稳定增长的趋势，不会出现经济状况大起大落甚至是衰退的状况。一个国家的经济增长流程在客观上主要取决于国家要素资源投入水平，而要素资源的投入水平主要取决于要素资源的实际供给能力，[①] 由此可见，过低的经济增长速度并不能完全充分利用资源，造成资源的浪费；过高的经济增长速度则会过度开发资源，导致资源的短缺。

衡量经济增长的幅度并不能单纯地以名义货币表示的产值增长，而没有实际产出的增长，这种增长并不是真正意义上的经济增长。这不仅仅要从增加的数量指标上看，还要从增长的质量上看。在经济增长的过程中，没有过度使用和浪费资源、没有造成生态环境的破坏、没有无效的重复建设等情况，就实现了高质量经济增长。[②] 党的十九届五中全会通过的《中共中央关于制定国民经济和社会发展第十四个五年规划和二〇三五年远景目标的建议》明确提出，“十四五”时期经济社会发展要“以推动高质量发展为主题”，坚定不移贯彻新发展理念，以深化供给侧结构性改革为主线，坚持质量第一、效益优先，切实转变发展方式，推动质量变革、效率变革、动力变革。

4. 国际收支平衡

对于一个国家的国际收支来说，无论是顺差还是逆差，数额过大且持续时间过长都会对经济发展产生不利的影响。因此，国际收支平衡是许多国家的货币政

① 严成樑：《现代经济增长理论的发展脉络与未来展望——兼从中国经济增长看现代经济增长理论的缺陷》，《经济研究》2020 年第 7 期。

② 何雨霖、陈宪、何雄就：《21 世纪以来的西方经济增长理论》，《上海经济研究》2020 年第 4 期。

策的目标之一，特别是那些对外开放程度较高，依赖于国际市场的国家更加重视国际收支平衡。在评判一个国家的国际收支平衡时，并不能简单笼统地通过所有的收支项目来判断，应当重点关注自主性交易项目的平衡情况。[①] 自主性交易项目反映的是国家对外经济交往中客观发生的商品和劳务进出口、政府间和民间的各种资金转移、长期资本移动等经济内容收支基本相等，没有通过变动短期资本借贷、黄金、外汇储备等调节性交易项目来调节，表明国际收支是平衡的。在通常情况下，人们通过衡量一国的黄金、外汇储备的水平和变动来评估国际收支平衡情况。[②] 换句话说，只有保证黄金、外汇储备保持在一定的适宜水平，才意味着保证国际收支平衡。

（二）货币政策工具

中央银行要调控货币供应量，实施扩张性的货币政策或紧缩性的货币政策，通常运用货币政策的三大工具。

1. 公开市场业务

中央银行公开市场业务买卖的证券主要是政府公债和国库券。根据对经济形势的判断，当中央银行认为应该放松银根、增加货币供给时，其就在金融市场上买进有价证券，扩大基础货币供应，直接增加金融机构可用资金的数量，增强其放贷能力；[③] 相反，当中央银行认为需要收紧银根、减少货币供给时，它会在金融市场上卖出有价证券，回笼一部分基础货币，减少金融机构可用资金的数量，降低其放贷能力。中央银行的公开市场操作要想正常发挥作用，需要具备一定的前提条件：第一，中央银行必须拥有一定数量、不同品种的有价证券，拥有调控整个金融市场的资金实力。第二，必须建有一个统一、规范、交易品种齐全的全国性的金融市场。第三，必须具有一个规范、发达的信用制度，流通领域广泛使用票据，存款准备金政策准确、适度。

2. 法定准备金率

法定准备金率是商业银行按照法律规定，必须向中央银行存入的最低准备金的比率。存款准备金制度的初始作用是保证存款的支付和清算，后来逐渐发展成为货币政策工具，中央银行通过调整存款准备金率，从而影响金融机构的信贷资

---

① 陆江源、杨荣：《“双循环”新发展格局下如何推进国际循环?》，《经济体制改革》2021 年第 2 期。

② 谢非、胡小英：《新形势下贸易壁垒对我国国际收支动态影响研究》，《经济问题》2020 年第 4 期。

③ 王春丽：《公开市场操作、利率走廊与中国利率调控模式探究》，《当代经济研究》2018 年第 11 期。

金供应能力，实现间接调控货币的供应量。[1] 如果提高法定准备金率，表示商业银行必须在中央银行保有更多的准备金，可用于放贷的货币减少，从而减少货币的供应量。而降低法定准备金率，表示商业银行可以将更多的资金用于放贷，增加社会的货币供给量。

3. 再贴现政策

贴现率可以视为中央银行向商业银行贷款的利率，贴现政策主要依靠控制贴现率的高低来实现。中央银行调整再贴现利率主要着眼于短期的供求均衡。中央银行通常会根据市场的资金供求状况，随时调整再贴现利率，用以影响商业银行借入资金的成本，进而影响商业银行向社会提供的信用量，以达到调节货币供给量的目的。[2] 具体来说，如果中央银行提高再贴现利率，会使商业银行从中央银行融资的成本上升，这会产生两方面的效果：第一，降低商业银行向中央银行的借款意愿，减少中央银行基础货币的投放。第二，反映中央银行的紧缩政策意向，产生一种告示效果，商业银行会相应提高对客户的贴现利率和放款利率，减少企业的资金需求。[3] 两方面的共同作用是使市场上的货币供给量减少，利率提高，达到紧缩效果。中央银行降低再贴现利率的作用过程与上述相反。

除了以上三种常用的货币政策工具外，还有道义劝告等其他工具。道义劝告是指中央银行利用自己在金融系统中的权威地位，通过对银行等金融机构的劝告，使金融机构按照中央银行预期的方向行事，达到调控货币供应量的目的。但是一般情况下，道义劝告等其他工具的法律地位不如三大货币政策工具，其效果也不如三大货币政策工具显著。

（三）货币政策职能

疫情暴发以来，多个国家为了提振经济都先后出台宽松措施，希望通过低廉的资金成本刺激经济。大量资金流动下，全球物价水平不断提高，引发对通胀的担忧。当下，我国经济发展动力不断增强，积极因素明显增多，但外部环境依然复杂严峻。一方面，我国经济恢复不均衡、基础不稳固，仍面临不少风险挑战；另一方面，稳健的货币政策要求灵活精准、合理适度，把服务实体经济放到更加

---

① 陈浪南、田磊：《基于政策工具视角的我国货币政策冲击效应研究》，《经济学（季刊）》2015 年第 1 期。

② 周友良：《结构性货币政策对商业银行金融风险承担的影响研究》，《西南金融》2021 第 2 期。

③ 马勇、姚驰：《双支柱下的货币政策与宏观审慎政策效应——基于银行风险承担的视角》，《管理世界》2021 年第 6 期。

突出的位置，珍惜正常的货币政策空间，处理好恢复经济和防范风险的关系。所以，要真正把握货币政策带来的一系列影响，必须先从货币政策的职能上说起。货币政策具有以下职能。

第一，促进社会总需求与总供给的均衡。社会总需求和总供给均衡，就是商品市场、劳务市场与货币市场的总体平衡。中央银行通过对货币供给即社会总需求的调整影响社会总供给，从而促进社会总需求与总供给的平衡，这是货币政策的主要功能。

第二，促进宏观经济稳定。这是货币政策的派生功能。货币政策是一种稳定经济的政策，它通过操纵货币供应量和影响信贷规模、利率、汇率水平来调节整个社会经济活动，维持物价与经济稳定。

第三，提高就业水平，促进社会稳定。就业水平的高低受经济规模、经济发展速度和经济结构等因素的影响，货币政策通过对货币供给总量的调节，影响经济规模和发展速度，增加就业机会，提高就业水平，促进社会稳定。

第四，保持汇率相对稳定，促进国际收支平衡。货币政策通过本外币政策协调，本币供给的控制，利率和汇率的调整，以保持汇率相对稳定，促进国际收支平衡。

第五，保持金融稳定，防范金融危机。货币政策通过对政策工具的合理使用，可以调控社会信用总量，有利于抑制金融泡沫和经济泡沫的形成，保持金融稳定和防范金融危机。①

三、收入分配政策与社会保障体系

（一）收入分配政策

收入分配政策，是国家为实现宏观经济总目标和总任务在收入分配领域制定的原则与方针。具体来说，它是研究如何确定国民收入分配中的各大比例关系，如何对国民收入分配进行宏观管理的经济政策。现阶段，构建科学合理的收入分配体系，充分发挥收入分配政策的积极作用，是贯彻落实科学发展观以及构建社会主义和谐社会的迫切要求。② 收入分配包括国民收入的初次分配和国民收入再分配。收入分配政策的目的是通过初次分配和再分配，既能够提高效率，激发全社会的创造活力③；又能够促进公平，维护社会的公平正义；最

① 张伟、郑婕、黄炎龙：《货币政策的预期冲击与产业经济转型效应分析》，《金融研究》2014 年第 3 期。

② 吴文庆：《财政政策的收入分配效应研究评述》，《经济学动态》2011 年第 10 期。

③ 罗楚亮：《高收入人群缺失与收入差距低估》，《经济学动态》2019 年第 1 期。

终使经济持续增长，社会保持稳定。收入分配政策主要有社会保障、转移支付和税收三种工具。

1. 收入分配政策的改革历程

中国收入分配制度改革是在马克思主义分配理论指导下，在社会主义初级阶段的实践探索中，不断调整与革新的过程。社会主义初级阶段收入分配制度改革历程可以概括为“探索提出”、“确立与发展”和“坚持和完善”三个阶段。

“按劳分配为主体，多种分配方式并存”分配制度的探索提出阶段。改革开放以前，受生产力发展水平的束缚及对马克思主义按劳分配思想认识的局限，收入分配遵循的是有差别的平均主义思想。改革开放初期，在收入分配领域以提高劳动生产率为出发点，逐渐打破平均主义分配理念和做法，创新性地提出了“先富、后富与共同富裕”的分配思想，这期间是对收入分配制度改革的初步探索。① 1987 年党的十三大明确了收入分配制度改革的方向：打破单一的分配方式，向着以按劳分配为主体，其他分配方式补充的方向调整。党的十四届三中全会提出在坚持按劳分配为主体不变的前提下，调整为多种分配方式并存。从党的十三大到党的十四大的收入分配制度改革，是以释放长期被压抑的劳动积极性、发挥要素激励效应、提高劳动生产率为目标导向的。改革成效最显著的成就，是家庭联产承包责任制的实施，这极大地提高了农业劳动生产率。

“按劳分配与按要素分配相结合”的确立与丰富发展阶段。1997 年党的十五大首次提出“把按劳分配和按生产要素分配结合起来”，并明确指出参与分配的非劳动要素包括资本、技术等。2002 年党的十六大在十五大的基础上，明确了生产要素按贡献参与分配的基本原则，进一步丰富了参与分配的非劳动要素种类。此后，2007 年党的十七大提出了进一步健全生产要素按贡献参与分配的制度。与此同时，针对这一时期收入差距逐渐拉大的状况，强调初次和再次分配都要处理好公平与效率的关系，再次分配要更加注重公平。② 此外，党的十七大首创性地提出，创造条件让更多群众拥有财产性收入，充分说明这一时期的收入分配制度改革目标由“先富、后富”上升为“共同富裕”。从党的十五大到党的十七大的收入分配制度改革路线，是在明确“按劳分配与按要素

① 龙玉其：《中国收入分配制度的演变、收入差距与改革思考》，《东南学术》2011 年第 1 期。

② 王伟杰：《中国特色社会主义基本经济制度新概括：文献述评与研究展望》，《经济学家》2021 年第 6 期。

分配相结合”的基础上，不断地丰富和发展按要素分配的内容与原则。

“社会主义基本分配制度”的坚持和完善阶段。进入新时代以来，在共享发展理念的引导下，收入分配制度改革也更加注重社会公平正义。党的十八大对公平与效率的关系进行了更加明确与科学的阐述，要求初次分配和再分配都要兼顾效率和公平，再分配更加注重公平。党的十九大在更加追求社会公平正义的基础上，重视规范收入分配秩序，提出要促进收入分配更合理、更有序的改革思想。此后，党的十九届四中全会首次将分配制度上升为基本经济制度。新时代的收入分配制度改革呈现出三个明显特征：一是重视收入分配格局的构建，以“橄榄型”为改革目标，以“调高、扩中、增低”为实现途径，稳步有序进行；二是政府调节收入分配的职能日益凸显，强化了税收、社会保障、转移支付等调节机制的作用，社会组织的调节功能显著增强；[①] 三是更加重视改善民生，通过促进就业、重视“三农”、扶贫攻坚等一系列举措，不断增加人民福祉。

2. 收入分配政策的成效

中国收入分配制度的改革历程，既是在改革实践中持续推进马克思主义理论创新，又是以创新理论指导实践的过程。[②] 在这一改革进程中取得了一系列重大成就，这些成就主要有：第一，贫困人口大幅减少，创造了世界减贫史上的“中国奇迹”。2020 年底，中国完成了近一亿贫困人口脱贫计划，彻底消除长期以来无法解决的绝对贫困问题。第二，收入分配格局不断优化，拥有全球规模最大的中等收入群体。截至 2019 年底，中国中等收入群体已超过 4 亿人，[③]约占全国人口的 30%，占世界中等收入群体的 40%左右，是全球规模最大的中等收入群体；第三，居民收入水平显著提高，稳步实现“两个同时、同步”增长目标。即在经济增长的同时实现居民收入同步增长，在劳动生产率提高的同时实现劳动报酬同步提高。第四，总体来说，收入差距逐步缩小，充分诠释发展成果由人民共享的发展理念。

3. 收入分配改革的不足之处

目前，我国已经形成按劳分配为主体、多种分配方式并存的初次分配制度，

---

① 方福前：《中国居民消费潜力及增长点分析——基于 2035 年基本实现社会主义现代化的目标》，《经济学动态》2021 年第 2 期。

② 葛扬：《新时代社会主义基本经济制度新发展》，《上海经济研究》2020 年第 10 期。

③ 数据来源：《2020 年中国社会形势分析与预测》，北京：社会科学文献出版社，2020 年版。按照世界银行对中等收入的划分标准：成年人每天收入在 10 美元至 100 美元之间，即年收入 3650 美元至 36500 美元。按照美元与人民币 1∶7 的保守汇率计算，世界银行中等收入标准为年收入 2.5 万至 25 万元人民币。

和以税收、社会保障、转移支付为主要手段的再分配调节体系，但在收入分配制度实施的一些领域仍然存在着亟待解决的突出问题。

第一，初次分配所依赖的要素市场出现价格扭曲。首先，在初次分配领域，主要问题表现在劳动报酬相较资本和土地等生产要素所占初次分配比重呈下降趋势。虽然在这一阶段政府财政收入的快速增长，对居民劳动报酬产生了一定的挤出效应，但造成这一现象的主要原因仍是要素市场的不完善，进而导致劳动力无法按照实际的工资价格进行有效流动，分配时也不能完全按照劳动力要素的贡献进行分配，这就造成了我国居民收入呈不断下降的趋势。① 其次，我国资本市场体系不完善，利率尚未市场化，使得国民经济运行成本上升，进一步挤压了劳动报酬占比。同时由于信贷结构存在失衡问题，诸多中小微企业只能通过民间资本融资，进而使得企业融资成本居高不下，特别是对吸纳就业人员最多的中小微企业而言，在国内经济转型和世界金融危机的多重困境中，只能凭借削减劳动者报酬来平衡总体成本。最后，土地要素价格的扭曲对于扩大收入差距的影响最为严重，主要体现在土地流转的收入分配过程中。在农村，对于原使用者所支付的赔偿金是基于其未来多年农作物的价值损失而非土地的实际市场价格。因此，土地在征地的过程中不能按照市场的价格进行分配。② 这是因为制度设计的缺陷导致土地价格的扭曲，使得农民处在不公平的位置参与了土地出让的分配。

第二，再分配调节力度和范围有限。税收政策对于收入分配的调节作用不足，我国在直接税的征收上却存在着突出问题。一方面，税基过小，需要调节的高收入人群未受到明显影响，当前采用的个人所得税超额累计机制覆盖的仅仅是工薪阶层。一些高收入者则通过合理避税、财富转移等方式逃脱个税的缴纳；③ 另一方面，现有税基对工薪阶层而言税负上升，尽管我国的绝对税率在世界上处于中游水平，但是考虑到我国所处的发展阶段，相对税率仍然较高。另外，我国财政的转移支付对于收入差距的调节有限。一方面，我国一般性转移支付的比重仍然偏低，同时地区间转移支付的差异较大，难以提供均等化的公共服务；另一方面，均衡性转移支付缺乏科学的管理体制和有效的制度创新。因此，对消除地

---

① 陈宗胜、高玉伟：《论我国居民收入分配格局变动及橄榄形格局的实现条件》，《经济学家》2015年第1期。

② 石涛、张磊：《劳动报酬占比变动的产业结构调整效应分析》，《中国工业经济》2012年第8期。

③ 黎蔺娴、边恕：《经济增长、收入分配与贫困：包容性增长的识别与分解》，《经济研究》2021年第2期。

区间财政差异与推进基本公共服务均等化的效果有限。

第三，隐性分配不公进一步拉大收入差距。隐性分配不公是不体现在居民正常收入项中的财富不平等，其中包括财产分布的不均匀、受教育机会的不公平以及非法非正常收入带来的收入差别等问题。[①] 隐性分配不公不仅造成了收入差距的进一步扩大，而且导致收入流动性的代际固化，收入分配的纵向失衡，马太效应显现。此外，行政力量导致的垄断不仅带来收入差距的扩大，而且直接产生腐败问题。从更深层次来说，当厂商只依赖控制商品流通渠道就可以稳定获利的时候，自然也就没有改进技术的现实动机。维持对流通渠道的控制离不开对行政资源的攀附、投机和寻租，腐败问题内生而来。

（二）我国社会保障体系建设

社会保障是国家和社会依据相关的法律、法规，为因年老、疾病、失业、伤残、生育、死亡、灾害等原因而失去劳动能力或生活遇到障碍的社会成员提供物质帮助，以保障其基本生活的一项社会安全制度。社会保障的目的在于维持社会成员的基本生活，提高整个社会的福利水平，使社会成员在任何情况下都能保持最基本的生活条件；同时，保证国家的各项政策得到贯彻和实施，维持社会稳定，巩固现存的社会制度。

1. 我国社会保障的基本类型[②]

（1）社会保险。社会保险在社会保障体系中居于核心地位，它是社会保障体系的重要组成部分，是实现社会保障的基本纲领。一是社会保险的目的是保障被给付者的基本生活需要，属于基本性的社会保障；二是社会保险的对象是法定范围内的社会劳动者；三是社会保险的基本特征是补偿劳动者的收入损失；四是社会保险的资金主要来源于用人单位（雇主）、劳动者（雇员）依法缴费及国家资助和社会募集。

（2）社会福利。社会福利是社会保障的最高层次，是实现社会保障的最高纲领和目标。它的目的是增进群众福利，改善国民的物质文化生活，它把社会保障推上最高阶段；社会福利基金的重要来源是国家和社会群体。[③]

（3）社会救助。社会救助属于社会保障体系的最低层次，是实现社会保障

---

① 宋树仁、钟茂初、孔元：《中国居民收入分配格局的测度及其演进趋势分析》，《上海经济研究》2010 年第 2 期。

② 卢珊、杜宝贵：《中国社会保障支出对收入分配差距与经济增长的动态冲击效应》，《经济与管理研究》2021 年第 4 期。

③ 谭磊、丁建定：《我国公办福利机构社会工作服务评估研究》，《社会建设》2021 年第 1 期。

的最低纲领和目标。一是社会救助的目的是保障被救助者的最低生活需要；二是社会救助的对象主要是失业者、遭到不幸者；三是社会救助的基本特征是扶贫；四是社会救助的基金来源主要是国家及社会群体。

（4）社会优抚。社会优抚安置是社会保障的特殊构成部分，属于特殊阶层的社会保障，是实现社会保障的特殊纲领。[①] 社会优抚安置目的是优待和抚恤；社会优抚的对象是军人及其家属；社会优抚的基本特征是对军人及其家属的优待；社会优抚的基金来源是国家财政拨款。

社会保障制度属于政府行为，直接关系着亿万百姓的切身利益，是全面建设小康社会、构建社会主义和谐社会的重要内容。社会保障问题是一个很重要的社会问题，也一直是全社会关注的热点问题，关系到民生及社会的稳定和发展。

2. 当前我国社会保障存在的问题

“十三五”时期，我国社会保障体系建设取得了重要进展与成效，同时仍存在不少问题，主要包括以下几个方面。

社会保障离“应保尽保”还有较大距离。虽然近些年来我国加大了社会保障制度建设和投入力度，越来越多的人被纳入社会保障的范围中来，尤其是医疗、养老保险的覆盖面拓展成效显著，但是仍有不少人群没有机会获得相应的社会保障。[②] 从具体项目来看，医疗保险、养老保险的覆盖率相对较高而失业保险、工伤保险的覆盖率相对较低。在脱贫攻坚过程中，最低生活保障和社会救助得到了较好的发展，但是老年人福利、残疾人福利、妇女儿童福利、基本公共服务等服务型社会保障的覆盖面还存在较大差距。

社会保障的收入再分配作用不足。[③] 在实践中，社会保障尤其是社会救助与社会福利发挥着明显的收入再分配作用，但是社会保障整体的收入再分配效果不理想。社会保障的统筹层次低、管理漏洞多也制约了其收入再分配作用的发挥。城乡、地区、职业间的基本养老保险待遇水平差距较大；住房公积金制度在缴存、提取和贷款方面的制度设计不完善使其容易出现“劫贫济富”的现象，中

① 林毓铭：《社会保障政府绩效与评估指标体系》，《中南民族大学学报（人文社会科学版）》2007年第1期。

② 吕承超、王志阁：《“逆向转移”还是“正向调节”：社会保障的收入再分配效应》，《现代经济探讨》2018年第11期。

③ 王增文、管理定：《经济增长效率与社会保障分配公平性的理论演绎》，《社会保障评论》2021年第2期。

高收入者更能从中获得较多的利益；[①] 最低生活保障与社会救助的水平偏低，制约其收入再分配功能的发挥。

社会保障的资源配置机制不完善。除了收入再分配作用不足、公平性不理想外，社会保障的资源配置机制也不完善。作为公共领域的社会保障，与市场领域的社会生产一样需要有科学、高效的资源配置机制，整合运用各类资源实现社会保障效用最大化。但是从目前来看，虽然社会财富在快速积累，民间资本日益雄厚，但市场机制与社会机制的实际参与却极其有限，社会保障的物质基础与保障供给因缺乏对市场机制与社会机制的有效利用而处于无法持续壮大的境地[②]。具体来说，主要体现在政府、市场和社会三个层面。从政府来看，政府用于社会保障的财政支出日益增长，但是，政府投入社会保障的结构和方式不尽合理，对社会保险的投入相对较多，而对于社会救助与社会福利的投入相对偏少；对供方的投入较多，而对需方的直接投入较少；事后投入较大，事前、事中投入较少。从市场来看，市场主体参与社会保障的力度远远不够，无论是参与社会保障的管理服务还是非基本社会保障的发展、社会保障相关服务产业的发展、社会保障基金的投资，市场在其中发挥的作用均显不足，市场资源未能得到充分的挖掘利用。[③] 从社会来看，对社会资源的整合利用仍不充分，社会主体参与社会保障体系建设的程度不高，慈善捐赠比例相对偏小，社会组织的公信力不足，对社会主体参与社会保障的监管和激励不足。

3. “十四五”时期社会保障发展的目标思路

党的十九届四中全会提出，坚持和完善统筹城乡的民生保障制度，满足人民日益增长的美好生活需要。作为新时代民生保障制度的重要组成部分，社会保障应与其他社会政策、经济政策协同发展，在承担好托底保障功能的同时，在抵御社会风险、保持社会稳定、推进经济提质增效、实现人民群众对美好生活的需要过程中发挥更大的作用。[④]

“十四五”时期社会保障发展的具体目标可概括为：适应未来经济社会转型发展要求，形成完善的社会保障制度体系框架，健全社会保障运行体制、管理体制与运行机制，巩固脱贫攻坚与全面小康社会建设成果，探索推进相对贫困治理

① 朱楠、代瑞金：《中国社会保障制度的历史演变和规律考察》，《西北大学学报（哲学社会科学版）》2020 年第 4 期。

② 郑功成：《多层次社会保障体系建设：现状评估与政策思路》，《社会保障评论》2019 年第 1 期。

③ 何文炯：《中国社会保障：从快速扩展到高质量发展》，《中国人口科学》2019 年第 1 期。

④ 洪大用：《强化社会政策兜底保障功能》，《社会政策研究》2019 年第 1 期。

的有效途径，加快推进并实现基础养老金全国统筹，强化社会保障收入调节再分配功能，促进社会保障公共服务发展，建设更加公平、更有效率、更可持续的多层次社会保障体系。

围绕上述目标，“十四五”时期社会保障发展的基本思路可概括为：覆盖全民、保障适度、权责清晰、统筹发展、治理科学。①

(1) 覆盖全民。社会保障要从“广覆盖”走向“全覆盖”，从“制度全覆盖”走向“人群全覆盖”。让各类人群均有享受社会保障的机会，针对低收入群体、灵活就业人员、新业态就业人员等参保困难群体，进一步扩大社会保障覆盖面，提升社会保险参保率，实现人人享有基本社会保障的目标。

(2) 保障适度。社会保障水平过低会导致无法保障劳动者的基本生活需求，无法发挥“安全网”的作用，同时，过低的社会保障水平影响劳动力的再生产，无法激活劳动者的积极性。而过度的社会保障水平最直接的影响就是政府财政赤字的增加，导致企业和个人的社会保障支出以及税负增加，引发“福利病”，滋生社会惰性。

(3) 权责清晰。明确不同社会保障主体的责任，相互协调、互相补充、各司其职。明确中央和地方政府的责任，合理划分不同层级政府之间的财权与事权。进一步完善社会保障的管理职责，明确主管责任，实现交叉部门和机构之间的无缝衔接。② 社会保险事业继续坚持权利与义务相结合的原则，建设更加科学合理的税费缴纳与待遇调整机制。

(4) 统筹发展。实现社会保障各相关主体与不同项目之间的协同发展建设、社会保障资源筹集与使用管理的科学机制，实现政府、市场、社会等多元主体的相互补充、协同参与。提升基本养老保险和基本医疗保险制度的统筹层次，实现城乡、区域之间社会保障的协同发展。推进社会保障项目的整合，研究探索并试点开展居民医保与职工医保制度整合工作。

(5) 治理科学。提升社会保障制度设计和管理实施的科学性，使社会保障治理体系走向科学发展之路。③ 加强社会保障的顶层设计与战略规划，优化社会保障制度模式与制度设计，完善社会保障资源配置机制，建立科学合理的待遇调整机制，提升社会保障治理能力和资源保障能力，实现社会保障制度的可持续

---

① 林闽钢：《“十四五”时期社会保障发展的基本思路与战略研判》，《行政管理改革》2020 年第 12 期。

② 罗哲：《“十四五”民生保障事业前景展望》，《人民论坛》2020 年第 31 期。

③ 张远新：《新时代党保障和改善民生的理念创新探析》，《理论探讨》2020 年第 3 期。

发展。

总体而言，覆盖全民、保障适度、权责清晰、统筹发展、治理科学是“十四五”时期社会保障发展的核心要义。[①] 更加公平、更有效率、更可持续是“十四五”时期社会保障发展的根本目标，高质量与多层次是“十四五”时期社会保障体系建设的努力方向。

第五节　财政政策与货币政策的配合

货币政策与财政政策是政府进行宏观调控的两大手段，两种政策虽然都能对社会总需求与总供给进行调节，但在调节中的作用是不同的且相互不可替代的。协调运用货币政策与财政政策，使之形成合力，避免两种政策作用的相互抵消，是宏观调控成功的关键。

一、货币政策与财政政策的区别

（一）作用机制不同

银行是国家再分配货币资金的主要渠道，这种对货币资金的再分配，除了收取利息外，并不参加国民收入的分配，只是在国民收入分配和财政分配基础上进行的一种信用再分配。[②] 信贷资金是以有偿方式集中和使用的，主要是在资金盈余部门和资金短缺部门之间进行余缺的调剂，由此决定货币政策主要是通过信贷规模的收缩来影响消费需求和投资需求。财政是国家集中一部分国民收入用于满足社会公共需要的主渠道。财政从收入和支出两个方面对社会需求产生影响。在财政收支规模大体确定的情况下，企业和个人的消费需求和投资需求也就基本确定下来。例如，当政府对个人征税时，就会相应减少个人的消费需求和投资需求。政府对企业征税或对企业拨款，将相应减少或增加企业的投资需求。

（二）作用方向不同

从投资需求的形成看，虽然财政和银行都向再生产过程提供资金，但两者存

① 《中共中央关于制定国民经济和社会发展第十四个五年规划和二〇三五年远景目标的建议》，《人民日报》2021 年 11 月 4 日。

② 夏仕龙：《经济结构调整下的我国财政货币政策规则研究》，《区域金融研究》2021 年第 3 期。

在明显差异。在我国现行体制下，根据财政、银行在运用资金上无偿与有偿的不同特点，固定资产投资理应由财政供应资金，流动资金投资一般由银行供应资金。尽管银行信贷资金来源不断扩大，银行业发放一部分固定资产投资贷款，但银行资金运用的重点仍是保证流动资金的供应和短期的固定资金投资贷款，由此也可以看出，财政在投资需求方面的作用，主要侧重于调整产业结构，促进国民经济结构合理化，① 银行则侧重于调整总量和产品结构。消费需求包括社会消费需求和个人消费需求两个部分，财政在社会消费需求的形成中起决定性作用。只要财政支出中对社会消费需求支出予以适当压缩，减少公共部门的购买力，社会消费需求立即会出现紧缩。② 银行信贷在这方面则无能为力。在个人消费需求方面，财政和银行均能发挥作用。在税制日趋完善的情况下，财政对个人消费的影响极其有限。银行则通过对现金和工资的管理与监督及个人消费信贷规模的控制，间接地对个人的消费需求产生影响。

（三）调整时滞、实效不同

一般说来，货币政策比较灵活、及时，调整时滞较短；财政政策的出台则需要经过一系列程序，调整时滞较长。在实效性方面，货币政策弱于财政政策。财政政策只需使政府扩大或紧缩公共支出，就能较快地对社会供求产生影响。反观货币政策，无论是通过扩张货币供给量、降低利率来刺激有效需求的增长，还是通过紧缩货币供给量、提高利率来抑制有效需求的增长，都需要一个较长的时间差才能实现。③

二、货币政策与财政政策的配合

货币政策与财政政策在宏观调控中的目标是一致的。根据宏观经济形势的变化可以选择适当的货币政策与财政政策组合。具体来讲，货币政策与财政政策可以有以下几种组合（见表5-1）。

---

① 潘敏、张新平：《供给侧结构性改革下的积极财政政策效果——兼论货币政策锚的选择》，《经济学动态》2021年第3期。

② 饶晓辉、刘方：《政府生产性支出与中国的实际经济波动》，《经济研究》2014年第11期。

③ 徐淑华、李庆华：《财政政策对货币政策传导机制的影响》，《财经问题研究》2017年第4期。

表 5-1 货币政策与财政政策组合

政策类型		财政政策		
		松	中性	紧
货币政策	松	社会总需求严重不足，商品价值实现普遍困难，生产能力和资源得不到充分利用，失业严重	社会总需求不足，供给过剩，企业投资不足，主要的经济比例结构没有大问题	社会总需求大体平衡，但公共消费偏旺而投资不足，生产能力及资源方面有增产潜力
	中性	社会总需求略显不足，供给过剩，经济结构有问题，主要是公共消费不足，公共事业及基础设施落后	社会总供给与总需求基本平衡，社会经济的比例结构也基本合理，社会经济的发展健康，速度适中	社会总需求大于总供给，经济比例结构没有大问题，财政支出规模过大，非生产性积累与消费偏高
	紧	社会总供给与总需求大体平衡（包括平衡关系偏紧），而公共事业、基础设施落后，生产力布局不合理	社会总需求过大，供给不足，经济效益较差，出现通货膨胀，但财政在保障社会公共需求上正常	社会总需求大大超过社会总供给，发生了严重的通货膨胀

（一）“双紧”政策

“双紧”政策是指紧缩的货币政策与紧缩的财政政策。当社会总需求极度膨胀，社会总供给严重不足，物价大幅度攀升，抑制通货膨胀成为政府的首要目标时，采用“双紧”政策。通过采取紧缩的货币政策，中央银行通过卖出手中的债券、上调再贴现率和法定银行存款准备金率，减少流通中的货币供给，从而使利率上升，对社会总需求起抑制作用。通过采取紧缩的财政政策，政府减少财政支出或增加税收抑制社会总需求。

（二）“双松”政策

“双松”政策是指扩张性的货币政策与扩张性的财政政策。当经济中出现严重的通货紧缩时，生产资源大量闲置，解决失业和刺激经济增长成为宏观调控的首要目标时，采用“双松”政策。通过采取扩张性货币政策，中央银行通过在金融市场上买进债券、降低再贴现率和调低法定银行存款准备金率，增加流通中的货币供给，从而使利率下降，刺激社会的投资，进而增加社会总需求。[1] 通过采取扩张性财政政策，政府扩大财政支出或用减税的手段刺激社会总需求。

（三）“松”财政“紧”货币政策

当通货膨胀与经济停滞同时存在，治理滞胀、刺激经济增长成为政府的首要目标时，可以采取扩张性财政政策和紧缩性货币政策。通过政府支出的扩大和减税等措施来刺激投资和消费需求，增加社会总需求，从而摆脱经济困境和提高就业率。中央银行通过减少货币供应、调高利率等紧缩性手段防止通货膨胀的产生，保障经济的健康运行。

（四）“紧”财政“松”货币政策

当物价稳定，经济结构合理，政府支出过大，企业投资不旺，促进经济较快增长成为主要目标时，可以采取紧缩性财政政策和扩张性货币政策。通过削减政府支出，抑制社会需求，避免经济过快增长带来的通货膨胀。中央银行通过增加货币供应、降低利率等手段来刺激企业投资，促进经济平稳增长。

当然，在经济实际运行中，除以上介绍的财政政策与货币政策的不同组合方式外，还存在“中性”的财政政策与货币政策。中性的财政政策是指财政收支自求平衡、量入为出的政策。中性的货币政策是指货币供应量合理、稳定增长，维持物价稳定的政策。实行中性的财政政策与货币政策是一种较为理想的政策组合，在实际经济运行中并不常见。

---

① 潘敏、张新平：《供给侧结构性改革下的积极财政政策效果——兼论货币政策锚的选择》，《经济学动态》2021 年第 3 期。

课后习题

一、名词解释

公共物品　官僚主义　逆向选择　道德风险　街头官僚　财政政策　货币政策　政府转移支付　国债　社会保障

二、简答题

1. 简述财政政策的目标是什么？财政政策工具有哪些？

2. 简述货币政策的目标是什么？货币政策工具有哪些？

3. 简述我国的收入分配制度如何促进社会的公平与效率。

4. 生活中的街头官僚有哪些？他们在公共生活中扮演了哪些角色？

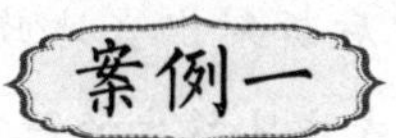

滇池生态破坏与政府失灵

2021年5月，中央第八生态环境保护督察组在云南督察时查出，滇池沿岸以“户外旅游休闲公园”“健康养老”等名义，涉嫌违规建设了高尔夫球场、房地产等项目。在2004年国务院办公厅已印发《国务院办公厅关于暂停新建高尔夫球场的通知》的情况下，昆明铭真运动旅游有限公司以“户外旅游休闲公园”的名义，于2008年前后取得立项、土地规划、建设施工、环境影响评价等手续。自2016年1月起，昆明诺仕达企业（集团）有限公司在长腰山建设“滇池国际养生养老度假区”，总面积达3426亩，涉及5个房地产项目，其中2个项目侵占了1530余亩滇池一级、二级保护区。据昆明市晋宁区委区政府提供的数据测算，长腰山90%以上的表面积已遭到破坏。

铭真高尔夫球场于2010年5月开业以来，长期违法运营，拒不整改，而相关部门长期视而不见，敷衍了事：

——2011年，11部委联合发文彻查、清理高尔夫球场违规现象，根据昆明市政府上报的情况，该球场“已停止经营”。但事实上，该球场一直在违规经营。

——2015 年 10 月，昆明市人民政府发布了滇池各级保护区明确范围，此球场侵占滇池一级保护区事实得以明确，但其未退出一级保护区并继续运营。

——2018 年 11 月，昆明滇池国家旅游度假区管委会发文要求该球场进行整改。对此，球场于当年 12 月在一级保护区内的球场上象征性栽种了树苗，球场功能并未真正消除。

——2019 年 4 月，省市县三级发改、自然资源等部门来球场核查，认为其已完成整改。多部门还在核查意见表中写道：在整治治理期间未发现弄虚作假行为，项目开发建设中未发现违规建设行为。

——2020 年 10 月，有群众举报该球场违规经营，昆明滇池国家旅游度假区管委会经济发展局对其进行约谈，但球场仍然我行我素。

督察组于 2021 年 4 月 6 日入驻云南后，昆明滇池国家旅游度假区管委会于 4 月 11 日对球场采取紧急措施，铲除了部分侵占滇池一级保护区的球场，并在铲除球场之上种植了树木。但督察组 4 月 14 日在现场看到，为显示成效，该管委会将部分杨树树枝插入浅层表土，冒充植树虚假整改。

滇池沿岸长期无序开发的背后折射出当地政府有关部门主体责任履行不到位，不担当不作为严重，以及形式主义滋生的严重问题。昆明市自然资源和规划局、昆明市住房和城乡建设局、昆明市滇池管理局、昆明滇池国家旅游度假区管委会等部门没有认真履行审核把关职能，并对偷换概念、不严不实等问题视而不见，还配合相关违规项目办理了审批手续。部分部门还对相关违法违规项目提供“保护”，比如昆明滇池国家旅游度假区管委会在 2018 年、2019 年、2020 年向昆明市上报的自检自查报告中，均未如实报告铭真高尔夫球场未退出滇池一级保护区且违规经营的问题，也未认真督促整改。十八大后虽有多轮高尔夫球场清理整治，但当地政府均没有拿出实质性、强有力政策，甚至还曾多次组织或默许企业“插枝充树”、零星种树等。(资料来源：人民网、光明网)

结合所学内容和本则案例谈一谈这么大规模的滇池环湖房地产违规开发，为何当地政府视而不见？

案例二

碳中和搅热资本市场　上市公司加速绿色转型

伴随着顶层设计和政策体系构建的推进，碳达峰、碳中和已成资本市场关注焦点，上市公司纷纷加速绿色低碳转型，并布局相关赛道。

在工业和电力领域，绿色和低碳转型正在加速推进。正在编制的《钢铁行业碳达峰及降碳行动方案》已形成修改完善稿，初步确定行业达峰目标和重点任务；《有色金属行业碳达峰实施方案》正在征求行业协会和企业意见，该方案初步提出，到 2025 年有色金属行业力争率先实现碳达峰。

1 月 20 日，全球最大钢铁企业中国宝武钢铁集团公布其碳达峰、碳中和时间表：力争 2023 年实现二氧化碳排放达到峰值，2025 年具备减碳 30%工艺技术能力，2035 年力争减碳 30%，2050 年实现“碳中和”。3 月 12 日，河钢集团发布低碳绿色发展行动计划，提出 2022 年实现碳达峰，2025 年实现碳排放量较峰值降低 10%以上，2030 年实现碳排放量较峰值降低 30%以上，2050 年实现碳中和。

布局绿色氢能成为不少上市公司近期的主要谋划。中国石化制定氢能产业行动计划总体目标，努力打造“中国第一氢能公司”；国内煤基新材料龙头宝丰能源也宣布，已布局 200MW 光伏发电及年产 1.6 亿标方绿氢项目。中信证券研究认为，在碳中和战略的指引下，补充“绿氢”是煤化工行业发展的必由之路。飞龙股份、诚志股份等上市公司 21 日也分别在“互动易”平台介绍了公司氢能项目布局情况。

可再生能源方面，伴随着光伏发电进入增长快车道，龙头企业正在加速布局。2021 年以来，光伏巨头隆基股份不断拓展光伏+的全新应用场景，先是入股森特股份，布局光伏建筑一体化市场，不久后又与朱雀投资合作进入制氢领域。4 月 20 日晚间，隆基股份公布第一季度净利润 25 亿元人民币，同比增长 34%。

国内主流车企也在近日举办的上海车展上密集发布低碳计划。奇瑞汽车在车展上发布了包含燃油、混合动力、氢能等多种动力解决方案；东风汽车宣布未来将重点研发打造行业领先的平台架构与核心技术，加快推进氢燃料电池等技术的商品化；长安汽车表示，将推进应用清洁能源，实现能源智能管控，推动传统制造向绿色智造转变；广汽集团宣布将坚持以科技创新为支撑，形成从研发到生产、从购买到使用的全链条绿色低碳新生态。(资料来源：新华网)

结合案例二谈一谈政策体系的构建如何引导市场行为？

「第六章」　公共物品与市场失灵

国家主席习近平于2020年11月以视频方式出席二十国集团领导人第十五次峰会并发表重要讲话，讲话中提到“我们将履行承诺……努力让疫苗成为各国人民用得上、用得起的公共产品”。“用得上”和“用得起”言简意赅地点明了新冠肺炎疫苗公共物品的特征。2020年末，国内接种免费疫苗范围和规模逐渐扩大，并且优先高危行业和高危人群。与此同时，疫苗的生产分配速度也在逐渐适应现阶段的需求，努力达到所有愿意接种的人都能接种到免费疫苗的水平。不管是在全民公共健康领域，还是基础设施建设，大到国防、外交、科研等国家战略计划，小到道路、港口、休闲娱乐设施的建设，公共物品都深刻地影响着我们日常生活的方方面面。人类生活离不开公共物品，公共物品的有效供给对提高整个社会的资源配置效率和人民的生活水平起到重要作用。① 因此，研究公共物品的供给便显得尤为重要。

第一节　公共物品的内涵、特征与分类

一、公共物品的内涵

公共物品（Public goods）是一个与私人物品（Private goods）相对的概念。公共物品的特点是具有非竞争性和非排他性，是那些不能完全托付给市场供给的物品。在市场上，我们最熟悉和习惯的商品几乎都是私人物品，而公共物品大部分由市场提供。布坎南提出，市场失灵是为政府干预辩护的关键因素，公共物品的存在可以看作市场失灵的极端形式。换言之，公共物品在消费过程中由于具有受益的非排他性和消费的非竞争性，而使得私人部门不愿意主动参与公共物品的供给，导致了公共物品供给的市场失灵现象。

① 温莹莹：《制度认知合法性与村庄公共物品供给研究》，《宁夏社会科学》2002年第4期。

私人物品，即具有竞争性和排他性性的物品。竞争性是指一个人对该物品的使用会减少其他人对该物品的使用，而排他性意味着一个人对该物品的使用会影响他人对该物品的使用。比如两个人同时在路上打车，十分钟后只来了一辆空的出租车，那么其中一位上了车之后，另外一位就不能上这辆车，而需要继续等待。①

在对物品分类时，通常以是否具有消费中的竞争性和是否具有排他性为标准。从这两个维度将物品分为私人物品、俱乐部物品、公共池塘资源和公共物品这四大类。

表 6-1 物品分类

属　性	有竞争性	无竞争性
有排他性	私人物品	俱乐部物品
无排他性	公共池塘资源	公共物品

二、公共物品的特征

非竞争性（Non-competition），又称非对抗性。非竞争性是指一个人对某些物品或服务的消费并未减少其他人同样消费或享受利益②，受益对象之间不存在利益冲突。非竞争性意味着新增他人参与消费的边际成本为零③。这里的“边际成本为零”包括两层含义。第一，在供给极端情形中，公共物品的生产成本全部是固定的，因而其边际生产成本为零。如海上的灯塔多给一条船提供照明，为它的运行指引方向，也不会增加任何的生产成本。第二，边际拥挤成本为零。这是指在共同消费过程中，每个消费者的消费都不会影响到他人对该产品消费的数量和质量，消费人数的增多不会造成消费拥挤现象。如新生儿从出生那一刻就开始从国防中受益，但他的出生并不会导致其他人放弃从国防中得到的益处，这是因为国防一旦建立起来，整个国家的人民会同时得到安全保障，总的获益是每个人获益的总和。

非排他性（Non-exclusion），又称非排斥性。非排他性则指物品在消费过程中产生的利益不能为某些人所专有，也不能阻止其他人的使用或享受。非排他性

① ［美］N. 格里高利·曼昆：《经济学原理微观经济学分册》，梁小民，梁砾译．北京：北京大学出版社，2015 年版，第 256-257 页。

② 胡代光、周安军：《当代西方学者论市场经济》，北京：商务出版社，1996 年版，第 261 页。

③ 穆勒：《公共选择理论》，韩旭等译．北京：中国社会科学出版社，2010 年版，第 13 页。

意味着“排除服务的潜在使用者相对来说要付出很大代价，并且是无效的”。①这使得不付费的人也可以享受公共物品的好处，那么社会上必定会出现很多想坐享其成的人，公共物品供给中的搭便车难题由此产生。这样一来，公民自愿供给公共物品的积极性大大降低，支付的费用不能满足公共物品的生产成本，就会形成俗语中所说的“三个和尚没水喝”的局面；即使有部分消费者不存在“搭便车”的心理，愿意自己付费购买，他也只会按照他所得到的边际收益，而不是按整个社会所得到的好处来出价，如何对使用公共物品进行收费也成了一大难题。这种情况下，公共物品的消费数量无法确定，价格机制和供求机制无法反映出其真实的价格和需求，缺乏足够的激励促使市场提供充足的公共物品，供应量远远低于社会所需要的数量。所以，如果由私人企业提供公共产品，无法收回成本，产量一定偏低，从而导致供给不足。

效用的不可分割性是公共产品的非竞争性和非排他性产生的原因。由于公共物品的服务对象从生产时就被设计成为面对一个集体、社会的，是不可分为更小的单位面向某个群体的，因此，呈现出共同受益的特征——消费的强制性。由于效用的不可分割性，在共同受益时，全部受益者都间接地通过税收或其他政策为此买单。当一个公共物品生产投入使用后，面对的是社会全体，而社会中的个体是无法通过不使用而选择不消费的，只能被动地接受。

三、公共物品的分类

公共物品与私人物品的区别在于公共物品可以同时给诸多使用者提供利益，而私人物品在任何时候都只能为单个使用者提供利益。如果公共物品可以服务于任意数量的使用者，则叫作纯公共物品（Pure public goods）。当有可能发生拥挤时，就称它为非纯公共物品，或称为准公共物品（Quasi public goods）。

纯公共物品，是具有非竞争性和消费上的非排他性。与其他产品不同的是，纯公共物品的正统定义是指全体成员可以同等获得（Equally available）的物品，即增加一个消费者的边际成本为零。严格意义上的纯公共物品是非常少的，是一个理论性的概念。

准公共物品，是介于纯公共物品和私人物品之间的一类物品，具有有限的竞争性和排他性。准公共物品又分为两类：自然垄断型公共物品和优效型公共物品。自然垄断型公共物品一般是社会基础设施，如天然气系统、电力系统、铁路

① ［美］布坎南：《公共财政》，张成福译．北京：中国财政经济出版社，1991 年版，第 81 页。

运输系统、排水供水系统、消防系统。优效型公共物品是指那些人们应当都能消费到的公共物品，如博物馆、公共公园、社会保障系统等。准公共物品具有拥挤性，其特点是，当消费数量超过一个临界点，即拥挤点，非竞争性和非排他性会消失，并产生拥挤效应。临界点之前，新增消费者不会影响原来消费者的效用，也不增加供给成本，即新增消费者的边际成本为零。当消费量超过拥挤点之后，新增的消费者不仅会影响原有消费者的效用，而且会增大供给成本。例如，故宫博物院节假日期间有 8 万人的限流，超过限流后不再允许入院，若参观人数长期超额，则会对文物产生不可控的损耗；国家图书馆的座位有限，当所有座位都有人时，就需要将书外借去其他地方，或是站在角落、坐在过道看书，而不能享受到一个舒适又方便的阅读环境了。

第二节　公共物品供求平衡

公共物品是社会生活中非常重要的部分，它们往往能影响社会中的人们的生活方式，评判一个地区的福利情况。公共物品对于促进经济增长、提高社会整体福利水平具有重要作用。公共产品的存在的必要性是毋庸置疑的，各个学派的经济学家们都认为政府应该提供公共产品、公共服务。

一、公共产品的有效供给

有效的供给，简而言之是能满足人们对公共产品的需求，及产品的供给与需求相当。

对于由市场供给的私人物品而言，其价格是由需求曲线与供给曲线的交点所决定的，需求曲线应该与消费者的边际效用曲线相一致，而供给曲线应与生产者的边际成本曲线相一致，当社会边际收益等于社会边际成本时，达到帕累托最优。

如图 6-1 所示，我们假定一个社会中只有 A、B 两人和一种私人物品。需求曲线 D_A 和 D_B 代表两个人对该私人物品的需求，市场的总需求曲线为 DD，为两人的需求曲线的水平相加额，即将不同价格水平下 A、B 两人的需求量相加所得。供给曲线为 SS，则市场均衡点应为供给曲线 SS 和总需求曲线 DD 的交点 E，E 点价格 P_0 为均衡价格，E 点需求 Q_0 为均衡产量。由于 A、B 两人的需求不同，所以在价格 P_0 处的消费量不同，但两人消费量之和为 Q_0。Q_A 为 A 的消费量，Q_B 为 B 的消费量，$Q_A+Q_B=Q_0$。在均衡价格处，A、B 两人消费量虽有不同，但两人的边际收益相同，等于市场价格 P_0。由于该物品是私人物品，不存在外部性，消费者从某一物品的消费中获得的边际收益等于这一物品的社会边际收益，即在均衡 E 处，社会边际成本等于社会边际收益，实现了帕累托最优。

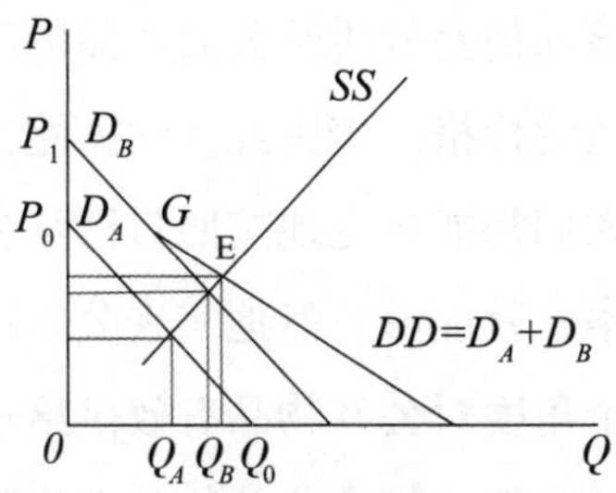

图 6-1　私人物品的最有效供给

上述假设不变，但产品由某私人物品变成某公共物品。若按照这样的逻辑也可以画出公共物品的供给曲线和需求曲线，D_A 和 D_B 分别为 A 和 B 对该公共物品的需求曲线，该曲线被萨谬尔森称为“虚假的需求曲线”。因为公共物品一旦被提供，那么社会上的每个人都可以消费它，而且每个人的消费量都是等同的。对于同一种公共物品，每个人在对同一种公共物品的等量消费中所获得的边际效用不同，愿意为之付出的价格也不同。在此例中，我们假设 B 对该公共物品的评价更高，愿意为之付出更高的价格。这一公共物品的总需求曲线 DD 为每个人的需求曲线垂直相加，即 $DD=D_A+D_B$。由于消费者的出价与消费该公共物品所获得的边际效用一致，所以所有消费者的出价之和等于该公共物品的边际效用之和，即社会边际效用。在 E 点社会边际成本等于社会边际收益，实现了帕累托最优。

从例子中我们可以看出，不论是私人物品还是公共物品，都遵照边际收益等于边际成本的原则确定最优数量，但两者仍有很大区别：私人物品最优供给数量的决定，其最优标准是每个消费者的边际收益都等于边际成本；而对于公共物品的最优供给数量的决定，最优标准是所有消费者的边际收益之和等于边际成本。实际上公共物品的价格为税收，公共物品的有效供给分析基本上是假定以个人缴纳的税金来负担公共物品的生产成本，税收应由个人的收益程度决定，这被称为税收的受益原则。

二、林达尔均衡模型

林达尔①均衡模型以瑞典经济学家林达尔命名，该模型依靠社会中每个人的支付意愿来对公共物品定价。

上文中我们讨论了应该如何有效供给公共产品的问题，那么随之而来的是应该如何给公共产品确定合适的价格。美国经济学家鲍文认为，虽然公共产品不能由市场统一定价，但如果人们都能自觉地按照自己从公共产品中获得的边际收益相应地承担公共产品的成本，就能够自然地实现公共产品的有效供给。

林达尔均衡是从另一个角度对公共物品有效供给进行研究。由于现实中的公共产品的真实定价我们无从得知，加之公共物品多为政府提供，我们对公共物品的消费是通过税收间接地完成的。林达尔提出一种新的公共物品定价的方式，即每个人都根据自己在该公共产品中获得的收益来承担其成本，那么所有人愿意付出的总成本应该等于公共物品的总成本，此时的供给也与总需求相同。这一定价方式更类似于私人物品竞争性均衡，故名为林达尔均衡。

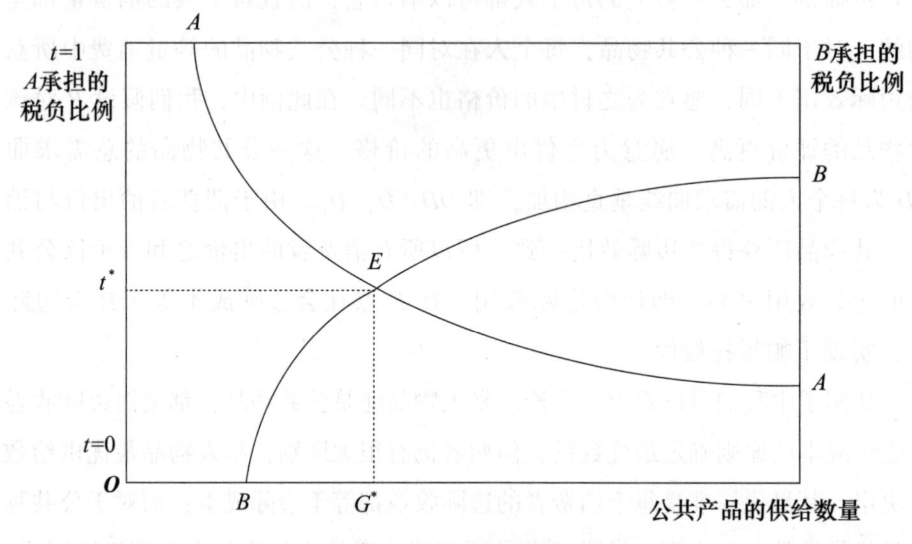

图 6-2　林达尔模型

图 6-2 中，纵轴代表 A、B 承担的公共产品的税负比例，横轴代表公共产品的供给数量。曲线 AA 和 BB 分别代表 A、B 两人对公共产品的需求。从 A 的角度看，曲线 BB 相当于 A 所面对的供给曲线，因为 BB 上的各个点反映 A 承担不同

① 埃里克·罗伯特·林达尔（Erik Robert Lindahl，1891—1960）：瑞典经济学家，瑞典学派主要代表者之一。他与缪尔达尔一起提出的独树一帜的宏观动态均衡理论对于 20 世纪 20 年代和 30 年代整个西方经济理论的发展起着极为重要的推动作用。林达尔的主要著述有：《课税的公正》（1919 年）、《货币政策的范围和手段》（1929 年）、《货币和资本理论的研究》（1939 年）、《就业稳定问题》（1949 年）。

比例的公共产品成本时，得到的相应的公共产品的数量；同理，曲线 AA 也相当于 B 的供给曲线。AA 与 BB 的交点 E 代表 A、B 两人在经过讨价还价后，双方愿意承担的成本的比例和为 1，此时的公共产品产量为 G^*。

由此可见，公共物品的有效供给需要消费者按照自己从公共产品消费中获得的边际效用水平真实地表示自己对公共产品的需求，并承担相应的成本。但不论人们是否付费，所能消费的公共产品量总是相同的，所以如果真的按个人申报自己的真实效用来决定每个人要承担的成本，便很可能出现为了少负担成本而少报的情况，并且申报结果是否真实准确无从分辨。但如果这份申报与负担成本无关，只和公共产品数量有关时，那么人们更可能夸大其词。这两种方式下所得到的需求是不真实的，从而会导致供给过低或过高，不能达到帕累托最优。如何能准确地找出人们真实的偏好，是解决公共产品供给问题的重中之重。

三、蒂布特模型

1956 年 10 月美国经济学家查尔斯·蒂布特（Charles M. Tiebout）在美国《政治经济学刊》上发表了《一个关于地方公共支出的纯理论》，在文章中提出了著名的蒂布特模型（Tiebout Model）。蒂布特模型从公共物品入手，假定居民可以自由流动，具有相同偏好和收入水平的居民会自动聚集到某一地方政府周围。如果地方政府不能满足其需求，居民就会迁移到其他更让自己满意的地区，因此地方政府想要吸引选民就必须按选民的要求供给公共品，居民的流动性带来了政府间的竞争，最终达到帕累托效率。这个模型的核心就是居民可以通过“税收—服务”的衡量自主选择社区，使资源达到如私人物品市场的最优化配置。

蒂布特模型在七个前提假设的基础上，认为居民可依据对税收服务的偏好“用脚投票”，迁移到最适合自己的社区，最终产生地方资源优化配置的结果。七个基本假设分别为：消费者在各社区间的流动不受任何限制；各社区的“税收—服务”组合的信息是充分的；可供选择的社区数量足够多；社区选择不影响就业机会；公共产品或服务在社区间没有外部性；任一类型的社区都有一个最优规模；低于最低规模的社区会寻找新居民以降低平均成本。这样就存在很多提供公共物品与服务不同的社区，居民享用这些物品与服务所支付的价钱即税收也不同的辖区，这些公共物品与税费的不同组合就是个人选择居住地时考虑的关键因素，人们会“用脚投票”迁往能获取最大满足的辖区。[①] 虽然蒂布特模型由

① 林俊：《地方公共品对房价的影响——蒂布特模型的经验研究》，浙江大学，2008 年。

于假设过于苛刻而饱受攻击，但其独特而富于启发性的思路在经济学界产生了巨大的影响力，华莱士·奥茨、布鲁斯·汉密尔顿、费雪等人都先后对模型进行了完善，增强了其解释力与实用性。

蒂布特模型最为突出的贡献是把地方政府发挥的重要作用引入新古典经济学的框架，不仅为古典财政分权理论奠定了理论基础，还对现代财政分权理论产生了重要影响。[①] 随着现代经济学理论不断发展，蒂布特模型的思想不仅没被抛弃，还被运用到更为广阔的领域，成为解释我国地方政府经济竞争和招商引资等现象的重要理论依据。财政分权，从政府间财政关系的角度而言，是指通过法律等规范化的形式，界定中央（或联邦）政府和地方各级政府间的财政收支范围，并赋予地方政府相应的预算管理权限，其核心是地方政府具有一定程度的财政自主权。[②] 按新古典经济学的原理，中央政府能够完全根据居民的偏好、经济中产品和服务的总量以及资源禀赋供给公共品，从而实现社会福利最大化，一个国家不应该出现多级政府，也就没有必要讨论财政分权。但在现实生活中，地方政府不仅切实存在，而且作用很大。蒂布特模型阐释了在既定约束下，地方政府提供公共物品的可行性，肯定其高效率，成为古典财政分权理论产生的标志，也对现代财政分权理论的建立和不断发展产生了重要的影响。

四、公共物品的供给方式

从理论上来讲，政府是公共物品最合适的供给主体，然而经济社会的现实发展决定了政府并非公共物品的唯一供给者，关于公共物品最优提供者的评价指标也在时刻发生着变化。[③] 公共物品本身的“公共性”也随着经济社会的发展发生改变，公共物品与私人物品之间的边界变得更加模糊。因此，为了实现公共物品的有效供给，应根据现实中不断变化的需求结构，来适时调整公共物品的供给模式或者结构，遵循公共物品提供的经济发展观，即不能把公共物品的提供方式及提供者视为一成不变，而应随着经济发展水平的不同、技术水平的不同选择不同的提供者，改变传统的生产主体决定物品类型的思路。[④] 现实中的混合经济体制也为形成多元化的公共物品供给模式提供了必要的制度环境和实施操作的可能

① 李呈豪、蔡秀云：《蒂布特模型与村级公共物品有效供给》，《经济研究参考》2011 年第 5 期。

② 张恒龙、陈宪：《财政竞争对地方公共支出结构的影响——以中国的招商引资竞争为例》，《经济社会体制比较》2006 年第 6 期。

③ 樊浩：《公共物品与社会至善》，《武汉大学学报（哲学社会科学版）》2019 年第 3 期。

④ 孙晓：《公共物品的供给效率与政府职能转变研究》，《商业经济研究》2017 年第 11 期。

性。总结国际经验，世界上主要国家较多采取的是以政府供给为主导，多种供给模式协调发展的多元化公共物品供给机制。

政府供给模式，即由政府直接生产或提供公共物品，涉及的公共物品种类主要是国防、制度、法律等纯公共物品。这类公共物品往往具有较强的公共性，只有政府能够凭借其政治权力，通过强制性税收来解决非排他性和消费上的非竞争性，并实现有效供给。政府供给虽然在效率和适应性方面表现较差，但在有效性、公平性和广泛性方面却有突出优势。

市场供给模式，即在政府的主导下，通过签订合同、特许经营、政府补贴等方式将公共物品交给私人企业生产，政府一般拥有所有权或部分所有权并负责监督其质量。市场供给公共物品的动力来自于以自愿交易的方式实现自身利益的最大化，只要公共物品的边际收益大于其边际成本，市场供给公共物品便有利可图。① 市场供给的优势在于能够调动起各市场主体的积极性，激发市场活力，弥补政府在此类公共物品供给上的低效率。

志愿事业供给模式，即由独立于政府之外的第三方非营利组织来进行公共物品的生产或者供给，以非营利为目的，以非政府为形式。当政府无力满足所有公民的公共物品需求，市场机制又无法解决许多复杂的社会问题时，第三方组织就具有了其存在的可能性和必要性。非营利组织的兴起，接管了一些政府不再承担的社会事务，整合了大量民间社会资源，它常具有浓厚的人道主义色彩，如在妇女儿童权益保护、消除贫困、生态环境保护等方面已做出了重要贡献。

公共物品的联合供给。布坎南认为公共物品理论是马歇尔联合供给理论的延伸。解决公共物品的供给问题，有两条可供选择的解决路径：一是当交易双方规模较小时，通过一般的交易过程实现帕累托最优；二是当交易双方规模较大时，通过政治过程的运转来达到最优状态。② 根据科斯定理，当大多数人联合起来仅依靠他们自身的资源来进行公共物品的生产，且单方支付并不可行时，公共物品的供给方式就会影响最优产出。

当然，在实际运作中，每一种供给模式都有自身的优势和不足，会出现不同程度的政府失灵、市场失灵或者志愿失灵，③ 所有的失灵都是一种低效率行为。因此，就如同不能单纯依靠政府来提供公共物品一样，也不能单纯依靠其他任何

① 张琦：《公共物品理论的分歧与融合》，《经济学动态》2015 年第 11 期。

② 李琦：《关于公共物品问题及其解决思路的研究综述》，《黑龙江科技信息》2010 年第 22 期。

③ 苏礼和：《公共物品多元供给的困境及政府定位》，《湖南农业大学学报（社会科学版）》2008 年第 6 期。

一种模式，既然各有利弊，就应该取长补短，充分发挥其中的优势，弥补每一种模式的缺陷，从而形成优势互补的公共物品供给机制。

更为重要的是，在每一种供给模式背后都有一只有形的手在发挥作用，那就是政府。政府在各种供给模式中都发挥着重要作用，或直接或间接。在市场供给机制中，政府应发挥宏观调控的作用；在志愿事业机制中，政府为非政府组织进入准公共物品生产领域提供必要的制度条件和政策支持。没有政府对整个公共物品供给过程的主导，就难以从根本上保证公共物品的公共性和公共利益的最终实现，而且其主导地位不但不能因多元供给主体的参与而被削弱，反而应得到进一步的强化。因此从某种意义上讲，提高公共物品的供给效率就是提高政府组织、生产、提供、分配公共物品的效率。正确认识政府在公共物品供给中的角色，合理界定其职能范围，是提高公共物品供给效率的基本前提。

第三节　公共物品供给失灵：公地悲剧与集体行动困境

伴随着中国经济结构的转型以及经济体制改革的不断推进，工业化和城市化进程的加速使得人口与资源环境的矛盾日益尖锐，资源环境领域的“公地悲剧”现象比比皆是。如很多城市大气污染问题突出，农村地区生活污水和垃圾得不到有效处理；南方土壤出现酸化，西北地区耕地中农膜残留较多，盐渍化、沙化问题突出；全国的地表水明渠灌溉废弛现象普遍存在，淡水湖鄱阳湖面临着渔业资源衰退与生态环境恶化的双重威胁；全国 90%以上草原面积面临退化，北方草原牧区因饲养牲畜严重超载导致土地荒漠化和沙尘暴……在公共物品供给失灵领域，个体理性与集体理性的背离至少有三个经典命题：一是因信息不对称而导致的囚徒困境；二是因个人成本小于社会成本而引起的公地悲剧；三是因搭便车而形成的集体行动困境。①

一、“公地悲剧”困境

（一）“公地悲剧”的起源

“公地悲剧”（Tragedy of the Commons）一词是美国生物学家哈丁于 1968 年

① 王亚华、舒全峰：《公共事务治理的集体行动研究评述与展望》，《中国人口·资源与环境》2021 年第 4 期。

提出的，本意指在一块对所有牧民开放的公共草场上，每个理性的牧民在追求自身利益最大化动机的驱动下不断增加放牧，最终由于过度放牧而导致公地草场荒漠化的悲剧现象。哈丁认为："每个人都被锁定进一个系统。这个系统迫使他在一个有限的世界上无节制地增加他自己的牲畜。在一个信奉公地自由使用的社会里，每个人追求他自己的最佳利益，最终所有人的利益都被毁灭。"① 公地悲剧现象是哈丁基于分析英国封建社会特殊时期土地共有制习俗所形成的结论，当时的封建主在自己的领地中划出一片尚未耕种的土地作为牧场，无偿提供给当地的牧民放牧。每个放牧者出于收益最大化的目的而无节制地使用公地，结果往往是使得公地牧场成了不毛之地。公地悲剧本来只是说明对公共牧场的滥用现象，后来逐渐扩展到对诸多公共自然资源和公共社会资源的滥用现象。

随着时代的发展，"公地"的内涵拓展到了包括各类自然资源、共享资源及依赖集体行动的物品和服务，其研究对象从自然环境资源等传统领域拓展到保护地、滨海系统、全球气候变化等新兴环境问题，以及诸如知识、宗教、网络、数字空间等非传统公共事物。② 从更为广义的角度看待公地悲剧现象，其引申意义是指多个主体乃至整个社会共同使用某一公共资源却不必付出相应的必要成本，这种无限制的滥用就会使得该公共资源越来越趋向枯竭，最终形成公共资源甚至整个社会遭受巨大损失的一种悲剧现象。③

（二）"公地悲剧"的成因

公地悲剧的生成有以下三方面原因。

第一，人们对公地资源的滥用。公地作为一种公共属性的资源是一种人人有份但又不属于任何人的东西，因而很少有人去关心它、爱护它。因此，从一定意义上说，公地悲剧的产生主要是由公地的公共产权特性所招致的悲剧性结果，"大家共有"就可能演化成"无人所有"，属于所有人的财产从某种意义上说意味着是不属于任何人的财产，不仅无人有权利排除他人对公地的滥用，而且无人对资源滥用所导致的资源枯竭的悲剧现象负责，进而产生这样一种"公有资源的悲剧"。

第二，人的自利本性。公地悲剧是具有自利本性的理性个人的集体行动在追

---

① 阳晓伟等：《对公地悲剧理论适用边界的探讨》，《河北经贸大学学报》2016 年第 4 期。

② 王亚华、舒全峰：《公共事物治理的集体行动研究评述与展望》，《中国人口·资源与环境》2021 年第 4 期。

③ 黄冲、罗攀柱、梅莹等：《发展中国家公共林地管理制度的应用、发展和反思》，《农业经济问题》2019 年第 2 期。

求私利收益最大化过程中最终形成了非理性的恶果，公地悲剧现象是对亚当·斯密的“看不见的手”理论的质疑，如果每个经济人都本能地希望通过低成本甚至无成本的付出而获得最大化的收益，结果甚至会产生适得其反的悲剧。如果把社会整体看作一个巨大的公地，显而易见，西方主流经济学所秉持的市场机制——这只“看不见的手”的配置手段在这里遇到了巨大的挑战。①

第三，公地资源管理制度的缺失。公地悲剧的形成不能完全归咎于个人自利基础上对公地的滥用，重要原因还在于公共资源规范制度的缺失为个人的无节制地使用公地留有不受约束的空间，进而产生这样一种“制度缺失的悲剧”。现代社会的制度主要是法律制度，从某种意义上说，规范公地的法律制度的缺失是造成公地悲剧的主要原因。由于缺乏法律等制度对公地的所有权进行明确界定和维护，缺乏对造成公地悲剧的当事人的责任认定和有效制裁，最终自然会导致公地悲剧现象的发生。因此，如果不能在制度尤其是法律制度方面进行认真对待和采取有效措施，这种公地悲剧现象无论是过去、现在还是未来都会不可避免地发生。

二、集体行动困境：“搭便车”、囚徒困境与集体行动悖论

（一）“搭便车”问题

在新制度经济学中，“搭便车”（Free rider）是指某些人或某些经济组织，不付出任何代价，从他人处或社会获得收益的经济现象，即每个人都只想其他成员去做有益于组织的努力或承担维持组织的成本，自己却坐享其成。

“搭便车”理论最初由美国经济学家曼库尔·奥尔森②于其1965年发表的著作《集体行动的逻辑》中提出。理解奥尔森的搭便车理论一个很重要的前提是不能有排他的共同利益存在。奥尔森认为，集体利益是集团的公共物品，因而具有非排他性，也就意味着任何集团成员为集体利益作贡献所获得的收益必然由集团中所有的成员共同且均等地分享，而无论他们是否为之付出了成本。这种非排他性就为集体成员“搭便车”提供了可能。另一个重要前提便是理性自利的经济人。经济人的理性自利本性会使任何集团成员对参与集体行动的成本和收益做出权衡，并倾向于只享受收益而不愿付出成本。这也是导致“搭便车”现象形

① 刘力臻、徐奇渊：《“公地的悲剧”与产权环保效应的分析》，《经济纵横》2005年第1期。

② 曼库尔·奥尔森（Mancur Olson，1932—1998），美国经济学家和社会学家，对制度经济学的诸多方面（私有财产、税收、公共物品、集体决议、合同权利等）有很大贡献。其著作有《联合行动背后的逻辑：公共物品和群体理论》《国家的兴和衰》《权利和繁荣》等。

成的一个因素，且易造成集体行动的困境。

应该说，在所有经济利益主体中，“搭便车”现象都广泛存在着。人有追逐自身利益的天性，当遇有合适机会时便会不自觉地占有他人的利益。“搭便车”行为可以说是一种灰色行为，往往只能从道义上对搭便车者进行谴责而难以从法律上对其进行定罪。因此，“搭便车”效应成了经济学、社会学、管理学等领域长期探讨的重要问题。

（二）囚徒困境

囚徒困境（Prisoner’s dilemma）由艾伯特·塔克提出，指的是两个被捕的囚徒之间的一种特殊博弈。说明在合作对双方都有利时，保持合作也是困难的原因。囚徒困境是博弈论中非零和博弈中具代表性的例子，反映个人最佳选择并非团体最佳选择。

完全信息静态下的“囚徒困境”① 博弈一定程度上奠定了非合作博弈论的理论基础。它的基本模型是：警察抓住了两个合伙犯罪的罪犯，由于缺乏足够的证据指证他们的罪行，这两人中至少有一人供认犯罪，才能确认罪名成立。为此警察将这两个罪犯分别关押以防止他们串供，并告诉他们警方的政策是“坦白从宽，抗拒从严”：如果两人中只有一人坦白认罪，则坦白者立即释放，而另一人则将重判 5 年徒刑；如果两个人同时坦白认罪，则他们将各判 3 年监禁。当然罪犯知道如果他们两人都拒不认罪，则警方只能以较轻的妨碍公务罪判处他们 1 年徒刑。用矩阵表示两个罪犯的得益如下（得益向量的第一个数字是囚徒 1 的得益，第二个数字是囚徒 2 的得益）（见表 6-2）。

表 6-2　囚徒困境模型

	囚徒 2 坦白	囚徒 2 不坦白
囚徒 1 坦白	(-3，-3)	(0，-5)
囚徒 1 不坦白	(-5，0)	(-1，-1)

假定两个罪犯熟悉彼此，这便是一个同时行动的完全信息静态博弈。容易看出，对于每个囚徒而言，无论对方选择什么策略，坦白都是自己的最优策略，所以（坦白，坦白）是博弈的纳什均衡②。

① “囚徒困境”模型随着博弈论的深入发展，具有各种不同的形式，通常分为：完全信息的静态博弈、完全信息的动态博弈、不完全信息的静态博弈及不完全信息的动态博弈四种形式，出于本书的内容需要，只介绍完全信息静态下的“囚徒困境”。

② 所谓纳什均衡，指的是如果在一个策略组合上，当所有其他人都不改变策略时，没有人会改变自己的策略，则该策略组合就是一个纳什均衡。

现实经济生活中，许多问题可以归结为“囚徒困境”问题。如两个企业的价格竞争、产量竞争，公共牧场放牧、公共物品提供、公海捕鱼，国与国之间的贸易战、军备竞赛等。“囚徒困境”启示我们，只顾及单方面利益的做法往往不但无法达到理想的目标，而且可能会使个体利益水平在原有的基础上下降，社会总利益也会受损。①

（三）集体行动悖论

同样，在奥尔森《集体行动的逻辑》一书中，他首度将公共选择理论运用于集体行动领域，构建了集体行动和利益集团研究的经济路径，后来的集体行动研究在分析类似现象时逐渐将各类术语统一为了“集体行动”，这些研究基本上建立在奥尔森观点基础上，同时在研究中将集体行动的目的更多聚焦在公共物品供给和集团利益追求上。

奥尔森以“理性经济人”为假设，批判地指出，“除非一个集团中人数相当少，或者除非存在着强制或其他某些特殊手段以使个人按照他们的共同利益行事，有理性的、寻求自我利益的个人将不会采取行动实现他们共同的或集团的利益”。② 奥尔森认为个人追求自身利益的行为通常会对集体产生不良影响，即个人利益与集体利益的冲突。有些情况下，少数个体的活动会为集团带来利益，而假设个体为此付出的成本与集团的收益是等价的，集体中的每位成员都能共享收益，但付出成本的个体却只收获了集团收益中的小部分。集团的这种性质使得成员们不再积极采取行动以获取收益，而是都想趁机“搭便车”。

集体行动的理论分析了个人利益与集团利益之间的分歧所在，揭示了一个现实生活中普遍存在的矛盾：个体的理性导致集体的非理性，即集体中的个人更注重个人利益的实现而不是集体利益的获取。奥尔森认为集团利益属于公共物品，具有非排他性，这就表示无论哪位成员为集团做出了多大的贡献，他为集团所带来的利益都会被集团中的每位成员均享，这种公共物品的非排他性促使了集团成员萌生了“搭便车”的想法。基于理性的考虑，集团中的成员在权衡收益与成本之后，必然会做出理智的选择，即放弃为集团利益而努力的行为，这势必会导致“搭便车”现象随处可见，进而演变成了集体行动的困境。由于公共事务的管理也具备集体、共同利益这样的因素，公共事务的管理中更能普遍存在着这种困境。

---

① 王家辉：《博弈论中的“囚徒困境”模型》，《统计与决策》2005年第15期。

② ［美］曼瑟尔·奥尔森：《集体行动的逻辑》，上海：上海人民出版社，2012年版，第3页。

自新冠疫情暴发以来，全球的治理情况值得人们反思。只要疫情在一个国家存在，人类社会在整体上就是不安全的。从这个意义上说，推进全球治理、提供全球公共产品，应该是人类社会的必然选择。然而在现实中，我们看到的更多是每个国家各自为政。虽然特定国家之间的合作仍然广泛存在，但是全球层面的集体行动并没有出现。国际组织并不具备国家独有的政治权力，其运作来自于各国的会费的捐赠。因此，国际组织所掌握的权力难以支撑其有效组织集体行动。面对国际组织的倡议乃至决议，仍有国家无动于衷，以求自保甚至等待"搭便车"，此类情况在各大国之间存在分歧和冲突的时候尤为明显。一些大国出于道义责任感、建立国际领导权或减少自己的疫情输入压力等考虑，在全球疫情防控中发挥非常积极的作用，但这只是凭借一己之力提供有限的国际公共产品，仍不属于全球层面、组织意义上的集体行动。不过，在主权国家时代，这或许正是全球治理的宿命。因为在世界政府出现之前，主权国家不愿意普遍性地让渡自己的政治权力给一个更高层面上的政治组织，国家组织集体行动的能力仍然无可替代。①

第四节　公共物品供给失灵及解决方式

一、公共物品供给失灵的原因

（一）个人供给者供给能力不足

我们在生活中经常可以看到以人名命名的图书馆、学校以及道路。除去一些为纪念某人而命名的，其余大多是个人捐献者建设的，于是这些公共物品以他们的名字命名。个人捐献者的供给能力不足主要有以下几个原因：首先，财力物力有限，只能满足有限人群对公共物品的部分需求；其次，个人捐献者供给公共物品的动机可能是合理减税、提高声誉等，提供公共物品只是手段不是目的；最后，个人捐献者在提供前缺少合理规划，会导致该公共物品未能满足既定需求的情况。

（二）市场失灵

首先，理想中的市场应该是可以满足消费者所有需求，是可以通过价格逐渐

① 张汉：《全球新冠肺炎疫情中的国家权力与集体行动》，《对外经贸大学学报》2020年第6期。

达到帕累托最优的。由于公共物品的选择是离散的而不是像市场选择那样连续的，所以只能有同意或不同意两种结果。这样的选择使一部分人受益的同时必定使剩下的人有所损失。所以公共物品是无法像私人物品那样在市场中达到帕累托最优的。[①] 其次，由于“搭便车者”的存在，市场无法提供有效的公共物品和服务。由于公共物品的非排他性和非竞争性，使人们都有成为“搭便车者”的激励，从而导致市场失灵。

（三）政府失灵

首先，政府失灵可能源于决策的失误。在做出决策前，政府会对准备投放的公共物品进行成本—收益分析，估算出提供这一公共物品能产生多大收益，需要多少成本，以此来协助政府是否提供、提供多少的决策。成本—收益分析法是一种事前估算，不同于私人物品在市场中可以通过真实交易的价格较为准确地判断出买者对该产品的评价，某个公共物品是否“值得”的判断是通过询问、问卷调查的方式来收集的。一方面，受访者给出的答案是通过设想该公共物品的使用场景得到的，极有可能会与实际情况相去甚远；另一方面，受访者可以故意夸大或贬低，以此来达到对个人有利的状态，这样的调查方式无法给予受访者回答心中真实所想的激励。

其次，提供公共物品时权力寻租的行为。公共物品由政府提供但不代表是政府生产。政府可以通过外包、招标、特许经营等方式将公共产品的生产下放给企业、个人。此时，拥有选择生产企业的人便拥有了权力，当钱权相遇，便可能有钱权交易、以公谋私的腐败现象的产生。[②]

再次，政府供给公共产品模式中所获得的信息来源于基层，而决策过程则集中于中央政府。由于经济生活中的生产者和消费者众多，生产约束与消费偏好也会千差万别；即使是同一个生产者或消费者，在不同的时间的生产或消费情况也不相同。相关信息极其庞杂而多变，政府难以对经济信息进行全面准确的把握；经济规模越大，经济联系就越复杂，政府掌握充分信息的难度就越大。因此，政府很难掌握充分信息对公共产品的生产与供给做出最优资源配置的正确决策。[③]

最后，垄断产生的效率低下的问题。长期垄断意味着该产品的供给具有唯一

---

① 方帅：《精准扶贫背景下村级公共物品管护的实践逻辑——基于多中心治理的视角》，《湖北民族大学学报（哲学社会科学版）》2020 年第 2 期。

② ［美］詹姆斯 · M. 布坎南：《公共物品的需求与供给》，马珺译 . 上海：上海人民出版社，2017 年版，第 86 页。

③ 邓阳：《公共物品政府供给与市场供给的比较分析》，《中国商论》2019 年 6 期。

性，而且缺乏替代品的竞争压力，这难以避免地使资源配置的效率降低，同时缺少评价和比较，容易造成难以进步、效率低下的问题。

二、公共物品供给失灵的解决方式：自主治理、科斯定理与政府治理

（一）自主治理路径

1. 自主治理模式的提出

在奥斯特罗姆[①]之前，公地悲剧、囚徒困境和集体行动的逻辑是传统的研究集体行动的比较典型的模型。这三个模型分别从不同的角度、不同的内在逻辑推理证明了同一个问题，即个人的理性会导致集体的非理性这一结局。最后的结果就是“公共物品常常生产不足，公共资源则经常是生产不足和消费过度”。而基于这些理论的政策方案则主张通过政府管理或者私有化来解决“搭便车”的问题，并把这两个解决方案看成解决问题的唯一方式。

但是，埃莉诺·奥斯特罗姆教授发现，现实生活中，已经有人通过把资源占用者组织起来，他们自己制定自己的行为规则，限制对资源提取的数量，同时也能够通过一定的奖惩措施和监督措施使人们的行为得以规范。[②] 在这种情况下的资源系统，通过既不是政府的方式也不是市场的方式，而是人们自主组织的方式，能够很好地实现对自己和资源系统的治理，从而使得资源系统能够长久存续下去，资源系统中的人们也能够很好地生产和生活。埃莉诺·奥斯特罗姆的自主治理理论打破了传统的在公共资源治理过程中的思维模式，在政府和市场之外又找到了公共资源治理的第三种方式，即自主治理模式。

2. 自主治理的原则

通过分析分布在世界各国的具有代表性的案例，包括瑞士和日本的山地牧场及森林的公共池塘资源，以及西班牙和菲律宾群岛的灌溉系统的组织情况等，奥斯特罗姆总结和界定了其中八项原则[③]：

（1）清晰界定边界。有权从公共池塘资源中提取一定资源的个人或家庭必须予以明确规定。

（2）规定占用的时间、地点、技术或（和）资源单位数量的规则，要与当

① 埃莉诺·奥斯特罗姆（Elinor Ostrom，1933—2012）：美国著名政治学家、政治经济学家、行政学家和政策分析学家，美国公共选择学派的创始人之一，2009 年诺贝尔经济学奖获得者，首位获诺贝尔经济学奖的女性。

② 吴俊：《自治中的政府作用——评埃莉诺·奥斯特罗姆的“自主治理”理论》，《法制与社会》2019 年第 8 期。

③ 张鑫：《奥斯特罗姆自主治理理论的评述》，《改革与战略》2008 年第 10 期。

地条件及所需劳动、物资或（和）资金的供应规则保持一致。

（3）集体选择的安排。绝大多数受操作规则影响的个人应该能够参与对操作规则的修改。

（4）监督。积极检查公共池塘资源状况和占用者行为的监督者，或是对占用者负责的人，或是占用者本人。

（5）分级制裁。违反操作规则的占用者很可能要受到其他占用者、有关官员或他们两者的分级的制裁，制裁的程度取决于违规的内容和严重性。

（6）冲突解决机制。占用者和他们的官员能迅速通过低成本的地方公共论坛，来解决他们之间的冲突。

（7）对组织权的最低限度的认可。占用者设计自己制度的权利不受外部政府权威的挑战。

（8）分权制企业。在一个多层次的分权制企业中，对占用、供应、监督、强制执行、冲突解决和治理活动加以组织。

3. 自主治理路径的现实意义

自主治理理论力求在政府权威和自由市场之外，寻求一条治理公共事务的路径，从而拓宽了传统制度理论的研究视野，对公共事务的治理理论的发展做出了重大贡献。埃莉诺·奥斯特罗姆的自主治理理论来源于实践但又超越实践，对实践具有特殊的指导意义。①

首先，有利于提高资源利用效率，破解公共资源治理的困境。在我国，“公地悲剧”的现象屡见不鲜，如森林资源的乱砍滥伐、河流湖泊的污染等。奥斯特罗姆的自主治理理论，以自愿的方式，将公共资源社区的使用和开发者组织起来，让其共同参与管理公共资源的模式，从而降低了垄断投机的可能性，克服了因“公地悲剧”带来的资源过度开发与退化，同时也提高了信息准确性和管理决策科学性，降低了信息成本和实施成本，提高了资源的利用效率，从而保证了公共资源的长期存续和高效治理的实现。②

其次，有利于缓解生态资源压力，解决生态环境的污染问题。生态环境的特殊物质属性，使得环境很难作为商品在市场上销售，因此市场治理的方式不太现实。政府作为环境治理的主体，由于信息不充分或官僚主义、对环境负载量估计

① 蔡绍洪、向秋兰：《奥斯特罗姆自主治理理论的主要思想及实践意义》，《贵州财经学院学报》2010年第5期。

② ［美］埃莉诺·奥斯特罗姆：《公共事务的治理之道：集体行动制度的演进》，余逊达，陈旭东译．上海：上海三联书店，2000年版，第275-276页。

不准确、环境政策的制定不当等原因，极易造成政府治理的失败。建立在自主治理理论基础上的，以复杂、多样、动态的制度安排为特征的多中心环境治理系统，成为解决环境问题的根本途径。[①] 该系统强调公民社会的自主治理，重视多个主体（政府、非政府组织、环保企业、民间团体、地方社群自治体、公民个人等）共同作用与合作，强调共同理解与共同利益，尊重主体的权力独立和责任清晰，从而能够有效发挥治理主体的积极性，提高治理水平和治理效率，真正实现对生态环境的“善治”。

再次，有利于激发公民自主意识，形成积极良好的社会资本。自主组织和自主治理要求作为主体的公民积极参与，发挥主动性和公民自主意识，以形成积极良好的社会资本。从世界范围看，西方国家人们的公民意识比较强，具有自主治理的基础。反观我国，由于体制以及文化因素的差别，人们的这种公民意识远远不够。在自主治理组织中，如果公民的积极性被调动起来了，合作的博弈各方就可能获得满意的均衡，而不需要来自外部的强制与监督。这样，不仅提高协调的效率，还可能降低规制成本。在现代社会中，公共资源自我管理的实现，需要平等合作、协调发展作为制度基础。[②] 奥斯特罗姆的自主治理理论研究揭示了公民在公共治理中的积极作用，意味着成功的政府管理需要激发公民意识，注重发挥公民的积极性。

最后，有利于发展社会民主政治，培育现代社会的民主生态。民主政治是人类长期追求的价值目标。但在现代社会里，这一目标却由于国家规模庞大而缺乏可操作性。现代国家公民人数众多，选举作为最主要的民主方式，具有内在的局限性。选举民主不能保证少数人的意见，容易导致“多数人的暴政”，也不能保证对政权领导人的强有力、持续的监督与制约等，这就需要探索民主的其他方式。根据托克维尔[③]的理论，乡镇式民主是美国民主的典型方式，也是实现社会民主政治的主要路径。在美国的各乡镇，几乎每个人都在力所能及的范围内，参与从日常生活到法律制度的管理。奥斯特罗姆提出的自主治理思想与这一社会民主方式不谋而合。她指出，要建立不受外部政府权威挑战的自主组织，让每个占用者都参与到对操作规则的制定与修改中，让每个占用者都能参与到公共池塘资

① 陈晓春，彭燕辉：《环保组织提起民事公益诉讼：现实困境及完善路径》，《湖湘论坛》2021 年第 3 期。

② 樊根耀、吴磊、蒋莉：《自主治理制度及其在环境保护中的作用》，《统计与决策》2005 年第 3 期。

③ ［法］阿历克西·德·托克维尔：《论美国的民主》，董果良译．北京：商务印书馆，1988 年版，第 226 页。

源的管理中，实现自主监督与自主解决冲突。在这里，所有人的意见都会被考虑，这就可以充分调动公民的积极性，有效发挥公民意识；同时，自主监督的存在又可以避免权力的集中和过度垄断，从而最大程度地实现了公民的意志，培育出现代社会的民主生态，为民主政治的发展提供了强有力的保证。

（二）科斯定理的市场路径

1. 科斯第一定理

关于科斯第一定理，比较流行的说法是：在交易费用[①]为零的前提下，所有的外部性都可以通过自愿交易得以解决，从而使资源配置达到帕累托最优效率。[②]

当然，在现实世界中，科斯第一定理所要求的前提往往是不存在的，财产权的明确是很困难的，交易成本也不可能为零，有时甚至是比较大的。因此，依靠市场机制矫正外部性是有一定困难的。但是，科斯第一定理提供了一种通过市场机制解决外部性问题的新的思路和方法，它表明市场的真谛不是价格，而是产权。在交易费用为零的情况下，只要有了产权，资源配置的结果都是有效率的。在这种理论的影响下，美国和一些国家先后实现了污染物排放权或排放指标的交易。

2. 科斯第二定理

关于科斯第二定理，指的是在交易费用大于零的世界里，不同的权利界定，会带来不同效率的资源配置。也就是说，交易是有成本的，在不同的产权制度下，交易的成本可能是不同的，因而资源配置的效率可能也不同。所以为了优化资源配置，产权制度的选择是必要的。科斯第二定理把权利安排即制度形式与资源配置直接对应了起来，使人们认识到权利（产权）的初始界定与经济运行效率之间存在的内在联系。[③] 因此，科斯第一定理只是科斯第二定理的一个特例，科斯第二定理才是科斯产权理论的核心部分。

科斯第二定理强调的是交易成本会对产权配置下的经济效率产生影响，即如果交易成本为正，不同的产权界定必然会带来不同的资源配置，必然会影响经济效率。进一步，不同的产权制度和法律制度，会导致不同的资源配置效率，产权

---

① 狭义上看，交易费用指的是一项交易所需花费的时间和精力。有时这种成本会很高，比如当一项交易涉及处于不同地点的几个交易参与者时，高交易费用会妨碍市场的运行。广义上看，交易费用指的是协商谈判和履行协议所需的各种资源的使用，包括制定谈判策略所需信息的成本，谈判所花的时间，以及防止谈判各方欺骗行为的成本等。

② 何晖：《也谈科斯定理》，《中南财经大学学报》1993 年第 4 期。

③ 王荧、黄茂兴：《产权界定规则与资源配置目标实现的数理分析》，《福建师范大学学报（哲学社会科学版）》2017 年第 4 期。

制度是决定经济效率的重要内生变量。[①]

3. 科斯定理的应用——公共物品产权私有化

灯塔常常被经济学家援引作为其公共物品产权理论的论证。英国古典经济学家认为，灯塔虽然十分重要，但由于不可能向受益于灯塔的海上船只收取使用费，没有人会出于个人利益的动机而建造灯塔，除非由国家的强制征税给予补偿。科斯的灯塔理论则有不同的见解，在其《经济学中的灯塔》一文中，科斯以英国的灯塔制度作为事实依据，对古典经济学家的灯塔理论进行了批判，并以事实论证了公共物品产权私有的可能性和其优势。[②]

科斯的灯塔理论对于公共物品产权问题的最大启示是公共物品的产权可以私有化。科斯的理论提到，公有物品的产权私有化可以带来很大的利益，这种利益可以驱使企业在征得政府同意后进入提供公共物品的行列中。例如教育体制改革后，很多私营教育机构进入基础教育领域，新兴的私营教育机构大多拥有先进的配备设施和较为强大的师资力量以及先进的教育理念，这在一定程度上完善了义务阶段的基础教育市场，使得义务阶段的基础教育更加有活力，同时也弥补了一部分对基础教育有较高评价的人的消费需求。

公共物品产权私有化克服了公共物品的非排他性。公共物品并不是完全由政府无偿提供的，而是由政府通过税收的方式筹集资金建立的。换言之，由政府提供公共物品实质上是收费的。既然都是收费的，那就可以通过将公共物品转化为俱乐部物品来解决公共物品的收费。而将公共物品转化为俱乐部物品以后，私人制造公共物品也就有了可能。在科斯的理论中，克服“搭便车”的一个较好的方式就是“专卖权”的转让，这就给出了一个将公共物品转化为俱乐部物品，从而克服公共物品非排他性的方法。航海公会将这种灯塔的修建和收费权利通过“专卖权”转让的方式转让给私人，私人便可以以此来进行收费。“专卖权”这种提法出现在张五常先生的文章中，他认为用“发明专利权”（专卖权）的形式来压制“搭顺风车”的行为，[③] 可奏奇效。

科斯的灯塔理论给了我们一种将公共物品产权私有化的可能，但并不代表我们应该将私人经营方式引入所有的公共物品领域，更不应该偏激地将所有的公共物品都由私人经营。[④] 就我国的情况而言，并非所有的公共物品都适合由私人提

① 李俊慧：《科斯定理的三个版本与权利界定》，《学术研究》2015 年第 9 期。

② R. H. Coase, The Lighthouse in Economics, Journal of Law and Economics, 1974, 17 (2), pp. 357-376.

③ 张五常：《张五常散文选（之七）科斯的灯塔》，《产权导刊》2005 年第 1 期。

④ 谭荣：《自然资源产权制度研究：理论与进展》，《中国土地科学》2020 年第 2 期。

供，比如国防。如果没有国防，很难想象一个国家如何能独立发展。由私人为国家提供国防是很困难的事情，且不说几乎没有一个私人或私人集团能为中国这么一个泱泱大国提供国防，即便有，那这个私人或私人集团愿意为了利益向中国提供国防的话，他或他们就有巨大的可能为更大的利益出卖整个国家的安全。

（三）政府治理路径

在长期的历史进程中，公共事务的处理都是由政府承担的，这一认识深深植入民众的思想，奠定了政府不可动摇的历史权威地位。政府有足够的理由和能力干预社会经济生活，是因为政府有两个显著特点：政府是对全体社会成员具有普遍性的组织；政府拥有其他经济组织所不具备的强制力。① 政府的这两大显著特征使得政府在供给公共物品方面具有重要的优势。

1. 建立合理的成本分摊机制与选择性激励制度

制度以其强制力和约束力将区域合作中各主体之间的权责关系明确地划分出来以此来建立利益分享与协调机制。② 因此，政府可以从变革供给制度出发寻求公共物品供给困境的破解之道。

在提供区域公共物品时，各地方政府需要花费各种费用，这些成本费用的分摊需要确定合理的分配机制，使各地方政府承担与获益比例相对称的费用。③ 经济公平原则是构建区域公共物品成本分摊机制过程中首先需要遵循的。一般按收益与成本成正比的关系来制定成本分摊机制：在成本分摊时要以参与者从合作中获益的情况为参考，在合作中获益较多的参与者需承担大部分的成本费用。另外，可以考虑让合作初期能够享有巨大收益的一方，承担初次合作所需的较多成本费用。由于区域公共物品第一次提供时成本费用会比较高，此时，如果有一个乐意单独承担或者分担较大份额的合作方出现，合作就能促成。

除了经济公平，社会公平原则也不可忽视。合作参与者的负担能力应纳入合作成本分摊的重要考虑因素中。④ 由于每个地区的经济发展水平存在很大差异，在供给生活必需的公共物品时，经济实力雄厚、获益多的地区就需要补偿经济基础相对薄弱、获益少的地区，如小省与大省合作供给区域公共物品时，可以允许小省“搭”大省的“便车”。

① ［美］斯蒂格利茨：《政府为什么干预经济》，郑秉文译．北京：中国物资出版社，1998 年版，第 77 页。

② 陆军：《城市群条件下区域性公共产品的区位选择分析》，《中国软科学》2011 年第 8 期。

③ 马波：《区域性公共产品合作提供机制研究》，《理论观察》2011 年第 4 期。

④ 李妙然、楚德江、雷宏谦：《新时代农村公共产品多元供给模式构建研究》，《内蒙古科技与经济》2020 年第 23 期。

最后，在区域合作中，如果出现了利益受损方，还要遵循受益方补偿受损方的一般补偿原则。① 奥尔森提出，只有独立的和选择性的激励才能驱使潜在集团中的理性个体采取有利于集团的行动。选择性激励制度主张对集体中的每一个行动者区别对待奖惩分明。在合作提供区域公共物品时，要将那些是否为实现区域共同利益做贡献的地方政府区分出来。对那些为区域公共物品供给做出贡献的组织给予奖励来诱导其继续为区域共同利益出力。相反，一旦某些组织选择“搭便车”，不承担合作成本，就可以对其实施罚款、通报批评、开除集体等处罚。处罚规则可以由上一级的区域协调管理委员会或地方政府间自愿合作成立的跨行政区的协调管理机构制定。

2. 推动公共物品供给主体多元化

公共物品供给主体多元化是指政府、市场和非营利部门，采取一定的运行模式，相互协调，共同实现公共物品的供给效率。公共物品供给主体多元化否认了政府作为一元供给主体而实施垄断的合理性，而且多元主体任何一方不可能垄断公共物品的供给，否则就是低效率。政府、市场和非营利部门等参与主体之间存在着频繁的互动和交换关系，在不同社会中，这些部门在公共物品供给问题上重叠的程度是不一样的。美国经济学家文森特·奥斯特罗姆指出：“每一公民都不由‘一个’政府服务，而是由大量的各不相同的公共服务产业所服务……大多数公共服务产业都有重要的私人成分。”② 也从一个方面反映了这一点。

当集中不同的资源来共同解决社会问题的时候，彼此之间就是合作关系。比如政府和市场联合提供某一种公共物品，或者政府对私人提供公共物品给予一定的补贴和优惠政策。以教育为例，个人通过接受学习而掌握的知识、获得的能力，别人无法取而代之，与此同时，学习推动了教育事业本身的发展，进而又带动了社会整体文明的提高，这又是全体公民都可以受益的。因而在教育服务的成本补偿上，应该由政府和私人共同承担，而不是由政府免费供给，现在，在对高等教育进行收费的问题上，基本已经达成了共识。再者，如政府补贴，由私人治理沙漠、植树造林等，也是政府对私人提供公共物品给予一定补贴和优惠政策的形式。

3. 构建服务型政府

改革开放以来，政府的重心更多放在加强经济建设上。为加快经济建设，提

---

① 杨龙：《地方政府合作的动力、过程与机制》，《中国行政管理》2008 年第 7 期。

② ［美］彼德·M. 杰克逊：《公共部门经济学前沿问题》，北京：中国税务出版社，2000 年版，第 217 页。

高建设效率，政府在一段时间内都主导资源配置。向服务型政务的转变在公共物品的供给上主要体现在两方面：首先，服务以民意为导向，即老百姓需要什么，政府就努力提供什么；其次，建立公平的竞争机制，让公共产品的生产逐渐市场化。①

树立服务型政府的含义是建立有限性政府，即要向市场、企业、社会不同主体分权。② 在公共物品方面，政府应该减少提供，更多转向监督。对于公共物品的供给需要摆脱政府与市场非此即彼的思维定式，应当从公共物品内涵的公共利益目标以及体现这一目标的供给绩效出发，从而以更加广阔的视角寻求我国公共物品供给的最有效模式。为了有效提供公共物品，必须廓清政府与市场，包括近年来所呈现出的非营利组织提供公共物品的范围和结构，以提高各自的供给效率。③ 并且在不完善的现实政府与市场之间，需要建立一种有效的选择和相互协调机制，根据优化资源配置的经济合理性原则与交易成本最小化原则，寻求不同主体、联合主体在公共物品供给领域的均衡点，形成政府与市场提供公共物品的复核制度安排与公共物品供给的多中心体制及互补机制，以达到公共物品供给的社会整体最优，满足人们需要，实现公共福利最大化。

4. *鼓励推动技术进步*

在供给公共产品时，最常见的问题是“搭便车”。由于公共物品效用的不可分割性，无法或很难将未付费者排除在受益者之外。但由于技术的进步，可以更精准地定位不同人的不同需求，从而更好地阻止“搭便车”现象的产生。同时，技术上的进步拓宽了非国有经济进入公共产品领域的范围，也带来了公共产品概念的变化。技术上的革新使得部分物品的效用可以被分割，实现排他性消费，大大降低交易成本。④ 以乡村治理为例，诸如智慧农业、智能村务、微信治村等各种新技术应用和新技术平台的出现，显著地改变了集体行动中的个体决策结构和组织运作形式，进而增强了个体参与集体行动的动机。

---

① 黄建伟、刘军：《社会治理变革中的合作治理：辨析、建构与展望》，《湖南社会科学》2019 年第 1 期。

② 邢占军：《群众“全托型政府”期待与服务型政府建设》，《人民论坛》2021 年第 2 期。

③ 葛文平：《建设人民满意的服务型政府需明确的路径和任务》，《中国党政干部论坛》2021 年第 1 期。

④ 方德斌：《不确定信息下准公共物品社会认可度与政府管制政策——基于电网运行的证据研究》，《管理世界》2012 年第 10 期。

课后习题

一、名词解释

纯公共物品　准公共物品　搭便车　公地悲剧　集体行动困境

囚徒困境　布坎南模型　林达尔均衡模型　蒂布特模型

二、简答题

1. 公共物品的分类以及各自的特征有哪些？

2. “搭便车现象”出现的原因是什么？怎样解决？

3. 公共物品供给市场失灵的原因有哪些？

4. 蒂布特模型对我国的财政分权体制有何启发？

5. 科斯第一定理和科斯第二定理分别讲述了什么内容？二者的主要区别是什么？

老旧小区加装电梯为何难以推行？

我国城市中存有大量建于20世纪80—90年代的老旧小区多层住宅，当时均没有安装电梯。一方面，我国老龄化加深，居住在老旧小区的老年人（特别是居住在较高楼层的老年人）迫切希望加装电梯；另一方面，居住在老旧小区中的年轻人为了方便出行和提高生活质量，也有加装电梯的需求。

老旧小区加装电梯，源自公众现实需求，得自政府政策推动。2015年10月，住建部和财政部印发《关于进一步发挥住宅专项维修资金在老旧小区和电梯更新改造中支持作用的通知》，支持在未配备电梯的老旧住宅加装电梯以及助老设施。据不完全统计，到2018年底，全国已有30多个城市出台了支持加装电梯的政策文件和补贴政策。既然公众和政府两个主体都愿意在老旧小区加装电梯，那么加装电梯似乎应该是一件深得民心、能顺利推进的大好事，但在实际实施过程中，却矛盾众多、阻碍重重，甚至出现邻里反目、对簿公堂的现象。

综合各个案例，可以发现加装电梯的痛点在于复杂的利益关心和人际矛盾，主要包括：第一，加装电梯费用分担产生不公平感，目前加装一部电梯的费用大概在40万—60万元，扣除政府补贴20万元左右，实际只需要20万—40万元，按照一梯两户、6个楼层共12个业主来衡量和分担，加装电梯的费用是绝大多数业主能够承受的。问题在于不同业主对于费用承担的比例有不公平感，不同楼层的业主有不同的费用意见。第二，加装电梯导致房产增值不均衡。加装电梯会导致不同楼层的房产增值或贬值，低楼层尤其是一楼因为加装电梯而影响其采光、通风、安全、隐私，可能导致其房产贬值，而高楼层却因为加装电梯而增值，且越高楼层增值越多，因此，低楼层尤其是一楼业主在没有补偿或补偿不明确的情况下，往往反对加装电梯。第三，加装电梯的需要存在人际差异。主要的情形有：一楼、二楼业主没有需要或基本没有需要，而高楼层业主有需要；年轻健康业主的需要不强烈，而老年人尤其是高龄老年人以及身体残疾行动不便者有强烈需要；房屋出租或空置的业主一般没有需要，而自住者才有可能产生需要。对于加装电梯的需要有差异、需要的程度有差异，于是在信息不对称的情况下产生博弈，有人趁机“搭便车”，有人趁机“敲竹杠”，从而形成集体行动困境。（资料来源：《中国行政管理》2019年9期）

从集体行动困境角度出发，思考出现老社区装电梯难这一问题的原因是什么以及从哪些方面着手可以有效解决这一问题？

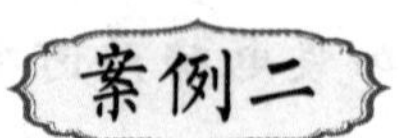

案例二

多元主体携手共建绿色低碳循环发展经济体系

2020年新冠肺炎疫情在全球蔓延，给世界经济带来难以估量的负面影响。国际货币基金组织表示，新冠肺炎疫情已经导致全球经济衰退，严重程度高于经济危机。面对复杂严峻的形势，我国如何在控制疫情的同时，提振经济、保障民生，成为普遍关注和迫切需要解决的问题。

建立绿色低碳循环发展的经济体系是建设现代化经济体系的重要组成部分。该体系涵盖了绿色经济、低碳经济与循环经济，但并非三者的简单叠加，而是一种有助于统筹三者关系、促进其协同发展的综合性概念。在新时代，其内涵可以概括为：以资源节约、环境友好为导向，以绿色技术创新为驱动，以绿色低碳循环的产业体系为核心，统筹推动绿色低碳循环的产业发展、技术创新、产品供给、基础设施建设、市场培育与商业模式创新，在保持经济高质量发展、带来新的增长机遇和就业机会的同时，降低资源消耗、生态破坏、环境污染和气候变化代价，最终实现经济增长、资源安全、生态环境安全、应对气候变化等多重目标的经济体系。

建立绿色低碳循环发展的经济体系是大势所趋和机遇所在，同时也面临诸多挑战。由于生态环境的公共物品属性，市场主体容易为了追求自身经济利益过度开发资源和破坏环境、损害他人利益，使绿色低碳循环发展的经济体系建设面临着较大的外部性阻碍。企业在绿色转型过程中，也面临着前期投入大、融资难、投资短期回报低、回报周期长、市场不明朗等实际困难。单纯依靠市场主体的自发行动，无法有效克服环境外部性和市场机制失灵问题。同样，单纯依靠政府推动绿色发展，也面临资源配置效率低、政策成本高等政府失灵问题。加之绿色低碳循环经济体系内在要素的关联性、复杂性，更需要有针对性地选择适宜的政策工具，形成系统的政策架构，为其健康发展营造良好的政策环境。

由此，需从市场、政府和公众三个主体维度，建立完善绿色低碳循环发展的治理体系。针对市场主体的政策，如绿色金融、绿色税收、绿色补贴、排污收费、自然资源资产有偿使用、生态系统服务付费、排污权交易、碳排放交易等，发挥市场在要素资源配置中的决定性作用，提高市场主体绿色创新、投资、生产和经营的积极性和主动性。进一步增强政府的规划引领和顶层设计，提升绿色政策制定和执行能力，为绿色低碳循环发展提供稳定完善的制度和政策环境。针对公众的政策，如环境信息公开、宣传、教育、培训等，旨在推进全社会生态文明观和绿色价值观的形成，赋能社会组织和公众参与、监督、推动绿色经济转型和增长，践行绿色消费和生态环境保护。（资料来源：相关资料整理）

建立绿色低碳循环发展的经济体系涉及哪些公共经济主体？该经济体系为什么不能由单一经济主体构建？

「第七章」 外部效应与纠正策略

20世纪初的一天，列车在绿草如茵的英格兰大地上飞驰，车上坐着英国经济学家庇古。他边欣赏风光，边对同伴说：列车在田间经过，机车喷出的火花（当时是蒸汽机车）飞到麦穗上，给农民造成了损失，但铁路公司并不用向农民赔偿。这正是市场经济的无能为力之处，称为“市场失灵”。

将近70年后，美国经济学家乔治·斯蒂格勒[①]和阿尔钦[②]同游日本。他们在高速列车（这时已是电气机车）上想起了庇古当年的感慨，就问列车员，铁路附近的农田是否受到列车的损害而减产。列车员说，恰恰相反，飞速驰过的列车把吃稻谷的飞鸟吓走了，农民反而受益。当然铁路公司也不能向农民收取赶鸟费。这同样是市场经济无能为力的，也称为“市场失灵”。

同样一件事情在不同的时代与地点结果不同，两代经济学家的感慨也不同。但从经济学的角度看，火车通过农田无论结果如何，其实说明了同一件事：市场经济中的外部性与市场失灵的关系。

第一节 外部效应的内涵与分类

一、外部效应的内涵

外部性（Externality）又称为外部效应，指一个人或一群人的行动和决策使另一个人或一群人受损或受益的情况。经济外部性是经济主体（包括厂商或个人）的经济活动对他人和社会造成的非市场化的影响。即社会成员（包括组织

① 乔治·斯蒂格勒（George Joseph Stigler，1911—1991），美国著名经济学家、经济史学家、芝加哥大学教授，同弗里德曼并称为芝加哥经济学派的领袖人物，1982年诺贝尔经济学奖得主 。

② 阿尔钦（Alchian，1914—2013），1914年生于美国加利福尼亚州弗雷斯诺，1936年在斯坦福大学获得学士学位，1944年在斯坦福大学获得博士学位，是现代产权经济学创始人。主要著作有《生产、信息成本与经济组织》等。

和个人）从事经济活动时其成本与后果不完全由该行为人承担。[①] 换言之，外部效应就是未在价格中得以反映的经济交易成本或效益。就其本质而言，外部效应是产权未能或不能确立的结果。

最早研究外部效应的英国经济学家庇古指出，如果没有外部效应问题，市场上的生产与消费是均衡的；如果存在外部效应的话，完全竞争市场将不存在帕累托最优。也就是说，当出现外部性时，说明市场均衡并没有实现总利益的最大化，因为该均衡没有考虑到旁观者的福利变化，个人收益与社会收益之间存在差异。[②] 外部效应的存在使人们在经济决策中所依据的价格既不能精确地反映其全部的社会边际效益，也不能精确地反映其全部的社会边际成本[③]，最终导致价格失真，致使社会资源配置效率下降，无法达到帕累托效率的最佳状态。

人们对外部性问题的争论始终是与经济福利、市场失灵、政府规制等重大议题密切相关的，外部性理论及其政策的演进是整个 20 世纪经济思想发展的重要线索之一。[④] 如今，几乎在每一部具有完整学科体系的经济学著作或教科书中，都必定会包含有关外部性理论及其政策的内容，外部性理论不仅是经济学的重要研究内容，也已成为政治学、社会学、人口学和法学研究所涉及的重要领域。

二、外部效应理论的发展

大约从 19 世纪末、20 世纪初开始，外部性问题进入了经济学研究的视野。在此后的一个世纪里，外部性问题一直是经济学中最复杂、最重要，也是颇有争议的少数课题之一。外部性理论的发展经历了三个里程碑。

1890 年，新古典经济学的创始人马歇尔在其著作《经济学原理》（*Principles of Economics*）一书中，首次提到了外部经济的概念，“我们可以把因任何一种货物的生产规模的扩大而发生的经济分为两类：第一类是有赖于该产业的一般发达所造成的经济。第二类是有赖于某产业的个别企业自身资源、组织和经营效率的经济。我们可以把前一类称作‘外部经济’，将后一类称作‘内部经济’”。马歇尔的“外部经济”，实际上是将“组织”作为第四生产要素，抽象概括了经济规模扩大的原因，所以马歇尔的“外部经济”被称作一只“空盒子”，但马歇尔并没有提出“外部不经济”。

---

① 李文婕：《分析西方经济学的外部性理论及其现实意义》，《现代商业》2017 年第 24 期。

② 张运生：《内生外部性理论研究新进展》，《经济学动态》2012 年第 12 期。

③ 张斌、沈能：《集聚外部性、异质性技术和区域创新效率》，《科研管理》2020 年第 8 期。

④ 盛洪：《盛洪集》，哈尔滨：黑龙江人民出版社，1993 年版，第 136-137 页。

马歇尔之后，许多学者研究了外部性，如西奇威克、拉丰等。庇古因将外部性概念扩展到“负的外部性”，被誉为外部性研究的第二个里程碑。庇古在其著作《福利经济学》（*Welfare Economics*）中独创了边际社会净产品和边际私人净产品概念。他认为，边际社会净产品是由对一种不考虑其受益人的资源增加投资而得来的产品；边际私人净产品是由属于从事投资的个人积累资源得来的产品。当边际私人净产品和边际社会净产品之间存在差异时，就产生了“外部性”。庇古证明当边际私人净产品价值与边际社会净产品价值相等时，实现社会资源的最优配置；当前者大于后者时，即产生了“负的外部性”。此时国民红利受损，要想实现资源配置最优，必须对资源进行重新安排。庇古对外部性的研究是对马歇尔外部经济概念的有力补充。

外部性研究的第三个里程碑是新制度经济学的代表人物——科斯提出的“交易成本”。交易成本的提出，为解决外部性问题提供了新的研究思路。科斯在其经典论文《社会成本问题》（*The Problem of Social Costs*，1960）一文中，提出了“交易成本”概念。科斯认为，“外部性”的产生是由于产权没有被明确界定导致的。他以“牧民在农田放牧”为例，证明了农民和牧民针对农田放牧问题谁将得到补偿，根本问题是产权没有被明确界定。当交易成本为零时，不管权利初始安排如何，当事人之间的谈判都会导致那些使财富最大化的安排，即市场机制会自动地驱使人们谈判，使资源配置实现帕累托最优；当交易成本为正时，一旦当事双方产权边界得以界定，便可采取市场交易、企业内部组织、政府管理三种不同的产权制度方式解决。每种方式都需要成本，且有差别，于是就存在着产权安排方式社会成本最小的社会选择过程。科斯通过分析零交易成本市场的局限性，研究了在“正的交易成本”的现实世界中的外部性的解决方法。科斯的理论为解决外部性问题提供了新的思路。

三、外部效应的分类

外部效应按不同对象分类会产生不同的结果：按发起者不同，可分为生产活动的外部效应和消费活动的外部效应；按结果不同，可分为正的外部效应和负的外部效应。因为外部效应天生就具有相互的特征，所以根据外部效应的结果分类可以把它分为正的外部效应和负的外部效应。

（一）正外部效应

正外部效应也称外部效益或外部经济，是指针对交易双方之外的第三者所带来的未在价格中得以反映的经济效益，买卖双方均未意识到其交易会给他人或企业带来益处。

正外部效应的现实案例有很多，其中已经研发的新冠肺炎疫苗就是一个典型的例子。如果全民接种新冠疫苗，不仅会使接种者本人减少感染新冠肺炎的可能，那些没有接种疫苗的人也可因此而减少接触感染者的机会。依此类推，整个社会都可以从减少疫情传播的可能性中得益。再进一步，如果疫情能以这种方式被完全控制，那么整个世界的人口都会成为某一个体接种疫苗的受益者。如果用外部边际效益来表示的话，那么接种新冠疫苗的外部边际效益就是给除接种者之外的其他人所带来的减少感染新冠肺炎可能性的好处。又譬如高科技公司将大量资金用于研发，当科技成果转化为现实生产力以后，部分社会成员将能免费使用，从而出现“搭便车”现象。

（二）负外部效应

负外部效应也称负面外部性，是指在无管制的状态下，个人或企业不必完全承担其行为带来的社会成本。例如化工企业把污水排放到河流中、烟民在公共场所抽烟、廉价雇用童工等，这些行为在给己方带来利益或满足的同时，都对他人或社会带来不同程度的负面影响，但行为方却不必完全承担这种负面影响的后果或成本，因而构成了负外部效应。

例如，社会化的数据使用存在着巨大的负外部效应。拥有数据的组织能够获得大量的经济收益，但是，收益带来了多大的负外部效应，目前并没有精确的度量和举证方式。数据的负外部效应主要表现为数据在使用中可能会泄露个体的信息隐私或集体机密，侵犯他人的权利或集体（国家）利益；使用数据的群体相对减少了其他群体的选择权。比如，基于个人数据画像产生的个性化推荐相对削弱了非应用群体和产品的选择权和被选择权；大规模使用大数据（或人工智能）技术的潜在社会和经济风险尚未完全清晰，即使这种风险事件已经发生，受害者也很难举证是大数据（或人工智能）造成的伤害，政府也较难强制相关行为人来弥补这种伤害。因此，在数据要素化的制度设计过程中，国家高度重视数据使用的负外部性风险。2021 年 6 月 10 日，我国首部《数据安全法》正式出台，标志着我国在数据安全领域终于有法可依。新法案的出台有助于护航数据安全，助力我国数字经济迅猛发展，在国际环境中打造新的核心竞争力。

不论外部性的产生到底是给旁观者带来好或者不好的影响，只要外部性存在就意味着市场没有达到均衡状态，带来了效率的损失，是市场失灵的表现。所以外部性是需要被纠正的。当市场作为“看不见的手”不能处理好的时候，就需要政府利用政策来改善市场配置，帮助改善结果。

第二节　外部效应与资源配置效率

由以上分析可知，当存在外部效应时，人们在经济活动中决策所依据的价格，不能精确地反映其全部的社会成本，从而引发价格失真，使得社会资源配置发生错误，达不到符合帕累托效率的最佳状态。

一、正外部效应与资源配置效率

如图 7-1 所示，当存在正的外部效应时，该产品的需求曲线并不能反映它的真实的社会需求数量，产品的社会价值曲线在需求曲线之上，最优量为社会价值曲线和供给曲线的交点，社会最优数量大于该产品在市场上的均衡数量，所以在有正外部效应的情况下企业的生产量是过少的。

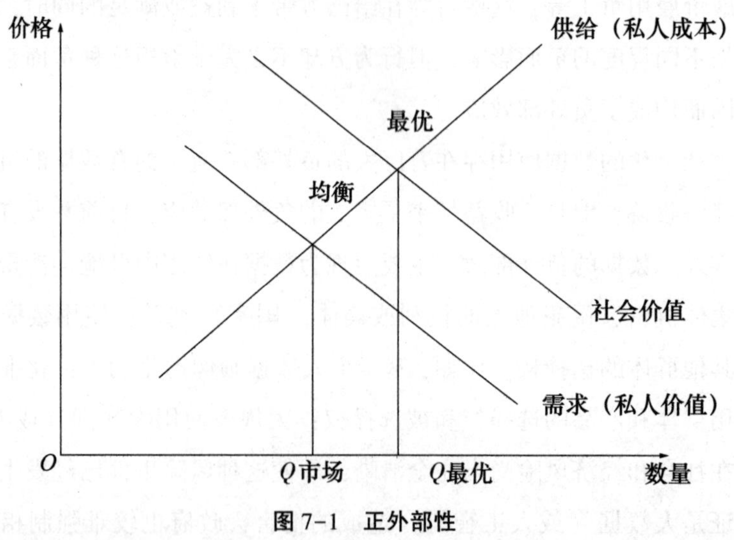

图 7-1　正外部性

正外部效应的存在，使得市场产出量小于社会的有效产出量，而价格低于有效均衡价格。由于外在收益是行为人没有得到的收益，他实际行为的边际收益（社会边际收益）就要大于他实际获得的边际收益（私人边际收益），由于市场均衡量小于有效均衡量，所以正外部效应的存在说明存在社会福利的损失。① 这

① 姚先国、王同益、金樟峰：《市民化与个人劳动收入：外部性视角》，《浙江大学学报（人文社会科学版）》2016 年第 5 期。

种福利损失表现为应该获得的福利没有得到。正外部效应的存在，会增加交易成本，比如，产权明晰的成本、产权保护的成本，以及当局者与旁观者之间的纠纷和矛盾带来的成本。

二、负外部效应与资源配置效率

当一个企业在生产过程中排放了有毒有害废物的时候，就产生了负外部效应，这些有毒有害废物会影响环境和人们的健康，在这一生产过程中存在两种不同的成本，即私人成本和社会成本。私人成本是企业所考虑的成本，只包括企业的支出；而社会成本是以整个社会为角度，包括社会上其他人受到的损失。

如图 7-2 所示，当存在负外部效应时，生产该产品造成的社会成本高于其私人成本，但企业在生产中不会考虑到社会成本，这导致其生产了过多的社会成本较高的产品，即市场均衡数量大于社会的最优量。

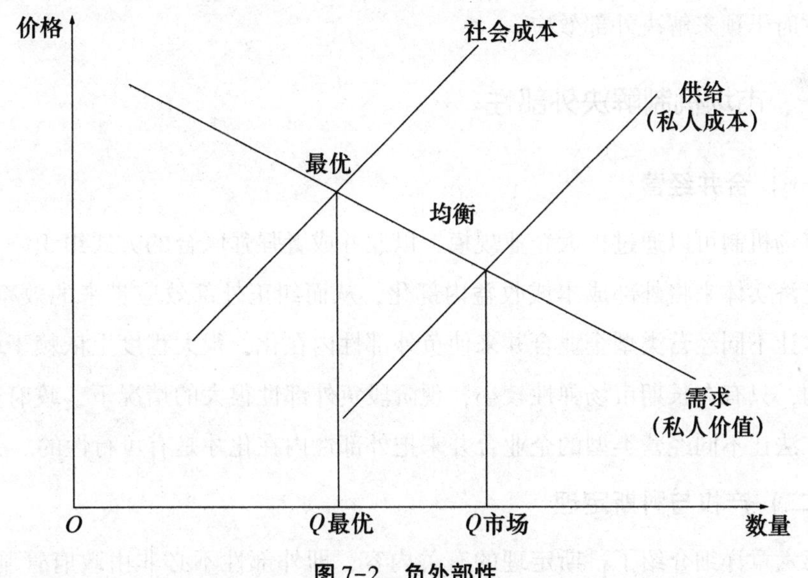

图 7-2　负外部性

负外部效应的存在，使得市场产出量大于社会的有效产出量，而价格低于有效均衡价格。由于外在成本是行为人不负担的收益，他实际行为的边际成本（社会边际成本）就要大于他实际负担的边际（私人边际成本）。负外部效应存在，市场均衡量大于有效均衡量，说明存在社会福利损失，这种损失表现为应该避免的福利损失却没有避免。[①] 负外部效应的存在，增加了交易成本，比如，产权明晰的成本、产权保护的成本，以及当局者与旁观者之间的纠纷和矛盾带来的成本。

① 张文龙、邓伟根、余锦龙：《产业生态化的外部性及其内部化研究》，《湖南社会科学》2012 年第 3 期。

第三节　外部效应的治理

从上一节我们得知，决定企业或居民经济选择的是私人边际效益和私人边际成本，而不是社会边际效益和社会边际成本，所以，当企业或居民仅从自身利益出发而忽略外部效应带给其他企业或居民的效益和成本时，其做出的决策都很可能使资源配置失去效率，最终导致社会整体福利的下降。正是因为外部正、负效应都存在扭曲资源配置有效状态的可能性，为此，必须实现外部效应的内部化，即生产某种产品所产生的额外成本或收益由生产者自己承担或享有。[①] 那么，如何实现外部效应的内部化呢？公共经济学家们对这个问题进行了考察研究，最终认为解决外部效应的途径主要有两个：一是通过市场机制来解决外部效应；二是通过政府干预来解决外部效应。

一、市场机制解决外部性

（一）合并经营

市场机制可以通过扩大企业规模，以兼并或者强强联合的方式组织一个足够大的经济实体来将外部成本或收益内部化，从而纠正外部效应带来的效率损失。但是，让不同经营类型企业合并来使负外部性内在化，很大程度上依赖于政府同时收购，只有在长期市场弹性较小，现阶段负外部性很大的情况下，政府通过国有化方法让不同经营类型的企业合并来把外部性内在化才是有可行性的。

（二）产权与科斯定理

第六章详细介绍了科斯定理的有关内容，即外部性不必非由政府管制不可，政府所要做的就是界定产权。政府通过制定相应的规章制度，明确经济主体的权利义务关系，明晰产权归属，让当事人自由交易，就能使外部性问题得到解决。[②] 科斯定理在中国也被具体运用过，其标志性事件就是粤、港两地二氧化碳排污权交易：香港出钱，广东脱硫。香港与广东地域邻近，共同面临空气污染问题。为促进共同发展，两地经协商后达成共识，按照双方事先协定的交易价格，由香港方面向广东省拨出专项资金，用于广东的脱硫工程建设，而广东省利用这

① 陈耿：《分享经济外部性、利益冲突及其治理研究》，《市场周刊》2020 年第 1 期。
② 王凯军：《现代西方产权理论研究综述》，《合作经济与科技》2015 年第 3 期。

笔资金完成的脱硫量就算作是香港方面完成的脱硫任务。由此粤、港两地二氧化碳排污权交易正式达成，而这一交易产生的是一个双赢的结果。

(三) 社会准则

社会准则就其本质而言，反映的是道德的作用。运用这种“精神文明”的道德教育方式来解决外部效应问题在某种范围内可发挥极大的作用，同时这也是管理者普遍采用的重要手段之一。① 政府解决外部性问题要注重公民参与，通过调动公民和企业等各方面的积极性和主动性以协调各方利益要求，从而建立主体间的各种合作方式。一个完美的民主社会，既要有积极的政府，也要有积极的公民。② 政府与公民共同合作的治理模式不失为治理外部效应的良好方法，例如对于当前交通拥堵现象，政府可以通过社会宣传与教育，倡导公众为了保护社会环境、减少交通拥堵，尽量减少私家车的使用，鼓励人们选择公共交通方式出行、鼓励小汽车公用、鼓励“停车换乘”、鼓励自行车出行以及倡议在交通高峰期时减少出行等。

在私人市场机制下虽然存在通过上述途径纠正外部效应的可能性，但是实际上这些机制并不总是能有效地发挥作用。一体化机制要求企业规模尽可能的大，这一方面很难实现，另一方面企业规模过大会导致垄断等新的市场失灵；社会制裁这种机制则过于软弱；至于科斯定理，它也受到交易成本等因素的限制，并非在所有场合都能奏效。因为通过市场机制来解决外部效应并不能适应所有的情况，由此解决外部效应的第二种思路，即政府干预便应运而生了。

二、政府干预解决外部性

解决外部效应的第二种思路：政府干预。外部效应的内在化是用来解释政府对外部效应的矫正措施的说法。政府对外部效应的内部化实际上就是使生产某种产品所产生的额外成本或收益由生产者自己承担或享有。

(一) 政府矫正性的财政补贴

对带有正外部效应的物品（服务）的企业，按其外部边际效益的大小发放财政补贴，把外部边际成本加计到私人边际成本上，使补贴品（服务）的私人边际效益提高到同社会边际效益一致的水平，降低私人企业的边际生产成本，鼓励生产经营者将经营规模扩大到正常水平，克服该产品在社会上配置过少的弊

① 蔡彤：《可信承诺与政府行为负外部性的防范机制构建》，《上海经济研究》2006 年第 6 期。

② 曾国安：《政府经济学》，武汉：湖北人民出版社，2002 年版，第 85 页。

病。矫正性的财政补贴着眼于私人边际效益的调整，因此其突出特征是其数额与外部边际效益相等。①

例如，当出现生产的正外部效应时，政府对生产者提供补贴可以使正外部效应内在化，即让外部效应产生的额外收益归由生产者。补贴的金额应等于产生的外部效益，将补贴后的私人边际效益提高至与社会边际效益相同的水平，降低了私人企业的边际成本，有利于鼓励私人企业提高产量，扩大生产经营规模。

（二）政府矫正性的税收（庇古税）

当存在负的外部效应时，政府把外部边际效益加计到私人边际效益上，使产品的生产成本提高到实际社会成本的水平，从而使物品（服务）的价格得以反映全部的社会边际效益，进而克服产品在生产经营过程中由于企业或个人负担的社会成本过低而导致社会资源过多配置的情况。② 英国经济学家庇古提出，对污染者每单位的产出征收与污染者在有效的产出水平上所造成的边际损害等值的税。庇古税着眼于私人收益的调整，将私人收益提高到与社会收益一致的水平。③ 这与政府规定排放标准的区别在于，它不用一刀切的办法来处理企业的污染排放。企业可以自行排放污染，多排放则多交税，少排放则少交税。譬如政府对一些造纸企业征收排污税来补偿人们的损失，从而使他们各自的私人收益都尽可能地接近社会收益。这一方面将部分收入从造纸企业转移到遭受损失的企业和个人手中，另一方面也将对造纸企业的排污量起到一定的限制作用。

（三）政府管制

政府可以通过规定或禁止某些行为来解决外部效应。当市场和私人谈判解决不了负的外部效应时，就有必要进行政府的直接管制，即政府做出直接规定，强制性地规定人们必须做什么、不得做什么，并要求人们必须服从，对违规行为给予相应程度的罚金，使其行为的边际成本与社会边际成本相等。

管制主要表现为禁令和行政许可证。禁令，如明令禁止某些生产经营活动或资源利用与排污，甚至对一些污染严重的企业直接采取“关、停、并、转”的强制措施；行政许可证制，即规定只有持有政府行政主管部门颁布的生产经营许可证才能生产或排污。政府作为环境的所有者，可以把环境作为一种商品分割成

---

① 毛渊龙、袁祥飞：《集聚外部性、城市规模和环境污染》，《宏观经济研究》2020 年第 2 期。

② 陈红玲、张祥建、刘潇：《平台经济前沿研究综述与未来展望》，《云南财经大学学报》2019 年第 5 期。

③ 乔永璞、储成君：《庇古税改革、可耗竭资源配置与经济增长》，《经济与管理研究》2018 年第 2 期。

一些标准单位，然后在市场上公开标价出售一定数量的“环境污染权”①，同时在产生外部性的企业之间，政府也应允许其对污染权进行竞购。这样，通过供求规律、价值规律和竞争规律的相互作用，价格机制将促成一个最佳的分配，政府能有效地运用自己对环境这个商品的所有权。

在某些特定情况下，直接管制可能比市场途径更具有效性。但是一般来说，直接管制是缺乏效率的，② 这是因为：第一，管制标准的制定是由政府一手操办的，难以预料它是否科学、合理和可行；第二，政府对生产和消费过程中所涉及的污染活动的直接干预，没有考虑到企业之间成本与收益的差别，对所有企业都一刀切，排除了市场效用；第三，在直接管制过程中，企业和市场在政府严格的行政管制中没有活动余地。

虽然在通常情况下直接管制是缺乏效率的，但这并不意味着直接管制与效率毫不相容。在某些特定情况下，直接管制具有经济刺激手段的不可替代性。③ 从这一意义上讲，直接管制的最大缺点和最大优点都表现在指令的严格特征上。严格的指令妨碍了市场的运作而引起效率的损失，但也正是因为这样才确保了标准的准确依从。

（四）法律措施

法律措施是政府纠正外部效应的重要途径。通过立法来定义产权以解决和处理外部效应，一方面可以不受利益集团压力的影响，另一方面是可以通过审判得到恰当的裁决。例如，在法律上确保公民的环境保护权，扩大环境污染中诉讼主体的范围，建立环境公益诉讼制度等。

---

① 李志斌、高原、温璐歌、沈体雁：《中国制造业技术外部性来源——基于地级市的多产业分析》，《经济问题探索》2020 年第 4 期。

② 罗士俐：《外部性理论的困境及其出路》，《当代经济研究》2009 年第 10 期。

③ 李项峰、李郁芳：《地方政府规制与规制外部性》，《江苏社会科学》2006 年第 3 期。

课后习题

一、名词解释

正外部效应　负外部效应　科斯定理　交易成本　庇古税

二、简答题

1. 举例说明你生活中的外部效应。
2. 外部效应的含义是什么？如何解决外部效应？
3. 正负外部效应对市场效率的影响有哪些不同？

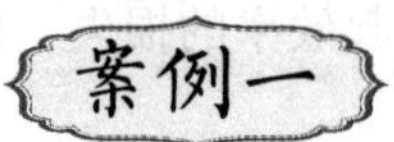

全面从严依法推动长江大保护

《长江保护法》作为我国第一部针对流域保护的特殊法、专门法，从生态系统的整体性和流域的系统性出发，将“生态优先、绿色发展”“共抓大保护、不搞大开发”理念和要求贯穿始终，明晰了有关各方职责，压实了生态环境责任，加大了违法处罚力度，为有效根治“长江病”、全面推动长江经济带高质量发展提供了坚实的法律保障。

一、明晰职责，从严压实长江流域生态环境责任

《长江保护法》在明确国家建立长江流域协调机制的基础上，对国务院及其有关部门，长江流域地方各级人民政府及其有关部门、流域各级河湖长等的主体职责作了系统安排，对新闻媒体、单位和个人职责也予以明确。此外，《长江保护法》还从规划管控、资源保护、水污染防治、生态环境修复、绿色发展等五个方面对有关各方的管理职责进行了合理配置。在“法律责任”一章中，又对行政主体及行政人员的行政责任、损害长江流域生态环境的民事侵权、修复、赔偿和刑事责任等作了硬性约束。这样形成了一个“政府主导、多元共治”的职责安排，一方面，充分强调了政府和有关部门的主体责任和主导作用，避免了职责

交叉重叠；另一方面，有利于调动团体组织、企事业单位、公众等社会各界的积极性，更好推动长江流域生态环境保护修复落到实处。

二、多措并举，从严推动长江流域绿色发展

《长江保护法》提出了“三线一单”（即环境质量底线、资源利用上线、生态保护红线和生态环境准入清单）的明确要求。首先，建立健全长江流域水环境质量标准体系，确定重点污染物排放总量控制指标，超标区域应实施更严格的污染物排放总量削减要求。其次，统筹长江水资源保护与利用。再次，科学划定生态保护红线，严格限制红线内的各项开发整治活动。最后，各省市根据自身情况制定生态环境分区管控方案和生态环境准入清单。

《长江保护法》明确了“四个禁止”：一是禁止在长江流域重点生态功能区布局对生态系统有严重影响的产业。二是禁止重污染企业和项目向长江中上游转移。三是禁止在长江干支流岸线一公里范围内新建、扩建化工园区和化工项目。四是禁止在长江干流岸线三公里范围内和重要支流岸线一公里范围内新建、改建、扩建尾矿库。

……

三、加大处罚，从严打击长江流域生态环境违法行为

《长江保护法》统筹运用行政、民事、刑事三种责任方式破解“守法成本高、违法成本低”问题，从重从严处罚违法行为。

四、遵“法”前行，推动长江大保护行稳致远

一是明确各方具体权责，依据相关同位法、结合“三定”方案，尽快明确长江流域协调机制的组织架构，明确各级政府在本地区的具体职责表现。二是出台配套制度，抓紧梳理已有各类规章制度，结合《长江保护法》的新要求，坚持“立改废释”多管齐下，抓紧完善配套制度建设。三是加强执法司法监督。四是完善流域统筹协调机制，按照“协同合作、损害担责、效益共享”原则，化解跨地区跨部门生态治理乱局和职责权利冲突，共同应对和处理长江生态环境问题。

《长江保护法》已经实施，有关各方必须全面认真学习贯彻，全面从严执法推动长江大保护，使长江经济带成为我国生态优先绿色发展的主战场、畅通国内国际双循环的主动脉、引领经济高质量发展的主力军。（作者：罗来军 中国人民大学长江经济带研究院首任院长、高级研究员。来源：中化新网）

结合案例谈谈在长江保护中存在哪些外部性问题？政府是如何解决的？

案例二

为污染防治提供有力制度保障

2021年3月1日起施行的《排污许可管理条例》（以下简称《条例》），是一部系统规定排污许可制度的行政法规，为规范排污行为、更好治污提供了坚实制度保障。世界地球日前夕，多个地方举办相关专题培训和动员活动，为更好贯彻落实《条例》、推动污染防治和绿色发展营造良好氛围。

习近平总书记强调："要继续打好污染防治攻坚战，加强大气、水、土壤污染综合治理，持续改善城乡环境。"《条例》的出台，是对相关制度的科学整理与系统升级，实现了排污治污从粗放式管理向精细化治理的转型，奠定了排污许可制度在固定污染源管理中的重要地位。同时，也是践行我国排污许可制度建设目标的务实举措，将从法律理念、监管模式与制度体系三个方面助推我国生态环境治理体系和治理能力现代化。

目标决定行动，行动成就未来。2020年3月印发的《关于构建现代环境治理体系的指导意见》，提出"为推动生态环境根本好转、建设生态文明和美丽中国提供有力制度保障"。朝着这一目标，《条例》将排污许可制度定位为固定污染源监管的关键制度，这是推动生态环境质量改善的有力举措；治理理念也从强调排污行为控制转向更强调环境质量目标，从单项环境要素污染行为的分散监管升级到"一证式管理"，实现了对固定污染源和环境要素的全覆盖。同时，针对"重发证、轻监管"问题，《条例》强化生态环境主管部门对排污许可的事中事后监管，在加大违法排污处罚力度、优化法律责任衔接机制等方面完善制度，补齐治理短板。

压实主体责任，是构建现代环境治理体系的重要方面。《条例》的一个重要内容，就是通过制度建设进一步明确排污企业主体责任。比如，根据污染物产生量、排放量、对环境的影响程度等因素，对排污单位实行排污许可分类管理，实现对排污单位的全覆盖；将排污许可证作为监管排污单位的主要依据，排污企业应当按照规定申请取得排污许可证，并按照排污许可证记载的信息接受全过程监督管理；明确排污单位应履行建设污染防治设施、建立内部环境管理制度、开展自行监测、建立环境管理台账记录制度等法定义务。把主体责任压实压细，才能进一步调动排污企业污染治理的主动性，助力绿色发展。

坚持市场化、法治化，是推动实现环境治理体系现代化的重要原则，也是激发污染防治内生动力的必然要求。《条例》通过创新排污许可分类管理、排污单位自行监测管理、排污单位环境管理台账记录、排污限期整改等制度，赋予企业一定自主权，激发企业自主治污积极性。同时，鼓励排污单位采用污染防治新技术，为签订行业自律公约、制定行业技术规范以实现行业自律提供了依据、夯实了基础。此外，还规定了依托信用体系的环境监管制度，进一步激发了相关企业规范排污、依法治污的主动性，提升了污染治理的效率和质量。

《条例》是推进我国环境治理体系现代化的重要法规，以改善环境质量为核心，强化排污单位主体责任，为我国固定污染源监管和环境治理提供了更有力的制度工具。法律的生命力在于实施，各地区各部门把《条例》落细落实，多措并举，定能让我们的家园天更蓝、山更绿、水更清，让人民群众的生活更美好。（作者：刘超 福建省中国特色社会主义理论体系研究中心特约研究员、华侨大学教授）

结合所学内容谈一谈除了完善相关制度解决环境污染问题以外，还有哪些解决外部性的方法？

「第八章」 信息不对称与市场失灵

经常打车的人，可能会有一种感觉，打网约车的费用越来越贵了。同样的里程，原来 20 块钱，现在要多几块钱。很多人又说不出贵的原因在哪里。新华社的一项调查揭开了部分真相：一些网约车平台抽成比例达到 25%甚至更高，而司机和乘客对每一单的抽成比例、计算方式毫不知情。相关调查至少反映了两点：其一，网约车越来越贵，与平台抽成有直接关系；其二，平台的提成比例是一个“黑箱”，对乘客和司机屏蔽。说得更直接一点，就是网约车平台有利用技术手段和信息不对称从中抽取高提成的嫌疑。但这还不是平台最大的“便利”之处，与其他平台相似，网约车平台收集了大量乘客身份信息、出行数据与道路交通数据，这本身就是一笔巨大的“资产”。通过这些大数据，平台有能力精准地进行用户营销，包括所谓的“大数据杀熟”，也有能力通过路线规划、收费方式的些许差别创造出更多“利润”。网约车平台有没有这么做，现在不能下结论，但平台具备条件确是事实。这至少说明一个问题：如果信息不透明，无论乘客还是司机，都可能沦为大数据的奴隶。

经济生活中的信息不对称问题由来已久，由此而引发的不公平竞争和不公平交易恶化了市场环境，从而导致市场失灵。本章将对信息不对称问题进行深入讲解。

第一节 信息不对称理论

一、信息不对称的内涵

（一）信息不对称的概念

信息不对称（Asymmetric information）是指在市场经济活动中，各类人员对有关信息的了解是有差异的，掌握信息比较充分的人员，往往处于比较有利的地位，而信息贫乏的人员，则处于比较不利的地位。该理论认为市场中卖方比买方更了解有关商品的各种信息，掌握更多信息的一方可以通过向信息贫乏的一方传递可靠信息而在市场中获益，买卖双方中拥有信息较少的一方会努力从另一方获取信息。例如，去商场买一件很贵的服装，你不知道它的进价成本是多少；去小饭馆吃饭，你不知道饭馆是否用了地沟油；招聘了一个博士，上司并不知道他的真实能力；你的下属工作是努力，还是应付差事、欺下瞒上……这些现象的本质就是信息不对称。

其实，从古典经济学开始，就隐含了信息不对称理论的思想，只不过古典经济学强调的是信息的对称性和充分性，这是一个问题的两个方面，而古典经济学是以其中一个方面为基石而建立起来的。比如说，古典经济学认为，市场会在亚当·斯密的“看不见的手”的作用下达到供给和需求的平衡，进而达到有效的资源配置。但是前提条件是，在这一过程中，信息必须是充分的、对称的，亦即消费者与生产者都拥有做出正确决策所需要的完全信息。然而在现实生活中，这一前提往往并不被满足，也就是说信息往往是不充分的，也是不对称的。由于这一前提条件在古典经济学理论中处于基础地位，所以直到古典经济学逐渐成熟之后，这些假设条件才开始被学者所质疑。哈耶克在其论述中明确提出，市场中的信息是分散的，而非充分和对称的。随后，威廉·鲍莫尔①通过把信息划分为完全信息和不完全信息，来分析了两者的区别，以及对社会福利的影响；赫伯特·西蒙②把信息的不完全归因于市场参与者的有限理性，把参与者的决策过程看作信息收集、评价和选择的过程；乔治·斯蒂格勒提出了信息具有的搜寻成本问题；1970 年，乔治·阿克尔洛夫③发表了经典文章《柠檬市场：质量的不确定性与市场机制》，指出市场上买方和卖方掌握的信息通常是有差异的，卖方拥有比买方更多的信息，在这种情况下，市场的效率将会受到影响，甚至会彻底失灵。自此，学术界开始对信息不对称的问题进行系统的研究，很多位经济学家对这一理论进行了广泛研究，并应用于经济生活的各个领域。

---

① 威廉·鲍莫尔（William Baumol，1922— ），美国经济学家，普林斯顿大学荣誉退休高级研究员和经济学教授，纽约大学经济学教授。他的个人著作包括《微观经济学》《超公平主义》《企业家精神》《管理学》等。

② 赫伯特·西蒙（Herbert A. Simon，1916—2001），美国经济学家、政治学家、认知科学家，1978 年诺贝尔经济学奖得主、1975 年图灵奖得主。

③ 乔治·阿克尔洛夫（George A. Akerlof，1940— ），美国著名经济学家、2001 年诺贝尔经济学奖得主，美国加州大学伯克利分校经济学教授。他的专业领域包括宏观经济学、贫困问题、家庭问题、犯罪、歧视、货币政策和德国统一问题。

（二）信息不对称的分类

我们可以按照信息是否对称将市场分为信息对称市场和非对称信息市场。信息对称的市场有三种情况：第一种是双方都拥有完全的信息，所有参与者都能够了解到其他市场参与者的一切信息，即理想化的完全市场；第二种是双方都不具有完全信息，如在交易“盲盒”时，商家和购买者都不清楚盒子中具体装有什么；第三种是双方拥有共同的信息，共同信息是指所有参与人都知道的信息，如在股票市场交易中，交易者都是依靠公开信息来进行交易。在对称市场中，人们很容易找到合适的交易对象，通过谈判达成一个对双方都有利的价格，任何潜在的帕累托改进都可以实现。

非对称信息市场是我们这章要讨论的重点。在非对称信息市场中，交易者都具有一些只有自己知道的私人信息。以劳动力市场为例，劳动者知道自己的工作能力和效率，却不知道公司愿意支付的薪酬；公司却正相反，知道自己愿意支付多少薪酬，却不知道劳动者劳动能力如何。拥有私人信息意味着一方对某些事情知道得比另一方多，在交易中处于更有利的地位，这种情况下的市场交易与对称市场很不相同。

从非对称信息发生的时间来看，非对称性可能发生在当事人签约之前，也可能发生在签约之后，分别称为事前非对称和事后非对称。研究事前非对称信息的博弈模型为逆向选择（Adverse selection）模型；研究事后非对称信息的博弈模型，即事后不对称模型为道德风险（Moral hazard）模型。下文我们将着重介绍市场中的逆向选择和道德风险问题。

二、逆向选择

事前的信息不对称会带来逆向选择，这是指由于信息不对称带来的潜在交易无法实现的现象。在市场中，如果拥有信息优势的一方能通过信息获益而使对方受损，处于信息劣势一方的交易者便很难做出交易决策，这会导致价格的扭曲，使价格失去原有的配置资源的能力，进而导致市场效率下降。

（一）二手车市场上的逆向选择

最早注意到逆向选择问题的是2001年的诺贝尔奖得主乔治·阿克尔洛夫，他在发表于1970年的《柠檬市场：质量不确定性与市场机制》一文中考察了二手车市场，发现信息不对称会使市场交易难以进行。他认为，由于信息不对称的存在，好车卖不出去，次品车将占领市场，进而导致整个市场萎缩。

下面我们以一个简单的模型为例来讨论二手车市场。假设市场上仅存在两种类型的车，好车和次品车，好车对卖家值 10 万元，对买家值 12 万元；次品车对卖家值 5 万元，对买家值 6 万元。如果信息是对称的，双方都清楚车的好坏，那么交易很容易达成。我们假设市场上的交易者都是理性的，对卖家而言，只要买家的出价大于他对车的估价，他就会出售；对买家而言，只要卖家的出价小于他的估价，他就会购买。一辆好车的成交价将在 10 万元到 12 万元之间，双方的福利共计增加 2 万元，若成交价为 11 万元，卖家获得 1 万元剩余，买家也获得 1 万元剩余。次品车也是如此，对称信息市场很容易实现帕累托改进，市场一定是有效率的。

而在信息不对称的市场中，卖家很清楚车的质量，买家却不能分辨这一点，市场就有可能失灵。为了方便起见，我们假设市场中好车与次品车各占一半。卖家很清楚自己车的质量，因此对车子的估价仍然不变，好车值 10 万元，次品车值 5 万元。但买家并不清楚车的质量，对他们而言，车的估价取决于整个市场的平均质量，无论好车还是次品车，他们的价格都是 8 万元。我们仍然假定市场上都是理性人，好车的卖家对车的估价为 10 万元，他们显然不会接受这么明显会受到损失的交易，而次品车卖家对车的估价为 5 万元，他们愿意接受这一价格，但买家会买吗？不会，以低价出售意味着告诉买家他们的车是次品车，买家对次品车的估价只有 6 万元，根本不愿意以 8 万元购买，即使价格低至 7 万元，买家也不可能去买次品车。只有在价格下降到 6 万元以后，交易才可能达成。此时，也只有次品车可以被交易，好车反而被市场淘汰了。

（二）保险市场的逆向选择

在二手车市场的案例中，是卖方占据了信息不对称的优势地位，而在少数情况下，是买方占据优势地位。

比如在医疗保险市场中，保险公司只知道人群中的平均发病率，无法具体知道某一个人的患病概率，因此只能按照平均发病率来为保险定价，并向每一个人收取相同的费用。但是患病概率较低的人要支付高于他们风险概率所对应的费用，这可能导致他们退出保险。而患病概率较大的人则相反，他们知道自己是某种疾病的高发人群，却只要付出和普通人一样的钱来买保险，他们更可能会加入保险。这两类人群的行为导致购买保险的人群患病概率上升，保险公司只能选择提价，将保费与新出现的患病概率相对应，这又会导致投保人群中低于平均患病概率的人退出保险，并导致患病概率继续上升。随着保费越来越贵，最终只有百分之百患病概率的人才会参保，保险就失去了意义。

（三）信贷市场的逆向选择

金融市场的逆向选择较其他市场更加严重，我们下面讨论一个信贷市场的案例。

假设有两个项目，各需要资金 100 万元，项目一成功的概率为 90%，投资回报为 140 万元，失败则血本无归；项目二成功概率为 50%，投资回报为 200 万元，失败同样血本无归。那么企业应当选择哪个项目？我们计算两个项目的预期投资回报会发现：项目一预期投资回报为 126 万元，投资回报率为 26%；项目二预期投资回报为 100 万元，投资回报率为 0，显然应当选择项目一进行投资。

如果两个企业同时向银行寻求融资，假如银行拥有足够的信息知道项目对应的风险，就可以为每个项目制定相对应的利率。假设此时银行资金成本为 10%，那么银行要求的资金回报率至少要高于 10%。结合项目一 90%的成功概率，银行为项目一提供的利率为 22%，同理，项目二的利率为 120%。项目一在获得贷款后，如果成功获得 140 万元，还清银行贷款还剩 18 万元，如果失败则宣布破产，损失全部由银行承担。项目二如果获得贷款，项目成功获得 200 万元，还欠银行 20 万元，项目失败宣布破产，损失由银行承担。因此项目一会进行贷款，项目二则不会。信贷市场这时是有效的。

而在银行不具有充足信息时，银行没有办法为每个项目进行利率测算，只能收取平均利率，为了便于讨论我们假设此时只有这两个项目在向银行贷款，因此平均利率为 71%。项目一如果成功获得 140 万元，还欠银行 31 万元，如果失败则宣布破产。项目二如果成功获得 200 万元，还清银行欠款还剩 29 万元，如果失败则宣布破产。显然，只有项目二会申请贷款。在信息不对称市场中低质量的项目二获得了贷款，高质量的项目一却得不到贷款，这是信贷市场的逆向选择。

在一般的市场上，对卖方而言价格总是越高越好，但在信贷市场上，利率（作为贷款的价格）并非如此。由于利率一定程度上反映了贷款的风险程度，在利率高到一定程度后，只有那些高风险、高回报的企业才会贷款。对银行而言，贷款给这些企业并不划算。因为过高的风险会导致还款概率下降，使银行收入下降。事实上，利率与银行收入是一条倒 U 形曲线，在一个特定的利率上，银行可以获得最大收入。利率决定了信贷的供给和需求，在这个最大化银行收益的利率 r 处，信贷的供给和需求并不平衡。由于需求并未得到满足，部分企业愿意付出更高的利率来获得贷款，但银行并不愿意接受，因为 r 即是其最大化收益的利率，因此这部分企业注定不能从银行获得贷款，[①] 这就是信贷配比，即在一定的利率水平下，银行约束了信贷资金的最大额度，使信贷的供给低于信贷的需求。信贷配给意味着信贷不能满足所有申请贷款人的需求，某些申请贷款人无论愿意付出多高的利率也无法获得贷款，即无论在什么利率水平下总有人无法获得贷款。[②] 信贷配给导致了某些企业难以获得资金，阻碍经济增长，还会增加银行的流动性风险。

三、道德风险

（一）道德风险的起源及概念

道德风险（Moral hazard）一词源于国外保险业，最初指被保险人为获保险金而故意制造保险事故的行为。亚当·斯密在《国富论》中对经理人员能以股东利益为决策的出发点深表怀疑，认为其中必定有经理人员的败德行为。1963年，肯·阿罗发表《不确定性和医疗保健福利经济学》后掀起了研究道德风险的热潮。后来，道德风险被引申到现实生活的诸多领域。[③] 现在的理论界普遍接受的一种观点是，道德风险指在信息不对称条件下，市场交易的一方利用其拥有的信息优势，采取对方所无法观测和监督的隐藏行动或不行动，在最大化自身效用的同时，做出不利于他人行动的现象。相对于逆向选择的事前机会主义行为，道德风险是交易的一方由于难以观测或监督另一方的行动而导致的事后风险。

以新农合为例，在参加保险后，政府将为参保人提供大部分医疗费用报销，参保人看病的成本下降，部分参保人不再积极预防疾病，为保险赔付埋下隐患。同时，在生病后，由于医疗费用减少，价格配置医疗资源的作用下降，参保人也更倾向于选择更昂贵的药物和治疗方法，享受过度医疗，造成医疗资源的浪费。[④] 道德风险导致了新农合报销费用的不断高涨和国家医疗资金的损失。在现代商业中，由于控制权与所有权的分类，公司的控制权落入了不拥有所有权的经理人手中。由于经理人与股东利益并不完全一致，在股东难以检测经理人行为，也就是信息不对称的情况下，经理人很可能选择利于自己却会损害股东利益的行动，这也是道德风险的表现。

---

① 胡金焱、张乐：《非正规金融与小额信贷：一个理论述评》，《金融研究》2004 年第 7 期。

② 刘艳华、王家传：《信贷配给理论述评》，《金融发展研究》2008 年第 6 期。

③ 姚志刚、袁球明：《出租汽车客运服务质量管理理论与实践》，北京：中国经济出版社，2012 年版，第 168 页。

④ 胡笑梅、蔡吉其：《新农合信息不对称研究》，《湖北经济学院学报（人文社会科学版）》2012 年第 12 期。

（二）道德风险的成因

道德风险的形成因素比较复杂，主要有以下两个方面。

一方面，人的自利性是道德风险产生的根源。人的自利性是人追求利益的本能欲望反应。从人的本能欲望来说，人们总是按照自己的需求和欲望占有和享受各种社会资源。人的自利性还表现为个体行为的机会主义。在谋求个人自身利益的同时他们会投机取巧，甚至不惜牺牲他人的利益，从而产生了道德风险。[①] 事实上，由于私欲碰到机会就会膨胀，因此，“在历史上的任何一个时期只要有可能，就必有置任何伦理道德于不顾的残酷的获利行为”[②]。因此，不难发现置伦理道德不顾而追求私欲的现象由来已久。近年来我国有害食品的不断出现，以及置法制和他人人身安全于不顾的矿难事件的频发等，均为私利膨胀而引致的道德风险。因此，人的自利性会促使道德风险的产生。

另一方面，缺乏相对完善的道德建设机制。道德建设机制是一个系统性工程，从功能上来说涵盖了道德教育机制、道德评价机制、道德奖惩机制和社会舆论引导机制。[③] 目前道德建设机制还存在着不完善的地方。道德教育机制方面，社会道德环境特别是虚拟道德网络环境监管不足和技术条件制约，部分网络还充斥着暴力、色情内容，不利于人们道德情操的提高。道德评价机制不完善，缺乏具体量化的道德评价指标使道德建设缺乏指向性。道德奖惩机制的不完善，导致社会上的不道德行为得不到惩罚，道德行为得不到褒扬，无形中加深了道德风险。社会舆论机制建设弱化，社会媒体的引导出现偏差，过分追求“标题党”，加强了观众的道德危机感，弱化了社会道德环境。

（三）道德风险的治理途径

为避免道德风险，要从具备清晰的理念和切实的举措等方面展开。

第一，完善法制。道德风险的形成往往是信息不对称、利益不均衡、资源配置不合理等造成的投机行为，唯有立法和法治才能有效打击、遏制形成道德风险的投机行为[④]，也才能把人们的行为限制或纳入法律所允许的难以形成道德风险的轨道上来。完善法制的同时要注重法治建设，坚持有法必依，违法必究。只有这样，才能有效防范道德风险的形成。当然，完善法制需要依据科学意义上的道

① 胡思洋、赵曼：《逆向选择、道德风险与精准救助》，《国家行政学院学报》2017 年第 2 期。

② ［德］马克斯·韦伯：《新教伦理与资本主义精神》，北京：三联书店，1987 年版，第 40-41 页。

③ 杨海宽、张美：《单位群体道德风险的表现、成因及防范对策》，《领导科学》2018 年第 18 期。

④ 申强、侯云先、杨为民：《双边道德风险下供应链质量协调契约研究》，《中国管理科学》2014 年第 3 期。

德，唯有充分认识和把握社会主义道德要求，才能有科学而有效的法制理念和法治手段。

第二，加强道德教育活动。道德教育非常重要，当务之急是要加强宣传和践行社会主义核心价值观，要像普及法律一样来普及以爱国主义、集体主义、人道主义为原则的科学意义上的道德，让全体国民真正认识到应该实现道德自觉。不了解道德和道德作用的社会一定是精神落后的社会，也是危险和可怕的社会。因此，道德教育是实现社会进步的首要任务。当然，在坚持普及社会主义道德观念的同时，应该加强道德实践体系建设，让全体国民在有针对性的道德实践活动中提升道德境界，增强抵制腐朽没落道德的能力，并以此遏制道德风险的形成。

第三，建立应对道德风险的应急机制。一旦道德风险产生，应该有多管齐下的应急机制。[①] 首先，要坚决打击严重败德行为，彻底中断产生道德风险的各种条件和因素，及时有效制止道德风险程度的继续增强。其次，要及时公开与道德风险有关的信息，要在正确处理道德风险过程中得到最广大民众的共鸣和支持。最后，及时厘清各种道德理念，立场鲜明地反对道德风险行为中腐朽没落的道德观念，追求美好崇高的道德境界。

第二节　信息不对称的市场解决方法

不管是逆向选择还是道德风险都降低了市场效率，但也带来了激励，如果交易者能够解决信息不对称问题，就能在市场中获得竞争优势，这激励着交易者努力去获取或是发出信息，抓住盈利机会，实施帕累托改进。

一、信号

我们继续一下前面讨论的二手车市场逆向选择情况，因为买家不能分辨车的质量，好车被挤出市场。在这时，拥有好车的卖家虽然处在信息不对称的优势地位，但在与次品车卖家的竞争中处于劣势。为了达成交易，处于信息优势的一方有很强的动力为信息劣势方提供信息，提供信息既可以采取直接的方式提供，如卖家向买家提供咨询服务，也可以采取间接的方式，用可信的方式显示自己的类型，这被称为“信号传递”。

① 黄科、孔繁斌：《信息控制、道德风险与治理》，《理论探讨》2016 年第 6 期。

最早对信号传递做出研究的是迈克尔·斯宾塞，他在论文《劳动力市场的信号问题》中注意到雇员有动力通过教育水平来为雇主提供信息，以此来克服信息不对称。在劳动力市场中，雇员清楚自己的能力，雇主却很难在招聘时就发现雇员能力高低，这就是劳动力市场上的信息不对称。由于雇主没有办法分辨不同能力水平的雇员，只能以平均能力来支付薪酬，造成高能力雇员不愿就业，被市场淘汰，这时劳动力市场出现逆向选择问题。为了解决这个问题，斯宾塞选择了教育水平这一信号，并假定教育水平与能力教育成本呈负相关，高能力的雇员由于教育成本低，会选择更高的教育，低能力的雇员教育成本高，只会选择更低的教育。教育水平作为一个信号，向雇主传递了关于雇员能力的信息。

下面我们以一个简单的模型来讨论教育水平如何传递能力信息。假设市场上存在两种雇员，高能力雇员的工资为200元，低能力雇员的工资为100元，但是雇主无法识别雇员能力。为了简单起见，我们先假设教育只有成本没有回报，无法提高雇员能力，并且教育的成本与能力负相关。高能力雇员接受教育的成本是40元，低能力雇员接受教育的成本是140元。如果一个雇主以文凭取人，认为接受教育有文凭的雇员为高能力，开出200元工资，没有接受教育的雇员为低能力，开出100元工资。那么高能力员工接受教育成本为40元，收益为160元，高于不接受教育获得的100元工资，他就会接受教育。低能力雇员接受教育成本为140元，收益为80元，低于不接受教育获得的100元工资，他就不会接受教育。这样一来，接受教育的人都是高能力者，没有接受教育的人是低能力者。能力可以通过教育信号得到反映，就业市场的信息不对称得到解决。

为了实现信号传递信息的能力，需要满足以下几个条件：首先，信号本身是真实的。在劳动力市场上，雇员无法伪造自己的文凭。其次，信号传递是有成本的。再次，不同行为人传递信号的成本不一样。① 同时，行为人的成本差距应足够大，才能去区分不同行为人。在上面的模型中，我们选取的数字是随机的，那么如果这些量发生变化会发生什么？假设其他条件不变，低能力雇员接受教育成本变为90元，那么在接受教育后，他的收益为110元，高于不接受教育获得的100元，他会选择接受教育。不同能力水平的人都会选择接受教育，教育带来的区分度就不存在了，市场仍然会出现逆向选择问题。这时就需要选择其他信号来进行区分。

---

① 曾辉、张利花、虞晓芬：《公共租赁住房骗租问题及对策研究——基于信号传递模型的分析》，《浙江工商大学学报》2013年第3期。

公租房是由政府提供的保障性住房，应当提供给低收入人群，但是在公租房的分配中，信息是不对称的，政府很难知道申请者的具体收入情况，那么应该如何分辨申请者中的低收入人群和高收入人群？有学者建议将公共服务时间作为信号来分辨不同申请者，低收入者与高收入者的单位劳动收入不同，因此参与社会公共服务的机会成本也不同。获得公租房的收益是公租房租金的价格与市场租金的差值，当参与公共服务的机会成本高于这一收益时，这在经济上就是不可行的，申请者中只剩下低收入者。

一般来说，信号传递的成本差异是信号机制发生作用的关键。一个信号只有高质量产品可以发出，或是低质量产品可以发出，但在经济上不可行，才能起到区分不同产品的作用。依靠信号传递，市场克服了信息不对称，实现了效率。

二、激励机制设计

处于信息劣势的一方，同样有很强的动力来获取信息。信息可以直接获取，如在二手车市场中，买家学习了大量关于二手车的知识，能够正确分辨二手车的质量。或是在保险市场中，保险公司对投保人进行更多的调查，得知他真正的风险并以此定价；也可以通过间接的方式获取信息，这里一个重要的理论叫作机制设计，即处于信息劣势的一方通过设计某种激励方案让处于信息优势的一方说实话。

我们以保险市场为例。假设某种疾病在吸烟人群中的发病率为70%，在不吸烟人群中的发病率为10%，而治疗该病需要花费10万元。为了便于讨论，我们假设吸烟人群与不吸烟人群各占50%，同时保险公司无法识别这两类人。按照平均概率来算，保险公司将为每个参保者支付4万元的赔付，因此他们将最低保费定为4万元，患病后赔付10万元。吸烟者治疗的期望治疗费用为7万元，他们将愿意加入保险，但是非吸烟者期望治疗费用为1万元，很显然他们不愿意加入。按照我们前面的讨论，这时出现了逆向选择问题，低风险者将退出市场并导致保险市场平均患病概率的上升。

为了解决这个问题，保险公司可以提供不同的保险方案让投保人选择，方案一是保险费较低，赔付也较低；方案二是保险费高，赔付也较高。这两种保险方案能够实现区别不同风险投保人的作用，出于规避风险的目的，高风险者将选择风险二；而低风险者将只获得较低程度的保障，选择对他们来说更划算的方案一。需要注意的是，在这种解决方案中，低风险者并没有获得完全的保障，这是不可避免的，在信息不对称的市场上很难有完美的解决方案。

同样的情况也发生在拍卖市场。在拍卖中，各方轮流出价，由出价最高者获得拍卖品。如果拍卖品是具有客观价值的事物，诸如油田、矿产、金融产品，其对每个竞标者的价值都相同。但由于每个竞标者所拥有的信息不同，他们对拍卖品的估价也不同。当赢家以最高价格获得拍卖品的所有权时，他们也会明确地意识到，其他人的估价低于自己，进而沮丧地发现自己高估了拍卖品价值。[①] 这也被称为“赢者诅咒”。为了避免“赢者诅咒”，竞拍者出价将变得谨慎，尽量低于自己的估值，而这会大大降低卖家收益。

为了避免“赢者诅咒”带来的问题，经济学家提出了第二价格密封拍卖。在这个拍卖机制下，所有投标者以密封投标的方式竞价，出价最高者获得拍卖品，并支付第二高的价格。对投标者而言，存在一种最优的出价策略，即报告自己的真实估价。每个投标者都报告了最高的估价，卖家因此能获得最大的收入。同样需要指出的是，在信息对称的市场中，拍卖的形式并不影响最终的成交，各种拍卖方式带给卖家的收益是等价的。

解决信息不对称还可以由第三方机构来提供信息。在二手车市场中，这个第三方机构是中介，买卖双方支付给中介一笔费用，由中介来判断质量和股价；在网购时，这个第三方机构是平台方，买家在网上买东西时，并不知道商家提供的货物质量如何，商家也不知道买家会不会付钱，那为什么这个交易还能实现呢?因为平台方存在，如果商品质量差，买家可以通过平台退货，商家也收不到买家的钱。因此，平台实际上解决了信息不对称问题。

三、委托—代理机制

在经济学中，在任何一种关系中，有一方的行为影响了另一方的利益，都可以把它叫作委托—代理关系，信息不对称时，有私人信息的一方称为代理人，没有私人信息的称为委托人。前面所讲的股东—经理人就是非常典型的委托代理关系，经理人做了错误决策，股东的利益就会受影响。代理人的行为具有隐藏性，委托人很难监督代理人行为，当两者的利益不一致时，代理人可能会为了自己的利益而去损害委托人利益，这就是委托—代理问题。

利益冲突是委托代理问题出现的原因之一。我们考虑两个方案，方案一委托人获得 100 万元，代理人获得 1 万元；方案二委托人获得 90 万元，代理人获得 2

① 李治、孙锐、王伟等：《采用监督信号的供应链内部知识转移激励机制》，《中国管理科学》2020 年第 9 期。

万元。对委托人而言，方案一显然更好，但是选择方案二，代理人可以获得更大的收益。如果放任代理人选择，他们很可能会选择方案二，损害委托人利益。这种冲突可以概括很多现象，比如如果销售的收入与交易额挂钩，他们为了提高销售额将提供更大的折扣，造成公司收入的下降。在这样的情况下，就需要设计一种制度来激励代理人选择方案一。

信息不对称也是委托—代理问题出现的原因之一。在很多情况下，委托人很难监测代理人行为，代理人采取不利于委托人的行为很难被发现。同时，委托人也很难通过结果来推测代理人行为，因为结果往往是多个因素的合力。在新冠疫情期间，很多公司的业绩下滑，但是股东很难通过这一业绩来判断经营者努力与否。即使经营者消极怠工，损害股东利益，股东也很难穿透公司经营的迷雾发现这一点。

风险和责任同样影响委托代理问题。代理人与委托人的风险偏好不同，如果委托人是风险中性，而代理人是风险规避，那么代理人会选择风险更低且收益也低的方案，不能使委托人利益最大化。反之，则会使委托人财产风险过高。代理人能承担的责任有限，如果发生损失全部由代理人承担，那代理人很可能会不愿冒险。好的激励制度需要在代理人和委托人之间合理分配风险。以国企为例，国企有着特殊使命，大股东的目标往往是实现资产保值而非资产增值，往往会放弃较高风险的创新投资，忽视公司长期的创新发展；而小股东的目标往往是公司资产增值，自己的财富增加。二者的风险偏好不同，因此期望公司采取的行动也不同，往往会出现很大的矛盾。①

解决委托—代理问题的方法是设计一套激励机制来激励代理人为实现委托人目标努力工作。在本章中，我们主要关注使用激励机制解决道德风险。信息经济学认为，有效激励机制的设计应同时满足“参与约束”和“激励相容约束”两个条件。参与约束是指代理人接受合同下的期望效用要大于其他市场机会下能获得的最大期望收益，即代理人干比不干好。激励相容约束是指在一个激励合同下，代理人总是在所有可能的行动集中选择能使自己期望效用最大化的行动，即代理人按约定的合同干最有利。虽然代理人的行为无法被观测，但如果他们的努力导致的结果可以被观测，并因为这一结果获得收益，可以预见他们将付出最大的努力，② 道德风险也就被解决了。

---

① 汪贤裕、颜锦江：《委托代理关系中的激励和监督》，《中国管理科学》2000 年第 3 期。

② 马占鑫、林国龙：《基于非零和博弈的跨境电子商务监管策略》，《上海海事大学学报》2016 年第 2 期。

员工持股是解决代理人问题的方法之一，通过将公司利益与员工利益结合在一起，员工将有更强的动力来为公司工作。我们可以看到，相当多的创业公司会为员工提供股权激励计划，员工工作不仅可以获得工资，还能获得一部分公司股权，在公司成功登陆股权市场后，员工可以将股票抛售套现，获得收益。因此在公司上市前，员工不得不努力工作以等待股票可以变现。日本企业一般实行终身雇佣制，使员工成为企业的主人，这也会使他们努力工作。①

第三节　信息不对称与政府行为

尽管市场可以在一定程度上解决信息不对称问题，但当获取信息的成本很高时，单靠市场的力量不能很好地解决信息不对称问题，这时就需要依靠政府来纠正市场失灵。政府可以采取的方法有以下几种。

第一，准入限制。对一些行业，政府可以采取准入限制，比如医生、律师。在病人就医的时候，并没有足够的信息判断医生医术如何，会不会发生医疗事故，等到病人发现医生并没有能力解决疾病的时候，病人的病情可能已经恶化了，因此医生和患者的信息不对称必须在交易发生前就得到解决，所以需要政府通过设置职业资格考试等方式，确保医生的确有能力治疗病人。

第二，确立和完善举报、信访、上访制度，完善信息披露制度，建立健全企业与个人信用评级制度，规范市场信息传递机制。② 一般来说，信用数据的征集是一项艰巨而复杂的工作，它需要各方面的协调、努力来共同完成，其中可能会涉及金融、财政、工商、税务、司法等多个部门。因此必须通过有效地征集、整合个人与企业市场交易主体的信息信用资料，把孤立的、分散的信用资料全面汇集起来，建立起一个公开的社会公用信息网络，以便交易各方获取信用信息，减少交易风险，增加市场透明度，同时进一步完善信访、上访制度，发挥社会监督的作用，严厉打击、抵制各种市场机会主义行为，对各种不讲诚信的、欺诈的、违规的行为能够及时地披露，使造假者无处可逃，没有在市场中存活的机会。

第三，加强立法。建立和健全相关法律体系，改善市场经济秩序，惩戒各种投机行为。虽然市场经济主要靠价值规律这只“看不见的手”来进行自发调节

① 任勇、李晓光：《委托代理理论：模型、对策及评析》，《经济问题》2007 年第 7 期。

② 王冰、黄岱：《信息不对称与内部性政府管制失败及对策研究》，《江海学刊》2005 年第 2 期。

从而对优化资源配置发挥基础性作用，但它还需要靠法制这只“看得见的手”来进行必要的宏观调控，才能维护良好的经济秩序，它是建立良好经济秩序的重要组成部分。要保障一个良好的社会经济体系正常运行，关键是要建立一套让诚实劳动、合法经营者得到利益而各种机会主义行为付出高昂代价的制约机制，提高制假者（这里包括传播虚假信息者和商品制假者）的风险成本，切实保障消费者的根本利益，将社会经济体制真正纳入法制轨道上来。

值得注意的是，在解决信息不对称的过程中，政府要把握恰当的度。政府的干预同样会带来市场的扭曲，降低经济效率，深入的干涉只会使市场失灵。在医生职业的职业准入中，政府只负责最低程度的要求，即一个医生要拥有医生的能力才能行医，而并非由政府背书证明医生医术高超。对医生水平的评价应当由市场做出，政府介入其中只会带来权力的寻租与滥用。

课后习题

一、名词解释

信息不对称　逆向选择　道德风险　信号　委托—代理机制

二、简答题

1. 举例说明生活中的信息不对称现象，并讨论该如何解决。

2. 解释保险市场上逆向选择与道德风险的区别。其中的一种能在另一种不存在的情况下存在吗?

3. 某位学生大学期间学分绩点很高，这能反映出该学生生产率高的信号吗?为什么?

案例一

“杀熟”之后“杀富”，警惕大数据作恶新变种

据2021年4月5日澎湃新闻网报道，近年来，“杀熟”一词时常出现，诸如订酒店、外卖等，不同用户获得的价格信息大相径庭，“熟客”的价格偏高。近期有媒体报道称，在深圳的不同地方，线上点单某同款商品，定位在豪宅区的价格要高出近30%。网友不禁感叹:“杀熟”问题还没完全解决，“杀富”又来了。

同款商品，两份订单仅因小区地址不同，价格就相差了近30%，实在让人疑惑。一个人不管有没有钱，都不该成为被商家算计的对象。如此技术作恶的手段可以精确瞄准特定人群，今天是“杀”富人，明天则可能是“杀”其他群体。这种定价方式和“暗箱操作”的可行性，让人难以心安。

近年来，一些电商平台会不同程度获取消费者的诸多数据，包括消费习惯、地址、手机型号，甚至还用技术手段探查消费者手机上有没有安装与自己有竞争关系的平台，然后用算法筛选出“有用”的数据，最终差别化地制定价格和推送产品，这就是备受质疑和诟病的大数据“杀熟”。而不管是“杀熟”还是“杀

富”，本质上是一样的，那就是利用技术对用户信息进行采集和分析，然后“看人下菜碟”。

商家的这种行为，明显违反了诚实守信的市场原则。无论是《消费者权益保护法》《反不正当竞争法》，还是《电子商务法》等法律，都规定了“诚实信用原则”。同时，大数据“杀熟”背后可能还隐含着价格欺诈等违法行为。我国禁止价格欺诈行为的规定明确，价格欺诈行为是指经营者利用虚假的或者使人误解的标价形式或者价格手段，欺骗、诱导消费者或者其他经营者与其进行交易的行为。商家利用大数据对不同顾客购买的同一商品进行区别售价，对于花了冤枉钱的一方来说，显然有欺骗成分。

按照《电子商务法》的相关规定，如果商家存在大数据“杀熟”等行为，应责令其限期改正、没收违法所得，并处五万元以上、二十万元以下的罚款。情节严重的，并处二十万元以上、五十万元以下的罚款。不管是大数据“杀熟”还是“杀富”，这种随意定价、区别定价、看人下菜碟式的定价，都应该被及时制止和惩处，消费市场的秩序必须得到更有力的维护和监管。（资料来源：人民网、光明网）

请从信息不对称的角度谈谈你对大数据“杀熟”“杀富”的认识，大数据“杀熟”带来的道德问题与价值风险应当如何解决？

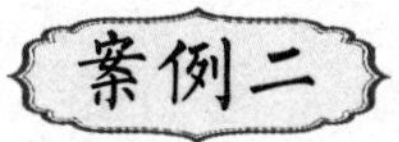

“五虚”问题不鲜见，“代理退保”套路深

虚假增员、虚增保费、虚列费用套取资金……此前，多名保险公司员工实名举报领导造假并登上微博热搜。与此同时，通过恶意投诉实现“退保理财”、“退旧换新”、收取高额手续费牟利的“代理退保”产业链也在持续扰乱保险市场，侵害保险公司和消费者权益。针对保险业种种乱象，监管部门已通过罚单和专项治理持续加大监管力度。

业内人士指出，一直以来，保险公司在业务经营中都存在“五虚”问题，即虚列费用、虚假承保、虚假退保、虚假理赔和虚挂保费。而这主要和寿险绩效考核体系以及粗放的管理模式有关。一方面，过去两年代理人数量下降以及新单负增长压力下，寿险公司对于增员和增收的需求更加迫切，保费指标、增员指标、继续率等 KPI 层层下压；另一方面，为了推动业绩提升，寿险公司投入了大量资源在增员、增收上。压力和诱惑之下，如果没有长效机制并配以规范的内部治理和严格的合规文化，很容易使销售前端行为走形，从而出现违规问题。对于保险业种种乱象，监管部门通过罚单和摸底调查持续加大对保险机构监管。据普华永道的统计，2020 年，银保监会及其派出机构对保险领域共开出 1705 张监管处罚罚单，其中，43 家寿险公司共收到 470 张罚单，罚款金额合计 5734.5 万元。编制虚假报告、报表、文件、资料，欺骗投保人，给予投保人保险合同以外的利益，是寿险公司前三大违法违规事由。

4 月 8 日，银保监会下发《关于深入开展人身保险市场乱象治理专项工作的通知》开篇直指此次乱象整治的重点：围绕销售行为、人员管理、数据真实性、内部控制等方面，对人身保险市场存在的典型问题和重点风险进行一次专项治理。从以上四方面整治内容来看，销售误导、虚增人力、财务数据造假等均为人身保险市场长期存在之顽疾，并屡次出现在监管内容中。马潇表示，保险业经营者要改变思维，保险不是赚快钱的生意，而是秉持长期的经营思维，不为短期业绩采取激进政策。此外，保险公司应进一步加强内控监督，通过技术手段进行管理，实现管理的数字化。(资料来源：人民网、光明网)

结合本章内容谈谈保险业的乱象问题的本质是什么？应当如何解决？

「第九章」 经济周期、经济危机与治理

关于经济周期更迭与驱动因素的研究在西方经济学界一直都是焦点话题，三个典型化事实是经济周期研究的重点：大萧条（Great Depression）、大缓和（Great Moderation）与“长期停滞”（Secular Stagnation）。①

大萧条是指1929—1933年美国股市崩盘后经济持续低迷的阶段。凯恩斯学派认为有效需求不足导致大萧条的产生，其间资本收益率下降与资本外流引致的投资匮乏进一步加剧了经济的萧条；②货币学派认为货币供给量下降是大萧条的主导诱因，但是对于货币供给与产出之间的因果关系无法精确断定。

大缓和是指始于20世纪80年代中叶的一段经济黄金增长期。在此期间，美国经济经历了长达30年的适速增长、低波动和低通胀，其他发达国家在信息技术革命的带动下实现经济稳步增长，实际投资率显著上升，产出也得到明显增长，因此该时期也被称为第三轮世界经济繁荣期。

进入21世纪后，信用体系迅速扩张，次贷危机的爆发标志着大缓和的终结。在后次贷危机时代，全球经济运行呈现出经济增速下滑、经济收缩阶段延长和资本收益率显著下滑等新特点和新现象，这表明世界经济虽然从衰退中缓步恢复，但又逐渐落入“长期停滞”阶段③，这一阶段出现的技术增速放缓、劳动生产率与资本收益率下降、人口结构失衡和资产负债表过度扩张等重要表象迫使人们开始重新审视经济周期。④

---

① 刘金全、刘子玉：《中国经济新常态下的经济周期更迭与驱动因素转换研究——兼论新周期的形成与识别》，《经济学家》2019年第5期。

② Keynes, J. M. The General Theory of Money, Interest and Employment. New York: Harcourt, 1936, p. 35.

③ Summers, L H. US Economic Prospects: Secular Stagnation, Hysteresis, and the Zero Lower Bound. Business Economics, 2014, 49 (2), pp. 65-73.

④ 刘金全、刘子玉：《中国经济新常态下的经济周期更迭与驱动因素转换研究——兼论新周期的形成与识别》，《经济学家》2019年第5期。

第一节　经济周期理论

一、经济周期的内涵

经济周期（Business cycle）又称商业周期或景气循环，一般是指经济活动沿着经济发展的总体趋势所经历的有规律的扩张和收缩。经济周期反映的是国民收入或总体经济活动扩张与紧缩的交替或者周期性波动变化。

在二战之前，经济周期表现为经济体中总量绝对值的变化过程，因此古典经济学家认为周期是经济总量的上升和下降的过程。而在二战后，经济总量的下降几乎不存在了，经济的波动更多表现在经济增长率的变化上，因此现代经济学家将经济周期定义为经济增长率的周期性波动。① 经济学家萨缪尔森曾这样描述资本主义经济的发展，"在繁荣之后，可以有恐慌与暴跌。经济扩张让位于衰退，国民收入、就业和生产下降，价格与利润跌落以及工人失业。当最终到达最低点以后，复苏开始出现。复苏可以是缓慢的，也可以是快速的。新的高涨可以表现为长期持续的旺盛的需求、充足的就业机会以及增长的生活标准。它也可以表现为短暂的价格膨胀和投机活动，紧接而至的是又一次灾难性的萧条。简单来说，这就是所谓的'经济周期'。"这概括性地说明了经济周期的特点，即虽然每次经济周期并不完全相同，但它们却有共同之处——每个周期都是繁荣与萧条的交替。

如图 9-1，经济周期可以分为四个阶段：繁荣、衰退、萧条、复苏，这四个阶段循环一次，即一个经济周期，持续时间通常为 2—10 年。图中 D—E 段，属于繁荣阶段，在这期间，国民收入与经济活动处于高水平阶段，经济扩张，消费需求和投资需求持续增长，产量不断扩大，市场需求旺盛，就业机会增多，企业利润、居民收入和消费水平有不同程度的提高，经济发展过热时有时会伴随通货膨胀；A—B 段属于衰退阶段，经济活动逐渐由繁荣转向萧条，这是一个过渡阶段，这期间消费需求不足，投资活动萎缩，生产发展缓慢，产出下降，市场疲软，经济出现紧缩趋势；B—C 段属于萧条阶段，在这期间，国民收入与经济活动处于低水平阶段，就业机会减少，生产能力闲置，经济急剧下滑到最低点，企

① 王悦：《西方经济周期与经济波动理论回顾》，《求索》2006 年第 10 期。

业利润水平下降，亏损、倒闭、破产企业数量增加；C—D 段属于复苏阶段，是经济活动由萧条转向繁荣的阶段，经济由最低点逐渐上升到先前的繁荣。在整个经济周期中，繁荣和萧条是两个主要阶段，衰退和复苏是两个过渡性阶段。

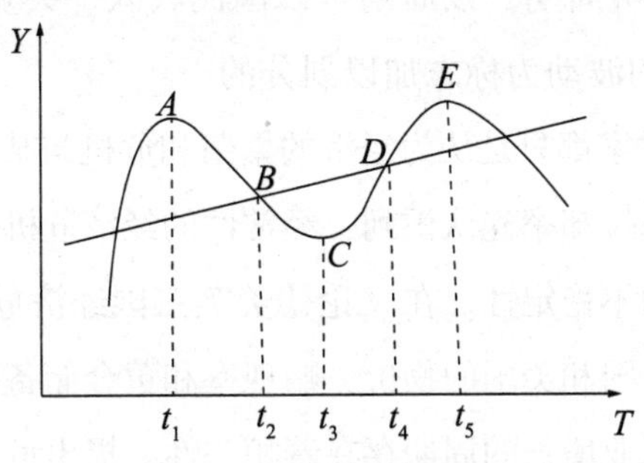

图 9-1　经济周期曲线

二、经济周期的分类

根据持续期和划分依据的差别，经济周期可分为基钦周期、朱格拉周期、康德拉季耶夫周期①、库兹涅茨周期与熊彼特周期。

（一）基钦周期：短周期

基钦周期由英国经济学家约瑟夫·基钦（Joseph Kitchin，1861—1932）于 1923 年提出，他在《经济因素中的周期与倾向》一书中表示，在对美国及英国 1890 年至 1922 年利率、物价、生产及就业等资料进行统计时发现，平均每 40 个月形成一个经济周期，这种短期周期被称为基钦周期。从微观的角度看，企业生产、库存的动态调节机制会影响经济形势，基钦从“厂商生产过多时就会形成存货，从而减少生产”的现象出发，提出库存投资变化会导致经济波动，因此基钦周期又被称为存货周期或库存周期。当经济开始边际回暖时，市场需求上升，但是企业对销售量的增加不能迅速做出反应，呈现出“被动去库存”的状态；随着经济开始明显转暖，市场需求的持续上升，企业预期积极从而加大生产，这时进入“主动补库存”阶段；经过繁荣期后经济开始边际变差，需求逐渐下滑，但企业来不及收缩生产，从而导致企业“被动补库存”；当经济明显衰退之后，企业预期消极并开始压缩生产，进入“主动去库存”阶段；随着下一轮经济形势逐步回暖，需求再度回升，经济又进入新的一轮基钦周期中。

① Schumpeter，J. A. Business Cycles：A Theoretical，Historical，and Statistical Analysis of the Capitalist Process. New York：McGraw-Hill Book Company，1939.

（二）朱格拉周期：中周期

朱格拉周期是1860年法国经济学家朱格拉（Juglar，1819—1905）提出的一种为期10年左右的经济周期，该周期是以国民收入、失业率和大多数经济部门的生产、利润和价格的波动为标志加以划分的。

在此之前的经济学家都只是认为经济的繁荣和危机与某些特定事件有关，如外部冲击或失误等，朱格拉却率先认识到，经常性的经济危机并不是简单的相互独立的事件，是组织内在的不稳定性。在《论德美英三国经济危机及其发展周期》中，朱格拉研究了法国、英国和美国的物价、贴现率和黄金储备的波动，并发现了这些与商业活动、投资及就业增长的周期存在着相关性，提出危机是周期性的想法，他认为繁荣、危机与萧条是社会经济运动三个阶段，而这三个阶段的反复发生就形成了周期。他指出，危机好像疫病一样，是发达的工商业中的一种社会现象，在某种程度内，这种周期波动是可以被预见或采取某种措施缓和的，但并非可以完全抑制。在朱格拉看来，政治、战争、农业歉收以及气候恶化等因素并非周期波动的主要根源，它们只能加重经济恶化的趋势。周期波动是经济自动发生的现象，与人们的行为、储蓄习惯以及他们对可利用的资本与信用的运用方式有直接联系。

（三）康德拉季耶夫周期：长周期

康德拉季耶夫周期是俄国经济学家尼古拉·康德拉季耶夫（Nikolai D. Kondratieff，1892—1938）于1925年提出的一种为期50—60年的经济周期。由于康德拉季耶夫观察到的周期比人们观察到的另外两种经济波动的周期“朱格拉周期”和“基钦周期”明显要长，所以被叫作长波或者长周期。

康德拉季耶夫研究了英法美和其他一些国家18世纪末到20世纪初100多年的时间序列资料，指出价格、工资、利率等基本经济指标展现出大约55年的周期波动。康德拉季耶夫将长周期分为上升阶段和下降阶段，上升阶段经济快速增长，下降阶段经济慢速增长，他认为资本主义的经济发展过程可能存在3个长波：（1）从1789年到1849年，上升部分为25年，下降部分35年，共60年；（2）从1849年到1896年，上升为24年，下降为23年，共47年；（3）从1896年起，上升24年，1920年以后是下降趋势，全过程为140年，包括了两个半的长周期，显示出经济发展中平均为50—60年一个周期的长期波动。每个长波代表一段相当长时期的总价格的上升或下降，康德拉季耶夫认为生产技术的变革、战争和革命、新市场的开发、金矿的发现、黄金产量和储量的增加等均不是引起价格长期波动的根本原因，长波产生的根源在于资本主义体系本身所具有的特性，尤其与资本积累密切相关。自工业革命以来，全球已经历过四轮完整的长周期，每一轮周期的起始或者结束都以一个突破性的技术作为标志，如纺织工业和蒸汽机技术、钢铁和铁路技术、电器和重化工业、汽车和计算机。现阶段全球经济正处于第五轮长周期中，以信息技术为标志的技术创新时期。2008 年金融危机的爆发，标志着第五次经济长波已经结束了上升阶段，逐渐进入下降阶段，新冠疫情全球性暴发，严重冲击了原本就十分脆弱的全球经济体系，未来经济衰退是一个大的趋势，只是爆发的时间点和受波及范围还存在不确定性。[①]

（四）库兹涅茨周期：长周期

库兹涅茨周期是美国经济学家库兹涅茨（Kuznets，1901—1985）于 1930 年提出的一种为期 15—25 年，平均长度为 20 年左右的经济周期。库兹涅茨周期主要以建筑业的兴旺和衰落这一周期性波动现象为标志加以划分，因此其也被称为“建筑周期”，建筑业与房地产的需求变化与人口的繁衍与迁移息息相关，所以库兹涅茨周期也在一定程度上反映了人口周期。受“婴儿潮”影响，1991—2010 年间美国经历了一个典型的库兹涅茨周期：1991—2006 年房地产市场向好，带动上下游行业快速发展，属于兴盛期；2008 年次贷危机爆发后，房地产泡沫破裂，美国经济随后进入经济下行期。此外，香港房地产 1985—2003 年的变动也印证了库兹涅茨周期：1985 年房地产行业开始复苏，1997 年东南亚金融危机之下泡沫破裂，直至 2003 年再次复苏。有观点认为，从 1998 年住房货币化改革到 2015 年前后触顶回落，我国大陆房地产已结束第一个库兹涅茨周期的上行期，目前处于此轮库兹涅茨周期的下行期。

（五）熊彼特周期

熊彼特周期由约瑟夫·熊彼特（Joseph Alois Schumpeter，1883—1950）于 1936 年提出，他认为一个长周期包括六个中周期，一个中周期包括三个短周期，短周期约 40 个月，中周期为 9—10 年，长周期为 48—60 年。熊彼特以时间序列为主线，遵循时间变量的性质，全面考察了有关经济周期研究的既有成果，指出了经济周期与“创新”之间存在密切关系。[②] 熊彼特认为，经济周期波动的根本原因在于技术创新和企业家，这里的技术创新不仅仅是发明创造，还包括引进新的产品、采用新的方法、开辟新的市场、发掘新的供应来源以及建立新的企业组

① 徐则荣、屈凯：《历史上的五次经济长波——基于熊彼特经济周期理论》，《华南师范大学学报（社会科学版）》2021 年第 1 期。

② 孙良、韦森：《重温熊彼特的创新驱动经济周期理论》，《济南大学学报（社会科学版）》2020 年第 30 期。

织形式五个方面,[①] 他以重大的创新为标志划分了三个长周期，分别为 18 世纪 80 年代到 1842 年的“产业革命周期”，1842 年到 1897 年的“蒸汽与钢铁时期”，1897 年以后的“电气、化学和汽车时期”。熊彼特学派继承他的思想，又在之后划分出两个长周期，分别是 1948 年至 1991 年后的电子计算机时代和 1991 年至今的信息技术与人工智能时代。

三、经济周期的成因

西方经济学家并不满足于划分经济周期，他们同时致力于寻找经济周期的成因。自 19 世纪中期以来，经济学家们所提出的关于经济周期成因的理论可以被大致划分为外生经济周期理论和内生经济周期理论两种。

外生经济周期理论认为经济系统是稳定的，经济波动来源于各种随机的外在冲击，这些冲击包括技术、偏好、消费、政治、宏观经济政策等，这是目前的主流观点，但经济学家们并未对是何种冲击导致了经济周期达成共识，也很少研究不同冲击之间的相互作用。内生经济周期理论认为经济波动是经济系统内自身形成的动态结果，与前一种观点相比，这类观点放弃了经济会自动达到稳定的假设，即认为市场并不总是有效,[②] 具体代表有凯恩斯经济周期理论等。关于经济周期成因的理论大致有以下几类。

（一）凯恩斯经济周期理论

1936 年，凯恩斯在《就业、利息和货币通论》一书中提出：经济发展必然会出现一种始向上，继向下，再重新向上的周期性运动，并具有明显的规则性，即经济周期。在繁荣、恐慌、萧条、复苏四阶段中，“繁荣”和“恐慌”是经济周期中两个最重要的阶段。凯恩斯学派认为在资本主义市场中，决策环境易于失调，信息也并不完美，人们对不确定的未来常抱有变化的观点，由此引发的个体学习和市场调整过程就容易出错。20 世纪 30 年代大萧条的爆发促使凯恩斯提出了有效需求理论，他认为经济体的产出取决于有效需求，而有效需求在于三大基本心理因素：边际消费倾向递减、资本边际效率递减和流动性偏好,[③] 其中，资本边际效率最为关键：“资本之边际效率，不仅系乎现有资本品之多寡及当前生产成本之大小，亦须看现在人们对于资本品之未来收益作何预期来定。……但预

① 徐则荣、屈凯：《历史上的五次经济长波——基于熊彼特经济周期理论》，《华南师范大学学报（社会科学版）》2021 年第 1 期。

② 高阳：《现代经济周期理论述评与批判》，《南开经济研究》2015 年第 1 期。

③ 高阳：《现代经济周期理论述评与批判》，《南开经济研究》2015 年第 1 期。

期之基础，非常脆弱，其物证变换亦不可靠，故预期常有骤然而剧烈的变化。”①凯恩斯认为，资本家是否愿意投资取决于“对投资的预期收益”和“流动性偏好”等心理因素。他特别强调主观因素：当资本家对机器设备进行新的投资时他将考虑未来的竞争情况、技术变化、有效需求、政治情况等，甚至气候不好也会影响资本家对投资的考虑。

为此，凯恩斯认为，为了增加投资，应该制造一种有利于资本家对未来充满信心的气氛。在经济繁荣时，人们对未来充满信心，资本边际效率增加，就业率上涨；而在繁荣后期，市场的怀疑情绪战胜乐观情绪，劳动力和资源逐渐稀缺，边际成本逐渐增加，资本边际效率崩溃，投资减少，加上投资乘数的作用，使经济由上升骤然下降，同时，经济的突然下降又导致消费需求减少，加剧危机。②自此之后，资本家对未来信心不足，资本边际效率难以恢复，银行家和工商界也无力控制市场，因而投资不振，生产萎缩，就业率下降，商品存货积压，经济处于不景气状态。由此可见，导致危机的主要原因是资本边际效率的崩溃，要使经济恢复，就必须是资本的边际效率复苏，恢复市场信心就成为促进经济恢复的重要途径。随着人们对市场的信心逐渐建立，存货也逐渐被吸收，利率降低，投资逐渐增加，经济发展就进入复苏阶段。

在凯恩斯主义者看来，经济周期是市场失灵的表现，与资本主义制度无关，因此需要政府通过宏观政策来调节经济，这一主张在一定程度上缓解了 20 世纪 30 年代大萧条带来的问题。到了 20 世纪 70 年代，凯恩斯主义周期经济理论由于缺乏微观基础与理性预期，难以解释当时的通货膨胀与增长停滞现象，而受到广泛的批判。③

（二）乘数—加速数原理

沿袭凯恩斯经济周期理论最负盛名的理论是由哈罗德（Harold，1900—1978）、萨缪尔森、希克斯（Hicks，1904—1989）提出的乘数—加速数模型，哈罗德认为决定经济运动过程的主要是三种动态因素：储蓄倾向、利润的转移和资本对收入的比例。乘数效应是指投资的变动会引起收入或消费若干倍的变动，加速数的作用是指消费或收入的变化又会引起投资若干倍的变化。消费倾向的降低意味着乘数的减小，导致投资增长对国民收入增长的影响力减弱；同时，消费倾

① ［英］凯恩斯：《就业、利息和货币通论》，北京：商务印书馆，1983 年版，第 272-275 页。
② 徐生钰、葛扬：《马克思主义与凯恩斯主义经济周期理论比较》，《经济学家》2017 年第 3 期。
③ 唐可欣、魏玮：《西方经济学经济周期理论研究进展与展望》，《经济纵横》2010 年第 12 期。

向的下降又通过加速数的作用引起投资增长率的下降，乘数与加速数的共同作用最终会由消费—投资—国民收入之间的连锁反应而引起经济危机。

经济中小的扰动由于乘数与加速数的影响不断放大，造成了经济的周期性波动。投资的增加通过乘数效应引起国民收入的更大增加，国民收入的增加因加速数效应引起投资的增加，在二者的不断作用中，经济活动水平逐渐上升达到繁荣阶段。但这种增加并不是无止境的，在增长达到顶峰后，国民收入的减少又将导致投资的减少，二者的共同作用使经济活动水平逐渐衰退至萧条。萧条时期由于大规模的资产更新，投资增加，经济进入又一次繁荣。所以，哈罗德说：“经济周期产生于关系加速数和乘数的联合作用。”在二者共同作用下，经济完成了从繁荣到衰退、从衰退到繁荣的不断循环。

英国经济学家希克斯在《经济周期理论》中认为，从经济发展的历史来看，社会生活中商品和劳务实际的波动总趋势是向上的上下波动状态。经济周期存在上下限：在给定的社会技术和资源水平上，经济的发展存在上限，当所有生产资料都被用完后，经济的扩张就会停止，经济活动转向收缩。经济周期的下限取决于社会总投资的特点和加速数作用的局限性，从社会总投资分析，净投资可以成为负的，但是由于折旧存在，总投资机会小于0，这构成了投资的下限；再从加速数原理来看，在存在大量闲置资源的情况下，加速数原理不起作用；而边际消费倾向不能小于0，此时乘数还在起作用，因此经济收缩一段时间后就会停止。

（三）货币主义经济周期理论

美国经济学家弗里德曼（Friedman，1912—2006）把经济周期产生的原因归结为一种货币现象，他认为货币和信贷的扩张与收缩是影响总需求的最基本因素，同时也是经济周期的决定力量。货币主义的基本立场是：只有货币是重要的。尽管财政政策对于某些变量（如国防或个人消费占GDP的比重）来说很重要，但大部分宏观经济变量（如总产出、就业率和物价水平等）却主要受货币的影响。①

价格具有伸缩性，市场的力量使经济在长期内具有内在的稳定性，短期内经济的波动源于货币供给的不规则变动，当政府采取措施干扰货币供给时，货币的平衡被打破，就出现了经济周期现象。当银行体系增加货币供应时，市场参与者会产生“货币幻觉”，劳动者将名义工资的上升看作实际工资的增加，厂商和公众将名义货币余额增加当作实际货币余额增加，从而引起劳动供给增加，利率下降，刺激商人增加借款和订货，生产者扩大生产，收入上涨，这时投资、产出和

① 童星、严新明：《经济危机的本质及其治理之道》，《太平洋学报》2010年第18期。

就业的增加导致自然率水平偏离均衡状态。当经济主体基于过去的货币和价格变动不断调整预期以应对名义工资和价格的调整，从而消除"货币幻觉"时，产出和就业又会恢复到与新的通货膨胀率相适应的均衡状态。因此，长期内实际产出和就业不受货币的影响，短期内经济的周期性波动是货币扰动的结果。

（四）后凯恩斯主义经济周期理论

20世纪70年代，在后凯恩斯主义研究范式得以确立，关于内生货币理论与金融不稳定性理论研究产生之后，传统凯恩斯经济周期这种忽视货币和金融因素在经济周期性动态中的作用的局面发生了根本性变化。后凯恩斯主义将货币和金融要素有机地纳入宏观动态模型，注重考察实体因素与金融因素的相互作用在经济周期性波动当中的重要角色。其中以明斯基为代表人物，他从投资融资切入，在凯恩斯经济周期的投资理论的基础上提出了"投资的金融理论"，并结合其内生货币创造理论，构建了以"金融不稳定性假说"而著称的内生不稳定性理论，从金融脆弱性和结构不稳定性角度来研究经济波动。① 明斯基的研究启发了许多后凯恩斯主义者，他们发现，金融体系在每次周期性扩张中都会变得脆弱，信贷对经济周期扩张至关重要，"信贷紧缩"在经济由盛而衰进而演变为金融危机的过程中扮演着重要角色。这些货币和金融变化与实体领域的周期性变化相互作用，共同推动着经济体系内部正常而持续的经济周期性波动和阶段性变化。

进入21世纪，后凯恩斯主义受到更多关注与研究，尤其是2008年全球金融危机之后，主流经济周期理论因未能预见、解释和应对这场自20世纪30年代"大萧条"以来最为严重的金融危机和经济衰退而饱受质疑，与之形成鲜明对比的是，作为后凯恩斯主义的戈德利和基恩两位经济学家却被认为成功预见了这场危机的降临。而已故经济学家明斯基则在这次危机中"声名鹊起"，被奉为我们这个时代最有先见之明的伟大思想家，以至于这场危机被普遍冠以"明斯基时刻"。②

第二节　经济危机的产生与治理

一、经济危机的产生

经济周期波动可能会产生经济危机，经济危机是指在经济周期的顶部时，经

① 李黎力：《货币与经济周期：后凯恩斯主义的逻辑》，《政治经济学评论》2020年第11期。
② 李黎力：《"大衰退"以来明斯基思潮之动向——一个批判性评述》，《经济评论》2014年第1期。

济情况突然下滑，迅速进入经济谷底的现象。由于处在不同的社会进程和宏观经济背景下，经济危机的表现不尽相同，但我们仍然能从中概括出一些共性，主要表现为：商品大量过剩，生产停滞；失业率上升，大量企业破产；通货膨胀或通货紧缩，汇率和利率波动变化；国际资本出逃，并导致经济危机蔓延至全球。

在马克思看来，资本主义生产资料的私人占有是产生经济危机的根源。资本主义生产资料占有方式导致长期收入两极分化，贫富差距较大，占人口大多数的中低收入阶层财富和收入很少，而占人口少数的高收入阶层拥有社会大部分的收入和财富。社会贫富差距悬殊导致有效需求不足，社会出现严重的生产过剩，最终引发经济危机。从历史上看，1825 年英国第一次经济危机、1857 年第一次世界性经济危机、1929 年到 1933 年经济大萧条，历次爆发的经济危机足以证明马克思经济危机理论的正确性。以大萧条为例，1919—1929 年之间，美国在第一次世界大战中大发横财，资本主义的中心由英国转移到美国，经济的繁荣促进了股票市场的繁荣，美国的股票市场一路高歌猛进。最开始进入股票市场的投资者只是为了赢得分红，但是股票的价格一路上涨导致一些人想要通过买卖股票赚取差价，于是大量的资金涌入股票市场，造成了股票价格的虚高。由于股票依赖于社会生产的总价值，虚高很有可能导致经济崩溃，于是很多人开始准备抛售手中的股票。1929 年 10 月 24 日美国纽约股市暴跌，无论普通美国市民还是股票大经纪人都加入抛售狂潮之中，这成为 1933 年经济大萧条的直接导火索。究其原因，根本还是生产的社会化与生产资料私人占有制之间的矛盾，即资本主义社会的基本矛盾。

2008 年爆发的全球性危机的产生过程可以概括为以下过程：资本主义内在的制度性矛盾→居民消费需求不足→生产相对过剩→透支消费的不可持续→居民对未来预期持有悲观态度→居民违约率不断上升→美国次贷危机→金融危机→全球经济危机。经济危机的实质是生产过剩，当代资本主义经济危机的范围和表现形式发生了明显变化，一方面，商品过剩除了生产和生活资料的过剩之外，还包括金融产品及其金融衍生品的过剩；另一方面，资本过剩除了产业和商业资本过剩之外，还包括金融资本和以信用制度为基础的各种有价证券的虚拟资本的过剩。2008 年，美国在金融和房地产业的过分扩张，导致金融借贷链条过长而难以兑现，这场危机最初表现为虚拟经济领域的危机，后来发展到实体经济领域危机，建筑、汽车等行业无一幸免，再因世界各国对美元的依赖而迅速传导，进而转化为全球性经济危机。这场危机的本质是相对于广大劳动人民，特别是低收入群体的有支付能力的需求不足的过剩，是全球经济运行中生产和消费、供给和需求等结构性失衡的结果。

事实上，只要实行市场经济，就会有经济周期，就可能会出现经济危机。市场经济的矛盾可能带来经济危机，如果经济的矛盾可以自行缓解，则经济平稳运行，不会出现经济危机，而在一些经济周期中，矛盾积累到一定程度并大规模爆发，就会形成经济危机。在经济全球化背景下，生产与消费已经不再局限于本国之内，国家之间的分工、产业内的分工、产品内的分工影响着一国的生产与消费能力。更重要的是，不同国家在国际分工体系中的地位以及相对应的制度规则安排决定了他们的生产与消费能力。在国际分工的产业链中，发达国家长期处于顶端，并从中获得巨大收益；在全球实体经济与虚拟经济的分工中，发达国家因主导金融业而获得的收益更大。发达国家是世界货币的持有者，以美元为例，多年来美国一直有巨额的贸易逆差，对美国有顺差的国家积累了大量的美元储备，这些美元不能在其本国内流通，只能重新回流到美国去购买美国国债或其他资产，从而美国资产需求增加，促使价格上涨，间接铸成资产泡沫，资产泡沫不可能永远膨胀下去，泡沫的崩溃再借助于复杂金融衍生品的放大机制，会波及全球经济。发达国家与新兴经济体的贸易失衡、发达国家虚拟经济与实体经济的失衡、金融监管跟不上金融创新的步伐、金融家的过度冒险投资行为以及缺少对美元无序发行的国际监督机制等因素成为导致经济危机的重要因素。

二、经济危机下的市场失灵

经济危机期间，市场失灵无论是在范围上还是在广度上都远远超出一般水平。资产价格的虚高，引发资本持续流入，导致资源从实体经济到虚拟经济的大规模错配。金融和产品市场的共同失灵引发的价格失真，再经由非理性的微观个体和机构放大后，引起整个社会资源配置的广泛失效。

马克思的经济危机理论实际上就是一种市场失灵理论，主要论述了工业资本主义时代的社会基本矛盾，如何必然导致生产过剩的供过于求的市场缺口，进而引起市场失灵和经济周期的破坏性自发调整过程。主流西方经济学中的商品市场供给需求曲线仅仅适用于价格均衡点附近供求缺口不大的情况，当经济危机发生时，供求出现过大缺口并远离均衡价格，受企业设备、厂房等限制难以继续扩大生产等原因的影响，供给曲线向上倾斜一段之后就会变成垂直的直线；价格暴涨往往导致大量资本涌入追逐投机暴利，导致正常的需求曲线严重扭曲，从向下倾斜变成向上倾斜，供给者也可能被高额利润吸引加入投机者的行列，供给停滞、需求猛增导致价格加速上涨甚至失控，市场价格机制出现失灵并丧失促使供求恢复均衡的功能。可以说这是一种泡沫经济所引起的市场失灵，它导致的市场失灵现象的严重危害性，远远超过了自然垄断、经济外部性等经典的市场失灵。① 资产市场比商品市场具有更加适合投资者参与的特性，更易于诱发产生广泛负面影响的泡沫经济，资产价格高涨将会增加供给方惜售、持有的欲望，资产需求也同样强烈，这样供求双方缺口不断增大，最终趋于失控，引发市场失灵。

政府监管的不到位为金融市场创造无监管的市场环境，也是市场失灵的一个重要条件。“公地悲剧”暗含的一个假设是没有外部的公共力量的监管，各利益主体都按照自己的利益最大化目标来决策，同时也不用对相应的决策结果负担外部责任。2008 年美国金融危机的市场也存在这种情况。1999 年美国国会通过《金融服务现代化法案》，废除 1933 年《格拉斯-斯蒂格尔法案》的大部分条件，② 拆除了银行体系和资本市场之间的风险隔离墙，随后的金融监管体制缺乏统一的监管机构、多头监管，削弱了政府监控、防止和处置金融体系积聚的风险的能力，造成监管不到位，连监管者都无法掌握与弄清一些复杂的金融机构和金融产品的信息。这时，金融机构与普通投资者之间存在巨大的信息不对称，金融产品的收入佣金，即金融机构创造的市场价值是金融行业从业人员的主要收入来源，因此金融高管通过获取更多的房贷，然后创造更多的金融衍生产品，最后获取更高的佣金收入，而不考虑金融风险带来的损失。投资者、股东与企业管理人员的不同激励导致不同的行为，最终造成金融衍生产品规模巨大，从而极大地扩大了次级贷款带来的影响，因此，政府的严格监管对经济稳定是十分必要的。

市场失灵还会通过个体投资的非理性和机构运行的无序性进一步加深价格体系的扭曲。在“理性羊群效应”③ 的指引下，微观个体的最优化决策基础已由成本—收益核算变为一味追求与他人行为的一致性，因而危机中虽然房地产价格已经泡沫化，抵押债券的次级化风险也越来越高，但微观投资者还是不理智地向市场一致行为靠拢，这进一步扩大了金融与经济基本面间的差距。此外，在金融联系日益紧密的背景下，金融机构的行为具有很强的外部性，投资的收益可以独享，风险成本却由全社会共担。同时，资产证券化的深入也导致了越来越多的隐藏信息，而隐藏信息的增加与外部性的存在也催生了更多的道德风险，加深了资

---

① 杨斌：《泡沫经济、新市场失灵与经济金融危机》，《福建论坛（人文社会科学版）》2016 年第 10 期。

② 王自力：《道德风险与监管缺失：美国金融危机的深层原因》，《中国金融》，2008 年第 20 期。

③ “理性的羊群效应”认为，信息获取的困难、行为主体的激励因素以及支付的外部性的存在，使得“羊群行为”成为行为主体的最优策略。

产的泡沫化与价格的失灵。①

三、经济危机的治理

在面对经济危机时，市场调节职能已无法奏效，政府具有不可或缺的作用，利用宏观调控政策和紧急援助措施来刺激经济，减少经济危机的影响。美国次贷危机爆发后迅速向国外扩散，使国际金融形势急剧恶化，演变成为大萧条以来最严重的国际金融危机，金融危机很快影响到实体经济，全球性经济衰退的风险明显增大。美国政府采用“三招救市”：第一，政府对陷入危机的金融机构进行重组，增资扩股，美国财政部直接入股包括高盛、美林公司、美国银行和花旗银行在内的美国 9 家主要的金融机构；第二，把银行的坏账剥离，银行复苏后赎回资金，如果银行倒闭，则由政府埋单，将坏账清零。第三，陷入流动性危机，政府用公共资金直接购买抵押贷款和其他一些资产，为银行提供资金，增加现金流，增强社会信心，减弱了这场灾难性的危机所带来的影响。

由于金融或经济危机的根本原因在于市场供给与需求的矛盾，其实质是生产过剩，所以关键解决之道就是扩大社会的有效需求。②“有效需求不足”是社会分配不均造成的，政府应当通过国民收入的分配和再分配的改革来增加国民的收入，提升国民的消费能力。20 世纪 30—50 年代，美国罗斯福“新政”、英国福利国家政策以及德国社会市场经济都包含了较多提升国民福利的内容，在当时经济萧条的环境下都极大地促进了经济的恢复与增长，提高了人们的生活水平，而经济增长所形成的供给与人们生活水平提高所形成的有效需求实现了良性互动。2008 年金融危机期间，美国当局强制推行全国儿童健康保险计划，要求雇主向雇员提供健康保险，希望通过扩大政府财政支出、加强基础设施建设、建立全民医疗保健、向房产购置者提供援助等措施来拉动投资，并创造更多就业机会，增加民众财富，间接刺激消费。2020 年新冠疫情对全世界经济造成巨大冲击，这种冲击对经济的影响是非对称的，低收入群体、小微企业受损更为严重，劳动密集型服务业营收下降造成低收入群体失业和收入下降，因病致贫、因病返贫的可能性上升，③ 收入的不平等对长期经济增长有明显的负面影响。在此期间，我国政府积极采取政策，如提供就业补贴，延缴社会保险费，对中小企业进行创业扶

---

① 刘元春、杨丹丹：《市场失灵、金融危机与现有潜在产出测算的局限》，《经济学动态》2016 年第 8 期。

② 童星、严新明：《经济危机的本质及其治理之道》，《太平洋学报》2010 年第 18 期。

③ 陈斌：《以财税政策降低疫情对收入分配的负面影响》，《澎湃新闻》2020 年 3 月 30 日。

持等，努力促进分配公平，避免经济的进一步恶化而导致经济危机的发生。

此外，在应对经济萧条时，中央银行实行量化宽松的货币政策也是各国较为常用的手段，中央银行通常利用多种工具调整利率，为市场提供流动性，以增加货币供应，降低中长期市场利率，避免通货紧缩预期加剧，防止经济持续恶化。还以新冠疫情为例，中国人民银行推出了3000亿元疫情防控专项再贷款、5000亿元复工复产再贷款再贴现、1万亿元普惠性再贷款再贴现政策，在金融市场2020年春节开市后提供了1.7万亿元的短期流动性，有效稳定了市场预期，维护了货币市场、债券市场利率平稳运行。[①] 同时，开发新的金融产品和完善金融机制，实施金融创新，用灵活的方式影响市场也是治理经济危机的一个十分有效的举措。在2008年的次贷危机中，各国央行出台了大量新工具，如美联储的定期拍卖工具、定期证券投资工具、货币市场投资者融资机制等，英格兰银行使用新的资产购买工具、通过特别流动性方案向金融机构融出政府债券等。这些措施使中央银行管理市场流动性能力大幅提升[②]，有效减轻金融损失。

第三节　我国现阶段的经济风险及防控

党的十九届五中全会深入地分析了我国发展环境面临的深刻复杂变化，认为“当前和今后一个时期，我国发展仍然处于重要战略机遇期，但机遇和挑战都有新的发展变化”，《中共中央关于制定国民经济和社会发展第十四个五年规划和二〇三五年远景目标的建议》提出，把安全发展贯穿国家发展各领域和全过程，增强机遇意识和风险意识，树立底线思维，防范和应对可能影响现代化进程的系统性风险。

一、目前我国经济的潜在风险

（一）房地产泡沫严重

大卫·李嘉图认为，市场经济下的经济周期主要归因于房地产市场泡沫问题。从1998年开始，中国房地产进行了市场化改革，国内房价已经连续涨了20

① 徐诺金：《新冠肺炎疫情冲击下我国货币政策应对之策及相关分析》，中国金融新闻网，2020年12月28日。

② 林立振：《金融危机应对过程中政府救助方式的国际比较》，《金融发展评论》2015年第8期。

多年，到2020年，中国的房地产总规模达到65万亿美元（相当于450万亿元），而欧美日房地产市值统统加起来，也只有60万亿美元。如果国内房价继续增长，那其市值可能会与世界房地产市值相媲美。这点类似于日本在1991年房地产泡沫破灭之前的情况，在日本房地产泡沫被吹起时，仅是东京一个区的市值，就相当于整个美国，日本全体国民几乎都将自己的积蓄投入房地产行业中，本国房价和股价飞速上涨，国民认为自己的资产得到了有效的保障。日本房地产市场的泡沫破灭之后，全社会都陷入了低生育率的困境当中，日本的经济也多年停滞。

我国政府也意识到房地产市场的发展出现了泡沫，继2020年后，“房住不炒”再度出现在2021年政府工作报告中，体现出楼市调控的目标和底线并未发生变化，报告中，“稳地价、稳房价、稳预期”同时出现，使得这一目标进一步细化。[①] 近几年中央各部委连续多次提出“不将房地产作为短期刺激经济的手段”，房地产要去除它的金融属性，房价也应该回归到真正的居住价值上来。此前政府出台了“三道红线”，从供给端限制房地产开发商炒房操作，银行更加严格地去查询贷款来源，严禁经营贷流入楼市，部分城市也发布了房价的指导价格，同时限制购房人群的资格。据统计，2020年，中央和各地出台房地产调控政策的频次高达489次，2021年房地产调控政策次数更高达651次。近来的调控政策，明显以打压性为主，且大中城市的调控频次明显增多，在未来，房地产市场仍将受到政策高压，楼市调控将继续保持高频次，[②] 但是我国目前房产整体价格依旧处在一个较高水平，房价高涨吸引了房地产投资和信贷增长，从而增加银行信贷风险。一旦资金链条断裂，金融机构将无法收回贷款，就会引发系统性金融风险，对经济造成冲击。

（二）外部环境存在不确定性

全球经济受到新冠疫情严重冲击，从2020年全年来看，海外主要经济体呈现经济深度衰退，美国全年实际GDP同比下降3.5%，为二战以来最弱，英国全年实际GDP下降9.9%，为1709年以来最弱。[③] 在收入不平等、美国工业衰落的背景下，贸易保护主义和单边主义思潮进一步升温，全球化和自由贸易发展停滞乃至倒退，遏制中国发展已基本成为美国两党的共识，中美博弈大势仍未褪去。拜登政府上台后对前一届政府的国家安全措施进行审查，中美第一阶段经贸协

① 李克强：《2021年政府工作报告》，中国政府网，2020年3月5日。

② 包芳鸣：《政府工作报告五大房地产关键词解析》，《21世纪经济报道》2021年3月5日。

③ 邱晓华：《后疫情时期中国的外部环境与经济增长研究》，《保险研究》2021年第3期。

议[①]也在审查之列，目前美国加征的关税仍在保留。美国针对华为、中兴，TikTok、微信等中国软件与中概股的文件频繁发布，限制我国在半导体领域的发展，阻止核心高科技产品对我国的供应，对我国进行高端技术的封锁。同时，美国对中国的金融制裁已经走在路上，美国政府退休基金在白宫压力下搁置投资中国股票计划，特朗普离任前发布总统行政令，禁止美国投资者向所谓的中国军方拥有或控制的企业投资，三大运营商和中海油从纽约证券交易所退市，多家公司的证券被剔除出相关指数。[②] 此外，美国与传统盟友多边施压、一致对华，对我国的遏制打压进一步升级，中美贸易摩擦通过企业的净值影响其外部融资成本，进一步影响其投资和生产决策，进而影响宏观经济。

新冠疫情触发全球价值链的结构调整，使之呈现出整体规模萎缩、本土化、区域化加强、全球价值链数字化转型加速和欧美国家对中国实施价值链拆解五大典型特征。[③] 全球供应链部分断裂与公共医疗卫生供应短缺，导致全球产业分工安全性遭到质疑，“逆全球化”思潮加速，主要发达国家均考虑或正在考虑加快制造业回流，重新调整产业布局，美国主动加强与中国的博弈，欧洲强化“经济主权”与“战略自主”的战略转向，印太区域为提高供应链安全性进行调整，使我国大量出口订单被取消或推迟，刚刚复工复产的外贸企业再次陷入停产、裁员与减薪的困境，这种趋势下势必对我国产业结构尤其是外贸依赖度相对高的行业，造成较大和较深远的影响。供应链的改变损害和瓦解全球化过程中既有经济联系的基础，进而引发全球经济不稳定背景下的政治博弈与对抗，面对国内消费不足和出口受阻的困境，迫切需要扩大国内需求，畅通从生产、分配、流通、消费各环节的循环，确保企业产品销售顺畅，推动我国经济加快回归正轨。

（三）企业债务违约风险较大

为应对疫情冲击，世界主要经济体均出台了大规模的财政货币政策来刺激经济，导致宏观杠杆率大幅攀升。为保就业、保市场主体，我国也出台了大规模的信贷刺激政策，2020 年全年我国社会融资规模增长 13.3%，创近三年新高，全国宏观杠杆率达到 270.1%，增幅为 23.6 个百分点。在 23.6 个百分点的增幅中，企业部门贡献了主要力量，数据显示，非金融企业部门杠杆率上升了 10.4 个百分点，从 2019 年末的 151.9%增长至 162.3%。企业部门的加杠杆主要发生在一

---

① 2020 年 1 月 15 日，中美签署第一阶段经济与贸易协议，2 月 14 日，协议正式生效。

② 邱晓华：《后疫情时期中国的外部环境与经济增长研究》，《保险研究》2021 年第 3 期。

③ 余南平：《新冠疫情下全球价值链结构调整特征与未来挑战》，《国际关系研究》2021 年第 1 期。

季度，该季度企业杠杆率上升了 9.9 个百分点。宏观杠杆率的大幅上升意味着债务风险在快速积聚，近几年是债务的到期高峰，企业偿债压力较大。债务风险的持续高位使得政策需要把握好稳增长与防风险的平衡，这在一定程度上制约了政策空间，短期经济修复动力或边际弱化。

同时，结构性去杠杆的继续推进，银行信贷业务受到限制，这可能造成长期依赖于外部融资的企业资金链断裂，小型企业因去杠杆出现融资难、融资贵的难题，而被迫中断正常运营，企业违约风险加大。个别行业的去杠杆可能波及社会经济运行大的调整，严重的甚至可能发生大量的企业倒闭和工人失业，这可能导致银行出现不良贷款，偿债面临较大难题。随着供给侧结构性改革不断深化，去产能、去杠杆等政策的实施效果逐渐显现，短期内信用风险仍会继续释放，不良贷款规模仍会持续扩大。

由于疫情冲击和国内外需求的低迷，我国企业亏损面和亏损额有所扩大，微观主体活跃性和积极性不高，居民消费行为趋于保守，企业投资也更加谨慎。企业债券违约风险不断加大，2020 年 10 月份以来相继发生永煤、华晨、紫光等大型国企债券超预期集中违约事件，使大量企业债券的发行被推迟或取消。2021 年以来受集团型企业风险爆发影响，违约风险进一步释放，1—5 月债券合计违约规模已超过千亿元，新增违约发行人行业主要为交通运输和房地产行业。受海航集团旗下多家企业违约影响，近六成的新增违约主体为交通运输业。此外，因房地产“三条红线”调控、信贷集中度监管加强以及实施供地集中拍卖，调控政策叠加，房企新增违约发行人集中释放。

从外部环境来看，2021 年违约企业普遍面临一定的经营或融资压力，导致经营业绩、融资能力等受到不利影响，引发内部和外部融资来源收紧等问题，进而引发风险暴露，成为影响经济的不稳定因素之一。

二、我国未来经济风险防范的建议

经济风险加大了各国经济的不确定性，经济变动对货币与信贷市场的冲击敏感程度提升。中国作为目前最大的出口导向型国家，经济对外依赖性强，容易受到来自其他国家的经济影响。如何防范内外部冲突所带来的风险，避免经济危机的发生，是实现中国经济向高质量发展阶段迈进的关键。

（一）解决经济体内部问题

经济危机来自经济发展中的矛盾，不合理的经济结构以及不严格的监管措施会导致经济抵抗风险能力也不足，一旦受到外界冲击，内部将产生巨大震荡。事实证明，出现经济危机的国家无一不是经济自身内部出了问题。在 2008 年美国金融危机前，美国信贷条件宽松，金融衍生品泛滥，金融监管严重失职，经济结构脆弱，突如其来的冲击，将经济瞬间推向万丈深渊。

党的十九届五中全会提出“全面深化改革，构建高水平社会主义市场经济体制”及一系列重要部署，这对于推动高质量发展、全面建成小康社会、开启全面建设社会主义现代化国家新征程，具有重要意义。构建高水平社会主义市场经济体制，我国应当做到以下几点。

第一，坚持和完善社会主义基本经济制度，积极培育市场主体，激发市场活力，继续深化国有企业改革，完善中国特色现代企业制度。未来一段时期，分层分类深化国有企业混合所有制改革，支持民营企业、社会资本参与国有企业混合所有制改革，鼓励国有资本投资入股民营企业。国有企业改革创新和高质量发展，重点应在于科技创新和技术创新，以增强创新要素凝聚力和协同创新为抓手，充分发挥国有经济在创新型国家建设和前瞻性战略性产业领域的引领作用。政府鼓励、支持和引导非公有制经济，优化民营经济发展环境，依法平等保护民营企业产权和企业家权益，健全法治环境，加强经济领域监管，实现各种所有制经济权利平等、机会平等、规则平等。

第二，优化收入分配结构，完善收入分配体系，提高劳动报酬在初次分配中的比重，要健全劳动、资本、土地、知识、技术、管理、数据等生产要素由市场评价贡献、按贡献决定报酬的机制，提高要素使用效率，健全以税收、社会保障、转移支付等为主要手段的再分配调节机制。“十四五”时期经济社会发展必须遵循的原则中包括“坚持以人民为中心”，“坚持人民主体地位，坚持共同富裕方向，始终做到发展为了人民、发展依靠人民、发展成果由人民共享”等。收入分配制度是一项带有根本性、基础性的制度安排，要继续坚持按劳分配为主体、多种分配方式并存，推动居民收入增长和经济增长同步、劳动报酬提高和劳动生产率提高同步，努力形成公平合理的收入分配关系，实现收入分配公平、全体人民共同富裕。此外，着力健全社会公平保障体系，推进基本公共服务均等化，构建公平公正、共建共享的发展新机制，通过制度安排解决民生问题，在更高经济发展水平上促进社会公平正义、实现发展成果由人民共享。

第三，加强资本市场基础制度建设，健全现代金融体系。资本市场承担着实体经济融资的重要职能，对推动经济发展至关重要，今后应重点维护金融市场秩序，大力发展科创板，推进创业板改革，完善债券评级、发行与交易机制，促进股市、债券融资长期稳定发展。要特别注重保护投资者合法权益，严厉打击股市欺诈、债券市场“逃废债”等违法行为。未来资本市场改革将带动居民资产配置的大幅改善。目前，我国居民部门资产配置中房产占据70%以上的比重，而金融资产占比仅约12%，而美国居民资产配置中房产和金融资产分别为35%、43%，中国金融市场的深度与健全度偏低以及经济对房地产市场过度依赖是居民部门资产配置畸形的重要原因，有效的资本市场改革将带动资本重新配置，为经济增长带来新的驱动力。①

第四，完善社会主义市场经济体制，一个重点在于统筹协调好市场与政府的关系。《中共中央关于制定国民经济和社会发展第十四个五年规划和二〇三五年远景目标的建议》提出，“坚持和完善社会主义基本经济制度，充分发挥市场在资源配置中的决定性作用，更好发挥政府作用，推动有效市场和有为政府更好结合”。在尊重并发挥市场配置资源决定作用基础上，加快转变政府职能，围绕构建高水平社会主义市场经济体制建设职责明确、依法行政的政府治理体系，加强和改善宏观调控，积极推动有效市场和有为政府的结合，厘清政府和市场的关系，减少政府对市场资源的直接配置和对微观经济活动的直接干预，贯彻新发展理念，构建新发展格局，从而更好发挥我国制度优势，实现市场机制有效、微观主体有活力、宏观调控有度，推动经济高质量发展。②

（二）重视资产风险泡沫

全球正处疫情反复、市场信心不稳定的大背景下，国内经济需求不足问题依然突出，实体经济降低融资成本的诉求客观存在，因此把握好资产价格宏观调控的力度和边界是当前的重中之重。泡沫识别问题是货币政策应对资产价格泡沫研究的前提和首要任务，要准确估计潜藏在资产价格中的基础价值大小。资产泡沫通常在经济增长和宽松环境下形成，次贷危机前夕，美国资产价格远超合理水平。当出现“黑天鹅事件”时，资产价格面临下跌并引发投资者流动性不足，酿成大规模流动性风险。“十次危机九次地产”，正如银保监会主席郭树清所说，房地产已成为金融风险方面最大的“灰犀牛”③，而次贷危机的教训更应该警钟长鸣。当前住房市场价格和基本面严重背离的根源症结在于房地产供给缺乏弹性、公共服务供给不均、低息信贷供给过多，要使用宏观审慎政策工具抑制资产

① 邱晓华：《后疫情时期中国的外部环境与经济增长研究》，《保险研究》2021年第3期。

② 范希春：《着力构建高水平社会主义市场经济体制》，《经济日报》2020年11月30日。

③ 郭树清：《坚定不移打好防范化解金融风险攻坚战》，《中国保险》2020年第9期。

价格泡沫。我国在常用的限购、提高房贷首付比例、增加土地供应等措施的共同作用下，房地产调控取得了一定成效。

只有抑制资产泡沫，引导资金"脱虚向实"，才能促进经济稳健发展。如果房价快速上涨得到控制，就能够有效降低企业的成本，提高企业的竞争力和盈利能力，发展产业，进而提高国民收入，收入提高后购房能力也将得到提高，从而实现房地产与实体经济协调发展。如果不能很好地抑制资产泡沫，任由其膨胀，一旦泡沫破灭，房地产吸纳的巨额资金将成为金融部门的不良资产，可能引发系统性金融风险，导致银行可贷资金急剧缩减，实体经济融资将更加困难。

减少房地产投资投机的金融化属性，不仅需要从房地产市场着手调控，更需要多管齐下。我国居民储蓄率多年来保持在较高水平，居民的储蓄习惯大多处于预防性的考虑，如为自己未来的养老开支提前积蓄，这反映出我国养老第三支柱发展的不完善。同时，由于我国多层次资本市场体系的深度和广度不够，对普通居民来说，投资渠道较为单一有限，主要集中在房产、银行存款等。因此，在未来要完善金融市场发展，市场要提供新的投资渠道，给居民更多投资选择。①

（三）优化企业资金结构

政府要着手于优化企业债务结构，加快资金周转，提高内部融资效率。第一，加大对中小企业的信贷支持，创新出诸如循环贷款、小额便利贷款等更灵活的信贷产品。利用互联网便捷高效的特点强化服务职能，满足中小企业多方位的信贷需求，实现从"负债最小化"向"盈利最大化"的目标转变。第二，优化产业结构，加大税收优惠力度，对中小企业和初创企业提供财政补助和金融支持，同时加大保护知识产权力度，促进科技成果转化，激发创新活力。第三，随着数字科技的迅速发展，积极鼓励中小企业生产和经营的数字化转型，拓展新市场，增强中小企业发展韧性，使他们提高竞争力和应对新挑战的能力。

2020 年底的中央经济工作会议提出，2021 年的宏观政策要保持连续性、稳定性、可持续性，要保持宏观杠杆率稳定等。宏观政策在调整的过程中应当重点关注企业的偿债压力，设置信用风险预警机制，政府应控制不良贷款率的增长，防止系统性金融风险的产生。对于不良贷款，可以采用市场化手段来处置，把精力重点放在源头，放在市场风险的预防和管控上，而不是放在结果上。对银行来讲，工作要更加细致，贷款的管理重心要下沉，到事前或事中去预防。对已发生的不良贷款运用批量转让、重组重整、债转股、不良贷款资产证券化等手段，实

① 孙璐璐：《防止房地产泡沫化需多管齐下》，《证券时报》2021 年 3 月 3 日。

现快速处置回收。为防止不良贷款增量攀升，细化信贷资产分类，严格不同层级的审批权限，加大风险隐患排查力度，多角度进行贷后检查。

（四）深化“双循环”发展格局

面对外部复杂不确定因素，在经济全球化大背景下，要加快构筑以国内大循环为主体，国内国外双循环相互促进的新发展格局，保持国内国外经济协调。这样既可以减弱受到国际市场波动的冲击，又可以为自身发展提供坚实基础。深化“双循环”发展格局，一方面，要推动构建新的全球经济治理体系，促进经济全球化朝着开放、包容、普惠、平衡、共赢的方向发展，保持经济活力，与世界接轨，推动人民币市场化，提高人民币的国际地位，减轻国内企业因汇率带来的外债压力。发挥超大规模市场作用，为遭受重创的世界经济创造有效需求，让更多国家分享“中国机遇”。另一方面，着力构建完整的内需体系，着力提高城乡居民的收入水平，完善社会保障体系，打通制约居民消费和企业投资的痛点、堵点，推动消费恢复和有效投资加快释放，积极扩大优质商品和服务进口，满足国民不断升级的消费需求。

我国现阶段经济社会发展需要以国内经济循环为主，以满足国内消费和发展作为落脚点之一，这是国家发展战略的转变，经济发展要更加关注人民生活水平的提高。目前我国人均 GDP 已经达到 1 万美元，从发达国家经济发展的规律来看，一旦发展到了一定阶段，必须要逐步从外向型的发展模式转变为以内循环为主的发展模式。高质量发展是我国经济发展战略的根本指导原则。当前，要充分发挥我国市场优势和内需潜力，提升产业基础能力和产业链现代化水平，改变出口导向战略形成的我国长期处于价值链中低端的国际分工地位。① “双循环”新格局主动适应全球百年大变局，是中国从经济大国迈向经济强国、推动构建人类命运共同体的关键之法，并将带来四重影响深远的改变。

---

① 张占斌：《如何理解双循环发展格局》，中国经济网，2020 年 9 月 3 日。

课后习题

一、名词解释

经济周期　基钦周期　朱格拉周期　康德拉季耶夫周期　“双循环”

二、简答题

1. 经济周期为什么是不可避免的？

2. 不同经济周期理论的差别在哪里？

3. 经济危机产生的原因有哪些？应该怎样减轻经济危机所带来的影响？

疫情发生后中美经济周期的划分

2020年第一季度全球新冠疫情暴发，随后全球经济急速衰退，主要经济体出现了大幅负增长，中国经济也出现了改革开放以来第一次季度负增长。随后中国有效地控制住了疫情的蔓延，再辅以适度的宽松经济政策，第二季度经济就已经开始见底回升，主要经济指标——投资、消费、净出口等都有明显好转。从经济周期角度看，2020年4—11月为中国经济复苏阶段。GDP季度同比增速从2020年第一季度的-6.8%到第四季度的6.5%，同时通货膨胀率从第一季度逐渐下降，CPI从1月份的5.4%下降到11月份的-0.5%，PPI也从年初的正增长到下半年的负增长。2020年的11月份是复苏阶段和过热阶段的分水岭，11月经济和物价同时处于快速上升阶段，一直至2021年2月是中国经济过热阶段。预测2021年的3—5月中国经济进入滞胀阶段，并在第二季度末第三季度初进入美林时钟的衰退阶段，即进入经济下行、物价下行阶段。

相对中国，美国以及欧洲、日本等经济受疫情影响要滞后一段时间。美国2020年第二季度仍然深陷泥潭，直到第三季度才开始缓慢恢复，欧洲、日本也大抵如此。依次推导，复苏期后的经济过热阶段差不多也要比中国晚一个季度。（资料来源：澎湃新闻）

阅读以上材料，谈谈中美经济周期不同步给我国带来哪些影响？

「第十章」　公共选择

一则名叫《马前卒暴走，亲眼看看独山县怎么烧掉400亿》的短视频，将西南小城贵州独山县带上了微博热搜。独山县地处贵州最南端，素有“贵州南大门”“西南门户”之称。虽有地理优势，但因基础设施落后、工业底子薄弱等原因，每年财政收入不足10亿元，属于国家级贫困县。原独山县县委书记潘志立在主政不久后便开始大刀阔斧地推动改革，宣传独山县的交通优势、政策优势，并以政府信誉为担保，成立多个融资平台，高息吸引投资人。在取得大量资金后，高尔夫球场、独山大学城、“天下第一水司楼”等多个形象工程、政绩工程纷纷上马，这样不切实际的“乱作为”，给当地带来了灾难性的后果——县委书记潘志立被免职时，全县债务高达400多亿元，绝大多数融资成本超过10%。这意味着独山县每年光债务利息就超过40亿元，全年财政收入根本无法偿还利息，导致大批项目烂尾，同时政府也面临着沉重的债务负担。

追根溯源，这种现象是个别政府领导者在进行公共决策时急功近利，大搞形式主义，过分追求个人利益的结果。同时，这些大项目成本与收益之间的巨大落差是显而易见的，却没有人对项目的实施提出反对，这种唯上不唯实的“拍脑袋”决策，与我国所提倡的科学决策、民主决策相违背。党的十八届四中全会作出的《关于全面推进依法治国若干重大问题的决定》曾明确提出：“健全依法决策机制，把公众参与、专家论证、风险评估、合法性审查、集体讨论决定确定为重大行政决策的法定程序。”个别政府领导和官员的好大喜功、玩忽职守不仅断送了个人仕途，更严重损害了当地居民的公共利益。

第一节　公共选择概述

一、公共选择与私人选择

公共选择理论认为人是理性的、功利主义的，人不仅在市场交易中遵循追求个人利益最大化，在政治投票中也同样依照经济习惯行事。在公共选择理论里，完美条件下民主投票可以实现公共物品配置最优决策和社会福利最大化，其逻辑与西方主流经济学关于完全竞争市场条件下个体理性选择导致私人物品市场实现资源最优配置的理论逻辑相同。[①] 公共选择理论将经济市场中的交易过程与政治决策中理性偏好相类比，以价格理论为基础，把政府当作公共产品生产者，把选民当作公共产品消费者，把选票当作货币，而选票制度相当于市场制度，在此基础上研究政治市场中的均衡状态以及是否具有帕累托效率的实现点。

任何人的现实行为选择都包括了公共选择（Public choice）与私人选择（Private choice），在政治生活中参与公共选择，在经济生活中进行私人选择。私人选择是个人在市场上因追求利润最大化而做出经济决策和选择的过程；私人选择就是根据自身意愿所做出的选择，例如，在市场上进行购买或出售商品，只需考虑自身的需求与利益来决定交易是否进行。公共选择是人们通过集体的政治行为和政治过程，在公共物品供给和融资方式等方面达成协议，进而提出最符合帕累托最优原则的过程。如美国总统职位作为一个公共物品，需要所有选民参与投票来决定谁来上任；再如关于英国是否脱欧，国内有不同意见，要做出最终决定，则需要英国全体选民根据自身利益来进行公投从而做出决定。另外，在公共选择中选民可能形成利益集团来维护自身权益，以西安市火车站北广场项目的城中村改造为例，这场改造涉及政府、村民、村委会、居民等多方利益主体。其中，政府作为“理性经济人”需要确保城市更新项目的效率以取得更多政治效益，但在某些方面却损害了原住民的利益，有失公平；村委会作为政府与村民间的中间人角色产生的负外部性效应，导致村民在拆迁改造的集体行动中采取了非理性的行为；居民群体在寻求利益公平时形成了小规模利益集团来增强集体行动力，以维护自身利益。这些都是公共选择的体现，需要集合所有私人选择来得到一个尽可能满足大多数人利益的集体偏好。

公共选择是一种集体性选择，是将私人选择通过投票等机制转化为一种公共选择的过程。公共选择学派认为，从全体社会成员对公共物品的不同偏好中得出一个集体的偏好即做出财政决策，需要通过选民投票的方式来进行。全体社会成员通过直接投票或推举选民代表进行投票，传递出全体成员关于公共产品的需求情况以及愿意为此承担的税负，从而为财政决策提供依据。

---

① 胡乐明、王杰：《非自愿性、非中立性与公共选择——兼论西方公共选择理论的逻辑缺陷》，《经济研究》2020 年第 55 期。

公共选择与私人选择的活动主体都是一个经济人，他们的目标均为追求个人利益最大化，在公共选择中，政治家追求选票最大化，选民追求投票净利益最大化，执行决策的政府官员追求预算最大化。但公共选择和私人选择在以下几个方面还存在一定区别。

第一，选择的场所和方式不同。私人选择是在经济市场活动中进行，消费者根据自身收入以及需求状况，在市场中将货币作为选票来选择自身所需。公共选择则是一种政治过程，是依据一定的政治程序和规则来进行投票，从而影响资源与公共产品的供给与配置。

第二，遵从的原则不同。私人选择遵从自愿交换原则，而公共选择则是要遵守少数服从多数的原则，最终的结果可能并非符合参与者的意愿，所以其带有一定的强制性。

第三，选择行为和选择结果不同。私人选择中，消费与支出存在对应关系，消费者通过交易买到自己所需的物品，生产者通过交易获得利润，私人选择只影响自己的效用而对他人不产生影响。但在公共选择中，公共产品的产出与消费不存在对应关系，选择行为与选择结果也常常没有直接关联。

第四，在竞争活动中表现形式不同。在经济市场中，商品需求方为消费者，供给方为厂商，在充分竞争和市场机制作用下，厂商会通过扩大产量，完善管理制度，从而使自己在竞争中获胜。在公共选择中，在民主选举制度下，选举的竞争促使政府努力为选民和投票人服务，对于每一届政府来说其行为都是短期的。

二、公共选择研究的基本问题

在市场环境下，企业和家庭在商品与劳务市场上相互交易时采取一种分散决策，即市场主体根据市场供求关系来决定生产和消费的种类、数量和质量。个体的分散决策反映的是个人的偏好，但在公共生活中常常需要通过政治过程把个人偏好转化为集体偏好并表达出来。所以，公共选择主要研究将个人选择转化为集体选择的机制并探究政治市场中的各种主体以及政治活动在现实生活中的运作方式，这是一种传统经济学所无法解释的理论创新，是对传统经济学的一种拓展。

根据公共选择理论的观点，人无论是在经济活动还是在政治活动中都致力于追求效用最大化的实现，这并不会因为其所处的地位不一样而使其本性发生改变。从本质上说，政治家、官僚或者国家代理人同私人经济中的个人一样，都是“经济人”，是个人私利的追求者，这些人在公共选择领域做出的决定与其他人没有差异，他们的行为也会受到一些规则与约束。

公共选择打破经济学与政治学的传统壁垒，将经济交易和政治决策纳入统一的分析框架，再运用经济学的基本假设和方法研究作为投票者的消费者如何对公共物品和服务的供给决定表达意愿，以期探索和构筑一种能够平衡自利行为和公共利益的政治体系。同时需要指出的是，公共选择的根本目的，不是要调查出市场的缺陷并以此说明任何的政府干预都是正当的，而是要通过对政府决策行为的研究，凸显政府行为的限度，从而达到以政治市场领域的和谐运转来弥补经济市场运转不足的目的。

三、公共选择理论

（一）公共选择理论的产生

第二次世界大战以后，凯恩斯经济学盛行，巨额政府赤字及持续的通货膨胀从理论上打破了市场神话，该学派认为国家应当更多地担负起纠正市场机制的缺陷、使社会资源得到优化配置的责任。然而，西方各国政府干预经济的力量不断加强，导致政府职能增加、规模不断扩大、资源浪费严重，政府干预经济的缺陷日趋明显，而凯恩斯主义经济学无法完美地解决赤字和通胀问题，正是在这种背景下促使了公共选择理论产生。可以说，公共选择理论产生于20世纪40年代末，并于五六十年代形成了公共选择理论的基本原理和理论框架，60年代末以来，其学术影响迅速扩大。

丹尼斯·缪勒（Dennis C. Mueller，1940— ）将公共选择理论定义为“非市场决策的经济研究，或者可以简单地定义为把经济方法应用于政治科学。公共选择的方法仍然是经济学的方法。”公共选择理论的现代发展主要是由福利经济学领域中的一些争论所激发的。1938年，伯格森（A. Bergson，1914—2003）发表的《福利经济学某些方面的重新系统论述》一文中提出用一个多元函数来表示社会福利函数，社会福利函数又表现为社会所有个人的效用水平的函数；同时他进一步指出，社会福利函数还取决于收入分配状况，而各个人的偏好次序不同对收入分配的判断标准会产生重要影响。[①] 在当时，社会福利函数面临一个问题——能否从个人的偏好次序中推导出全社会一致的偏好次序？阿罗（Kenneth J. Arrow，1921—2017）在其1951年的著作《社会选择和个人价值》中回答了这个问题，提出了阿罗不可能定理。1958年，“公共选择理论之父”邓肯·布莱克

① 朱富强：《现代西方政治经济学：以公共选择学派为主的经济和政治理论》，北京：清华大学出版社，2016年版，第38页。

（Duncan Blac，1908—1991）出版的《委员会和选举理论》被认为是公共选择理论的代表作，该著作第一次从决策角度对政府行为进行研究，对委员会投票、选举等行为及一系列问题进行深入的探讨，通过系统的分析和研究最终构造出了投票选举的理论基本框架。在这一段时间里，人们对于政府干预经济表示了无比的信任，认为政府是天然为人民谋福利的，政府官员也都是道德高尚、全心全意为人民服务的“谦谦君子”。

1962 年，詹姆斯·布坎南和戈登·塔洛克合作发表《同意的计算》一书，被称为公共选择学派形成的标志之作。作为一部理论性的原创著作，该书力图分析个人在面对立宪选择时如何进行应对。书中全面探讨了公共选择理论的基本问题，深入分析了为促进共同利益而由市民设计的政治制度，证实了单纯多数规则必然会降低政府的办事效率，导致政府开支的无限扩张，损害人民的根本利益。[①] 1969 年，布坎南与塔洛克在弗吉尼亚理工学院办起“公共选择研究中心”，并创办《公共选择》杂志，他们侧重于对政治过程的理解并认为公共选择理论是经济分析工具在政治领域的应用和延伸，这种经济分析工具的应用为经济学的研究开辟了更加广阔的领域。布坎南认为，在凯恩斯主义经济政策实行以后，财政支出急剧增加，财政赤字有增无减，财政支出的很大部分都落入了政府官员的私人口袋，[②] 凯恩斯主义所主张的政府能够弥补市场失灵的观点是错误的，对于市场失灵不应该只是交给政府去处理，经济学问题就应该通过政治过程来解决。因此，布坎南认为，与其说当时西方国家的经济困境是经济制度的失败，不如说是政治制度的失败，即缺乏一种与政治市场交易相匹配的政策决策机制。

自此之后，公共选择理论开始了其国际化的进程。公共选择作为“新政治经济学”出现在欧洲和日本等地区。公共选择理论的研究也取得了长足的进展，最重要的标志是布坎南因其在公共选择理论方面的贡献和传播获得了 1986 年的诺贝尔经济学奖。他开创了公共选择理论、将公共选择运用到公共财政理论以及始创了立宪经济学，可以被视为布坎南的三大贡献。瑞典皇家科学院在为布坎南颁发诺贝尔奖的公告中指出：“公共选择理论弥补了传统经济理论缺乏独立的政治决策分析的缺陷，这将有助于解释政府预算赤字难以消除的原因。”

在 20 世纪 80 年代左右，公共选择理论开始传入我国，并得到国内许多学者的研究和推崇。中国大陆传播布坎南“经济人”思想较早的是唐寿宁，他关注

---

① 王爱琴：《西方公共选择理论评述》，《齐鲁学刊》2014 年第 5 期。

② 宋延清、王选华：《公共选择理论文献综述》，《商业时代》2009 年第 35 期。

布坎南关于立宪和后立宪层面思想的区分，他的《公共选择理论：应用还是拓展》和《布坎南立宪经济学述评》探讨了布坎南理论的基本内容——公共选择理论和立宪经济学，涵括了对于方法论的讨论；陈振明认为，布坎南等公共选择学者运用经济学方法论对其涉及的各个主题进行了研究，形成了寻租、利益集团、政府失灵、俱乐部、国家等理论，极大丰富了当代政治学的研究内容。沈友军指出，恰是在理性选择假设的前提下，布坎南将政治划分为理想政治——“交易性政治”和非理想政治——“掠夺性政治”两类，这一分类的价值在于揭示了现实中不同政治的深刻差异以及非利他主义政治行为的存在。葛四友从理论的基本出发点、分析框架以及基本结论等方面对比了布坎南与奥尔森（Olson，1932—1998）的公共选择理论，指出研究公共选择理论的重要性在于对我国公共物品提供方面的借鉴作用[①]。之后，越来越多的著作在分析财政政策、市场失灵和政府失灵时都开始运用公共选择理论的工具，在有关公共财政的教科书和学术文章中，也开始大量出现公共选择理论的论述。

（二）公共选择理论的方法论

公共选择理论之所以突然成为经济学的一大派别，是因为它开创性地用经济学的思维方式来研究政治过程，包括国家理论、党派政治、官僚体制、选举规则、选民行为等。[②] 公共选择理论主要运用个体主义、经济人假设和交易政治三个基本分析方法进行政治领域的分析。

1. 个体主义

布坎南最早探讨个人主义（Individualism）方法论是在他的《财政理论与政治经济学》一书中，该方法论认为人类的一切活动应该从个体角度理解和出发，个体是构成集体的基本单位，集体由不同的个体组成，个体行为的集合构成了集体行为。布坎南指出，社会（国家）是一个由许许多多社会成员组成并追求各自利益[③]而在一定规则下相互作用的人的共同体，因此，社会（国家）是一个集合概念，它不是一个有生命有思想的独立生物有机体，“严格来说，经济既没有目的或功能，也没有意图”[④]，“政治本身没有目标或目的”[⑤]，只有个人才能做出

---

① 葛四友：《布坎南与奥尔森的公共选择理论比较分析》，《中共福建省委党校学报》2003 年第 7 期。

② 宋延清、王选华：《公共选择理论文献综述》，《商业时代》2009 年第 35 期。

③ 这里的各自利益也包括每个成员各自所认为的“公共利益”，但实际上每个人所设想和所欲求的“公共利益”各不相同。

④ ［美］布坎南：《宪法秩序的经济学和伦理学》，朱泱等译．北京：商务印书馆，2008 年版，第 41 页。

⑤ ［美］布坎南：《宪政经济学》，冯克利等译．北京：中国社会科学出版社，2004 年版，第 1 页。

选择和决定。国家和政治是个人寻求自身利益的机构，集体行动是个人为了自身利益而承诺遵守相应规则的行动，是个人利益得以实现的工具。

在传统的经济理论中，个体被认为是微不足道的；在政治理论中，只存在集体目的、集体选择和集体行动，研究的对象是群体而非个体。而公共选择理论摒弃了传统政治理论的观点，将政治与经济相结合，也就是说，个人要借助集体才能实现自己选择行动的结果，行动的结果最终仍是由个体来承担的。无论总体结果产生的过程与结构有多复杂，个体都是最终的选择者、决策者与实施者。因此，公共选择首先是个体的选择。"公共选择理论中基本的分析单位是选择者、行动者和行为人，而不是诸如政党、政权或者国家一类的组织性单位"，不假设集体会协同一致。

2. 经济人假设

当代美国经济学家安东尼·唐斯（Anthony Towns，1930— ）在《民主的经济理论》一书中最早利用经济学方法来分析政治行为，他深受经济人（Economic man）假设的影响，他认为，作为一个人，无论其处于什么地位，都以追求个人利益、使个人的满足程度最大化为最基本的动机，认为政治当事人也像经济当事人一样，服从经济人假设，总是在给定的制度和非制度的约束下，追求自身利益的最大化。①

经济人假设认为对于在经济和政治市场上活动的同一个人来说，不可能按照两套价值标准进行活动，即在经济市场上的个人是典型的经济人，追求效用最大化，而在政治市场上成为高尚的利他主义者，追求社会或集体利益最大化。公共选择理论提出"一个理性的、自利的个人不可能因为进入了公共部门中就成为不顾自身利益得失的公共行为者"②，该理论开创性地以人的自利为出发点，研究政治个体、政府和国家的行为，以期探索和构筑一种能够平衡自利行为和公共利益的政治体系。所有参与政治生活的投票者、选民代表以及政治家都是从自身利益出发的理性经济人。作为投票者，其个人决策在相关制度约束下，依据自身利益最大化，从多种候选方案或者候选人中，选出能为自身带来最大预期的对象。之所以需要以经济人假设为前提，是因为它设定了一种"底线"条件或最差情境，这就为保障制度和政策有效性奠定了基础。

① 袁明旭：《经纪人假设与官僚的行动逻辑——安东尼·唐斯的官僚理论简析》，《经济问题探索》2010年第5期。

② 黄腾蛟、黄利刚：《公共选择理论视角下公共服务均等化的发展逻辑探析》，《生产力研究》2021年第1期。

布坎南和塔洛克指出，无论是在市场活动中还是在政治活动中，人都要追求利益最大化，但这种利益最大化的实现不能以牺牲他人利益为代价。唐斯认为，选民在进行选举时的行为与消费者在市场上购买产品的行为类似，选民也是以追求自身利益为基本出发点，当选民认为参与投票的成本过高或收益过低时，宁愿做理性的无知者，也不愿去参与投票。他还认为，政治市场中的政治家与经济市场中的企业家的行为存在类似之处。政治家的这种行为就如企业家在生产过程中考虑的是如何获得更多的收益，尽量降低生产成本一样。① 政治家采取的一些行为，比如制定的一些政策措施，其目的也是追求政治家的个人利益，即在选举时获得最多的选票。

认识政治家的“经济人”本性，有助于正确理解政府制定政策的动机和政策内容的一些缺陷。公共选择理论认为在分析政治问题时要先把政治家看作“经济人”，在此基础上才能进行关于制度方面的分析，这样可以更好地进行对比，找出什么样的制度安排和政策比较好，分析不好的制度和政策是在什么情况下产生的。如果脱离经济人假设，而假定每个人都是为他人着想的人，那么人们认为的不好的制度和政策也就不会产生了。②

3. 政治的交换过程本质

布坎南认为，经济学是一门交换科学，在分析经济问题时必须基于交换这一基本命题，只要经济主体之间存在自愿交换的关系，就会产生有效率的市场结果，确保各经济主体的利益最大化。③ 相反，如果市场过程不能保证人们的自愿交换，那一定会产生不公正和不平等。交易政治类似于经济市场上的商品交易模式，在政治中，不是国家、团体和党派之争，而是团体之间与组成团体的个人之间出于自利而进行的交易过程。在市场过程中的交换对象是个人产品的归属，而在政治过程中交换的是条约、制度、规定等公共产品，供给者由生产者变为政治家和政府官员，而需求者则由消费者变为选民和纳税人。政治与公共政策制定不是作为一个整体来运作的，而是一个由各种理性人（如选民、总统、议员、利益集团、官僚等）进行交易与竞争、摩擦与妥协的一个政治市场。有效率的政策结果不是产生于政治精英的头脑，也不是产生于人们的良好愿望，而是由集团之间、个人与集团之间、组成集团的个人之间的讨价还价、协商与调整产生的。因

---

① ［美］唐斯：《民主的经济理论》，姚洋译．上海：上海人民出版社，2005 年版，第 126 页。

② 王爱琴：《西方公共选择理论评述》，《齐鲁学刊》2014 年第 5 期。

③ ［美］布坎南：《自由、市场和国家》，吴良键，桑伍译．北京：北京经济学院出版社，1988 年版，第 56 页。

而，所有的政治活动应该是建立在政治参与者自愿合作的基础上的。大家为了各自的目的参与到政治市场之中，最终得到的不是某个人所控制的最优结果，而是一个由多方博弈演化出来的次优局面。

虽然政治活动中存在着强制性，例如少数服从多数的投票规则。但是，我们应该认识到，强制性和权力的前提仍然是自愿交换，其目的也是维护和促进人们的自由权利。只要每个人都有选择合作或者不合作的自由，政治过程就可以是一个“双赢”的正和博弈，可以促进所有参与者的利益。公共选择理论强调政治活动的交换本质，其目的在于说明国家的作用是通过政治规则的制定与实施来保证人们自愿选择的自由。这是公共选择理论区别于其他经济学的主要观点之一。

第二节　投票机制

阿罗将投票描述成“一种纯粹的社会选择行为，……社会按照选定的投票制度加总选票做出选择”。投票是个人偏好的显示，是个人选择向集体选择转变的途径和形式，所有个别投票的加总就是社会或集体选择的结果。

在西方民主制度下，投票是公民针对某项公共政策表达意愿的有效方式。以英国脱欧为例，由于历史关系影响下的主权捍卫以及国际战略关系的选择等原因，英国“脱欧”的呼声越来越大，脱欧派通过有组织的宣传以及明确的利益诉求，直指英国社会痛处，向大多数英国下层人民描述向外界“关门”，将欧债危机、外来移民、难民安置和不断涌现的恐怖主义关在英国门外等脱欧的益处，以期获得广大民众支持。2016 年 6 月 23 日，英国民众前往英格兰、苏格兰、威尔士以及北爱尔兰和直布罗陀的 382 个地方选区的投票站参与公投，选票上的设问简单而直接：“英国应该保留欧盟成员国地位还是退出欧盟?”得票超过半数的一方获胜。投票结果显示同意脱欧者占 51.9%，同意留欧者占 48.1%，英国政府最终根据公投结果选择“脱欧”，并于 2020 年 1 月 31 日正式脱离欧盟。从西方学者的观点来看，投票是最重要的决策方式，投票行为及其过程构成了公共选择理论的重要研究内容。

一、投票机制的规则

民众通过投票行为表达自己个人的偏好，而投票行为所显示的个人偏好信息是不完全的，人们在投票过程中，往往不是真实地反映他们的偏好，主要原因在于：第一，如果人们将要承担的公共产品成本取决于自己所显示的对公共产品的评价，人们可能会隐瞒或者从低申报自己的偏好。第二，如果采取策略性的投票方式会取得更有利于自己的选举结果，人们也会不显示自己的真实偏好。第三，在实际的民主制度中，对于个人来说，投票与否往往对最后选举结果影响不大，虽然投票的成本本身并不高，但与投票的收益相比还是不容忽视，这使得人们参与选举的积极性低，不愿意显示自己的偏好。

此外，即使人们有机会充分显示他们的偏好，但不同个人或者集团偏好的强度不同，这样政治程序的结果很可能不是反映大多数社会成员的利益，而是更多反映特殊利益集团的利益。因此，要保证投票行为能够实现人们的偏好，必须在投票行为发生之前尽可能采取有效措施鼓励选民真实完整地显示自己的偏好。如果某一集体在选择过程中采用不同的投票规则，那么对于参与投票的个人会产生不同的影响，根据不同的民主体制，投票规则分为一致同意规则和多数同意规则。

（一）一致同意规则

一致同意规则（Unanimity rules）也称为一致性规则或全体一致投票规则，是直接民主制下的投票规则，指一项政策或议案，须经全体投票人一致赞同才能通过的一种投票规则，这是最符合公共利益要求的投票规则。假如某项备选议案存在反对票，那么就对该议案进行重新修订，直到该项备选议案得到所有投票人赞成。一致性规则隐含的政治过程是一个妥协和修订过程，直到达成各方接受的方案为止。

由于一致同意规则实行的是一票否决制，按照该规则取得的集体决策能够满足全部投票人的偏好，也就是该决策可以满足至少一个人的偏好而又不损害其他任何一个人的偏好，这就意味着一致同意的规则是能保证实现帕累托最优的一种规则。全体一致同意规则还可以保证任何一项总收益超过成本的议案都得以通过，即使其中某些成员会受损，但受益较多的成员可以主动提供补偿而使每一成员的收益都超过成本，从而一致支持该议案。

但是，这种投票规则也存在一定的缺陷：首先是成本问题，因为个人偏好的问题，寻找一致通过的方案所花费的时间成本和精力是大量的，而在这个过程中所付出的时间损失可能超过方案本身利益所得，而且还存在方案被一票否决的可能。其次，一致同意规则假定每个参与者都会诚实投票，忽视了投票人偏好显示。当投票人意识到他为所享受的公共服务所支出的费用与他的偏好有关时，他会尽量隐瞒真实偏好，从而花费较少的成本享受到与别人相同的公共服务。再次，一致同意规则的结果有可能达不成集体决策。当集体中成员很多，各自偏好又各异时，由于每个人都具有否决权，集体决策便不能做出，最终很可能是一致同意的投票制度将导致讨价还价和拖延，以至于达不成任何实质性决议。

（二）多数同意规则

多数同意规则（Majority voting rules）也称多数投票规则，是指一项政策或议案，经半数及以上投票人赞同就可通过而无须获得全体投票人的一致同意的一种投票规则。多数投票规则的实质，是“少数服从多数”。全体一致同意规则既是个体主义立宪理论的核心也是民主政治理论的核心，但是由于成本的问题，在现实中要求稍微偏离这个理想的规则，多数同意规则被视为实用的权宜之计，特别是当个人与群体出现利益分歧时，这种权宜之计便成为必要。①根据约定的多数票不同，又分为简单多数票规则和比例多数票规则。对一方案而言，简单多数是指赞成该方案的人数超过投票人的半数，比例多数要求赞成方案的人数比例必须超过一个相当大的比例，根据方案的重要性要求，这个比例可以是 3/4、4/5、5/6 等。

多数同意规则的优点在于与一致同意相比决策成本相对小，容易做出决策，但多数票规则也具有一些缺陷：首先，根据多数同意规则投票决定的方案，其结果往往会使不同意的少数派的意愿被忽略甚至被损害，只体现多数同意者的利益，这时候投票结果就是一种非帕累托最优。其次，容易导致专政。由于多数同意规则的理念根基是少数服从多数，所以最终的投票结果对全体均有约束力，但是多数决定并不能确保意志的合法性与正义性，有可能会产生多数人暴政问题。再次，多数同意规则选出的每一项行动方案都具有内在强制性，最终的决策是按多数派成员的意愿决定的，但决策结果要求全体成员服从，这意味着多数派成员将自己的意愿强行加在少数派成员身上。最后，这种规则容易导致投票轻视投票权。与一致同意规则相比，单个参与者的选择行为不再具有决定性，投票人主观认为自己的选择行为可有可无，影响了个人参与投票的积极性，最终影响真实的偏好显示。多数同意规则容易出现投票悖论，在有三个或三个以上的投票者对三个或三个以上的方案根据多数同意规则进行表决时，可能出现循环悖论，使投票结果完全取决于投票顺序，从而使结果失灵。

① 沈佳迪、杨晓雯：《小议公共选择理论——基于对〈同意的计算：立宪民主的逻辑基础〉的思考》，《特区经济》2021 年第 2 期。

二、阿罗不可能定理

诺贝尔经济学奖获得者阿罗将投票规则看作公共选择的核心机制，一般认为，多数投票规则是产生集体决策的基本方法。然而，基于多数投票规则，并不能由个体偏好获得一个一致的集体偏好，这一点集中体现于投票悖论。而不可能定理就是由阿罗在投票悖论基础上提出来的，旨在说明满足基本的理性条件的社会选择不可避免地导致逻辑悖论。①

（一）投票悖论

投票悖论（The voting paradox）由十八世纪法国思想家孔多塞（Condorcet，1743—1794）提出，因此投票悖论又被称为“孔多塞悖论”，是指当备选方案超过两个时，多数同意规则可能使备选方案发生循环，最终导致投票结果不存在。

在集体投票时容易出现投票结果随投票次序的不同而变化，大部分甚至全部备选方案在比较过程中都有轮流当选的循环现象。具体分析如下：假设有三家公司同属一个主管部门，现在主管部门决定将其合并为集团公司，集团公司的总经理将从三家公司现任经理中产生，他们分别是甲、乙、丙三人。可供选择的方案有：职工普选（A）、主管部门任命（B）、按资金实力确定（C）。面对A、B、C三个备选方案，甲、乙、丙三人的偏好排序见表10-1。

表10-1　甲、乙、丙偏好顺序

参与者	方案		
	第一选择	第二选择	第三选择
甲	A	B	C
乙	B	C	A
丙	C	A	B

若取A方案和B方案对决，甲和丙都是偏好A方案，乙偏好B方案，那么，方案A胜出；若取B方案和C方案对决，甲和乙都偏好B方案，丙偏好C方案，因此，方案B胜出；若取A方案和C方案对决，乙和丙都偏好C方案，甲偏好A方案，因此，方案C胜出。投票结果显示有如下事实：方案A胜于方案B，方案B胜于方案C，方案C胜于方案A。显而易见，这种投票方式包含有内在的矛盾，按照逻辑上的一致性，这种偏好应当是可以传递的，即A大于B，B大于C，

① 袁继红：《社会选择悖论与集体理性——从阿罗不可能定理谈起》，《学术研究》2015年第8期。

那么A大于C，但实际上，大多数人偏好C胜于A。

现实中三种方案都有胜出可能，没有一个最终的稳定投票结果。因此，以投票的多数规则来确定社会或集体的选择会产生循环的结果，在这些选择方案中，没有一个能够获得多数票而通过，这就是“投票悖论”。如果投票人发现投票程序在此情况下的重要性，那么人们可能通过操纵投票程序，促使个人所支持方案的通过，从而实现自身利益最大化。如本例中，甲为了自身利益会提议在第一轮就先在B、C方案中进行选择，胜出者再和A进行比较，那么这样就可以保证自身最偏好的方案A从中胜出。

“投票悖论”导致人们怀疑民主制度的有效性，关于如何解决投票悖论，人们提出了一系列的改善投票规则的方案。简单多数原则下，只是按一人一票并将它投在自己所偏好的方案上，没有考虑个人对几个问题的偏好强度，在市场上，消费者可以利用对商品出价的高低来显示自身偏好强度。效仿这种机制，公共选择学提出实行打分投票制，即投票人根据自己对候选方案的偏好顺序对方案进行排序，每个人按照满分100分对每个方案进行评分，用于反映个人对方案的偏好程度，得分最多的方案获胜。该方法能够通过一次投票解决对所有方案的比较问题，节约了投票成本，保证传递性，但不能排除两个或两个以上方案得分相等的可能。如接上例，在打分投票制下，选择结果见表10-2。

表10-2　排序投票不能完全解决投票悖论

参与者	方案		
	A	B	C
甲	70	80	90
乙	80	90	70
丙	90	70	80
方案总得分	240	240	240

在这种情况下，需要进行第二轮投票来决出胜负。同时，打分投票制违反了阿罗关于“不相关选择的独立性”假设，不相关选择独立性指如果是在A和B之间进行选择，那么选择结果与人们对C的偏好是无关的。但打分投票制是以多个方案之间相互比较权衡为前提的，即方案之间相互关联，对A的打分会影响B、C方案。虽然投票打分制存在以上不足，但是它可以较为准确地反映出投票人的偏好强度，大大降低了投票悖论出现的可能性。

1998年诺贝尔经济学奖获得者阿马蒂亚·森（Amartya Sen，1933—　）在

20世纪70年代提出投票悖论的解决方法——改变甲、乙、丙其中一个人的偏好次序，以解决投票悖论的问题。如假设将上例甲的选择中A和B的方案互换顺序：甲——BAC、乙——BCA、丙——CAB，现在B胜过C，C胜过A，而B也胜过A，此时投票悖论消失，B获得大多数票而获胜。阿马蒂亚·森把这个发现加以延伸和拓展，得出了解决投票悖论的三种选择模式：一是所有人都同意其中一项选择方案并非最佳；二是所有人都同意其中一项选择方案并非次佳；三是所有人都同意其中一项选择方案并非最差。阿马蒂亚·森表示在上述三种选择模式下，投票悖论不会再出现，取而代之的结果是通过多数同意规则总是能得出唯一的方案，这就是阿玛蒂亚·森著名的价值限制理论，但其缺陷就是为了追求一致性，改变、忽略、牺牲了个人偏好次序。

（二）阿罗不可能定理

1972年阿罗在《社会选择与价值》一书中运用数学工具把孔多塞的投票悖论进行严格化和一般化，提出阿罗不可能定理（Arrow's impossibility theorem）①。阿罗不可能定理是指：在排除了人际效用比较的可能性之后，我们考虑从个人偏好得到社会偏好的方法，如果要求这些方法既要令人满意，又要在一个相当多样的个人排序的集合上有定义，那么这种方法必然要么是强加的，要么是独裁的。② 也就是说，如果众多的社会成员具有不同的次序偏好，而社会又有多种备选方案，依靠简单多数的投票原则，不可能选择出一个满足所有人意愿的结果。由此，一个合理的公共产品决定只能来自于一个可以胜任的公共权力机关，要想借助于投票过程来达到协调一致的集体选择结果一般是不可能的，这就是阿罗所提出的核心问题，即不可能从个人偏好顺序推导出群体偏好顺序。每个人在投票时会根据自己的偏好程度给各个备选方案从大到小排序，个人偏好顺序应满足两个公理：

①完备性公理。对任意两个决策方案X和Y，要么对X的偏好甚于或无差异于Y，要么对Y的偏好甚于或无差异于X。

②传递性公理。对任意三个方案X、Y和Z，若对X的偏好甚于或无差异于Y，对Y的偏好甚于或无差异于Z，则对X的偏好甚于或无差异于Z。

阿罗不可能定理指出，通过反映社会中所有个体的偏好而进行的民主投票是

---

① Arrow，K. J. Individual Values and Social Choice. New York：John Wiley & Sons，1951，pp. 587-601.

② ［美］阿罗：《社会选择与个人价值（第2版）》，丁建峰译. 上海：上海世纪出版集团，2010年版，第68页。

不能产生社会福利函数的。[①] 任何建立在个人偏好基础上的公众决策机制必须满足一些基本要求才能成立。阿罗提出，理想的投票程序必须同时满足五条假设：

①理性假设。所有个人在备选方案做任意偏好选取，每一种排序都是允许的并且是可以真实发生的，也就是每一位选民都可以按自己的意愿进行挑选。

②不相关选择的独立性。独立性即方案之间互不干扰，针对一组不同的备选项进行选择，只取决于人们对这些选项的排序而不是其他的因素。因此，如果选择是在X和Y之间进行，并且X和Z之间的关系发生了变化，那么这一变化对X和Y的排序没有影响。正是因为如此，阿罗坚持认为，社会偏好排序应当源于个人偏好的排序。也就是说，如果备选项没有发生变化，而选择的结果发生了变化，这一变化的原因只能是某人的偏好发生了变化。

③帕累托效率状态。如果个人认为X绝对比Y更理想，那么社会选择的顺序必须表明X优于Y；如果至少有一人认为X比Y更理想，而其他的人都认为X和Y的先后顺序对他们而言没有什么区别，那么社会选择的结果仍然是X优于Y，即社会排序对个人价值的变化具有正的或至少不能做反向反应，社会价值和个人价值呈现一种正相关关系。

④无限制区域。社会选择顺序的产生，应当包括所有逻辑上可行的个人顺序，社会排序不应该是强加的[②]。所以，不应当通过限制个人顺序的区域来产生社会顺序。即不存在所有人都认为Y胜于X，而社会排序却只认为X胜于Y的情况。

⑤非独裁性。如果存在一个独裁的个人，社会选择完全取决于他一个人的偏好，那么只要他坚持认为X更优，不论其他人的偏好是什么，他的选择就是社会选择。而非独裁性强调的是不存在这样一种状况。

阿罗发现，当至少有三名候选人和两位选民时，不存在满足阿罗公理的选举规则，或者说是随着候选人和选民的增加，“程序民主”必将越来越远离“实质民主”，在这种情况下，社会对备选对象的选择就会出现不一致的结果，或者说得不到相应的社会福利函数。阿罗这一结论的提出，不仅让当时流行的福利经济学受到严重的质疑，也促使福利经济学家们重新对古老的社会选择问题进行深入

① 对应于备选社会状态的所有 n 个个体的序关系集合 R_1，…，R_n（R_n 表示第 n 个人对备选社会状态的偏好排序），我们都可以得到一个相应的社会排序 R。在符号表示方面，我们令 R 是对应于个体排序 R_1，…，R_n 的社会排序，这种对应关系是由给定的社会福利函数确定的。

② ［美］阿罗：《社会选择与个人价值（第2版）》，丁建峰译．上海：上海世纪出版集团，2010年版，第31页。

研究，并试图寻找一些方法来避免悲观的不可能性。阿罗假设的重要意义在于为选举制度或者投票制度制定了衡量标准，由这些不同的假设条件，可以确认不同的选举制度和选举结果，这对于分析多数投票原则是非常重要的。

阿罗不可能定理虽然提出不存在理想投票程序将个人偏好与社会偏好全部反映出来，但阿罗并没有否认多数投票制在投票制度中的重要地位。阿罗不可能定理的提出，使无数学者致力于探索解决这一难题的有效方法。

1. 掌握投票程序

不同的投票程序会有不同的投票结果，在这种情况下，人们可以通过控制投票顺序来左右投票结果。如：一种投票顺序为，先使 A 与 B 比较，A 胜出，B 淘汰出局，A 再与 C 比较，C>A，最终 C 获胜；另一种投票顺序是先使 B 与 C 相比较，得出 B>C，再由 B 与 A 进行表决，A>B，最终 A 获胜。两种不同的顺序得到两种不同的结果。当在这种情况下，投票行为的监督者就显得尤为重要，如果出现掌控投票程序的行为，那么这就是一种独裁行为的表现。

2. 投票交易

公共选择理论指出，人不仅在市场交易中遵循追求个人利益最大化，在政治投票中也同样依照经济习惯行事。政治决策过程中投票交易之所以会存在，是因为选票具有经济价值，也正是这些经济价值，诱发了腐败的滋长。① 投票交易是指投票者在同时对两个或两个以上的问题提案进行投票时，如果投票者对这些问题具有不同的偏好强度，他们会愿意就那些与其关系重大的问题进行投票交易。在投票交易时，获胜的多数人的受益价值总和可能低于少数人的成本价值，一般少数派会倾向于在投票中使用这种策略。

交易的方式有两种：一种是一部分人收买另一部分人，让其投票赞成自己所赞成的方案；另一种是双方达成协议，在这个问题上甲方支持乙方，在另一问题上乙方对甲方提供支持，即互投赞成票。当两个或两个以上的问题或提案同时交付投票者表决时，互投赞成票的投票交易就可能发生。在这种情况下，两项本来在分别投票下肯定不会获得通过的提案，便可能双双获得通过。一些经济学家认为，由于交易总是局限于一定规模的投票人，对没有参与交易的投票人而言，他们的利益很可能由于其他人的投票交易而受到损害，所以投票交易不利于社会总福利的提高。此外，参与投票的投票人可能隐瞒偏好，以此骗取交易机会，并得

① 沈佳迪、杨晓雯：《小议公共选择理论——基于对〈同意的计算：立宪民主的逻辑基础〉的思考》，《特区经济》2021 年第 2 期。

到最大的个人收益。隐瞒或者故意公开错误信息情况的存在，使互投赞成票的社会福利后果变得更加不确定。

3. 用脚投票

用脚投票（Voting with their feet），最早由美国经济学家蒂伯特（Charles Tiebout，1924—1968）提出，是指各地居民可以根据各地方政府提供的公共产品和税负的组合，从不能满足其偏好的地区迁出，并自由迁入那些最能满足自己偏好的地方定居。第七次全国人口普查数据显示，我国人口在持续向东部地区尤其是长三角和珠三角流入，而东北三省人口流出现象突出。与 2010 年相比，东部地区人口所占比重上升 2. 15 个百分点，东北地区下降 1. 20 个百分点；广东常住人口规模及增速均位于全国前列，常住人口占全国比重较 2010 年高 1. 14 个百分点，而东北三省常住人口负增长，若剔除人口自然增长影响，黑龙江、吉林、辽宁常住人口分别减少 646 万、338 万和 115 万人。再如，近年来，西部农村地区基础教育取得了较快发展，但和东部发达地区相比仍有较大差距，存在着办学规模小、师资紧缺等诸多困难，满足不了广大学生和家长对教育的质量要求，所以一部分学生会随家长来到务工城市以期获得更好的教育。这些都是用脚投票形式的重要体现，人们都在朝着经济发达区域和城市群进一步聚集，从而更好地满足自身对公共基础设施、教育、医疗卫生、社会保障等公共产品的需求。

当阿罗的理想投票程序不存在时，选民可以放弃投票而迁入其他地区满足其偏好。用脚投票需要满足以下几个条件：第一，不存在规模经济，否则会带来外部效应；第二，选民可以掌握收入—支出模式差异的完全信息，并能够对这些差异做出反应；第三，选民能够充分流动，流向那些能够更好地满足他们的既定偏好模式的社区；第四，社区中存在多种能够充分满足不同人偏好的各种公共产品和税收组合；第五，在各个社区之间，所提供的公共服务存在外部经济或者外部不经济。用脚投票理论在现实中实践起来是十分困难的。当不存在规模经济时，一定数量的规模人口下，公共产品数量越少，人们对公共产品的偏好就越趋同，此时也就越接近于帕累托最优。当公共产品供给存在规模经济时，也就意味着财政支出的人均成本与收益都是可变的，社区达到最优规模时，人们的净收益最大。但是，当人员迁出时，虽然缓解了社区的拥挤，但是人均税收负担加重；当人员迁入时，降低了人均税负却造成了社区的拥挤。所以无论迁入或迁出，都会破坏最优规模，给他人造成外部效应。

三、单峰偏好与多峰偏好

邓肯·布莱克在1948年发表了《论集体决策原理》一文，其中的很多观点为公共选择理论的产生奠定了重要基础。布莱克认为，简单多数规则可产生唯一均衡解的前提是参与决策人的偏好都是单峰值的。① 单峰偏好（Single-peaked preference）是指投票人在一组按某种标准排列的备选方案中，有一个最为偏好的选择，当偏离这一选择时，投票人的偏好程度或效用都会递减。多峰偏好（Multiple-peaked preference）是指人们的偏好结果不止一个，如果该投票人偏离他最偏好的选择，其效用会先下降后上升，那就说明他的偏好是双峰的。如果多次重复出现这种情形，那么他的偏好是多峰的。

如图10-1所示的1、2和3三个人的偏好都是单峰的。1最偏好的点是在A对应的曲线的点，只要偏离该点，他的效用都将下降。2和3最偏好的点，分别是B和C所对应的曲线的点。而图10-2所示的是个人1的偏好图。选择A时，他的效用达到一个峰值，往右偏离，效用先是下降后又继续上升，到项目C，又达到一个峰值，所以他的偏好是双峰的。

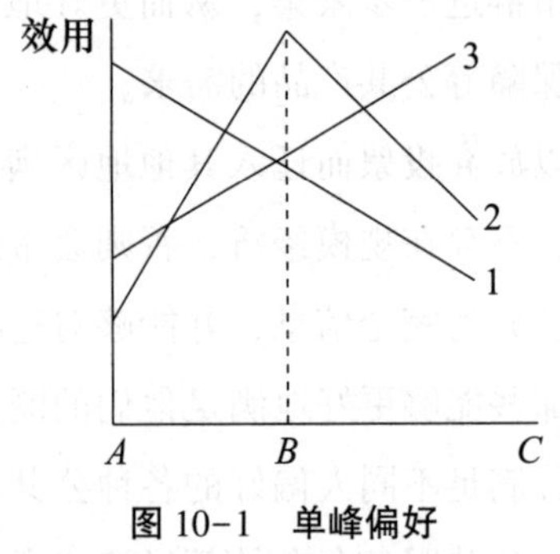

图10-1 单峰偏好

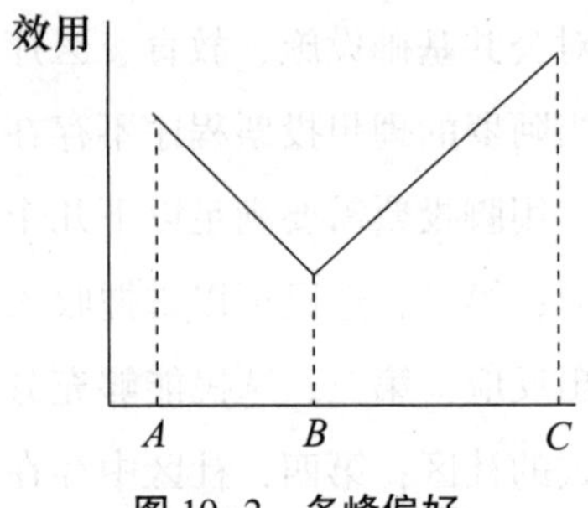

图10-2 多峰偏好

还以图10-1为例，改变1、2、3其中一个人的偏好次序，比如将1的偏好次序从$A>B>C$改变为$A>C>B$，那么，新的偏好次序排列为1：$A>C>B$；2：$B>C>A$；3：$C>A>B$。于是，得到新的社会偏好次序$C>A>B$，这样就能避开投票悖论，不过，这样处理是有代价的，它改变了1的偏好次序，意味着对选民自由的限制，这与投票选择和民主制度的基本精神有所偏离。其实，布莱克和阿马蒂·亚森的这种研究方向已经成为当今社会选择理论的主流。但是，在公共选择的任何其他分支中，完美的规则是不存在的，从某种角度上来说投票悖论是无法避免

① 王爱琴：《西方公共选择理论评述》，《齐鲁学刊》2014年第5期。

的。投票悖论是关于投票程序的逻辑问题，是以多数投票规则为先决条件的，其中蕴涵选民的投票自由权和少数服从多数的原则。投票悖论之所以值得重视是因为它所涉及的多数投票规则的民主性质是非常重要的，如果改变这些民主性质直至摒弃主权投票规则本身，那么投票悖论本身也就不值得重视了。

四、中间投票人定理

投票悖论导致政治选择的不稳定性从而威胁到以多数规则为基础的集体选择制度。邓肯·布莱克试图提供这一问题的解决方法，他提出了一个重要定理叫作“中间投票人定理”（Median voter theorem），即如果所有投票人的偏好都是单峰的，则无论有多少个备选方案，在简单多数规则下，最终胜出的是中间投票人最偏好的那个方案。所谓中间投票人，就是对提案持中间立场的投票人，他正好把其余偶数个投票人划分为人数相等、意见相反的两组。中间投票人定理意味着在简单多数规则下民主制度并不能保证大多数的投票人实现他们的最优偏好，实际上只有中间投票人能够实现他的最优偏好，简单多数规则是使所有投票人最优偏好与最终达成的政治均衡的离差最小。

如图 10-3，如果有五位选民来决定公共产品量，选民 1 投票的数量 V_1 和选民 2 投票的数量 V_2 比较，选民 3、选民 4 和选民 5 都会在单峰偏好的作用下倾向于 V_2，所以 V_2 会胜出。同样的，在 V_4 和 V_5 比较下，V_4 会胜出。再次，V_2 和 V_3 比较，V_3 胜出；V_3 和 V_4 比较，V_3 胜出。所以最后的结果是 V_3 将会胜出，这就是中位选民的最优偏好。

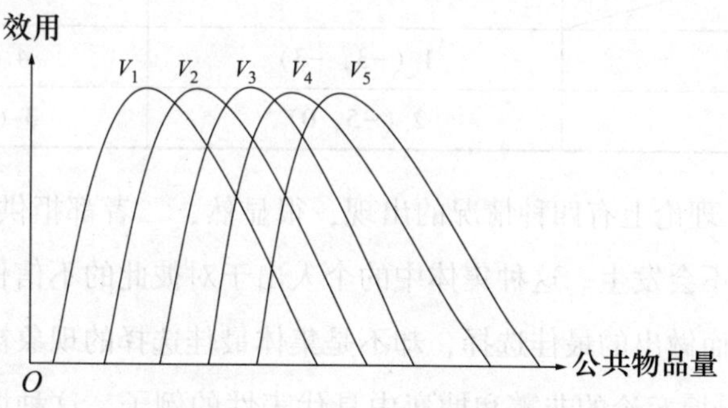

图 10-3　中间人投票决定结果

中间投票人定理在公共选择理论与实践中都具有重要意义，社会中走极端的是少数，任何一种方案都有人支持或反对，而若想在选举中取胜，必须争取处于中间位置的社会成员的支持。因此，任何一个政党或政治家若想赢得胜利，必须使自己的竞选方案与纲领符合中间投票人的意愿，中间投票人代表着社会公众的意见，在发达国家中，中间投票人一般指的是中产阶级。如果一个社会中中产阶级人数越多，那么整个社会就越不可能出现极端的选择，也越不可能出现革命或者反革命，政治就会比较稳定，社会经济生活也就越有条件理性化，而不是走向极端。因此，中产阶级与民主的稳定性有着非常密切的关系。但是，在实际政治生活中，中间投票者定理并不能完全发挥决定作用。因为在西方多党制代议制民主的方式下，选民不是直接选取某一个政党的政策或者选取某个政党必然会实现的承诺，而是选取某个党派或者代表。也就是说，选民的选择表示他们相信这个政党代表在政策制定过程中会代表投票人本身的意愿。另外，若选民的偏好不是单峰的，那此时就不会出现中间投票人定理所预示的唯一均衡结果，这种情况为投票人之间的交易创造了空间，此时选民可能互投赞成票而使双方最为偏爱的方案都获得通过，中间人的利益就不能得到很好的保证。

五、囚徒困境模型

囚徒困境（Prisoner's dilemma）源起于两个被捕的囚徒之间的一种特殊博弈，具体来说，还以第六章第三节囚徒受审的案例为例，甲、乙两个囚徒分别被关在不同的屋子里接受审讯，不能互相沟通情况，两名囚徒可能出现的情况可以用表10-3来表示。

表10-3　甲、乙二人的审讯结果及获刑情况

甲 \ 乙	供认	拒供
供认	1（-3，-3）	4（0，-5）
拒供	2（-5，0）	3（-1，-1）

如表10-3，理论上有四种情况的出现，很显然，二者都拒供是最好的选择，但这种情况一般不会发生。这种集体中的个人出于对彼此的不信任以及对自身利益最大化的追求而做出的最佳选择，却不是集体最佳选择的现象被称为“囚徒困境”。囚徒困境是博弈论的非零和博弈中具代表性的例子，这种博弈的显著特征表现在，以表10-3来说，博弈者甲对四种结果按4>3>1>2的方格顺序排列；博弈者乙则表现为2>3>1>4的顺序。不合作的策略是二者的超优策略，在一次性博弈中，不管其他人的策略如何，超优策略是每个博弈者的最佳策略，它的存在不会使二者出现合作的结果，其最终结果（表现为方格1）是一个古诺—纳什均衡，遗憾的是，这种均衡结果并不是帕累托最优的，向方格2或4的移动至少会

使其中一个博弈者的处境变坏，但方格 1 向方格 3 的变动会让两人处境更好。

如果相同的博弈者多次进行囚徒困境博弈的话，就会通过某些特级策略从而使合作解出现。一种特级策略为：双方博弈者刚开始就采用合作策略，其中一个博弈者在本轮选择另一位博弈者上一轮所采用的策略，那在每一轮博弈中都会出现合作的结果；另一种出现合作解的特级策略为：只要其他博弈者采取合作策略，并对实施非合作策略的背叛行为进行严厉惩罚，那么每一个博弈者都会采用合作策略。这种合作解的出现取决于参与者的人数、博弈的次数以及对非合作策略的惩罚成本。当人数很少时，要弄清每个人的行为状况以及对合作策略的反映情况都相对简单，也更容易找到不合作行为并对其进行惩罚，从而促进合作解的出现；但对于人数较多的情况，一个人或几个人的不合作行为对其他人影响很小，很难被察觉，或者说真正查清这几个人所需耗费成本很大，即惩罚成本很大而选择不去惩罚。因此，在大型社会中，依赖自愿遵从行为会产生搭便车的现象，导致公共物品供给不足或无供给现象。①

在行为模式多样化的大型社会中，即便个人知道什么行为是与公共利益一致的，也需要对什么是互利的行为做出正确的陈述。同时，由于搭便车激励的存在，要让人们遵守规则就需要对他们进行奖励。也就是说，一个人是否要加入一个利益集团或组织，不仅取决于整个组织为他们带来的集体利益，还取决于这些组织对加入者或参与者所给予的个人化激励以及以缴纳费用、罚款等惩罚措施。在大型社会或国家之中，必须借助集体选择并建立典型的正式惩罚制度从而做出决策。

六、斗鸡博弈模型

斗鸡博弈（Chicken game）描述的是参与双方都处在一个力量均等、针锋相对的紧张局势中时，如何能让自己占据优势，获得最大收益，确保损失最小。如果双方换位思考，就妥协补偿进行谈判，最后达成一方妥协的协议，这种针锋相对的局面就会得以解决。

在此借用丹尼斯·缪勒的修筑篱笆的案例来对斗鸡博弈进行详细阐述。假设 A、B 两人的地产有一个共同的边界，A 有一只山羊，它偶尔会走进 B 的园子里吃蔬菜和花草；B 有一只狗，它有时会闯入 A 的园子吓唬山羊，致使山羊不产

① ［美］丹尼斯·C. 缪勒：《公共选择理论》，杨春学等译．北京：中国社会科学出版社，1999 年版，第 18-19 页。

奶。针对这种情况修建一道篱笆，把这两块地产隔离开来，就可以防止这类事情的发生。

表 10-4 修筑篱笆：一种斗鸡博弈

A \ B	捐　款	不捐款
捐　款	1 (3, 3)	4 (2, 3.5)
不捐款	2 (3.5, 2)	3 (1, 1)

如表 10-4 所示，如果修建篱笆，需要 1000 美元的成本；每个人的效用水平在有篱笆时都比无篱笆时更高，即便他们必须一个人独自支付所有的成本时，也是如此（如方格 2 或 4 所示）。因此每个人都会想得到方格 2 或 4 的结果，而不愿意看到方格 3 所示的那种结果。

方格 1、2 和 4 所表示的都是修筑篱笆的情形，它们的差别仅仅在于谁支付篱笆的成本和随之而来的效用支付。在方格 4 中，A 承担全部的成本 1000 美元，获得 2 个单位的效用水平；在方格 1 中，A 支出 500 美元的成本，获得 3 个单位的效用水平；而在方格 2 中，A 不支出成本，却获得 3.5 个单位的效用，由此呈现出收入的边际效用递减的现象。在这种情况下，A 与 B 共同承担修筑篱笆的成本，既公平，也能使福利最大化，即方格 1 的情形。但是，方格 1 的结果并不构成一个均衡，如果他们能够说服对方承担篱笆的全部成本，A 或 B 的处境将会更好。说服对方的一种方式是：事先表明自己不会修筑篱笆，或者至少使对方确信你已经做出这样一种决定，从而使对方坚信，他的选择余地就在方格 2（或 4）和 3 之中，因此自然地选定方格 2（或 4）。① 此模型中存在两个纳什均衡，即方格 2 和方格 4，都体现为一进一退，但关键在于谁进谁退。

“斗鸡博弈”在很大程度上强调的是一种“机会成本”的概念，如果有更多机会成本丧失，就要表现得更加理性，选择妥协，而如果机会成本少甚至没有，则可以选择背水一战。而就现实来说，我们大部分人都不愿面对更多机会成本的丧失，所以，在很多时候，选择妥协是最具智慧的做法。

---

① ［美］丹尼斯·C. 缪勒：《公共选择理论》，杨春学等译．北京：中国社会科学出版社，1999 年版，第 21-22 页。

第三节　主体行为分析

一、选民行为分析

对于选民的概念，西方用“electorate”和“constituency”来表示，前者一般针对投票行为而言，后者是针对选区内的“全体选民”而言。[①] 近代以来，西方的“选民”概念直接指向“有投票能力”的公民，[②] 在我国，选民是指依照国家法律而享有选举权和被选举权的公民。参与选举作为公民政治参与过程中的关键一环，选民可以通过行使手中的选举权以保护自身的各项权利。一个民主而自由的选举过程，使得真实的民意得以积聚并转化为集体的权力，当选的代表或者政府官员依法获得行使公民赋予的权力的资格。

在这里，我们将选民分为普通投票人和政治家。根据经济人假设，普通投票人追求自身利益最大化，所以他投什么票取决于其对所投方案的成本效益比较。只有在参加投票有净效益的情况下，投票者才乐于参加投票。参与投票的收益一部分来自于对候选人及偏好方案所给予的预期效益，预期效益越大，选民积极性也就越强；还有一部分源于投票者参与政治活动所获得的荣誉感，行使公民权利所获得的满足感，给予自己偏好政策支持所带来的心情愉悦等。

关于投票的成本可以分为与投票行为本身相关的费用、时间和精力与投票人因要了解自己偏好的方案而收集信息所消耗的时间和费用等。例如，投票时遇到了雨雪天，就会增加相关成本，影响投票人投票。或者因为不想花费时间、金钱、精力等而随意投票，造成“理性的无知”。再或投票者为了明确候选人或偏好方案是否对自己有利而收集信息所产生的费用，包括向专业人士咨询费用、购买报刊书籍费用、查阅资料耗费的时间精力等等。此外，投票人认为自己的一票无足轻重，左右不了全局，从而选择不投票，造成投票率极低的情况，这种行为就是“投票冷漠症”的表现，在这种情况下，每个投票者参与投票的成本是正数，但是参与投票的效益与投票结果的影响力相对比的话，投票效益几乎为0，

① ［美］戴维米勒，韦农波格丹诺，邓正来：《布莱克维尔政治学百科全书》，北京：中国政法大学出版社，2002年版，第175-176，229-235页。

② ［法］皮埃尔·罗桑瓦龙：《公民的加冕礼：法国普选史》，上海：上海人民出版社，2005年版，第83页。

显然投票积极性会降低，若要增加选民的参与热情，应尽量降低投票成本，提高信息透明度。

在现实中，经常的做法是让普通投票人投票选出代表，再由代表代为决策，这些代表就是政治家，是从普通投票人中分化而来，专门代行全部投票人职责的一类人，是社会分工的结果。政治家也是效用最大化者，其承担社会功能只是实现个人目标的手段，当然其获益的前提是保证能够当选。为了获得权力、收入和尊敬，政治家为了所得选票最大化，往往充分利用中间投票人定理，而不走极端，尽量保证大多数人的偏好实现，任何一个极端都会导致当选概率下降。

此外，在一定政策情形下，选民可能会出现财政幻觉（Fiscal illusion）。所谓财政幻觉是指特定的财政税收制度安排使得纳税人无法真实识别政府提供的公共产品的价值，或认为所要缴纳的税收低于他们的负担，从而支持更大的财政支出规模的现象。按照纳税人主观感受的不同，财政幻觉可分为乐观的财政幻觉和悲观的财政幻觉。[①] 乐观的财政幻觉弱化了税负痛苦，认为政府制造财政幻觉是为了使纳税人认为其承担的税负比实际要轻，以减少纳税人对税收的反抗；悲观的财政幻觉则强化了税负痛苦，认为真实传递或强化税负痛苦的财政幻觉能激励纳税人关注和参与公共事务和集体决策。当选民产生财政幻觉时，不能充分理解政府支出增长时的税收的真正含义，他们通常更关心扩大公共支出能给自己所带来的好处，而忽视了税收负担也有可能同时增长。日常的财政决策过程往往是税收提案和支出提案分别表决，更加强化了这一幻觉，导致选民主动投票给支持更大的财政支出规模的候选人。

二、政党行为分析

在投票过程中，有关政治问题意见一致或相似的人们会组成一个势力集团，形成政党（Party）。政党是由一定阶级领导的，代表本阶级意愿（利益）的社会政治组织。政党有特定的政治目标和意识形态，针对国家和社会议题有各自的主张，订立政纲展示愿景。同时，政党通过制定党纲、党内政策辩论、参选、组织舆论、协调利益集团、综合党内外各种改革要求来主导或影响公共管理部门的公共政策制定，而我们前面提到的政治家往往依托于政党。

在西方国家中一般实行两党制或多党制，选民是否投票取决于候选人的立场与自己立场的接近程度，候选人的立场与选民立场越疏远，选民就越不投票，出

① 孟庆瑜、吕庆明：《财政幻觉的行为经济学考察》，《商业时代》2014 年第 26 期。

现疏远效应；当与候选人立场无差异，选民也因没有投票意义而不去投票，出现无差异效应。在竞选中获得胜利的政党往往成为执政党，有权力利用国家政权制定社会发展的计划和公共管理政策，这些政策往往是符合本阶级的意愿、利益。同时，由于选民求变求新的心态以及执政党本身存在的问题，在野党也可以利用公共舆论等手段，设法寻找好执政党的执政弊端，影响或直接参与公共政策的制定。当然，政党变化并不一定必然导致公共政策的调整，政党对公共政策制定的影响更主要体现在议会中的党派较量。政党的组织性、凝聚力及其在社会中的权威性，往往影响政党对公共政策制定过程施加影响的能力。

在代议制民主制度下，美国经济学家安东尼·唐斯对政党行为进行了研究分析，并在 1957 年出版的《民主的经济理论》一书中提出了一种政治竞争模型——唐斯模型，用来解释两个党派的政治竞争格局。唐斯模型认为在代议制民主制度下，各个党派是为了在选举中获胜而制定政策，而不是为了制定政策去赢得选举。[①] 政客作为理性的经济人，其追求的是选票数量最大化，而选民则是为了追求社会福利的最大化。这种情况下，中间投票者的投票偏好在党派的竞争格局中是一个至关重要的变量，每个党派都应将政策取向向中位选民倾斜，以寻求最多的选票。在这种情况下，中间投票人定理所产生的作用会使得社会福利的损失减少到最低程度，政党倾向将被引导到选择最大化社会福利的政策上。这在西方国家的政治角逐中有着很大的体现。

三、官员及官僚机构行为分析

官员（Official）是政府机构中工作的职员，通常这种雇用是终身的，也是相对稳定的。他们只对机构和他们上级负责，不是对选民或者某个政治家负责，选民只能通过社会舆论和一定的利益集团的作用来影响官员，由此，官员的行为是具有一定独立性的。由官员组成的官僚是维持公共部门稳定运转的重要力量，他们拥有特别的专业技术，在西方社会已经形成了一个相当稳定的阶层。官僚一般指行政官员和官员群体，是公共选择中的重要参与方，是公共选择政策和政治行为的执行主体，虽然官僚不是决策主体，但是会对公共选择过程产生重要影响，政治家们的政治决策需要官僚们的一系列活动才能实施，包括起草政策法案、收集和提供必要信息等，同时，官僚提供的信息情况也直接

① ［美］安东尼·唐斯：《民主的经济理论》，姚洋等译．上海：上海人民出版社，2017 年版，第 25 页。

影响着政治家的决策。

（一）预算最大化模型

1971 年，尼斯坎南在《官僚与代议制政府》一书中，以经济学领域的效率为前提，基于委托—代理关系理论，提出了“官僚预算最大化模型”（Bureaucratic Budget Maximization Model）。根据尼斯坎南的观点，对于官僚机构来说，有三个至关重要的因素：一是官僚机构自身的性质；二是官僚机构与周围环境之间关系的特征；三是官僚的最大化动机。① 他认为，官僚对自身利益最大化的追求再加上竞争压力的缺乏，促使他们总是倾向于扩大机关预算的规模，因为“政府机构总希望索取对于既定产出的一个更高价格是容易的，额外的收入可能被用于提供更高的工资、更多的闲暇、更多的额外支出以及可能使一个官僚的生活收放自如、工作轻松愉快的一整套环境”②。在尼斯坎南看来，薪金、津贴、公众声誉、权力、恩惠、产出、变革的难易度、管理官僚机构的难易度都是可能会进入官僚效用函数的变量，除了最后两个之外，这些因素都是预算的正的单调函数，官僚为了追求扩大自己的权力，提高自己的薪金、福利津贴和公共声誉就必须趋向于扩大机关预算规模。进一步看，上级官僚为了获得下属的支持与合作，也会追求机关预算的最大化，因为预算规模愈大，可以提供给下属成员的升迁机会和工作保障就会愈多，预算规模也会越大，官僚的自我效用也就越大，因此，追求预算最大化成为官僚机构运转和基本的官僚行为取向，对于研究官僚的预算行为来说，尼斯坎南的预算最大化模型无疑是一个很重要的出发点。

（二）官僚机构塑造模型

针对预算最大化模型，英国著名的政治学家和公共管理学家帕特里克·敦利威提出并发展了官僚机构塑造模型（Bureau-shaping Model）。敦利威同样从官僚追求效用最大化这一核心的理性选择假定出发来阐发他的理论主张，但是他却提出了一个与尼斯坎南的预算最大化模型几乎完全不同的观点。他认为，理性官僚不会去追求预算最大化策略，预算最大化不可能成为单个有支配权的官员所追求的私人物品，而只可能作为一个集体策略，在集体福利实现的同时使个体受益。但预算的增长对于不同等级的官员来说意义不同，理性官僚只会偏爱对他们有积极意义的部门预算增长，对流向组织中其他部门的预算增长可能会持冷淡甚至反

---

① Niskanen, William A. Bureaucracy and Representative Government. Chicago: Aldine Atherton, 1971, p. 15.

② ［美］丹尼斯·C. 缪勒：《公共选择理论》，杨春学等译．北京：中国社会科学出版社，1999 年版，第 407 页。

对态度。官僚制雇佣体系的模式使得官僚尤其是高级官僚的福利与其工作的性质而不是经济上的个人效用紧密相连，从而使得官僚对他们在官僚机构中的地位和工作质量的最大化更感兴趣，将机构重塑成不同机构类型的集体策略，可以最佳地增进高级官员的利益。那也就意味着，在某些情况下，例如更倾向于宽松的预算约束而不是绝对的预算规模时，高级官僚会主动选择预算最小化而不是预算最大化。总之，在官僚机构塑造模型中，各个机构的官僚尤其是高层领导倾向于通过改变他们的机构的性质来实现效用的最大化，即通过官僚机构重新塑造而不是预算最大化来实现个人效用最大化。

（三）官僚机构的特点

官僚机构提供公共产品的行为与市场环境下的企业提供私人产品的行为有较大的区别，具体体现在以下五个方面。

第一，缺乏竞争性。在公共产品提供中，不存在同行之间的激烈的竞争，公共产品提供的规模、种类和水平由官僚机构决定。不同的政府机构之间具有较大的独立性，法律也禁止官僚机构相互插手其他机构的事务。

第二，缺乏激励机制。官僚机构的成员构成较为稳定，在机构内部有严格的晋升规则，同时考察资历和能力两项因素，以此保证公共决策的连续性和稳定性。公共部门因其产出为非营利性，成本—效益分析法应用起来也相对困难，机构内部考核指标相对模糊，稳定性牺牲了效率。按部就班的决策过程排斥了有效的激励手段，同时，预算扩大标志着官员具有更大的行政权力和所属机构的膨胀规模。

第三，非利润化。官僚行为不是企业行为，并不严格考虑成本和收益的关系。官僚行为主要是保证公共产品的供给，而不是为政府取得利润。要按照公共决策的一系列要求完成既定程序，不是由个人来决定工作目标。官僚的收入主要由税收来支付，并不取决于公共产品的供给量。

第四，对信息敏感度不足。市场下的经济活动往往受到价格信号的指引，决策主体通常可以迅速获得供求等方面的信息。而在官僚机构中不以市场信息为决策基准，难以根据市场需要迅速调整自己的某些行为。

第五，个人可以影响公共产品供给水平。通过对政治过程的观察，可以发现官僚作为经济人追求个人利益的行为与政府支出之间存在着某种联系。官僚有不断扩大本部门权限的趋势，他们对远期可能有利于增加社会福利但难以增加当前政绩的行为不感兴趣，他们不会通过违法获利，而是通过减轻工作量、增设机构、扩张权力等，即政府在行使提供公共物品并消除或减轻外部性职能时导致了政府规模的扩大。官僚由于短视和避免风险而忽略社会发展的长远利益，他们总是在促使预算更大的公共方案通过，真实的利益体现在可以有更宽裕的预算支出，从而更轻松地进行预算管理，而效率的损失由纳税人来承担，所以官僚个人会不同程度地影响公共产品的供给水平。

第四节　利益集团与寻租理论

一、利益集团内涵与分类

西方政治学者就利益集团（Interest Group）进行了深入的研究，并从不同角度产生了各自不同的观点。本特利（Bently，1870—1957）将利益集团当作政治生活中的一种客观现象，他认为集团是政治生活的“原材料”，社会是集团的复杂组合，政治行为是集团利益互动的结果。[①] 杜鲁门（Truman，1884—1972）认为“利益集团是一个持有共同态度，向社会其他集团提出要求的集团。如果它向政府的任何机构提出其要求，它就变成一个政治性利益集团”。[②] 与以上二者相反的是，詹姆斯·麦迪逊（James Madison，1751—1836）认为利益集团作为局部利益是同公共利益相悖的，其对他人的权利是有害的。无论何种观点，他们均同意的一点就是当利益集团卷入公共政策之中时，会引起资源和国家财富的重新配置。

利益集团又称压力集团，是指在利益多元化社会中，一个拥有共同诉求，为实现共同利益目标而向社会其他集团提出要求并试图对公共政策施加影响的有组织的实体。利益集团以追求集团利益最大化为原则，一方面，向缺乏信息的投票人提供支持自己的所有有利信息，以使自己赢得选民的支持；另一方面，可以对政府官员、投票者施加压力，以谋求对其成员有利方案的支持。在表面上政府是代表公共利益的，实际上却是维护某些群体的特殊利益。利益集团可以通过组成成员、规模不同而分成不同类型。在多元化的社会，各种利益集团尤其是政治性利益集团的广泛存在是公民参政的一个重要通道。利益集团的成员可以是普通公

① 陈岳祝：《浅论利益集团在公共政策制定中的利益表达》，《东南大学学报》2008 年第 6 期。

② ［美］D. B. 杜鲁门：《政治过程》，天津：天津人民出版社，2005 年版，第 25 页。

民、非营利性组织、公共部门组织，也可以是寻利的厂商。不同的利益集团在其规模、资源、权利和政治倾向等方面存在着明显的差别。奥尔森认为在政治领域，利益集团虽然是主要行动者，但是具有理性且追求自身利益的个体不会想要采取行动去实现其集团的利益。因为，在一个集团范围内，由于集团收益是公共性的，所以每个成员普遍存在“搭便车”的行为倾向。①

每一利益集团都有特定的组织目标，根据组织目标指向与受益的对象，利益集团可分为特殊利益集团与公共利益集团。特殊利益集团追求其成员自身的特殊利益要求，一般是以经济利益关系为基础建立起来的，是形成最早、存在最广泛的一类集团。西方国家普遍存在的特殊利益集团有工商界利益集团、金融界利益集团、农业界利益集团和劳工组织。公共利益集团的组织目标较为丰富，凡是对社会具有普遍意义的公共利益问题都可能成为其组织目标。在我国，利益集团可分为强势、普通和弱势三种，强势利益集团是对公共政策影响较大的个人或组织，如具有垄断地位的公共服务部门以及职业经理人、民营企业家等；普通利益集团是在公共政策制定中具有一定话语权的一类，主要包括小企业经营者、一般知识分子、中低级公务员等；弱势利益集团在公共政策制定中的影响不大，主要包括农民工、城市下岗职工等社会利益群体，他们处于社会底层，地位低下，利益诉求渠道不畅。②

利益集团对政治民主化具有重大的促进作用，公共政策的制定过程常常就是在各种利益集团相互博弈的过程中形成的。一个利益集团一般具备以下特征。

第一，一个有组织的集团。利益集团明确表示自己的组织目标或价值标准，使具有共同社会身份或持有相同观点的人们聚合起来形成一个有组织的集体。

第二，集团成员具有共同的利益或目标。共同的收入来源、相同的收入水平、相同的行业、同一地区等都是促使利益集团形成的基础。在这些基础上划分的选民，也具有共同的经济利益。

第三，向政府施压，影响公共决策。利益集团以其成员共同利益代言人的身份向政府提出利益要求或施加压力，以影响或制约政府的决策，使政府的政策与立法有利于本集团的利益或目标的实现。利益集团具有影响政府决策的能力，并为影响政府内外政策不遗余力地采取各种方式进行活动。

利益集团是政治主体或政治共同体的一个重要因素，在西方国家的立法行政

① 余燕、刘书明：《公共选择理论的发展与反思》，《中国集体经济》2020 年第 10 期。

② 陈岳祝：《浅论利益集团在公共政策制定中的利益表达》，《东南大学学报》2008 年第 6 期。

过程中扮演着十分重要的角色。当利益集团确定了自身的目标之后，他们会将他们的要求传达至政策中心，并采用各种方式来影响执法行政。在西方发达国家，利益集团立法过程活动主要对象是议会。特殊利益集团通常会向选民免费提供信息，与其他利益集团相互捧场、互投赞成票等方式来达到自身的目的。利益集团影响公共政策制定的手段具体有以下四点。

第一，直接与国会议员、政府官员接触，或出席有关委员会或小组委员会的听证会，通过游说，详细说明某一项法案的优缺点以及产生的影响，以促使政府通过有利于他们的法律或政策。在我国主要通过主管部门（领导）或人大（政协）提案或通过利益代言人的特殊身份（政协委员或人大代表等）发表利益集团的意见，试图对制定公共政策主体的政府施加影响。

第二，由于许多西方国家的法院拥有司法审查权，如果利益集团没有阻止国会或政府管制部门通过的不符合自身利益的法案或政策，它可以种种理由向法院提出诉讼，以改变或削弱不利于自己的政策行为。

第三，公开运动。利益集团通过新闻媒体或施压性的集体行动来争取更多的民众目光，散布言论，形成舆论压力，获得选民支持，从而间接影响公共政策的制定。

第四，利益集团还通过向公职候选人捐助竞选费，影响选举结果，为今后的直接游说打开通道，或者通过评议国会议员来间接影响选举。

当利益集团利用上述温和手段未能达到目的时，有时会采用和平示威等非暴力手段来向立法机构表达自身对某项法案的见解。当示威规模足够大的时候往往会对立法机构形成压力，使其进一步妥协。当合法途径无法满足自身诉求时，极少数利益集团就会采取较为极端的行为来维护自身利益，如绑架、行贿等手段。

当然，由于各种利益集团力量的差别很大，它们影响公共政策的能力也有显著差异。此外，有一个利益集团存在，往往同时就有一个或几个抵消的力量。在通常的政治生活中，利益集团只对与其利益相关的公共政策问题感兴趣。因此，在实际的公共政策制定过程中，参与的利益集团数目的多寡，视每个议案而不同，如果是有争议的议案，参与的集团就会多一些，如果这个议案在公众的日程表中不占优先地位，参与的集团数就会少一些。在投票过程中，除了作为个体的选民进行选择外，还大量存在着利益集团的选择行为，观点相同的选民会组成利益集团，对政府的公共决策和公共选择活动施加影响，以利于本集团利益的政策获得通过。

在中国，利益集团有助于公共政策制定的平衡性，给公共政策制定主体提供有关实际情况的数据信息，从而有利于有效地解决实际政策问题，提高政府绩效。另外，利益集团能为公共政策的制定提供合理性建议和意见，起到“政府助手”的作用。但利益集团在参与公共政策制定过程中，不同的利益表达方式不可避免地带来了消极影响，他们在维护自身利益过程中可能会伴随着或明或暗的贪污受贿和官场腐败现象。① 例如，一些跨国公司、基金会以及在华的金融机构是寻租、滋生买办集团和干涉我国内政的强大力量，加剧了国内腐败；由不良的厂商和个人所组成的非法经营的利益集团利用我国法律的不完善以及市场经济的缺陷等灰色地带，通过双轨制、操纵证券市场、非法集资、行贿、房地产投机、生产假冒伪劣商品等方式大肆谋取个人利益。② 在党的第十八届中央纪委三次全会上，习近平总书记提出：“党内不能搞人身依附关系。干部都是党的干部，不是哪个人的家臣。”批评了那些拉帮结派、搞利益集团的干部；在党的群众路线教育实践活动总结大会上，总书记更是严厉地指出：“党内上下关系、人际关系、工作氛围都要突出团结和谐、纯洁健康、弘扬正气，不允许搞团团伙伙、帮帮派派，不允许搞利益集团、进行利益交换。”③ 这表明了党中央对利益集团的鲜明态度，也为我们正确认识利益集团问题指明了方向。

我们应该承认利益集团的存在是一个客观现象，并广泛存在于社会生活中。但政府要转变对利益集团的治理理念，改变过去的“利用、扶持与限制”的理念，使利益集团走向“自立、自治、自主”。此外，为了规范利益集团的行为，应制定利益集团相关法规，规范利益集团成立、组织、管理流程，使利益集团的工作向着法制化运行。我国是人民民主专政的社会主义国家，要把实现好、维护好、发展好最广大人民群众的根本利益作为党和国家各项工作的出发点和落脚点。因此，政府在制定和执行公共政策时也要始终坚持最大多数人的“公共利益”，不能以“个人利益”“集团利益”损害大多人的“公共利益”。

① 陈岳祝：《浅论利益集团在公共政策制定中的利益表达》，《东南大学学报》2008 年第 6 期。
② 程恩富：《当前我国西化、买办等利益集团问题分析》，《红色文化网》2019 年 6 月 12 日。
③ 习近平：《在党的群众路线教育实践活动总结大会上的讲话》，《人民日报》2014 年 10 月 9 日。

二、寻租的含义及社会成本

（一）寻租的含义

公共选择理论发展的背景正是福利经济学和凯恩斯主义的盛行，而它们都强调政府的积极作用，强调政府对市场失灵的弥补和提高社会总体福利水平的功能。虽然布坎南也不否定市场有的时候并未充分提供公共产品，所以在其《自由的限度》一书中才有了“生产性国家”和“保护性国家”的区分，[①] 但是布坎南却对“社会福利函数”提出了质疑，也否定存在所谓的“公共利益”。布坎南等学者认为公共部门在提供公共物品时趋向于浪费和滥用资源，致使公共支出规模过大或者效率降低，从而降低了社会福利。这种政府失灵的原因很大一方面来自官员的“寻租”行为。

寻租（Rent-seeking）又称竞租，即寻求经济租金的简称，是为了获得和维持垄断地位和垄断租金所从事的一种非生产性寻利活动。寻租实际上是既得利益者对既得利益的维护和对既得利益进行的再分配的活动。寻租分为政府主动寻租和被动寻租：主动寻租是指政府部门及官员，在公共决策的制定和执行中利用其公共权力，主动为自己、部门或利益集团谋求经济利益的寻租行为。一种表现为政府创租，即通过办试点或开发区来提升某些行业或企业的利润，诱使企业以寻租为代价获得垄断利润；另一种表现为抽租，即故意以某项会损失企业利益的政策为威胁，如重新进行资格审查等，迫使企业分出一部分利益给政府。被动寻租是指地方政府被利益集团所左右，制定并实施一些能给私人或利益集团带来巨额租金的经济政策和法案，被动寻租一般发生在决策制定与实施阶段。[②] 寻租来源主要有以下三个方面。

一是在政府管制的过程中，生产者和消费者的利益是对立的，追求选票最大化的政治家必然将提高某些受管制产品的价格，从而服务于这些利益集团。例如政府对价格实施行政管制，就会使受管制资源出现人为短缺的问题。在短缺的情况下，人们为了快速获得资源，就会倾向于高价购买政府限价的资源，经不法分子倒卖形成黑市价格，黑市价格再经一系列操作会转化成市场价格，市场价格与行政价格的差额就是不法分子或腐败官员所获得的租金。

---

① “生产性国家”是指具有公共物品提供功能的国家；而“保护性国家”则只有执法等最低限度的“守夜人”国家角色功能。

② 张礼建、杨华茜、吴晨旭：《地方政府在公共决策中的寻租行为成因分析》，《重庆大学学报》2017 年第 23 期。

二是政府特许权可能导致产生租金。政府特许权是指政府对某类商品发放的特别生产许可权和特别销售许可权。从整个国民经济的角度出发，某些政府特许权是有必要的，但其是否产生租金关键就在于这种特许是否会人为制造资源短缺。如果制造了短缺，获得特许就可以获得额外利润，那么就可能出现寻租问题。获得特许权的单位和个人可以通过其垄断地位获得垄断利润。这时的垄断利润就是寻租者可能寻得的租金。

三是政府订货可能会产生租金。在市场经济国家，由于政府能力和技术的限制，经常会出现政府订货。如美国政府所需的军用品的生产与高速公路的建设就由私人企业承包。如果政府订货的竞争不是市场化的，那么它就可能被某些有权势的利益集团所垄断，从而形成盈利机会稀缺的问题，这种稀有的盈利机会给那些寻求政府订货者创下了租金。

（二）寻租的社会成本

政府制定各种制度来限制竞争并对经济进行各种干预的行为叫作设租，而政府对经济管制和自由竞争的干预会给部分企业带来垄断利润，这里的垄断利润就是租金，公共领域越大，租金就会越多，寻租的现象就越严重。企业或利益集团因争取垄断利润而对政府进行的游说和贿赂行为会产生的一定寻租成本。在英国，垄断造成的寻租成本占所有公司总产值的13%；① 印度国民生产总值的7%被寻租活动消耗；② 寻租成本不仅包括利益集团为了达成某种目的而花费的时间和金钱，更存在一些社会成本，具体包括以下五个方面。

第一，生产要素效率损失。寻租活动并非通过市场竞争来实现资源的合理配置，而是通过寻租活动对既得利益进行再分配，这样不符合资源配置的一般规律，一些原本可以创造出更多社会产品或服务的生产要素被低效率使用，造成了生产要素的浪费。

第二，消费者福利损失。寻租者因为具有垄断特权，那么他就具备了产品定价的能力，对消费者来说，寻租企业会把其寻租成本转化到产品成本中，从而最终转嫁给消费者。这种情况通常出现在垄断性行业中，如我国的电信运营商通过其手中的垄断特权来自主定价，这使消费者福利遭受一定的损失。

第三，其他厂商的利益损失。在寻租活动中，受到损失的除了消费者和不成

---

① Kreuger B A. The Political Economy of the Rent-Seeking. Journal of Alternative & Complementary Medicine，2010，4（3）.

② Mohammad S，et al. Rent Seeking in India：Its Costs and Policy Significance. Kyklos，1984，37（3）.

功的竞租者以外还有寻租的受害厂商。一些厂商可能会因寻租活动而支付额外的成本。寻租者通过寻租活动获得政府特许的某项特权从而拥有进入某行业的权力，这种租金通常是由于政府对市场的过度干预而产生的。

第四，制度成本。制度缺陷或是对某种资源、技术或权力的垄断是造成寻租的一个重要原因，但是这些原因都可以通过法律手段来得以解决，而立法和执法都是需要成本的，这就是寻租活动的制度成本。

第五，腐败成本。政府是拥有经济管制的垄断权力的主体，这种垄断权力的存在就为租金的形成造就了客观条件。寻租总是与政府的政治权力尤其是行政权力紧密联系在一起的，它在扭曲资源正常配置的同时，对政治生活也有着严重的负面影响。“寻租活动是腐败的温床”，腐败是有成本的，腐败造成社会分配的不合理，破坏社会道德体系，极大地打击广大劳动人民的积极性。

三、利益集团的寻租效应

根据利益集团目的的不同，大致可以分为公益性利益集团、营利性利益集团和政治性利益集团。首先，对于环境保护组织等公益性利益集团而言，他们存在的目的是提高环境水平，从而提高全体人类的利益。其次，以寻求再分配中获利为目标的营利性利益集团，它们的活动目的是在再分配的公共决策中取得或者保护其垄断地位。再次，政治性利益集团是以影响公共决策为目的的利益集团，如通过竞选游说、投放政治性广告等手段影响选举，从而实现成功竞选。在这些利益集团实现自己的目标的过程中，会发生寻租效应，从而影响社会福利。

政府与利益集团（通常为企业）之间通常表现为一种双向寻租，即二者之间互相索取利益。政府及其政府官员为了从利益集团手中“捞取”利益，从“辅助之手”逐渐演变为“掠夺之手”，将大部分的时间和精力放在与企业搞好“关系”上，而企业在向政府寻租的过程中需要花费一定的时间成本、物质成本来向政府寻求一定的特殊政策，官商之间的利益链是最多见的腐败利益链。①

在营利性利益集团中，为了保持垄断地位，利益集团往往会给公共管理政策的决定施加压力，达到自己希望的结果。例如，政府正在考虑加强某地区的公共基础设施建设，打算在乙地区投资铺设一条新的铁路。这条铁路可以带动当地的

① 何家弘、徐月笛：《腐败利益链的成因与阻断——十八大后落马高官贪腐案的实证分析》，《政法论坛》2016 年第 34 期。

发展，但是这会影响到甲地区的产品销量，动摇甲地区的垄断地位。于是，甲地区的利益集团为了使铺设铁路的计划在甲地区实行，就会对政府的官员展开游说工作，必要时还会进行贿赂。而官员接受贿赂后，本来已经基本确定的线路就会被更改。比如，在商讨会中官员之中会有人提议铁路线应该经过甲地区而不是乙地区，此时其他官员参与到讨论中，论证这项提议是否合理，这项决策的进度被放慢，而付出了政府的成本。在这个过程中，社会上会盛行贿赂的不良风气，人人都试图用非正规手段解决问题，实现自己的目标。从经济学的角度看，第三方付出了巨大的成本，因此，利益集团的存在实际上降低了社会福利。而更极端的情况是，垄断所获得的租金被付出的社会成本抵消，甚至造成了成本大于收益的情况。对利益集团而言，集团的福利可能获得了提高，而对于社会整体而言，则福利降低。

一般情况下，政府的干预与管制主要是通过发行许可证、设立特权或者政府垄断来完成，政府是租金的供给者，利益集团是租金的需求者，他们通过合法手段或非法手段来获取租金。从设租到寻租成功所产生的交易成本会造成社会福利的损失，而利益集团将该损失进一步转嫁给消费者。寻租行为是权钱交易的非生产过程，最终造成社会资源浪费。利益集团在获取了特权或者垄断资源后，强加给第三方更加扭曲的资源配置，市场中信息更加不充分，负的外部性增大，政府只能继续发挥干预功能，寻租链条造成恶性循环。

为了规制利益集团的寻租行为，减少垄断行为带来的危害，各国政府都在紧锣密鼓出台相应措施。2019 年 6 月，在全球强化反垄断监管的大背景下，美国国会众议院司法委员会下设的反垄断小组对谷歌、苹果、脸书、亚马逊四大数字巨头（GAFA）开启反垄断调查，于 2020 年 10 月发布了一份 400 余页的调查报告，该报告在 2021 年 4 月 23 日获得审批。

报告中提到，谷歌在在线搜索和在线广告市场上具有垄断地位，并将其市场优势延伸至其他业务领域，同时还通过反竞争行为巩固、扩大其市场支配地位，包括搭售、自我优待等。亚马逊对其电子商务、网络服务等众多业务的控制和参与，使其能够以破坏商业自由和公平竞争的方式实现自我优待，同时置市场竞争对手于相对不利的境地。脸书在社交网络市场具有垄断势力，其主要通过扼杀式收购维持、扩大既有市场竞争优势，难以受到新进入者或现有竞争者竞争威胁。脸书同时会根据市场参与者是否构成其市场竞争威胁选择性执行其平台政策，以削弱潜在竞争威胁并扩大自有产品竞争优势。苹果依靠其在移动操作系统市场的支配地位控制 ios 移动操作系统，由此确保能够在移动应用商店市场获得垄断地位，从而控制美国超1亿部iPhone和iPad的移动应用分发渠道。GAFA这些处于相关市场主导地位的大型互联网平台企业利用其“看门人”的地位设定平台条款，获取不合理利益，损害了市场竞争和创新，减少消费者选择权，侵蚀了美国经济创新和创业机会，为社会带来严重不良影响。

课后习题

一、名词解释

公共选择　经济人假设　一致同意规则　多数同意规则　私人选择　投票悖论　用脚投票　单峰偏好　多峰偏好　中间人投票定理　政党　官僚　利益集团　寻租

二、简答题

1. 私人选择与公共选择有哪些不同？
2. 直接民主制度下公共选择的标准有哪些？
3. 简述阿罗不可能定理，解决阿罗不可能定理的措施有哪些？
4. 寻租现象存在的原因包括哪些？它对经济的影响有哪些？

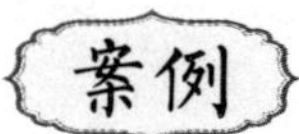

某企业违反《反垄断法》被罚款

某企业从2015年起，滥用其在国内的市场支配地位，对平台内的商家提出“二选一”的要求，禁止这些商家到其他平台开店或参加促销活动；又借用市场力量、平台规则和数据、算法等技术手段，采取多种奖惩措施保障“二选一”要求执行，维持、增强自身市场力量，获取不正当竞争优势。以上违反了《反垄断法》关于“没有正当理由，限定交易相对人只能与其进行交易”的规定，构成滥用市场支配地位行为。

2021年4月10日，市场监管总局对其依法做出行政处罚决定，责令其停止违法行为，按照该企业2019年在中国境内销售额的4%处罚，超过180亿元，创下中国反垄断罚款的最高纪录。市场监管总局对其发出了《行政指导书》，要求全面整改，并连续三年向市场监管总局提交自查合规报告。

我国平台经济发展正处在关键时期，要着眼长远、兼顾当前，补齐短板、强化弱项，营造创新环境，解决突出矛盾和问题，推动平台经济规范健康持续发展。此次监管部门处罚该企业，对其发展是一次规范扶正，对行业环境是一次清理净化，对公平竞争的市场秩序是一次有力维护。

放眼全球范围内的平台经济发展，依法规范，不仅不会带来行业的凋零，反而会促进其更有活力更高质量发展。发达国家对某些平台经济巨头的反垄断监管，并没有让这些企业失去核心竞争力，反而促使其积极做强核心业务，实现长远健康发展。同时，反垄断监管也在一定程度上助力互联网新锐诞生和成长，并为整个行业带来强劲活力。(资料来源：人民网、光明网)

阅读案例谈谈监管部门处罚阿里巴巴的原因以及国家反垄断的意义何在。

「第十一章」 公共预算

2020年，面对严峻复杂的国内外环境，特别是新冠肺炎疫情的严重冲击，各级财政部门深入贯彻党中央、国务院决策部署，坚决落实“积极的财政政策要更加积极有为”的要求，推动减税降费和财政资金直达机制等规模性助企纾困政策落地见效，经济持续稳定恢复。2020年，全国一般公共预算收入182895亿元，同比下降3.9%，好于预期；一般公共预算支出245588亿元，同比增长2.8%，在坚决落实政府过紧日子要求的同时，疫情防控、脱贫攻坚、基层“三保”等重点领域支出得到有力保障。全国卫生健康支出增长15.2%，其中与疫情防控直接相关的公共卫生支出增长74.9%；农林水支出增长4.4%，其中扶贫支出在2019年增长14.3%的基础上又增长1.5%；社会保障和就业支出增长10.9%；住房保障支出增长10.5%；教育支出增长4.4%；交通运输支出增长3.2%。总的来看，随着疫情防控形势好转和经济逐步恢复，2020年财政运行逐季好转，财政收入稳步回升，重点支出得到较好保障，预算执行总体良好。

第一节 公共预算概述

建立一个有能力且负责任的国家，是现代国家建设的基本目标。而要实现这个目标，则需要进行多方面制度化建设，重构国家治理制度。① 公共预算（Public budge）是一个国家整体财政体系的重要组成部分，关系到整个国家政治经济社会发展，其包括了政府经过法定程序而产生的整个年度收支计划，体现了国家政策的发展脉络。如今政府的各个活动均是在公共预算的框架下进行展开的，是各级政府完成其工作职能的必备工具之一。随着全面深化改革的进一步推进落实，公共预算的作用正在逐渐显现，本节将对公共预算进行详细介绍。

① 马骏、谭君久、王浦劬：《走向“预算国家”治理、民主和改革》，北京：中央编译出版社，2011年版，第5页。

一、公共预算的含义

（一）公共预算的起源与发展

预算一词最早起源于法语“bougette”，其意思为用皮革制成的袋子或公文包。19 世纪中期，英国财政大臣在提出下年度税收需求时常在英国议员们面前打开公文包，展示其所需要的数字，因此财政大臣的公文包也就经常被人们称为下年度的预算数。大约在 19 世纪末“bugget”正式出现在财政大臣手中的文件上，这便是预算一词最早的起源。

公共预算是产生于税收、公债之后的财政范畴，虽然在 17 世纪以前便出现了财政收支活动，对财政收支有了粗略的估计，并产生了对政府财政收支进行记账分析的活动，但直到 17 世纪英国才有了正式的政府预算。[①] 进入 20 世纪后，公共预算体系逐渐在世界范围内传播，各个国家均引入公共预算体系，并且公共预算体系也在逐步完善，进行了一轮又一轮的公共预算改革，其方法以及准确性也在不断地得到提高，逐步开始重视公共预算的支出绩效。

改革开放以来，随着经济体制改革，我国财政制度也发生了较大变化。1998 年政府首次提出要建立公共财政框架目标，中国财政制度改革从之前侧重于财政收入的改革转向强化政府预算管理的改革。自 1999 年起，中国启动了覆盖预算编制、预算执行、决算和评估全部预算过程的一系列预算改革，目标在于要建立与公共财政框架相适应的现代预算制度。通过 20 多年的预算改革，目前已经初步形成了以“行政控制”为取向的预算系统，在全口径预算、中期财政规划、预算监督和绩效管理以及预算公开等方面取得了重大的成就。

国家治理体系和治理能力现代化建设是我国未来发展的重要目标，而财税体制改革是一场关系国家治理体系和治理能力现代化的深刻变革。[②] 2020 年，十九届五中全中提出“强化对预算编制的宏观指导，加强财政资源统筹”，体现了我国按照经济社会发展目标和宏观调控总体要求指导预算编制的思想，也体现了一般公共预算、政府性基金预算、国有资产经营预算以及社会保险基金预算相对整合的全口径预算要求。[③]

---

① 许正中：《公共财政》，北京：中共中央党校出版社，2003 年版，第 296 页。

② 曾金华：《找好全面深化改革的“突破口”，大力推进财税体制改革》，《经济日报》2014 年 7 月 3 日。

③ 马蔡琛、赵迪：《中国预算管理改革的回顾与展望——“十三五”改革评估与“十四五”发展路径》，《求索》2021 年第 2 期。

（二）公共预算的概念及特点

公共预算是指对未来一段时间内公共部门收支进行测算和计划的活动。公共预算作为政府的一项重要的法定经济活动，反映了一个国家财政的收支状况，体现了政府对于财政情况的计划的控制以及未来周期内财政资金使用的方向及目标。换言之，预算是指“按一定的法定程序批准的政府机关、社会团体和企事业单位在一定期间（年、季、月）的收支预计”。①

公共预算是一国财政体系的重要组成部分，是国家财政的核心。公共预算体现着政府集中性的财政分配关系，是政府履行其职能的重要途径。公共预算具有以下特点。

一是计划性。公共预算是一项收支计划，是对未来一年内的政府财政资金的预期计划。因此，预算内的各项收入和支出都需要提前进行测算，并根据往年财政预算等诸多客观条件进行分析以保证公共预算计划的可靠性。公共预算的计划性，也说明公共预算存在许多不确定性，在实际的财政收支中往往会产生一些偏差。

二是透明性。公共预算一定程度上反映了一个国家内所有公民的需求，与每一个公民息息相关，所以公共预算具有透明性。政务公开是一个政府治理效率效果的关键因素之一，在公共预算的预算编制、预算执行和决算中，每一步都需要进行公开，接受政务监督，让全体公民了解，有利于提升政府公共预算的效率及准确性，同时也方便了社会大众进行监督，使得公共预算真正可以取之于民、用之于民。

三是全面性。公共预算的全面性是一个国家公共预算体系科学、规范的基本前提。换句话说，政府的一切收支活动均建立在公共预算的基础上，每一笔收入或支出都应该考虑在内，不能出现预算管辖权之外的收入和支出。一定程度上说，公共预算需要事无巨细地预测出政府的每一笔支出和收入。

四是法律权威性和政治程序性。公共预算的法律权威性是指在预算编制、预算执行和决算的各个环节中都必须遵循法律程序，这是不以人的意志为转移的。按照法律程序完成审批后的公共预算报告，是具有法律效力的，各个政府部门应该无条件进行接受执行，不得私自对公共预算进行更改。与此同时，各个部门也应该接受法律的监督，监督预算的执行情况和决算情况。如遇到突发情况需要修改预算，也应该第一时间进行汇报，按照规定程序调整原先预算方案，不得未经

① 樊勇明、杜莉：《公共经济学》，上海：复旦大学出版社，2001 年版，第 120 页。

法律授权修改预算方案。任何预算的更改与提出，均需要按照相关法律规定进行修改。

（三）公共预算的分类

公共预算在起源时是一项简单的工作，仅将预测开支填入表格就完成公共预算。但是随着政府职能的不断完善，经济社会的不断发展和经济形势的不断复杂化，公共预算逐渐也随之变得复杂化，其按照不同的方法可以分为许多种类。

1. 按照不同的政府级别，公共预算可分为中央公共预算和地方公共预算

中央公共预算是国家一级预算，主要承担国家安全、外交和中央国家机关运转所需经费，调整国民经济结构、协调地区发展、实施宏观调控所必需的支出以及由中央直接管理的事业发展支出，具体包括国防费、外交和援外支出、中央级行政管理费、国内外债务还本付息支出、中央本级负担的公检法支出以及文化、教育、卫生、科学等各项事业费支出。

地方预算是各级地方政府财政收支计划的统称。从省、自治区、直辖市级到乡、民族乡、镇级所建立起的预算都属地方预算，地方各级政府预算由本级各部门的预算组成。地方预算担负着保证地方行政管理支出，发展地方经济、文化建设事业等重要任务，是国家预算的组成部分，在国家预算体系中占有重要地位。国家预算收入的一部分由地方预算组织实现，国家预算支出的相当部分通过地方预算分配。

2. 按照预算的编制程序，公共预算可分为临时预算、正式预算和追加预算

临时预算是指在预算年度开始时，由于某种特殊原因，编制的预算草案尚未完成立法程序时，为解决在预算成立之前政府的经费开支，保证政府活动的正常进行而编制的不具备法律效力的暂时性预算。正式预算是指政府依法就各项预算年度的预计收支编成预算草案，经立法机关审核，通过宣告正式成立后取得法律地位的预算。正式预算的一切流程符合法律规定，是最常见的预算形式。追加预算是指在本预算已经批准且付诸实施的情况下，由于某种原因需要增减正式预算的收支而需编制的一种修正性预算，多用于应对突发情况或重大政策调整，要求地方安排或配套的支出。

3. 按照不同的编制形式，公共预算可分为单式预算和复式预算

单式预算制，即把国家财政收支汇编在一个统一的预算表中。这种编制形式，结构简单，方法简便，能明确地反映预算的全貌，但其不能清晰地反映各项收支的差别和财政赤字的成因。单式预算符合自由资本主义时期“健全财政”

的原则，与当时国家职能的简化、财政活动范围的狭小，以及人们对财政计划的透明、公开、简单的要求是合拍的，因而在当时的历史条件下起到了监督和控制政府财政收支的作用。但单式预算不加区分地把不同性质的财政收支项目编制在一个预算内，不能真实反映预算收支平衡结果，不利于财政部门对不同性质的财政收支进行分别管理，也不利于政府对财政收支活动进行经济分析和比较，特别是各种性质的不同收支之间没有对应关系，难以具体反映预算赤字和盈余的成因及性质。

复式预算是把国家同一个预算年度内的全部预算收入和支出按性质进行划分，分别汇编成两个或两个以上的收支对照表，以特定的预算来源保证特定的预算支出，使收支之间具有相对稳定对应关系的预算编制方式。一般分为经常预算和建设预算（或债务预算）。其与单式预算比较，对于加强预算资金管理、提高资金使用效益有重要作用。

4. 按照不同的收支管理范围，公共预算可分为总预算和单位预算

总预算是由本级政府预算和下一级的总预算合并汇总而成的，总预算可以反映本政府行政职权内政府收支的总体情况。例如省级的公共预算既包括了本年度省政府各个部门的收支活动，同时也包括省下辖各个市、县的预算情况。单位预算是指各级政府的直属机关就本身及其所属行政、事业单位的年度经费收支所汇编的预算，主要反映了单位与财政之间的领拨缴销关系、工作任务以及工作方向。

5. 按照不同的编制依据，公共预算可分为增量预算和零基预算

增量预算是指以以前年度公共支出为基础，分析新的预算年度的经济社会发展水平及相关影响因素的变动情况，通过调整基期项目及数额，编制相关预算的方法。增量预算简便快捷，易于操作，但是需要在基础上进行变动，会导致支出随意性强，不利于控制支出的增长，容易形成政府支出的周期性增长。

零基预算是指公共收支的指标是确定的，不考虑之前年度的公共收支情况，根据计划指标进行预算编制工作。相较于增量预算，其优点在于容易对政府开支的增长进行控制，同时每年对于指标和资金的计划也有助于各个政府部门提升效率和加强对预算的资金管理。但是，零基预算需要从基层单位进行计划，逐层进行零基预算的编制，需要层层审核，工作量相对较大。

二、公共预算的职能

公共预算是政府和社会基本目标得以实现的现实反映和工具。预算的功能价

值分析主要从政府通过预算承担基本职能着手。根据政府的职能，预算的收支也被分为不同的科目。公共预算主要的职能体现在以下四个方面。

（一）优化资源合理配置

由于公共物品拥有受益的非排他性和消费的非竞争性，每个人都可以近乎无偿地使用公共物品，如国防、教育等公共物品无法简单地由市场进行资源的配置，此时就需要政府进行宏观调控，主动干预政府的财政资源流向，从而提供满足社会大众需要的公共物品，最终达到全社会的最优效率。公共预算可以在每年年初规划本年的工作开支，通过政府的公共财政支出满足人们对于这些公共物品的需求。

（二）反映政府职能范围和公共收支状况

作为政府公共财政的反映，公共预算将政府的公共收支情况以统一的形势，分门别类地进行详细记录，从而全面地反映政府活动的内容、范围以及方向。人们往往可以通过阅读政府本年的财政预算，了解政府的职能、本年度政府工作目标以及未来一年政府工作重心，也可以通过分析近几年预算的变化来预测下一年政府的工作重心变化。同时，由于公共预算中包括了未来年度的公共收入与公共支出，所以，它可以反映未来一年内政府财政的收支状况，从而一方面可以使社会大众更加了解政府进行的工作，另一方面使政府更能有的放矢地开展工作。

（三）将政府全年工作计划数量化

众所周知，数字是人们最好的理解信息的方式。首先，公共预算不是简单地对未来政府公共收支进行预测，而是通过认真分析调查后得出的结果。预算是一种资源分配，对于政府一年公共收支的投入和产出的内容、数量以及时间安排进行详细的计划。可以说，一定程度上，公共预算是一个数字化的政府工作计划，公共预算可以更好地提升政府工作计划的直观性，同时更好地保证政府全年工作的落实情况。

（四）将政府全年工作优先性排序

优先性排序功能和资源的稀缺性有关，相对于需求而言，公共资源总是稀缺的，因而公共支出只能满足部分公共需要，这就需要对公共预算申请进行优先性排列，合理配置公共资源，使其获得最大限度的利用，得到较高的财政效率。“预算的实质在于配置稀缺资源，因而它意味着在潜在支出目标之间进行选择。"[①] 优先性排序反映了决策者的政策偏好，决定了公共预算的分配结果。对于公共预算中列示的经费增长较快的项目，表明其是政府工作的重点，是政府大力发展的扩张性事业；而公共预算资金减少的项目，则意味着政府将对其实施紧缩的政策。[②]

公共预算的编制与执行，可以让社会公众了解政府整体财政收入与支出的执行情况，在预算的执行情况中出现任何问题，政府可以根据之前编制的公共预算，第一时间进行问责。各个国家均对本国的预算有特殊的要求，但可以说以上这些功能是各个国家的预算都具有的。同时各个国家对于每个功能的侧重点也是各自不同的，但是预算的作用都是为了优化国家资源合理分配，为了促进国民经济整体向好发展。

三、编制公共预算的原则

政府的公共财政是市场经济的产物。随着经济不断地发展，公共预算也在逐步地完善和精确。公共预算作为一个国家未来年度的收支依据，必须要根据一定的原则来进行编制。由于各个国家的经济发展水平、政治体制与政策都有很大差别，所以各个国家的预算编制原则也不尽相同。在这些原则中，为大多数国家所接受的预算编制原则，可以总结归纳为以下五个方面。

第一，完整性。预算的编写必须坚持完整性原则。所谓完整性，是指政府所公布的年度公共预算必须包括政府所有的公共收入与公共开支。在预算编制的时候，政府的每项计划、政府各个部门的开支、各级政府的开支都应该被考虑在内，不能出现预算管辖权之外的收入和支出。要切实保证每一笔政府公共收入开支有预算可依，而不是凭空出现。这既是对政府效率的要求，也是对于政府公共财政安全性的保证。

第二，易懂性。预算是政府各个部门未来工作的计划依据，更是国家公民了解政府工作的一个重要途径。公共预算不是专业的文献也不是机密文件，需要为国家的公民所知晓，在经过立法机关的审议通过后，必须以一定的形式向社会大众进行公布。所以财政预算必须通俗易懂，简单明了，可以为公众所领会，可以让社会大众轻松辨别，让公民了解政府全年的工作，也能方便公民对未来政府财政的工作进行监督。

① ［美］爱伦·鲁宾：《公共预算中的政治：收入与支出，借贷与平衡》，叶娟丽等译．北京：中国人民大学出版社，2001 年版，第 3 页。

② 杨龙、张文礼：《公共经济学》，北京：中国社会科学出版社，2014 年版，第 242 页。

第三，一致性。预算必须具有一致性，就是要求预算的收支按照统一的程序和标准来计算和编制，二者应该同等对待。同时，公共预算中的各个部分，公共预算中包含的各个部门都应该以总额列入计算。公共预算不是简单地收支抵扣，各级政府、各个部门都应该进行预算，将收支分别列出，而不是简单加和，同时在公共预算中更多时候是专款专用，一项活动的专项资金不应该因为其他原因而被挪用、被抵扣。

第四，年度性。预算必须具有年度性，所谓年度性就是公共预算需要按年进行编制，列出每年的公共收入与公共支出。现如今世界各国的公共预算编制时间都有所不同，这大多数情况下是因为各个国家关于预算法律规定的不同，因为一年的公共预算需要立法机关进行审核批准后才具有法律效力。虽然各个国家的预算起始日期不同，但都是按照一年（365 天）而进行编制。

第五，严格性。预算必须坚持严格性原则。所谓严格性，是指一旦公共预算经过立法部门讨论审核通过，那么必须严格执行。各个政府部门、各级政府组织需要严格地执行预算中的规定。同时，预算的严格性也要求预算中出现的专项拨款必须只能用于预算规定的项目，各级政府均不能私自挪用预算拨款。由于预算的严格性，只有当政府决定在公共预算中提供某项资金后才能够进行支出，一切预算的收支都应该被严格限制。

四、公共预算的目标

公共预算是政府进行宏观调控的重要手段之一，政府可以通过年度的政府公共预算，对整体国民经济的发展方向进行整体的调控，优化国家资源整体配置，保障国民经济平稳运行。政府的公共预算作为一个国家政府部门年度收支的整体规划，可以更好地控制政府部门的规模以及政府部门的整体开销，简化政府部门，缩减政府开支，避免冗员，同时进行政府职能转变，建设服务型政府。

（一）优化资源合理配置

政府公共预算的目标之一便是根据政府的年度收支，将政府的财政资金投入到需要发展的地方或是单纯依靠市场手段无法获得足够资源的地方，例如公共项目的支出、国防支出、社会保障支出以及扶贫工作支出等方面。因此，公共预算旨在优化资源的合理配置，促进整个国家全地域、全方面地发展，弥补单纯依靠市场配置资源的一些缺点，使整个国家的治理水平得到提升，人民生活质量得到改善。

（二）保障国民经济平稳运行

政府预算的目标之一是保障国民经济平稳运行。公共预算可以利用促进资源合理配置的职能，保障经济的运行，保障各个产业的发展以及国家整体的产业转型升级。对于公共预算中列示的经费增长较快的项目，表明其是政府工作的重点，是政府大力发展的扩张性事业，势必会使得市场的资金大量跟随政府预算进入此事业；而公共预算资金减少的项目，则意味着政府将对其实施紧缩的政策。由于国际形势的错综复杂，在预算年度中会出现许多问题，这就需要利用公共预算中此前预留的备用财政资金进行解决，例如国际金融危机以及全球范围内的新冠疫情，都对国民经济体系产生了冲击，为了避免对国民经济产生过大的损害，也要求政府在编制公共预算前留出备用资金，保障整体国民经济平稳运行。

（三）控制政府规模，监督政府行为

一个国家由各级政府组成，而各级政府也有各自的组成部门，政府公共预算中的一部分就是用来维持整个国家机器的运行。但随着社会的发展，世界各国都在追求一种小而精的政府：简化政府部门，缩减政府开支，避免冗员，同时进行政府职能转变，建设服务型政府。而公共预算可以直观地反映各个政府部门的年度预算开支，公共预算使得政府每个部门的年度预算都可以展示在公民面前，使得政府部门可以更好地接受人民群众的监督，进而能促进预算全过程的透明化以保障公共预算经济功能的发挥，促进财政民主原则具体化、加强廉洁政治发展标识化，进而提高预算管理水平。

第二节　公共预算的程序

公共预算是一个国家政府部门管理资源的重要环节。一个政府的所有公共收入和支出均是在公共预算这个大的框架下进行的，所以公共预算的编制是一个政府在周期年开始时的头等大事。公共预算的程序指的是预算的一个周期过程，其开始于一个政府财政周期年开始之前，而结束于整个财政周期年结束之后。现如今世界各国的预算虽然各有特点，但各个国家的公共预算程序都不尽相同，一般来说，一个完整的合法的公共预算程序包括预算的编制、审议和批准，预算的执行、调整与监督和最终的预算决算这几个程序。

一、公共预算的编制与审批

公共预算作为一个国家整体财政体系的重要组成部分，一份好的公共预算关系到未来整体国民经济的发展，所以公共预算的编制工作十分重要。我国是人民民主专政的社会主义国家，公共预算作为具有法律效力的文件，为保证整体国民经济有着突出的作用，公共预算的审批需要体现人民的意志。

（一）公共预算的编制

公共预算的编制是整个公共预算程序开始的第一阶段，是公共预算工作程序的起点，每个国家都会根据自身的情况确定下一年度公共预算编制开始的时间，通常会在上一个周期年的下半年开始编制下一年的公共预算。公共预算编制程序包括草案编制、汇总、行政首长审批、权力机关审议通过四个环节。① 我国预算编制一般在财政年度开始的前一个季度进行。通常情况下，国务院会在每年的9月初向各省、自治区、直辖市和中央的各个部委下达编制下一年度预算草案的通知，并且提出下一年度预算的指示，由财政部主持整个预算的编制工作。各省、自治区、直辖市和中央的各个部委在国务院规定的时间内，对于本年度的收支情况进行统计，并对下一年度的财政收支进行预测，编制并最终收入预算草案。财政部经过审核汇总后，将本级总预算草案交由国务院进行审核汇总。

在我国的预算编制工作中，中央部门将预算编制的原则逐渐细化，分为10个原则：①公开性原则，是指各级政府、各个部门的公共预算要公开、透明。②真实性原则，是指各级政府、各个政府部门所上报的数据务必准确可靠，不得虚报瞒报，同时每一项数据背后都应该有真实的数据进行支撑，以科学的方法进行计算，不能凭借主观进行估算、捏造。③完整性原则，是指各级政府、各个部门的公共预算要将收入和支出全部纳入部门预算之中，杜绝内外资金“两张皮”的情况出现。④科学性原则，是指各级政府、各个部门的公共预算的预测和支出方向，预算编制过程中的程序设置，计算方法和编制方法要科学。⑤统一性原则，是指各级政府、各个部门的公共预算在同一级别下，应使用统一的计算口径进行编制。⑥稳妥性原则，是指各级政府、各个部门的公共预算编制工作要稳妥可靠，做到量入为出，收支平衡。⑦重点性原则，是指各级政府、各个部门的公共预算要有所侧重，原则上优先保障基本支出，后安排各个项目支出。⑧年度性原则，是指各级政府、各个部门的公共预算，应按照财政年度进行编制，不得将

① 杨龙、张文礼：《公共经济学》，北京：中国社会科学出版社，2014年版，第251页。

不属于本财政年度的财政收支列入本年度的公共部门预算之中。⑨法制性原则，是指各级公共预算要经过立法部门的核算和审批后才具有法律效力，一旦公共预算经过上报审批，各级政府、各个部门就应该严格按照公共预算坚决贯彻执行，未经法定程序的批准，不得对于公共预算的内容、数据以及支出方向进行更改。⑩绩效性原则，是指各级政府、各个部门的公共预算一旦开始执行，那么对公共预算的执行过程与最终年度的执行成果需要进行全面的追踪问责制度。

在编制各级政府、各个部门的公共预算时，确定收支项目的具体数值为预算编制的核心内容，现如今主要的公共预算编制方法有以下五种。

一是基数法。基数法是将一个之前年度的公共预算设为基年，分析影响公共收入与公共支出的各个有利和不利因素，从而根据基年的公共预算计算出本年度收支预算的一种方法。基数法简便快捷，易于操作，容易为各个基层政府部门所接受，但是由于需要在基础上进行变动，会导致支出随意性强，不利于控制支出的增长，容易形成部门支出的周期性增长。

二是系数法。系数法是指其按一定年度预算收入的统计数占同期相关经济指标的比率，来确定计划年度预算收支的一种方法。测算年度预算收支指标时所采用的系数一般分为两种，一种为“绝对系数法”，另一种为“增长速度系数”。

三是比例法。比例法是指已知一个部门的局部预算收支情况后，利用局部所占整个部门的比例关系，对于计划年度的全部收支进行测算；反之，也可在知道全部预算收支的情况下，根据所占的比例，对于个别部门本年的财政预算收支进行测算。

四是定额法。定额法是利用各项预算定额的有关经济事业指标测算计划年度某项预算收支的一种方法。测算定额是在历年统计资料和长期的过程中所确定的，各项定额与有关指标相乘即为计划年度的预算收支数。①

五是典型调查法。典型调查法是指通过调查整体中的一部分情况去分析推断总体的一种方法。当出现涉及范围广、时间要求紧张、不能进行系统全面调查的情况时，对于公共预算的编制采用典型调查法。

（二）公共预算的审批

公共预算是具有法律效力的文件，政府公共预算的审批权力属于立法机关。公共预算只有通过立法机关的审批后才真正具有法律效力。在中国，各级立法机构掌握着预算的审批权，预算的审批工作一定意义上也是预算的修改过程，是社

① 郑万军：《公共经济学》，北京：北京大学出版社，2015 年版，第 292 页。

会大众监督政府工作，各民主党派成分参与协商的工作。

立法机构要审查预算的整体分配，考察政府各项支出和公共收入预测的合理性。对于每项单独的分析，通常是由一个专门的核算小组或者核算委员会完成。在预算审批阶段，财政部门无法干涉立法部门对于公共预算草案的审批。在我国，国家公共预算草案由国家财政部汇总而成，财政部虽然无权对公共预算草案进行审批，但会预先进行公共预算草案的审核。《预算法》第五章第四十四条规定："国务院财政部门应当在每年全国人民代表大会会议举行的四十五日前，将中央预算草案的初步方案提交全国人民代表大会财政经济委员会进行初步审查。"

在我国的预算编制程序上，一般实行"两上两下"程序。首先，各个基层预算单位编制本单位在预算年度的收支额，上报上级领导部门审批。上级领导部门通过分析与综合考量，提出本部门的收支建议额并上报财政部门，此为"一上"。在"一上"的过程中，各个上级部门会对下级部门的预算进行考量，减少了预算发生错误的风险。财政部门审核各个部门报送的下一年度公共预算，并考虑本级财政的收支状况，为各个部门下达下一年度各个预算单位年度收支的预算控制数，此为"一下"。在"二上"阶段，各个预算单位会根据上级财政部门下发的下一年度公共预算收支控制数，对本部门之前上报的年度预算草案进行调整以符合要求，经过汇总整理后，重新上报上级财政部门进行审批。在"二下"阶段，财政部门会对各个部门报送的"二上"预算草案进行全面的审核和汇总，并且根据汇总结果编制本级政府的总预算草案，报送本级政府审定。在经过本级政府的审定后，向本级人民代表大会提交政府预算草案，在本级人民代表大会审议通过后，即成为具有法律效力的公共预算，各级政府根据生效的正式预算制订下一年度的工作计划。我国的"两上两下"审核制度，有效地提升了公共预算草案的准确性和可执行性，也在一定程度上减少了立法部门的工作量，提高了整体政府各个部门的办事效率。

二、公共预算的执行、调整与监督

（一）公共预算的执行

预算执行是指各级财政部门和其他与公共预算有关的预算主体组织公共预算收入、安排各项公共预算支出、保持公共预算平衡和对预算执行情况进行监督等实践性活动。公共预算的执行是完成年度公共收支计划中至关重要的一环，是公共预算由预算变为现实的必经之路，同时是政府各个部门使用公共预算为人民群众谋福祉的必经之路。公共预算的执行有三个特点：第一，公共预算的执行具有连续性，从每个财政年度的第一天到最后一天都需要按照计划执行；第二，公共预算计划不是一成不变的，在每年公共预算的计划完成后，都需要根据经济形势变化、政策变化等实际情况而进行公共预算的调整，组织新的公共预算平衡工作；第三，每年公共预算的执行情况需要严格记录，为下一年度的公共预算编制工作提供依据。

根据我国《预算法》的相关规定，我国公共预算的执行阶段是从当年的 1 月 1 日至 12 月 31 日，具体工作由财政部门负责。预算执行包括收入征缴、指标审核、支出资金拨付和预算调整几个环节。①

国库是负责预算收入的归纳、划分和预算支付的专门机构。国库分为中央国库与地方国库，中央国库业务由中国人民银行进行管理，地方国库业务按照相关法律法规以及国务院、财政部的相关规定依法进行管理。在国库集中收付制改革后，② 各级预算收入征收部门，必须依法在第一时间足额地组织预算收入，按照相关法律法规进行上缴。公共收入的缴纳分为直接缴库和集中汇缴两种方式。直接缴库方式是由预算单位按照法律相关规定，直接将收入缴入国库单一的账户，预算外的资金缴入专门的财政账户。集中汇缴方式是指由征收机关和依法享有征收权限的单位按照法律法规相关规定，将收取的应缴收入汇总缴入国库账户，预算外的资金缴入专门的财政账户。一切预算内的应缴收入应该全部缴入国库专门账户，我国《预算法》中严格规定，未经财政部批准，一律不得将预算收入存入国库外过渡性账户。当公共预算收入应缴金额缴入国库后，其便成为政府公共预算的预算资金。

当各个部门完成收缴工作并上缴国库后，相关部门应第一时间根据预算项目收入与国库余额进行逐一清点。如出现需要将已入库的预算收入退还给原收缴单位或个人的情况，称之为预算收入退库。收入退库必须严格遵守《中华人民共和国国家金库条例》以及《实施细则》规定的退库范围以及相关退库程序。任何单位部门或个人，不得未经审批，擅自启用退库程序。

预算资金的拨付程序一般分为两种。第一种是财政直接拨付。一般由财政部门开具支付令，通过国库单一账户体系，直接将财政资金支付到需要公共预算资

① 郑万军：《公共经济学》，北京：北京大学出版社，2015 年版，第 293 页。

② 国库集中收付制度是指建立国库单一账户体系，所有财政性资金都纳入国库单一账户管理，收入直接缴入国库或财政专户，支出通过国库单一账户体系，按照不同支付类型，采用财政直接支付与授权支付的方法，支付给商品或货物供应者或用款单位。

金的单位部门或个人账户中。第二种被称为财政授权支付。预算单位根据财政授权，在财政部门批准的用款额度内，自行开具支付令，再通过国家国库单一账户体系支付到需要公共预算资金的单位部门或个人账户中。

公共预算的执行程序关系到各级政府以及政府各个部门的良性运转，同时关系到国民经济的良性运行。所以，预算执行的程度直接关系到政府工作的数量与质量。各级政府都应重视公共预算的执行程序，保证预算中的每一笔资金都用在需要的地方，充分提高政府公共预算的利用效率，保证每一分钱都落到实处。

（二）公共预算的调整

由于整体国民经济运行具有复杂性和不可预测性，难免会出现一些特殊情况，从而引起预算收支、规模以及结构变化，所以公共预算计划不是一成不变的。在每年公共预算的计划完成后，财政部门都需要根据经济形势变化、政策变化等实际情况而进行公共预算的调整，调整新的收支项目，组织新的公共预算平衡工作，使得新的公共预算更加积极可靠，符合大的经济发展形势。

公共预算调整主要包括动用预备费用、预算的追加追减、预算中各个科目之间的经费流动以及预算的划转。各级政府或部门的预算调整均需要编制预算调整方案，并通过本级人民代表大会审议通过，才具有法律效力，成为真正意义上的预算，未经批准不得进行预算的调整。在预算调整方案中，应仔细注明调整的原因、项目、数额以及其他相关说明。除了要改变整体公共预算收支总额的情况下，其还分为两种情况：一是在不动用原先预算收支总额的前提下，只是改变部分公共收入或公共支出的用途；二是一些公共收入或公共支出在上下级政府、地区、部门之间流动，虽然会影响各个上下级政府、地区、部门之间的公共预算，但是预算总额总体未发生变化。

当预算总额发生变化时，在实际的情况下，更多时候会首先动用本级政府或部门的预备预算。各级政府和部门为了更好地处理在实际中出现的突发事件，会设一部分备用资金，数额一般为本年整体预算支出额的1%—3%。但是，这些备用资金在使用上也有严格控制，在各级政府中，如需动用预备预算，首先要经过本级人民政府的审批和本级人民代表大会的审批才能动用；而中央的预备预算经费动用需要财政部提出，报送国务院进行审批，同时经过全国人民代表大会或全国人民代表大会常务委员会审批。①

公共预算的追加或追减是指在原先核定完成，经过本级人民代表大会审批通

① 杨龙、张文礼：《公共经济学》，北京：中国社会科学出版社，2014年版，第253页。

过后对公共预算收支总额以外的部分进行数额的变更。如果因为特殊原因和突发情况需要追加或追减预算财政收支的，需要编制预算追加或追减的预算计划，按照相关规定的程序向主管部门进行报备，同时要向本级人民政府和上级人民政府审定后，再经过本级人民代表大会的审批后才能具备法律效力，进而进行具体实施，任何级别的政府单位或部门均无权私自对本年度公共预算进行预算的追加或者追减。

（三）公共预算的监督

公共预算中很大一部分是来自于国家公民纳税人缴纳的税款，可以说，运行好公共预算的监督程序，将公共预算装入制度的笼子中，是对纳税人负责的一个重要体现，将每一笔公共支出放在每一笔需要的地方，将公共支出中的每一分钱落在实处。

我国的公共预算体系，实行人大、政府、人民多层监督体系。其中，人大是公共预算监督的主要途径，政府内部的审计部门负责平时公共预算的日常监督，而人民群众负责进行外部监督，三者相辅相成，共同保证公共预算体系的整体安全，合法运行。国家进行公共预算监督有许多重要的意义，主要表现在以下方面。

首先，明确政府与公民的权利和义务。政府作为公民代理人，有义务公开财政预算，并接受对于公共预算的监督；公民作为委托人，有权要求政府公开预算，并对公共预算进行监督、质询。我国在预算公开方面起步较晚，随着民主政治的深入人心，政府执政理念的增强与民众民主意识的提高，要求预算信息公开的呼声越来越大。预算的监督在明确政府与公民的权利和义务方面具有重要的意义，预算的内容要体现民意，通过预算可以明确政府与公民各自的权利和义务。

其次，促使政府为公民提供公共服务。公共预算是政府分配和使用公共资源最重要的政策手段之一，通过预算可以促使政府为公民提供最优的公共服务和公共产品，与全体公民的切身利益息息相关。财政活动应为社会提供公共服务，政府预算作为公共权力配置资源的规则，有利于优化社会资源配置，为公民提供公共商品和服务，能让公民公平享受社会资源，从而使更多的民众生活得更好。

最后，规范政府整体的财政收支行为，提高预算资金使用效率。政府预算是政府组织和规范财政分配活动的重要工具，公共预算的监督，可以让政府资金的使用情况更加透明。预算资源集中统一配置、预算收入税式化、预算信息明细化和预算监督全程化，有利于规范政府整体的财政收支行为，提高财政资金的使用效率和部门预算的约束力。

三、公共预算决算

公共预算的决算是指政府根据年度预算执行结果而编制的年度会计报告，是公共预算执行的总结，是国家预算管理的最终环节，也是国家经济活动和社会发展在财政上的集中反映。在编制部门决算时，要以部门预算实际执行开支数为基本事实，以批准的部门预算为基础，对有关明细预算科目收支数一一进行清理统计。[①] 决算收入体现国家建设资金的主要来源、构成和资金积累水平，决算支出体现了国家各项经济建设和社会发展事业的规模和速度。对于公共预算的决算有利于整个公共预算体系不断完善，同时也是政府治理体系进步至关重要的一个环节。因此，不能离开决算而谈预算，将预算和决算割裂开来是不正确的。

由于公共决算的编制涉及财务、会计、税收、金库等财政部门的核算系统，是一项十分细致的工作，为了提高公共决算的质量，我国《预算法》规定，编制公共决算应遵循合法性、真实性、完整性和及时性原则。我国政府公共决算编制是从执行预算的基本单位开始，根据决算编报办法和决算表格的内容，自下而上编制、审核和汇总。

为了维护财经纪律和国家法律，保证决算数字准确无误，必须对公共预算决算进行审查。其中公共预算决算审查的内容一般可分为三个方面：一是政策性审查，主要是从贯彻国家的方针政策、改革措施、财经纪律等方面进行审查，检查决算有无违法违纪情况；二是技术性审查，主要是对决算报表的数字关系和编报要求进行审查；三是预算管理审查，主要是对预算管理体制规定的收支划分，上下级财政部门之间的收入留成比例的执行，以及当年财政收支平衡的情况进行审查。在我国公共决算审查的实际工作中，决算审查的具体内容包括以下六个方面。

第一，收入审查。决算所列的预算数，是否与核对后的上级核定数一致；上年节余数和上年决算的年终节余是否一致；属于本年的预算收入，是否按照国家政策、预算管理体制和有关交款办法，及时足额地缴入各级国库，编入本年预算；各级总决算之间的分成收入划分是否符合预算管理体制的要求；预算内收入和预算外收入划分是否清楚；收入退库项目是否符合国家规定；决算收入数与

---

① 王凌智：《部门决算是部门预算执行的结果吗？——基于某省公开部门预决算的研究》，《地方财政研究》2019 年第 3 期。

12 月份预算会计报表所列全年累计收入数是否一致。

第二，支出审查。列在决算中的预算支出数是否与上级核定的预算支出数相一致；地方预算调整数与上级核定的预算数之间的差额与调入资金和上年节余是否一致；本年支出决算是否符合收支期限划分的规定；预算支出是否符合正常规律，年终有无突击花钱的现象；决算支出数与 12 月份会计报表所列全年累计支出数是否一致；如有较大增加，原因何在；公共决算支出，有无将不应列入公共决算的支出挤入预算内报销的现象；根据决算和预算的对比差距，审查节余和超支的主要原因；决算支出是否已编列齐全，有无该报未报的情况；已报决算支出是否逐级汇总，有无估列代编等等。

第三，节余审查。未实行预算包干的单位预算拨款节余，是否已如数缴回财政总预算；有无将节余列入决算报销，转做单位“其他存款”的情况；在总决算节余中，按规定结转下年继续使用的资金是否符合规定；结转项目是否符合规定的范围；审核总决算的金库存款开户情况，预算收支平衡情况等。

第四，运用资金审查。审查单位决算银行支取未报数是否正常；库存资金是否符合规定额度；库存材料有无积压损失；暂付款是否清理完毕以及未结清的原因；固定资产是否记账。对财政总决算，审核各级总决算之间、总预算与单位预算之间的拨借款项，是否决算清楚及未决算的借垫款项的原因；审核暂存、暂付等其他各项往来款项是否符合规定；有无应清未清或应作本年决算收入、支出的款项。

第五，数字关系审查。审核决算报表之间的有关数字是否一致；上下年度有关数字是否一致；上下级财政总决算之间、财政总决算与单位决算之间的有关上解、补助、拨借款项数字是否一致；各业务部门的统计年报与财政总决算的有关数字是否一致等等。

第六，决算完整性和及时性审查。审查规定的各种决算报表是否填报齐全，有无缺报漏报；已报的决算各表的栏次、科目、项目填报是否准确完整，计算口径是否符合规定；有无决算说明书，编写的质量如何；决算是否经过法定程序审核签章；决算报送时间是否超过期限等等。

公共决算可以系统地整理反映预算执行的最终实际数字，总结一年来预算编制、执行、管理、平衡和财政监督等方面的经验教训，以提高下一年度的预算管理工作水平，并为制定下一年度预算收支控制指标提供数据基础。在公共财政体制中，预算编制和执行都要接受纳税人的监督，由于运用纳税人的资金提供公共物品，所以纳税人对财政资金的筹集和运用拥有知情权，这对财政部门来说，是一种有效的外部制约机制。正因为如此，我国每年都要在国内重要报刊上公布预算、决算数字，这不仅有利于财政部门加强内部监督，而且能增加政府资金运作的透明度，解决政府与纳税人之间的信息不对称问题，从而促进纳税人参政议政意识的提高，推动民主理财，深化市场化取向的改革。

第三节　我国公共预算改革

国家的公共预算体系关系到整个政府系统的良性运转和国民经济的平稳运行，一个好的公共预算体系是对国家发展有着重要作用的。我国的预算改革是在构建公共财政框架这个大背景下展开的，是构建公共财政框架的重要组成部分。预算改革的目标是建立兼具“行政控制”和“政治控制”两种基本特征的现代预算制度，为实现总额控制、配置效率和执行效率的公共预算管理目标提供制度保障。①

1978 年十一届三中全会以后，我国实行对内改革、对外开放的政策，随着改革开放的逐步深入，我国原有的公共预算体系已经无法适应中国的经济发展形势，行政管理支出呈逐年增加之势。为适应社会主义市场经济发展，1998 年政府提出构建公共财政框架，中国财政制度改革就开始向如何将财政资金管好、用好的预算管理制度方向转变。自此，我国进行了以部门预算、收支两条线、国库集中收付制度和政府采购制度等为主的预算管理体制改革。其总体目标是公开透明、科学规范、廉洁高效、完整统一。

《国民经济和社会发展第十四个五年规划和 2035 年远景目标纲要》指出：“深化预算管理制度改革，强化对预算编制的宏观指导和审查监督。加强财政资源统筹，推进财政支出标准化，强化预算约束和绩效管理。完善跨年度预算平衡机制，加强中期财政规划管理，增强国家重大战略任务财力保障。”要发挥财政在国家治理中的基础和重要支柱作用，增强金融服务实体经济的能力，健全符合高质量发展要求的财税金融制度。

2021 年 4 月 13 日，国务院发布《关于进一步深化预算管理制度改革的意见》，提出要更好地落实“预算法”及《预算法实施条例》的相关规定，规范管理、提高效率、挖掘潜力、释放活力，立足于前期改革措施奠定的基础，将有关

① 苗庆红：《公共财政框架下中国预算改革：回顾和展望》，《中央财经大学学报》2021 年第 5 期。

改革成果制度化，加大预算收入统筹力度，增强财政保障能力等改革措施，实现了预算管理制度的重点突破。

一、部门预算的改革

部门预算就是指一个部门一本预算，各主管部门在所属单位上报的预算基础上，汇编本部门预算，经财政部门审核后报议会审议通过的反映部门所有收入和支出的预算。编制部门预算是发达国家和大多数发展中国家的通行做法，也是中国社会主义市场经济体制改革、建立公共财政框架的基本要求。

2000 年以前，我国没有编制部门预算，实行的是与计划经济相对应的功能预算方式。财政部门给各级人大提交的预算草案是收入按类别、支出按功能编制的预算，这种预算编制工作方便，同时年度公共预算资金可以在一个单位的各个部门间进行流动。但从编制程序来看，传统预算采取自上而下的编制方式，上级部门代基层单位编制预算，其与支出部门存在信息不对称，所以，传统预算具有较大的随意性和盲目性。从编制内容来看，收入预算存在高度不完整现象。传统的功能预算仅是预算内收入被编入预算，导致大量的预算外和制度外资金不受预算约束。从编制方法来看，主要是采取分项列支方法，注重对财政资金投入进行合规性控制，而不注重对财政资金支出的产出和效果即预算绩效进行考核。从预算编制时间来看，传统预算每年从 12 月开始，到次年 3 月提交人大审议，编制时间短，内容不够精细。此外，传统预算使各级人大从预算草案上看不到各个部门使用了多少财政资金，主要用于哪些项目，部门预算外资金规模有多大等，显然不利于各级人大进行审查和监督，也不利于防止预算分配过程中的暗箱操作和腐败行为。

随着市场经济的不断发展，我们需要一个更加严格、更加透明公开的预算制度。根据全国人大常委会提出的细化预算草案内容、增强透明度的要求，财政部于 2000 年 9 月下发《关于改进 2000 年中央预算编制的通知》，选择农业部、科技部、教育部、劳动和社会保障部四个部门，进行报送部门预算的试点。推行部门预算后，财政部的内设机构和职能也相应重新设计，由预算司作为统一管理预算的部门，并且基本做到一个部门对口财政部的一个业务司，从而有利于财政资金的统筹合理使用和效率的提高。

部门预算的改革是对中国原有预算体系的一个完善与发展，是一个预算细化的过程。“一个部门一本预算”，将预算内、预算外和制度外的公共资金都纳入部门预算一本账内，使预算能够反映一个部门单位各项资金的来源、使用方向和具体使用内容，增强了部门预算的完整性和统一性，满足预算全面性原则。从之前功能预算的“自上而下”变为“自下而上”的逐级编制，实现了由“上级代编”向“逐级实编”转变，改革后的编制方式也更具有科学性和准确性，便于精细化管理，也避免了上级代编预算的随意性以及二次分配的现象。改革后的预算编制时间也有所延长，现在每年5月开始布置下一年的部门预算编制工作，使之前预算编制粗放的现象得到了改进。部门预算改革可以将年度公共预算的每一项收支定位至每一个部门，切实细化公共预算的收支情况，有利于预算监督，在一定程度上帮助部门调整预算，减少不必要的预算支出，切实提升公共预算利用效率。

但在实践的过程中仍有些问题亟须解决。首先是部门预算编制的完整度有待提高，其主要表现在一些部门在年初时的公共预算编制难以落实在具体的项目和用途上，到位率还不够高，部门预算不够完整准确，少（多）报预算、代编预算等问题依然存在。其次，一些部门存在违反中央八项规定精神和过紧日子要求的要求，“三公经费”等管理不严，2020年度中央预算执行和其他财政收支的审计工作报告中提到所抽查的43个中央部门及所属439家单位中，3个部门和28家所属单位超标准配备公务用车、无偿占用下属单位车辆97辆，违规发放车补68.19万元。此外，7个部门和46家所属单位依托部门职能或行业资源违规收费，违规开展资质评审、评比表彰等，转嫁、摊派或收费3.92亿元。年底突击花钱等现象也屡禁不止，一些部门抢在年底虚列预算支出，有9个部门和24家所属单位通过提前支付合同款等方式列支2.49亿元。还有10个部门和50个所属单位超预算超范围列支1.26亿元。[①] 最后，还有一些经营性收入没有纳入预算，政府采购预算（计划）不完整，上级部门的专项支出没有提前告知等，为部门年度公共预算的编制工作带来很大的不便。[②]

对此，政府部门应当建立统一规范的管理模式，尽快出台对地方部门预算编制的指导性意见，统一规范部门预算编制口径，细化公共财政预算编制，减少预算代编和预留项目，强化财政资金统筹能力，坚持统一预算编制、统一执行管理、统筹安排使用原则，严格遵守中央八项规定精神，务实工作，提高效率。

---

① 侯凯：《国务院关于2020年度中央预算执行和其他财政收支的审计工作报告》，新华社，2021年6月9日。

② 孙浩、周林：《推进地方部门预算改革的思考和建议》，《中国财政》2015年第6期。

二、国库体制改革

国库体制改革也被称为国库集中支付改革。国库集中支付改革是指建立以国库单一账户体系为基础，资金缴拨以国库集中支付为主要形式的财政国库管理制度。国库集中支付有财政直接支付和财政授权支付两种方式，国库集中支付的资金范围包括预算内资金和预算外财政性资金，其中，财政直接支付的范围包括工资支出、工程采购支出、物品及服务采购支出等；财政授权支付的范围包括未实行财政直接支付的工资支出、购买支出和零星支出等。

此前，中国长期以来使用“分散支付”的国库管理制度，财政性资金的缴库和拨付，主要通过征收机关和预算单位设立多重账户分散进行。由于各级政府的财政、税务、海关等部门都有各自的过渡账户，财政资金大部分都需要经过过渡账户；有时甚至需要经过过渡账户后，再经过上级主管部门账户后，再汇入国库账户，这样一来分散支付会为整体公共预算体系带来诸多问题。①

1998 年 6 月，全国人大常委会第十次会议对改革预算编制、加强预算执行和监督提出了很高的要求，社会各界关于改革财政支出管理制度的呼声也十分强烈。2000 年 1 月，时任国务院副总理的李岚清在省部级主要领导干部财税专题研讨会上指出，要建立严格的财政预算管理制度，必须实行国库集中收付制度。2001 年全国人大会议将实行国库集中支付制度改革确定为我国“十五”期间财政支出改革的重点，自此开始了国库集中支付制度改革试点，2003 年国库集中收付制度开始在全国范围内推行。到 2005 年 11 月，全国 31 个省、自治区和直辖市全部实现了国库集中支付。

国库集中支付改革 20 多年发展的过程中也出现了一些问题，如技术因素的制约。国库集中支付是依赖于现代技术基础上的一项新制度。近年来，随着改革的不断深化，网络支付推陈出新，成为当前社会的主流支付方式，相关的国库管理部门也应当完善自身的支付系统，增加网上支付的安全度，提升支付效率，为国库集中支付管理制度的发展创造有利条件。近年来，大量的企业单位改进财务会计审核工作，实现了国库集中支付制度的运作与调整，但由于传统方法涉及的环节众多，且各部门间都存在一定的经济关联性，削弱了预算执行的严肃性，增加了改革的工作量。

在未来，政府应该将国库集中支付改革的重心放在以下方面：首先是实现会

① 樊勇明、杜莉：《公共经济学》，上海：复旦大学出版社，2001 年版，第 140 页。

计集中核算[①]与国库集中支付的结合，两者的合并可以有效净化财政支付市场，形成良好的支付秩序。现行的会计集中核算制度管理中，既有预算内资金，也有预算外资金，因此单位会计核算应当将重点放在预算单位的零余额账户上，运用核算软件对单位的各项费用支出进行集中性清算，充分发挥国库集中支付中的零余额账户功能。其次，完善预算管理体制，采用零基预算的方法，对正常经费与专项经费进行区分核定，正常经费只需以人员定额进行核定，而专项经费则需要逐项核定，保留重要数据信息。此外，要注重电子化支付的安全措施与流程管理，保障资金的安全性，建立多岗审核制，把纸质单据审核和电子化审核结合起来，及时清理错误数据，避免重复或错误支付。

三、政府采购制度改革

政府采购制度改革是财政支出管理改革的重要内容，对提高财政资金使用效益，支持国内企业发展，从源头上防止和治理腐败，具有十分重要的意义。中国的政府采购改革是从上海市最先开始的，1995 年上海市财政局开始政府采购制度的试点，对部分行政事业单位大额财政拨款的设备购置试行集中采购，1998 年 12 月，上海市政府正式颁布《上海市政府采购管理办法》。为了规范政府采购行为，提高政府采购资金的使用效率，维护国家利益和社会公共利益，保护政府采购当事人的合法权益，促进廉政建设，《中华人民共和国政府采购法》（以下简称《政府采购法》）于 2003 年 1 月 1 日起开始实行。《政府采购法》颁布实施后，又跟进制定了一系列配套制度，使得依法采购、按规矩办事的理念逐步深入人心。

深化政府采购制度改革是一项复杂的系统工程，涉及面广、关注度高、政策性强，经历了数十年的发展，我国的政府采购改革已经卓有成效。自“放管服”[②] 改革以来，在政府采购领域呈现出了新的气象：参与者迅速增加，市场规模稳步扩大，市场竞争和活力不断增强，但目前仍存在一些问题亟须解决。首先是采购人主体责任缺位，并未落实“谁采购、谁负责”的原则，同时，采购需求人对预算编制的认知不足，缺乏足够的专业素养，无法做到将预算指标细化到具体预算科目或预算项目上，导致采购预算编制的随意性较大。其次，政府采购还未真正实现公平竞争，当前政府采购领域中仍出现通过供应商规模、成立年

① 会计集中核算制度是指由财务核算中心建立一个基本账户，单位的所有收支都归由该账户管理。

② “放管服”，是简政放权、依法管理、优化服务的简称。“放”即简政放权，降低准入门槛；“管”即创新监管，促进公平竞争；“服”即高效服务，营造便利环境。

限、所有制形式、股权结构等对供应商实施差别待遇，以入围方式作为参与政府采购的资格条件，限制外地企业进入本地政府采购市场的现象。① 此外，我国传统的政府采购模式受到挑战，"互联网+政府采购"的采购模式还处在摸索和积累经验阶段，"互联网+大数据+政府采购"模式也缺乏法律支撑和制度保障。

政府未来应该将政府采购制度改革的重心放在以下三个方面。首先是强化采购人的主体责任，加快修订完善有关法律法规关于采购人主体责任的条款，使得采购人的责任与采购程序的要求立在纸上，而不是各个部门摸索前行，各自有各自的理解；其次，要适时地调整政府采购的管理方式，采取多项措施依法保障各类市场主体平等参与政府采购活动的权利，通过第三方评估持续提升政府采购透明度，着力营造稳定、公平、透明、可预期的政府采购营商环境；最后，探索政府采购全流程电子化管理新模式，主动对标国际一流标准，加快推进政府采购在线投标、在线开评标、在线签订合同和支付资金等网上交易功能，进一步简化对供应商参与政府采购提供材料的要求，规范保证金收取和资金支付，降低政府采购供应商交易成本，减少人为干预、增强采购透明度。

四、政府收支分类改革

政府收支分类改革是指在政府某时段内的预算范围内，通过将收支的内容进行分类、整理，对数据进行综合整理，以进行准确、清晰的展示。收支分类体系作为一种财政审核、财政监管的工具，整理各项支出数据，使政府能够清晰地从各种角度、各种层面掌握实际运行情况，便于对职能部门的监督和提高预算管理水平。

1999 年，为了解决当时预算科目体系存在的问题，财政部启动政府收支分类改革的研究工作，并于 2000 年 7 月形成了改革的基本思路。在认真研究了国际上政府收支分类的经验，结合公共财政、部门预算、国库集中收付等财政改革对科目体系的要求后，财政部于 2004 年底形成了《政府收支分类改革方案》，2005 年选择了天津、河北、中纪委、国家中医药管理局等部门进行模拟试点，在这些部门和省市改革模拟试点的基础上，2006 年中国财政部印发了《政府收支分类改革方案》和《2007 年政府收支分类科目》，并从 2007 年 1 月 1 日起在全国施行。这次改革，初步建立了适应当时预算和政府财政管理要求的收支分类科目，主要是指将原有的预算收支科目体系进行重新划分，建立新的收支科目体

① 安雪晴：《财政部深化政府采购领域"放管服"改革》，中国政府网，2021 年 1 月 22 日。

系，主要由“收入分类”“支出功能分类”“支出经济分类”三部分构成。

2014年8月31日，第十二届全国人民代表大会常务委员会第十次会议审议通过《中华人民共和国预算法》（第一次修正）；2018年12月29日，第十三届全国人民代表大会常务委员会第七次会议审议通过《中华人民共和国预算法》（第二次修正），修正后的《预算法》，明确了财政体制改革的主要目标是为规范政府收支行为，强化预算约束，加强对预算的管理和监管，建立全面规范、公开透明的预算制度。由于当时的支出分类科目已经无法满足新《预算法》的规定，所以新《预算法》要求各预算单位既要对支出进行功能分类，又要进行经济分类。同时，随着预算透明度受到社会各界越来越高的关注，对新一轮的收支分类改革提出了迫切的要求。2017年，财政部制定《2018年政府收支分类科目》，颁布《支出经济分类科目改革方案》，于2018年1月1日正式开始在全国范围实施。根据机构改革和预算管理的需要，《2020年政府收支分类科目》在《2019年政府收支分类科目》的基础上进行了修改，于2020年1月1日正式生效。

从根本上讲，收支分类体系只是支出预算管理的基础工作，收支分类体系为政府做出支出预算管理提供详细的数据资料，对预算的编制、决定、审核等方面都具有决定性的作用。随着国家经济体制和政府职能的转变，传统的收支分类体系已经不能满足当前经济体制下政府职能的需要，降低了政府政务、财政透明度，并对现代化、信息化的管理发展造成了限制。市场经济的不断发展与政府宏观调控能力的增强，使政府对于收支分类的要求越来越高。深化政府收支体系改革的目标是形成一套既适合我国国情，又符合国际通行做法的较为规范合理的政府收支分类体系，这种新的收支分类体系对进一步深化各项财政改革，提高预算透明度和财政管理水平，强化财政监督起到十分重要的推动作用。

五、土地财政改革

（一）土地财政产生的原因

土地财政，是指地方政府依靠出让土地使用权而获得的土地出让金来维持地方财政支出，属于预算外收入，属于地方财政收入的一种。从历史角度来看，中国土地财政现象的产生和形成，是中国特定制度环境和经济发展阶段综合作用的结果，而政府官员政治晋升激励、地方政府收支不对称等因素也起到推动作用。①

首先，我国社会主义公有制下，国有和集体所有并存的征地制度安排使土地

① 苏明、唐在富、满燕云等：《中国土地财政研究》，《经济研究参考》2014年第34期。

资源的初始资本化完全由政府控制，收益也完全由政府来分配，这为政府通过征地和土地出让提供了制度条件。其次，政绩考核的激励与地方政府之间的竞争是使土地财政产生的另一重要因素。改革开放以来，“以经济建设为中心”成为党的基本路线的核心内容，中央政府为了有效执行这个路线，开始“放权让利”，并与地方政府建立了一种委托—代理关系。在中央政府对地方政府官员的政绩考核过程中，GDP是一个重要的考核指标，地方政府官员在晋升激励下，运用其手中掌握的各种支配资源的权力来实现其目标，于是有了以土地招商的动机。各地为了吸引更多的外部投资、人力资本流入本地区，都大力掀起了“开发区热”。由于土地是影响企业生产成本的重要因素之一，这种资源又被地方政府所直接掌握，所以，地方政府往往运用土地优惠来吸引投资者的进入。例如，对招商引资企业采取零地价。除此之外，地方政府收入与支出的不平衡促使他们需要寻求新的收入途径。税权划分只使地方政府获得了有限的地方税与转移支付收入；而由于地方政府政绩考核的需要与地方政府间的激烈竞争，以及教育、医疗卫生、社会福利救济等的支出，又使地方政府面临着巨大的刚性经常性支出需求与资本性支出需求，所以地方政府只能通过其他收入途径得以解决财政支出与收入的不对称问题，土地财政也便应运而生。

（二）土地财政的影响

土地财政是地方政府突破预算约束的一个重要途径，每年地方政府获得的可观的土地出让金数额，成为地方政府的重要预算外收入来源。同时，土地经营可以为地方政府带来巨额融资，地方政府通常以土地储备中心、政府性公司和开发区为载体向银行进行土地抵押融资，这成为地方政府变相举债的一种方式，大量信贷资源流入了地方政府。此外，通过土地出让引入的房地产开发，对地方交通运输业、服务业、建筑业等行业都起到了拉动作用，各行业的共同发展，使地方政府GDP得到快速提升。

土地财政在对地方经济起到推动作用的同时，也带来了一些不良影响及危害。首先，土地财政加剧了资源错配。在市场经济体制下，大多数资源都是按照价格自行配置，而土地财政推高了住房用地价格，使工业用地价格大幅降低，造成大量工业用地空置。同时，土地财政带来的看涨预期让许多企业拿地后不开发或者故意拉长开发周期，造成土地资源浪费，许多本可以用于其他行业发展的资金由于土地开发的高额利润被吸引至房地产业，降低了资金的使用效率。其次，土地财政使地方政府对房地产业过度依赖，从而激励地方政府以各种方式推高地价，带动房价上涨，以此来增加地方财政收入。再次，在中国土地财政制度下，土地财政的变动对地方政府债务风险具有较大影响，可能成为金融风险的重要驱动力量。在当前，我国宏观经济下行压力增大，地方政府偿债资金来源扩充乏力，土地价格的波动以及经济的脱实向虚都增加了土地财政收入的不确定性，一旦出现不正常或过度波动等异常事件，就会导致各地方政府偿债脆弱性，地方政府甚至会丧失偿债能力。① 除此之外，土地财政收入依靠的是与土地相关的税收与非税收，体现为一种土地扩张与征占的机制，但是这种获取收入的方式并不是一种可持续的发展模式，属于对未来收益的一种透支，如果地方政府过分依赖于这种收入，当土地资源匮乏时，地方财政将会受到巨大冲击。最后，土地财政会加剧贫富差距问题。由于土地财政必然带来土地增值，那些拥有不动产的人群会拥有较多的财富；而没有不动产的人群之后拥有不动产的机会也越来越少，社会财富虽然随着“土地财政”而不断变大，但绝大部分财富被很少一部分人分走，这造成了极大的社会不公，形成影响社会稳定的不安定因素。

（三）土地财政改革历程

新中国成立后的相当长的时间内，我国实行土地无偿使用制度，土地资源的配置通过行政方式划拨，土地使用无年限，土地使用权无流动性。这种制度导致了土地资源配置不合理、利用效益低下、土地浪费严重、产权关系混乱等诸多问题，严重阻碍了经济社会发展。1987 年 9 月和 12 月，深圳市先后两次，分别以协议和拍卖方式成功出让国有土地，在全国引起巨大的示范效应，国有土地使用权有偿转让迅速在许多城市推开。1988 年 4 月 12 日，第七届全国人大一次会议通过《宪法》修正案，其中删除了土地不得“出租”的规定，并明确规定“土地使用权可以依照法律规定转让”。同年 12 月 29 日，第七届全国人大常委会第五次会议通过关于修改《土地管理法》的决定，其中增加了“国有土地和集体所有的土地的使用权可以依法转让”和“国家依法实行国有土地有偿使用制度”的内容，这标志着土地使用权转让制度在我国的正式确立。

随着改革开放的推进和城市化进程的加速，我国土地市场化不断加快，土地要素价值快速释放，地方政府获得的土地出让收益呈“井喷式”增长。2020 年土地出让金规模达到 8.4 万亿元，较 1999 年增长了约 163 倍，占地方政府本级财政收入的比重达到 84%。学界一般通过比较土地总收入和地方一般公共预算收

① 何芳、滕秀秀、易媛：《土地财政与地方政府债务系统性风险传染效应分析》，《统计与决策》2021 年第 37 期。

入来讨论土地财政。我国土地总收入与地方一般公共预算收入的比值自1998年以来快速增长，在2010年达到1.01的峰值，后保持在0.65—0.95之间。这表明，我国土地收入已经具有与地方一般公共预算收入相近的规模了，地方政府对于土地财政的依赖程度非常深。土地财政一方面带来房价的繁荣，促进地方经济发展，另一方面推高了房价、工资，可能带来资源配置扭曲，土地财政对经济增长的全要素驱动会产生抑制作用。

多年以来，我国一直在努力摆脱对土地财政的过度依赖，为了真正从顶层设计上解决这个问题，2021年6月4日，财政部、自然资源部、国家税务总局、中国人民银行公布《关于将国有土地使用权出让收入、矿产资源专项收入、海域使用金、无居民海岛使用金四项政府非税收入划转税务部门征收有关问题的通知》（以下简称《通知》），决定由自然资源部门负责征收的国有土地使用权出让收入、矿产资源专项收入、海域使用金、无居民海岛使用金四项政府非税收入，全部划转给税务部门负责征收。自然资源部（本级）按照规定负责征收的矿产资源专项收入、海域使用金、无居民海岛使用金，同步划转税务部门征收。同时还规定采用先试点后推开的方式，自2021年7月1日起，选择在河北、内蒙古、上海、浙江、安徽、青岛、云南省（自治区、直辖市、计划单列市）以省（区、市）为单位开展征管职责划转试点，为全面推开划转工作积累经验，自2022年1月1日起全面实施征管划转工作。

这次《通知》的下发有利于提高土地出让金等收入的征管效率，降低征收成本。此前，非税收入征收分散在各个部门，导致征管职能碎片化，征管成本高，由于部门利益，一些非税收入征管存在不规范现象。将非税收入统一划归独立、专业的税务部门征管，执法将更加规范，征管效率将更高，并降低征纳双方成本。同时，《通知》的出台改变了征收流程，土地出让收入虽然还是会进入地方的政府性基金预算，但入库的时间和程序及监管更加严格，使得地方在土地出让环节更趋谨慎。此外，通过新规发布，税收部门可以更清晰地掌握企业和自然人涉税经济关系，自然资源部门土地一级开发和一级市场的事权、财权更加分离。避免开发商通过参与一级土地市场开发，从而在二级土地市场低价拿地或者获得额外收益，可使得房企与地方在土地交易中更加公开透明。当前我国发展还存在不均衡的问题，“土地出让金转税改”实质上是在构建各个城市的“土地”大数据，通过对数据的监测，一方面可以较好地预防土地问题暴露，另一方面也便于中央统筹安排，参与地方建设与经济崛起的资源倾斜。

（四）未来土地财政的方向

新冠肺炎疫情的冲击，导致地方财政收入的大幅下降，在“六稳六保”的责任之下，地方政府的财政支出缺口有扩大的趋势。一系列新情况的出现以及新政策的出台表明，以往的土地财政在新时期不可持续。接下来，政府需要采取一系列措施，帮助地方政府减弱对土地财政的依赖程度，在下放权力的同时，给予地方政府更多的资金支持，改善地方政府的收入状况，促进地方政府经济健康发展。

第一，中央政府要划分好中央和地方财政的支出责任，实现事权与财权的良性互动，中央可以适度下放财权，提高地方政府的税收留存比例，并采用转移支付等方式，加强对地方政府的经济支持，遏制地方政府利用土地财政弥补财政缺口的现象。第二，强化预算绩效管理，优化地方财政支出结构，控制一般性财政支出，有所侧重地进行支出，减少或避免过度的人员支出需要，注重提高资金的使用效率。第三，健全土地税制，完善科学合理的税收体系，适当提高城镇土地使用税税率，完善财产税、房地产税等税种，提高企业用地成本和门槛，督促提高企业节约用地水平。第四，转移土地问题重心，从原来的保增长为主转向利益公平为主。在之前的发展阶段中，土地的功能主要是促进经济增长，解决城市发展问题，存在的矛盾主要是城市化的突飞猛进与土地需求间的矛盾。而在今后时期，随着城市化进程的放慢，土地问题要转向城市在质量提升和更新中的土地利益公平分配方向，保证社会的公平与正义。第五，不断完善房地产市场监督机制，引导房地产市场良性发展，健全严厉的惩戒机制，抑制房产投机行为，继续坚持“房是用来住的，不是用来炒的”调控理念，提高房产使用率，避免“空房”浪费等现象。土地在功能的配置上，从生产建设住房为主转向以生活和生态为主，即注重生活品质的提升以及实现城市的可持续发展。

课后习题

一、名词解释

公共预算　增量预算　零基预算　单式预算　复式预算　预算编制　预算审批　预算执行　预算决算　预算监督

二、简答题

1. 公共预算应当遵循哪些原则？
2. 公共预算的程序是怎么样的，每一步应当注意哪些问题？
3. 我国目前公共预算存在哪些问题，在未来应该做出哪些改进？

案例

青岛市依法"晒"预算，让公众"找得到、看得懂、能监督"

近年来，为充分回应社会关切，青岛市坚持以公开为常态、不公开为例外，扎实推进财政预决算公开工作，预算公开的规范性和透明度逐步提高，真正让公众"找得到、看得懂、能监督"。

一、规范公开方式让公众"找得到"

政府预算和市级部门预算实行统一平台公开模式，各市级部门预算除了在本部门网站公开外，还统一在"青岛政务网——市级部门预决算"专栏进行集中公开，方便公众查阅和监督。截至2021年4月16日，青岛市2021年度政府预算和部门及其所属单位预算公开工作已全面完成，除涉密部门外，103家市级部门已在"青岛政务网——市级部门预决算"专栏和各自门户网站集中公开了2021年度部门预算。

二、细化公开内容让公众"看得懂"

2021年市级部门公开的部门预算包括部门收支总表、部门收入总表、部门支出总表、财政拨款收支总表、一般公共预算支出表、一般公共预算基本支出表

(部门经济分类)、一般公共预算基本支出表(政府经济分类)、政府性基金预算支出表、“三公”经费预算表及政府采购预算表10张报表,全面、真实地反映部门收支总体情况和财政拨款收支情况。除公开上述预算报表外,各市级部门还对预算收支增减变化、机关运行经费安排、“三公”经费、政府采购、政府购买服务、国有资产占用、预算绩效目标、重点项目等情况予以说明,并对专业性较强的名词进行解释。

三、扩大公开范围,部门所属单位预算首次公开

2020年新修订的《中华人民共和国预算法实施条例》增加了部门所属单位预算公开的要求。青岛市严格落实条例规定,要求各部门所属单位在部门批复本单位预算后二十日内公开本单位预算,其中,有门户网站的单位,应当在本单位门户网站醒目位置公开;没有门户网站的单位,可在本级政府或部门门户网站、本级预决算信息公开平台等渠道公开。

四、从严从紧控制“三公”经费预算大幅下降

认真落实中央和省关于政府带头过紧日子的要求,坚持节用裕民,继续大力压减一般性支出,从严从紧控制“三公”经费预算开支。2021年市级行政单位(含参照《公务员法》管理的事业单位)、事业单位和其他单位通过当年所有财政拨款安排的“三公”经费预算为14796.53万元,比2020年减少4382.31万元,下降22.85%。(资料来源:澎湃新闻)

结合本章所学内容谈谈青岛市公开政府预算的意义。

「第十二章」 公共支出

2021年6月17日，神舟十二号载人飞船在酒泉卫星发射中心成功发射，航天员将在太空驻留约90天后返回地面，这是我国载人航天工程立项实施以来的第19次飞行任务，是空间站任务阶段的首次载人飞行任务，也是我国宇航员在近地轨道停留时间最长的一次。按照空间站建造任务规划，我国2021—2022年将实施11次飞行任务，包括3次空间站舱段发射、4次货运飞船以及4次载人飞船发射，2022年完成空间站在轨建造，建成国家太空实验室，进入应用与发展阶段，这意味着我国“十四五”重大航天工程中的载人航天空间站工程建设大幕即将拉开，我国在航天领域的快速发展令世界惊叹。十九届五中全会指出，“坚持创新在我国现代化建设全局中的核心地位，把科技自立自强作为国家发展的战略支撑。”每一项高新技术的突破除了需要科研人员的夜以继日的实验与研究以外，还需要政府拨付大额的科研资金作为保障。社会的稳定，经济的发展，科技的进步，医疗卫生、教育水平的提高，社会保障的完善都离不开政府资金的拨付，可以说，公共支出是政府实现其职能的重要途径，是国民经济发展的重要组成部分，同时还是提高人民幸福感的重要手段。

第一节　公共支出的分类、原则与结构

从传统意义上讲，公共支出（Public expenditure）是指国家将集中起来的社会产品或国民收入按照一定的方式，有计划地进行分配的过程，包括中央政府和地方政府的经常性支出、资本性支出，以及公共法人组织的资本性支出。从当今世界各国的公共支出来看，广义的公共支出既可定义为在公共部门控制下的一切支出，也可单指以政府税收或借款作为资金来源的那部分支出。公共支出政策实质上代表着地区政府干预经济的程度以及公共资源的内部配置结构，起着兼顾效率、实现社会公平的重要作用。

一、公共支出的分类

根据不同的分类标准，公共支出可以分成不同的类型。按照与市场关系分类，公共支出分为购买性支出和转移性支出两类。购买性支出（Purchase expenditure），又称作消耗性支出，是指购买进行日常政务活动所需要的或者进行政府投资所需要的各种物品和劳务时的支出，包括国防支出、教育支出、卫生支出、投资性支出等。购买性支出是政府的市场性再分配活动，对社会生产和就业的直接影响较大，执行资源配置的能力较强，在市场上遵循定价交换的原则。购买性支出对于实现人民群众对美好生活的向往，解决不平衡不充分发展问题，推动政府职能，整合利用社会资源，激发经济社会活力，增加公共服务供给和提高公共服务水平效率具有重要作用。

转移性支出（Transfer expenditure）是政府或公共部门无偿将货币或财富单方面转移给居民和企业、事业以及其他单位的支出活动。在我国，转移性支出主要集中于社会保障支出和财政补贴支出这两个方面。转移性支出所造成的货币流通并不是直接由政府流向市场，而是在中间增加了公民或是企业等市场主体，经他们之手从而形成购买产品或是服务的活动。相对于购买性支出，转移性支出自主性要更高一些，政府在其中的作用则是提供有限的制度性约束。通过转移性支出，增加了支出受惠者的货币收入，在私人和企业间进行了收入再分配，从而成为政府实施社会公平政策的重要手段。中共十九大以来，我国不断加大对公民转移性支出的力度，例如提高城镇和农村低收入居民补助标准，提高新型农村合作医疗和城镇居民基本医疗保险财政补贴标准，扩大新农合保险保费补贴等。其中最突出的是社会保障支出，包括提高保障水平，健全城乡居民的最低生活保障制度，扩大城镇职工基本养老制度、城镇职工基本医疗保险制度、城镇职工失业保险等制度的覆盖面。①

按照政府职能分类，可以分为投资性支出、科教文卫等事业发展支出、国家行政费用支出、各项补贴支出和其他支出等。投资性支出通过影响市场上供需关系对比性的变化，对财政的运行周期以及社会福利的分布状态产生影响，从而实现公共财政的稳定职能。中央政府通过投入大量财政资金用于科教文卫方面，减轻个人医疗保健支出，提高人力资本质量，增加经济产出，从而带动经济的稳定

---

① 郭庆旺、陈志刚、温新新等：《中国政府转移性支出的收入再分配效应》，《世界经济》2016 年第 39 期。

发展；国家行政支出是各级国家权力机关、行政机关、党派团体、政法机关和外交机构等方面的支出，该项支出直接为国家机器的存在和运转提供必不可少的外部条件。按照政府职能分类可以全面具体地反映政府执行了哪些职能及其政策侧重点和支出侧重点，能够对同一个国家的公共支出结构进行分析和预测，从而看出该国的政府职能结构和内容发生了怎样的变化及其变化的效果是否符合经济运行的具体要求和预期，从而有助于预测未来公共支出的发展变化趋势。按职能分类还可对政府执行经济和社会职能的程度进行横向国际比较，揭示各个国家的各项政府职能的构成及其差异，有利于树立国家间政府的清廉形象，倒逼政府提升支出效率和行政效率。

按照支出的目的，可以分为预防性支出和创造性支出。预防性支出是用于维持社会秩序、保卫国家安全、保障人民生命财产安全与生活稳定等方面的支出，包括国防、司法、公安与政府行政部门的支出；创造性支出是用于改善人民生活，使社会秩序更为良好，经济更为发展的支出，包括经济、文教、卫生和社会福利、基本建设投资等项支出。

按照支出和再生产的关系，可以分为补偿性支出、积累性支出和消费性支出等。补偿性支出是用于补偿生产过程中消耗掉的生产资料方面的支出；积累性支出是财政直接增加社会物质财富及国家物资储备的支出，包括基本建设支出、生产性支农支出、国家物资储备支出等；消费性支出是财政用于社会共同消费方面的支出。包括科教文卫事业费、抚恤和社会福利救济费、行政管理费、国防费等项支出。

按照政府对财政支出的控制能力分类，可以分为不可控制性支出和可控制性支出。不可控制性支出是根据现行法律、法规所必须进行的支出，具有较强刚性的支出，主要包括：国家法律、法规已经明确规定的个人享受的最低收入保障和社会保障，如失业救济、养老金、食品补贴、职工生活补贴以及政府遗留义务和以前年度设置的固定支出项目，如债务利息支出、对地方政府的补贴等。可控制性支出是指不受法律和契约的约束，可由政府部门根据每个预算年度的需要分别决定或加以增减的支出，即弹性较大的支出，例如经济建设支出。

按财政支出的受益范围分类，可以分为一般利益支出和特殊利益支出。一般利益支出是全体社会成员均可享受其所提供的利益的支出，例如国防支出、司法支出、行政管理费支出等。特殊利益支出是对社会中某些特定居民或企业给予特殊利益的支出，包括教育支出、医疗卫生支出、企业补贴支出、债务利息支出等。

二、公共支出的原则

公共支出的原则是指政府在安排和组织公共财政的支出过程中应当遵循的基本原则，一般有以下几点。

经济效益原则，指通过公共财政支出使资源得到最优化配置，使整个社会的效益最大化，意味着以最小的社会成本取得最大的社会效益。经济效益原则分为宏观和微观两层含义。宏观上，就是要实现社会均衡，即要求政府支出给社会带来的利益应大于由政府课税或其他方式取得收入所付出的代价，从微观分析来看，就是要进行成本—效益分析，这点在后面章节具体论述。

公平原则，指通过财政支出提供劳务和补助所产生的利益在各个阶层的居民分配中要做到相对公平，坚持以人为本的原则进行利益分配，缩小贫富差距，从而做到统筹兼顾各方利益，促进社会和谐。财政公平的实质是符合正义，社会绝大多数成员认可的正义观念是衡量财政支出分配是否公平的标准。公共支出公平包括横向公平和纵向公平，横向公平要求要素投入与要素收入相对称，收入差距维持在社会各阶层居民都能接受的合理范围内，纵向公平要求起点、过程和结果的全面公平。此外，公共支出的公平还包含着平等的意思，公共支出公平是一般情况下公共支出分配平等与特殊情况下财政支出分配不平等的有机结合。

稳定原则，指公共支出应起到调节社会供需关系、促进经济稳定及均衡发展的作用。公共支出可以对生产、消费、投资、储蓄等施加影响，从而达到经济增长、物价稳定、充分就业和国际收支平衡的政府目标。首先，公共支出是政府通过集中支出活动将一部分社会产品集中于国家后再分配出去的过程，所以其规模必然会直接或间接地影响国民经济产出水平和社会总供给的均衡，当社会整体供大于求时，政府会加大支出来刺激总需求，当供过于求时，政府又会减少支出来压缩需求。其次，公共支出作为重要的宏观经济调控手段，可以通过加大对国民经济部门的资金投入来促进农业、交通、邮电通信等基础设施产业的迅速发展，同时加大对教育、卫生支出以及污染治理等公共需要的投入，提高国家软实力，从而保障经济稳定；还可以通过财政补贴，将一部分财政资金进行国民收入再分配，来消除企业和居民的经济瓶颈，对扶持新兴产业、稳定经济生活起到积极作用。

在公共支出促进之下的政府权力的运作，如公共管理、公共服务等，集中于提供公共产品，促进公共利益。在此期间，政府既需要考虑到公共产品的直接与间接经济效益，同时也需要在公共产品的供给中找到相对公平的平衡点，此外还要维护好社会经济的稳定，防止经济过热过快增长。“要会做蛋糕，更要会分蛋糕”，在达成公共利益和公共目标的时候，决策者、目标群体和受益者如何分享公共支出带来的红利，如何让公共支出尽可能多且公平地带来公共红利，也是需要公共支出政策的决定者必须思考的问题。

三、公共支出的结构

公共支出的结构是指公共支出总额中各类支出在支出总额中所占的百分比，公共支出结构中主要包括社会保障支出、医疗与卫生支出、教育支出、公共建设性支出、公共服务支出、公共行政费用以及其他公共支出。通过对各项支出比例的调整和投资结构的变化可以影响产业结构的规模，提高居民生活质量，从而实现政府目标。表 12-1 反映了 2020 年中、日、美三国的公共支出结构。

表 12-1　2020 年中、日、美三国公共支出结构及所占 GDP 比例

单位：亿美元

项目	中国		美国		日本	
	公共支出	占 GDP 比重（%）	公共支出	占 GDP 比重（%）	公共支出	占 GDP 比重（%）
国防支出	1782	1.24	7780	3.72	483.00	0.99
教育支出	5110	3.58	13000	6.21	75.25	0.15
卫生支出	10126	7.09	17100	8.17	4796.26	9.8
社会保障	4582	3.20	14600	6.98	3254.37	6.45
财政补贴	3657	2.56	12000	5.73	1143.45	2.34

一国的公共支出结构受政治、经济等多因素制约。国家职能及政府活动范围会对一定时期内公共支出项目、方向和比例起决定作用，从而对公共支出结构做出影响。政府活动是国家职能的具体体现，国家职能的大小决定了政府的活动范围，国家职能可以分为社会管理职能和经济管理职能两个方面。一般来说，以生产资料私有制为经济基础的国家很少介入微观经济活动，国家职能主要集中于对社会活动的管理，政府的活动范围也主要集中于社会活动领域，公共支出中用于社会公益事业支出和社会保障支出等的比例较高，用于经济建设的支出比例会相对较低；而以生产资料公有制为经济基础的国家，国有经济是国民经济的主导力量，国家相应承担国有资产的投资建设和为经济建设提供基础设施的任务，政府活动范围在经济领域延伸较大，覆盖面较宽，其财政支出中用于经济建设以及基础设施建设的资金占比会较大，社会保障支出等比重会相对较低。

由于经济发展和社会需要的改变，我国公共支出结构也总是在变化。近些年来，主要表现为医疗卫生、国防支出一直在上涨，文化教育支出环比基本保持不变，公共建设支出呈现下降的趋势。从社会资源配置和维持社会经济平稳运行的角度来说，公共支出的结构对于社会资源的使用与分配起着重要的影响作用，相较于公共支出的规模而言，一定公共支出规模之下的结构性优化不仅能使得政府对于市场经济的平稳运行进行掌控，同时还能够促使其利用公共支出进行供给侧结构性改革。

公共支出的结构合理化要坚持收支相抵、略有节余的指导思想。在确定合理的公共支出比例关系的同时，坚持量入为出、全面协调可持续的支出理念进行支出估算。资本的积累和市场经济的发展，使得公共支出与公共收入的总量都在大幅度增长，但目前个别地方政府还未建立起成本控制意识，出现许多浪费政府公共支出预算的项目，例如机构人员编制赘余、臃肿，挪用专项财政资金，甚至是腐败和贪污情况的产生，严重影响公共支出的根本职能和政府形象，不利于实现社会资源的优化配置。超额的公共行政费用造成了社会资源的浪费，导致公共支出结构的不平衡，如果公共行政费用支出占比一直居高不下，那势必会压缩其他有利于社会福利的公共支出项目，造成公共支出结构的不协调。

在公共支出中，坚持量力而行与尽力而为相结合的方针，自觉地保持财政收支结构的平衡，在执行预算中通过增产节约和增收节支工作，力争缩小和消除赤字，保证公共支出所占比重合理适度，防止经济过热，才能确保国民经济长期稳定发展。面对财政资源有限这一约束前提，各地方政府作为社会公众的代理人，必须能够按照社会公共需求的轻重缓急高效配置资源，优化公共支出结构，提高公共产品供给效率，进而才能提升社会公众的满意度。①

第二节　公共支出的影响因素与效率

一、公共支出的影响因素

公共支出的影响因素是指在分配使用财政资金过程中影响国家财政支出的各种制约因素，主要包括经济性因素、政治性因素和社会性因素三大方面。

① 刘俸奇、储德银、姜春娜：《财政透明、公共支出结构与地方政府治理能力》，《经济学动态》2021年第4期。

（一）经济性因素

经济性因素主要是指经济发展水平、国内生产总值、经济政策和经济体制以及国家对于经济发展战略的判断和财政预算等因素。社会经济发展是国家财政的基础，一个地区的经济发展水平决定了一个地区在一定周期之内的公共收入及其供给水平，公共支出结构也受社会经济发展水平的影响。发展中国家与发达国家发展侧重点不同，发展中国家处于经济发展阶段，公共支出主要投向基础设施建设以及其他有助于经济增长的领域。发达国家的公共支出可能更倾向于公共服务领域，如社会保障、医疗卫生、教育等领域，目的在于提升人民生活水平质量与社会服务水平。

一国公共支出规模的大小可以从绝对经济指标和相对经济指标中体现出来。公共支出的绝对额可以用货币表示，直观地反映某一时期内政府财力汇集或零散状态，一般体现在国民生产总值这一指标上。一国国内生产总值可以支持公共支出规模的扩大，并为公共支出结构的形成和调整创造条件。近几年来我国公共支出一直都跟随 GDP 增加而增加，符合瓦格纳的“政府活动扩张法则”①。根据量入为出的收支衡量原则来制定下一周期的支出是地方政府较为常规的做法。这种情况下，GDP 较高的地区财税收入丰厚，则该地区下一周期之内的公共支出较为宽裕；较为落后的地区财税收入低，所以在制定公共支出相关预算的时候也会因此受到束缚。② 公共支出相对量指标是指预算年度内政府支出及使用财政资金份额与相关经济指标间的比率，一般用公共支出总额与 GDP 的比值来表示，相比之下，相对量指标更能直接反映公共支出与宏观经济之间的关系。当经济发展水平与产业结构大致相同的状况下，公共支出占 GDP 的比重越大，表示财政参与国内生产总值分配的比例越多，反之亦然。

（二）政治性因素

影响公共支出的政治性因素主要有一国的政治体制、政府的干预政策和政府的行政效率。一般来说，倾向于集中的单一制国家，公共支出占 GDP 的比重会相对较大；倾向于分权的联邦制国家，公共支出占 GDP 的比重会小一些。政府作为市场经济中“有形的手”，通过一系列的经济干预政策来影响公共支出的规模并非难事。政府通过经济手段的干预带来了更加人性化、更加符合市场运行规

① 瓦格纳认为，公共支出之所以会不断增长，是因为伴随着工业化进程，社会和经济的发展增加了对政府活动的需求。政府职能的不断扩大以及政府活动的持续增加，导致公共支出的增长。

② 李涛、周业安：《中国地方政府间支出竞争研究——基于中国省级面板数据的经验证据》，《管理世界》2009 年第 2 期。

律的公共支出。同样，政府的行政效率也会对于公共支出的总量产生影响。在假设其他条件不变的情况下，如果一个政府机构办事效率高，精简人事，那么在处理定量的政务的时候效率自然就会提升，经费开支自然就会比效率较为低下的部门要少，公共支出也会因此节约下来。

（三）社会性因素

人口、就业、医疗卫生、社会保障、城镇化等社会性因素会迫使公共支出规模不断变化。如果人口增长，且原有公共产品数量保持不变，那么人均占有的公共产品数量将会相应减少，由此产生拥挤效应，此时人们就会要求国家相应地增加社会生产、科学技术、文教卫生、行政管理以及其他事业方面的支出的投资。劳动适龄人口的增加，要求国家增加用于劳动就业方面的支出，老年人口的增加，要求国家相应地增加老年人生活设施的投资和老年人社会福利保障的支出。技术因素表现在技术进步带动了各项建设事业的发展，加快了固定资产的废弃或重置，从而带动产业结构升级和技术进步，促进多元化的产业结构发展，产业结构升级和技术进步所需要的资金也对财政支出的要求相应增加。人均收入的增长，必然引起消费的增加，国家用于各项服务设施的建设支出也会随之增加。近年来，随着居民收入水平的增加以及经济转型需求的提升，消费结构升级的重要性逐渐凸显，消费结构的变更受制于经济运行之中所形成的产业结构和供给结构，而产业结构升级和供给侧结构性改革往往是和公共支出的投入所分不开的。

二、成本—收益分析

（一）成本—收益分析法

从经济角度上来说，任何一种行为都有投入与产出。投入就意味着支付一定的代价或成本，产出则可获得一定的利益或收益。内部成本与外部成本的总和称为社会总成本，内在收益与外在收益的总和则称为社会总收益，社会总收益与社会总成本的差额为总的社会净收益。成本—收益分析（Cost-benefit Analysis）方法首次出现是在 19 世纪法国经济学家朱乐斯·帕帕特的著作中。1940 年，英国经济学家尼古拉斯·卡尔多（Nicholas Kaldor，1908—1986）和约翰·希克斯（John R. Hicks，1904—1989）对前人的理论加以提炼得出卡尔多—希克斯效率（Kaldor-Hicks Principle）①，也就是在这一时期，“成本—收益”分析开始渗透到

① 卡尔多和希克斯认为，如果一种变革使受益者所得足以补偿受损者所失，这种变革就叫卡尔多—希克斯改进。如果一种状态下，没有卡尔多—希克斯改进的余地，那么这种状态就达到了卡尔多—希克斯效率。

政府活动中。随着经济的发展，政府投资项目的增多，人们日益重视项目支出的经济和社会收益，以此为契机，成本—收益分析法在实践方面都得到了迅速发展，被世界各国广泛采用。

从福利经济学角度来看，成本—收益分析法是一种经济决策方法，其最一般的形式是分析某个项目带来的资源配置变化，人们只需要观察该项目完成前后的资源配置状况，给定计算社会福利的某些标准，就可以对其进行比较。如果项目完成后社会福利有所提高，那么该项目就是有价值的，否则就不是。①

成本—收益分析法以货币单位为基础对投入与产出进行估算和衡量，属于一种预先做出的计划方案。在实际操作过程中，一般是决策者针对确定的公共支出项目所提出的若干种实施方案，按照一定方式计算每种方案的预期成本与预期收益及二者比值，从而确定所有方案的优次顺序，选择出收益大于成本的最佳支出方案，最后由政府划拨资金予以实施。任何一个经济主体在进行经济活动时，都要考虑具体经济行为在经济价值上的得失，以便对投入与产出关系有一个尽可能科学的估计。在经济活动中，人们之所以要进行成本—收益分析，就是要以最少的投入获得最大的收益。

成本—收益分析拥有三个基本特征：自利性、经济性、计算性。自利性，又称为自发性。成本—收益分析的出发点是追求成本分析人或者投资行为者自身的利益，它只不过是行为者获得自身利益的一种计算工具，但其追求的效用是行为者自己的效用而并非他人的效用，因此带有强烈的自利性。经济性是由于行为者具有自利的动机，总是试图在经济活动中以最少的投入获得最大的收益，要求项目的实施经济且高效，而成本—收益分析的前提是效用最大化蕴含着经济、高效的要求。从这个角度来看，经济性依托于自利性而存在，二者缺一不可。行为者要使自己的经济活动达到自利、经济、高效，就必须对自己的投入与产出进行计算，因此，成本—收益分析蕴含着一种量入为出的计算理性，没有这种精打细算的计算，经济活动要想获得好的效果是不可能的。因此，成本收益的计算特性是达到经济性的必要手段，同样也是完成自利性行为的重要保障和环节之一。

具体来说，对一项投资进行成本—收益分析的步骤如下：（1）明确政府在此项目上要达到的目的；（2）确立各种备选方案或计划的具体内容；（3）确定各方案所需投入的要素的数量及其产出数量；（4）对成本与所获得的收益进行

---

① 李银珠：《公共支出行为的成本—效益分析——基于福利经济学的思考》，《江西社会科学》2008年第11期。

贴现计算，选择收益大于成本中的最佳方案，并做出是否投资的决策。因为成本与收益都是用货币计量，而二者却发生在不同时期，那我们就要考虑货币的时间价值，即需要将成本与收益进行贴现，使成本与收益的比较在同一时间线上。所谓贴现，就是未来每期现金流按一定的折现率换算成现在价值的过程。贴现公式为：

$$PV_n = \frac{R_1}{1+r} + \frac{R_2}{(1+r)^2} + \cdots + \frac{R_n}{(1+r)^n} = \sum_{i=1}^{n} \frac{R_i}{(1+r)^n}$$

其中，PV_n 是现值，R_i 为每期成本或收益现金流，r 为贴现率，n 为年数。

例如，假定有甲、乙两个不同的项目在四年内能产生的收益见表 12-2。

表 12-2 项目甲和项目乙每年产生的收益

单位：亿元

项目	第一年	第二年	第三年	第四年
项目甲	10	10	10	10
项目乙	20	10	5	5

如果不考虑货币的时间价值，分别把两个项目四年的收益单独相加，那二者收益是相同的，均为 40 亿元。但是甲、乙每年的收益不同，那么为了获得更加准确的比较结果，我们将每年收益按一定的折现率进行折现，然后再进行项目的比较。设折现率为 5%，则两个项目收益的现值为：

$$PV_{甲} = \frac{10}{(1+0.05)^1} + \frac{10}{(1+0.05)^2} + \frac{10}{(1+0.05)^3} + \frac{10}{(1+0.05)^4} = 35.46(亿元)$$

$$PV_{乙} = \frac{20}{(1+0.05)^1} + \frac{10}{(1+0.05)^2} + \frac{5}{(1+0.05)^3} + \frac{5}{(1+0.05)^4} = 36.55(亿元)$$

我们可以看到，当考虑货币时间价值之后，两个项目的收益都小于 40 亿元，而乙项目的现值要高于甲的现值，原因在于项目乙的收益更集中于早期，体现了收益产出的时间价值不同。

（二）成本—收益分析评价标准

1. 净现值标准

净现值法是计算各方案的各期现金流流入的现值与流出现金流的现值之差，以净收益现值大小作为是否投资的标准。计算公式如下：

$$NPV = \sum_{t=0}^{T} \frac{(B_t - C_t)}{(1+r)^t}$$

其中，B_t 和 C_t 表示第 t 期的收益和成本，r 为贴现率，t 为期数。

只有当 $NPV>0$ 时，该项目才会有被选择的机会。虽然项目在某一时刻的收益与成本之差为负，但在 0 至 T 整个区间内的净现值必须为正。$NPV<0$ 时，项目不可行，当有多个投资周期相同但互不相容的项目需要比较时，我们应该选择 NPV 数值较大的一组。净现值法的优点在于考虑了资金时间价值，增强了投资经济性的评价，将全过程的净现金流量纳入考量，体现了流动性与收益性的统一；同时考虑了投资风险，风险大则采用高折现率，风险小则采用低折现率。但是，净现金流量的测量和折现率较难确定，并没有从动态角度直接反映投资项目的实际收益水平。净现值法说明投资项目的盈亏总额，但没能说明单位投资的收益情况，即投资项目本身的实际投资报酬率，这样会造成在投资规划中着重选择投资大和收益大的项目而忽视投资小、收益小，而投资报酬率高的更佳投资方案。

2. 内涵报酬率标准

内涵报酬率是使未来每期收益现值之和与成本现值相等时的贴现率，即 $NPV=0$时的贴现率。公式为：

$$NPV = \sum_{t=0}^{T} \frac{(B_t - C_t)}{(1 + IRR)^t} = 0$$

式中 IRR 为内涵报酬率，其他含义同上。如果内涵报酬率高于市场利率，那么这一项目就是可行的。例如一个项目的内部收益率为 20%，那么贴现的利息率必须要小于 20%时该项目才可行，如果贴现的利息率大于 20%，该项目机会成本大于收益，那么投资者不会选择该项目。内涵报酬率是一个相对数指标，现值指数大小在一定程度上反映一个投资项目投资效率高低，所以这类评价指标通常用于独立方案决策，也就是备选方案之间是相互独立的。在两个互不相容的项目中，我们一般选择内部收益率较大的。但是通过内涵报酬率法做出的决定可能与净现值法得出的结论不同，在某一相同折现率水平下，甲项目净现值要大于乙项目净现值，但是当二者 $NPV=0$ 时，乙项目内涵报酬率高于甲，此时两种方法得出的结论是相矛盾的。

3. 收益—成本比标准

收益—成本比是将收益的现值与成本现值做比，从而判断是否投资，用公式 B/C 来表示，其中：

$$B = B_0 + \frac{B_1}{(1+r)^1} + \frac{B_2}{(1+r)^2} + \cdots + \frac{B_T}{(1+r)^T}$$

$$C = C_0 + \frac{C_1}{(1+r)^1} + \frac{C_2}{(1+r)^2} + \cdots + \frac{C_T}{(1+r)^T}$$

当B/C大于1时，说明项目收益大于成本，项目获利；B/C等于1时，收益恰好弥补成本；B/C小于1时，项目成本大于收益，项目不可取。在比较规模相同的两个或两个以上的项目时，这种项目有效，但是使用该方法在规模不同的项目之间做决策时会失之偏颇。假设甲、乙两个项目时间均为一年，贴现率为5%，各项数据见表12-3。

表12-3 项目甲和项目乙收益成本比较

单位：亿元

项 目	B_0	C_0	B_1	C_1	B/C	NPV
甲	0	2	6	0	2.86	3.71
乙	0	10	20	0	1.90	9.05

抛开其他条件，单独比较B/C的大小，甲项目要优于乙项目，但是，比较净现值可以发现乙项目的NPV要远大于甲项目的NPV，这是因为乙的投资规模大，产生了更多的净收益，这在收益—成本比方法下却不能被表示出来，这是该方法的一个弊端。

三、最低费用选择法

最低费用选择法（Least-cost selection，LCS）多用于军事、政治、文化、卫生等公共支出项目中，是指对每个备选的财政支出方案进行经济分析时，只计算备选方案的有形成本，而不用货币计算备选方案支出的社会收益，并以成本最低为择优的标准。也就是说，最低费用选择法就是选择那些使用最低费用就可达到公共支出目的的项目，也被称为最小成本法。最低费用选择法是一种不完整的成本—收益分析法，即只有成本费用的计算和分析，而没有收益的计算和分析，不用货币计量被选方案的社会收益，只计算有形费用，并以费用最低为择优标准，这是最低费用选择法与成本—收益分析法的主要区别。

运用最低费用选择法的步骤大体如下：首先，根据政府确定的目标，提出多种备选方案。其次，以货币单位为统一尺度，分别计算出各备选方案的各种有形费用并予以求和。最后，按照费用的高低排出顺序，以供决策者选择。在目标既定的情况下，费用最低的备选方案为最优方案。其中，在计算费用的过程中，如果遇到需要多年安排支出的项目，要用净现值法折算出现值，以保证备选方案的可比性。为了保证反映真实的经济价值，我们需要运用影子价格消除不合理价格因素。

影子价格又称最优计划价格或计算价格，是指能够反映投入物和产出物真实经济价值、市场供求状况、资源稀缺程度、使资源得到合理配置的价格。影子价格反映在项目的产出上是一种消费者的“支付意愿”或者“愿付意愿”。机会成本也叫机会费用，是建立影子价格的基础。项目投入物作为一种稀缺的资源，投入物投到项目上去使国民经济所付出的代价就是放弃其他使用机会而获得的最大效益，机会成本代表了项目占用资源的影子费用，反映资源影子价格的高低。影子价格的高低客观地反映资源在系统内的稀缺程度。如果某一资源在系统内供大于求，其影子价格就为零。这一事实表明，增加该资源的供应不会引起系统标的的任何变化。如果某一资源是稀缺资源，则其影子价格必然大于零，影子价格越高，资源在系统中越稀缺。

运用最低费用选择法确定最佳支出方案，难点主要在于备选方案的确定。因为，所有备选方案应能无差别地实现同一个既定目标，据此再选择费用最低的方案就可以达成最优经济目的，但是，出于种种现实中的制约因素，很难使不同方案无差别地实现公共支出项目的目的。

第三节　公共性支出的内容

一、购买性支出

购买性支出又称为消耗性支出，指政府在商品和劳务市场上购买所需商品和劳务的支出。国家行政支出项目中，属于购买性支出的有国防支出、教育支出和卫生支出等。购买性支出体现的是政府的市场再分配活动，在政府公共支出总额中，购买性支出所占的比重越大，财政活动对生产和就业的直接影响就越大，通过公共支出所配置的资源的规模就越大，“有形的手”的力量也就越发明显。

从宏观上看，购买性支出基本上反映了公共支出领域中社会资源和要素中由政府直接配置与消耗的份额，因而是公共支出履行效率、公平和稳定三大职能的直接体现。购买性支出能否符合市场效率准则的根本要求，是公共财政活动是否具有效率性的直接标志。购买性支出中的投资性支出，将对社会福利分布状态产生直接影响，因而是公共财政履行公平职能的一个重要内容。同样，购买性支出直接引起市场供需对比状态的变化，直接影响经济周期的运行状况，是政府公共支出政策的运作的基本手段之一。

购买性支出对国民收入的分配有间接影响。当购买支出增加时，由于商品和劳务的数量随之增长，国民收入也会随之增加，企业收入和劳动者的收入总量均会增加。但是，由于各种原因，在新增国民收入中，由利润占有的部分和由工资占有的部分不可能均等，从而在国民收入初次分配中，利润和工资各自所占份额将发生变化。此外，由于各种经济活动受政府购买支出变动影响的程度不尽相同，不同的部门和企业，以及在不同的部门和企业中就业的劳动者之间所增加的收入也不尽一致。这些因素都可能导致国民收入分配结构发生变化。

（一）国防支出

国防支出是指政府用于国防建设和保卫国家安全的支出，主要包括国防费、国防科技事业费、民兵建设以及国防专项工程支出。国防支出作为政府财政支出的重要组成部分，是一种纯消耗性支出，其产出为纯公共产品——国防安全。国防支出既可能产生正外部效应，也可能产生负外部效应，既可能促进国民经济发展，但支出过度又会对国民经济发展产生制约作用。

国防建设对于经济建设具有安全屏障作用。国无防而不安，经济建设必须有强大的国防力量做坚强后盾。20 世纪 90 年代初，科威特人均国民生产总值约 1.4 万美元，国家储备金总额达 800 亿美元，号称"世界首富"。但由于国防力量薄弱，一夜之间被伊拉克吞并。从经济角度来讲安全的国内国际环境有助于创造稳定的国内投融资环境，吸引外国长期投资，确保本国经济安全和金融安全，有助于国家在对外交往中开拓国际市场。除了为国家的国民经济建设提供安全的环境，国防建设还是国民经济建设不可分割的一部分，国防建设直接为国家经济建设提供服务。首先，国防工业处于产业结构中较高的层次，对其他工业的发展起着较大的拉动作用。国防建设还有利于促进就业。国防基本建设和国防科研生产领域中本身吸收了大量的社会劳动力，与国防相关的民用产业同样创造了大量的就业机会。国防支出的增减直接影响到社会就业水平的高低。国防建设领域是一个高投入、高消耗的部门，更是一个科学技术高度密集的部门。为研制生产高新武器装备而日益发展壮大的国防科技和工业基础，可以有效地促进国家的科技进步，带动国家经济社会的全面进步和发展。例如，当代航空工业的发展就极大地促进了空气动力学、航空电子、复合材料、航空仿真等一系列基础理论领域、共用技术领域的突破，对整个科学技术进步和国民经济发展，必然会产生巨大影响。

在国家可供支配和利用资源既定的前提下，用于国防建设的资源和用于经济发展的资源之间存在着一种替代关系，即国防支出的机会成本。政府把用于满足国防需求的资源分配给军事产品，但军事产品既不会流向提高人民生活水平支出的领域，也不会流向可增强社会未来生产能力的投资领域。因此，如果国防支出过度，将会制约国民经济的持续发展。以美国为例，国防工业占据比例过大曾使美国工业生产大幅下降。据统计，1979—1988 年，在西方七大国中，美国的劳动生产率增长最低。这与美国庞大的国防工业有着直接的关系。国防工业在美国工业中占据的比重较大，成为抑制美国劳动生产率提高的一个重要因素。实例证明，过度的国防支出将会减少国家财政在国民经济建设中的投入，不利于国民经济的持续发展。

过度的国防支出影响国家的政治稳定。在国家经济实力一定的情况下，国防支出与社会总支出之间呈切蛋糕的态势，国防支出与民用支出此消彼长。在社会总供给既定的情况下，盲目扩大国防支出规模必然导致群众购买力萎缩。以苏联为例，苏联曾常年将 30%—40% 的财政收入投入国防领域，形成了国防经济畸重、民用经济畸轻的格局，致使社会发展走向险境，引发了严重的社会问题，经济萧条不堪，国家四分五裂。

党的十九大报告提出国防和军队现代化“三步走”战略，《中共中央关于制定国民经济和社会发展第十四个五年规划和二〇三五年远景目标建议》提出确保 2027 年实现建军百年奋斗目标，以信息化条件下联合作战为代表的军队现代化建设将提速，稳步的国防开支增长不可或缺。

我国国防支出与 GDP 和财政支出的变化有密切联系。改革开放以来，中国国防开支经历了从维持性投入到适度增长的发展历程。国防支出占 GDP 比重从 1979 年最高的 5.43% 下降到 2020 年的 1.25%，近 30 年一直保持在 2% 以内。1979 年国防支出占国家公共支出比重为 17.37%，2020 年为 4.11%，下降超过 13 个百分点，总体下降趋势明显（见图 12-1）。

自 2016 年以来，我国国防预算增长率已连续 6 年降至个位数，增长幅度维持在 6.6%—8.1%。2016 年至 2020 年，国防支出预算增幅分别为 7.6%、7%、8.1%、7.5%和 6.6%。2021 年我国国防支出为 13553.43 亿元，同比增长 6.8%。国防经费持续、稳定地理性增长，是军事现代化建设的实际需求，比如大型武器装备的更新换代，如航母，尤其是新式航母、新式军机的研发和制造，都需要经费，这是硬性的支出。国防经费并不是单纯的投入，而是会产生和平的“红利”。一支强大的军队可以有效守护社会经济发展的成果，因此投入国防经费是为经济发展保驾护航。

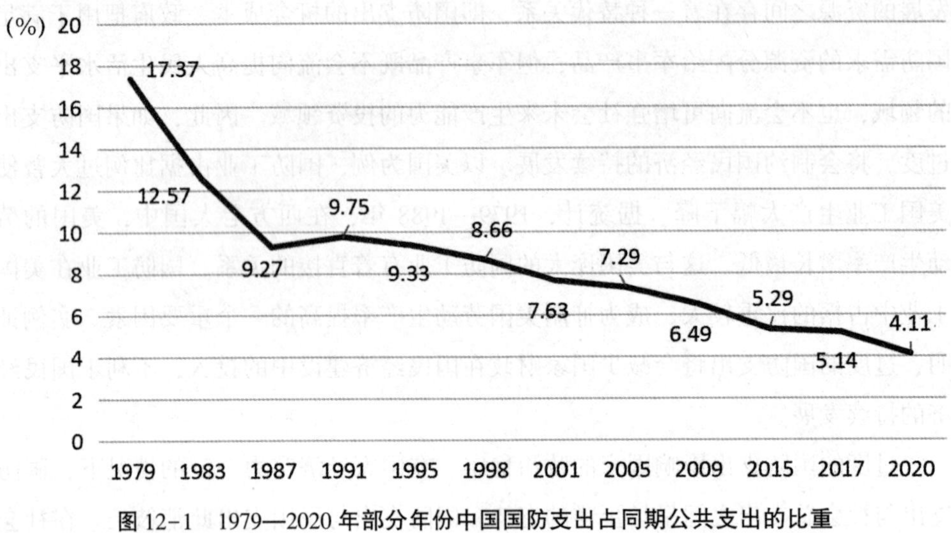

图 12-1　1979—2020 年部分年份中国国防支出占同期公共支出的比重

(二) 教育支出

教育支出是培养合格的社会公民、提高劳动者知识水平和运用技能所要满足的费用支出，是将人力资源转化为人力资本的孵化器。教育对社会精神文明的影响层次是较难衡量的，它不但涉及经济因素，还涉及政治因素和人们的价值判断标准。人们所受的教育层次越高，基础教育普及的程度越高，社会精神文明水平就越高。同时，教育的投入推动社会技术革新和生产力的发展，为国家参与更高层次的分工竞争打下了基础，对于提升我国制造业水平、促进供给侧结构性改革产生更加深远的影响。当政府治理达到一定的水平之后，加大公共支出对教育的投入，可以弥补低收入家庭和贫困家庭与高收入家庭之间在教育上存在的支出差距与约束，使其在改善收入分配结构、促进社会公平正义方面具有积极的作用。各国政府都在加大公共教育投资力度，增加教育公共支出，努力获得教育促进人力资本投资和收入差距缩小的“乘数效应”。①

教育是集消费的排他性、一定竞争性、拥挤性和正外部性等特征于一身的准公共产品。作为一种准公共产品，市场是不能有效供给的，若将教育全部推给市场去运作，在市场失灵的情况下，会直接影响国家和社会的稳定发展。我们从不完善的人力资本市场来看待这一问题：假设资本市场是完善的，并且教育是一种有回报的人力资本投资，那么受教育者为何不通过向资本市场借款去上学呢？原

---

① 张小芳、潘欣欣等：《教育公共支出与收入不平等——基于结构门槛回归模型的实证研究》，《宏观经济研究》2020 年第 1 期。

因在于人力资本市场是一个不完善的资本市场。这一点在高等教育中表现得尤为突出，教育投资的收益具有不确定性，收益率的大小受个人的性格、健康、机遇等因素的影响较大，在这个市场中，私营信贷机构一般不愿为投资对象作担保或提供教育贷款，这就使得那些没有存款或者低收入家庭的青年人无力接受高等教育。鉴于此，政府应引导、规范教育健康快速发展，肩负起提供教育经费投入的主要责任主体。但是，不同层次的教育对社会和个人带来的效益不同，基础教育涉及范围广，投资规模大，需要政府进行统一配置，而高等教育和职业教育这种对个人回报率较高的领域则可以由政府和市场共同配置。

习近平总书记反复强调“教育兴则国家兴，教育强则国家强”。如何在新一轮的科技革命和产业变革中抓住契机，实现进一步发展和超越，关键取决于人才资源，而人才培养和储备归根到底又是以教育发展为基础的。2019 年国家财政性教育经费支出首次突破 4 万亿元，年均增长 8.2%，占 GDP 比重为 4.04%，连续第八年保持在 4%以上。从 2016—2019 年国家财政性教育经费使用情况看，一是体现了“保基本”。各级教育之间，义务教育占比最高，2019 年国家财政性教育经费中用于义务教育的经费占到 52.7%，四年始终保持在 53%左右。二是体现了“补短板”。学前教育财政性经费年均增长 15.4%，在各级教育中增长最快；占国家财政性教育经费的比例从 2015 年的不到 4%提高到 2019 年的 5%，在各级教育中提高幅度最大。三是体现了“促公平”。中央对地方教育转移支付资金 80%以上用于中西部地区。“三区三州”等深度贫困地区财政性教育经费年均增长 10.9%，高出全国年均增幅 2.7 个百分点。用于学生资助的财政资金累计支出超过 5000 亿元（不含免费教科书和营养膳食补助），年均增长 8.35%。四是体现了“提质量”。教职工人员支出占到 62%，比 2015 年提高近 5 个百分点，支出重点逐步从硬件建设向软件建设转变，更加注重教育质量的提升。①

从主要发达国家及新兴市场国家的公共财政支出结构来看，欧美发达国家教育支出占比在 11%左右，其中美国高达 15.8%，日本仅 8.2%。在新兴国家中，中国、印度的教育支出在公共财政支出中的占比在 13%—15%。从趋势来看，新兴市场国家教育支出的占比逐渐上升，但作为人口大国，我国人均公共财政教育支出远远低于发达经济体。

党的十九届五中全会审议通过的《中共中央关于制定国民经济和社会发展第十四个五年规划和二〇三五年远景目标的建议》中明确提出“建设高质量教育

① 数据来源于中华人民共和国教育部教育 2020“收官”系列发布会。

体系”，为新时代教育改革发展描绘了蓝图，为迈向教育发展新征程指明了方向，对于加快推进教育现代化、建设教育强国、办好人民满意的教育具有重大意义。在未来，应继续深化教育改革，促进教育公平，推动义务教育均衡发展和城乡一体化，扩大优质教育资源覆盖面，不断缩小区域、城乡、校际教育差距；完善普惠性学前教育和特殊教育、专门教育保障机制，提高高中阶段教育普及水平，鼓励高中阶段学校多样化发展；加大人力资本投入，增强职业技术教育适应性，深化职普融通、产教融合、校企合作，探索中国特色学徒制，大力培养技术技能人才，有效提升劳动者技能和收入水平，扩大中等收入群体，释放内需潜力。聚焦基本公共教育服务的薄弱环节，着力解决好教育发展不平衡不充分的突出问题，着力促进公平、优化结构、补齐短板，保障和改善教育民生，增强人民群众获得感。

（三）卫生支出

医疗卫生支出是政府保障人民身体健康、促进社会健康稳定发展的支出。劳动者体质的增强是提高劳动生产率的重要因素，按照公共卫生品的经济学性质，公共卫生应该属于公共资源，既具有竞争性又具有非排他性。公共卫生具有很强的外部正效应和典型的非排他性，这是政府提供公共卫生的重要依据。

公共支出的经济效应可以概括为：支出效率、公平效应、人力资本效应、经济增长效应等，而人力资本效应与经济增长效应是公共支出最直接的产出。公共卫生支出效率可以概括为通过卫生资源的合理配置，使其潜能得到充分发挥，从而用最少的卫生资源耗费为全体社会成员提供最大限度的基本卫生保健服务。公共卫生支出的公平效应包括公共卫生服务筹资公平性和公共卫生服务提供公平性两个方面。筹资公平性指资金来源的公平性，公共卫生服务提供公平性主要遵循可及、需要和健康三个原则。可及原则是指具有同等医疗需要的人接受同等的卫生服务的机会和条件应该相同；需要原则是指对有相同卫生服务需要的人群同等对待，对不同卫生服务需要的人群区别对待；健康原则是指每一个社会成员应具有公平的机会达到其最佳的健康状况。公共卫生支出的人力资本效应主要体现在公共卫生服务可以通过增加劳动力的市场参与率、提高劳动力的生产力、增加教育以及增加投资和储蓄等方式间接促进经济增长。事实表明，高效、公平的公共卫生投入提高人力资本存量和流量的效应更加明显。经济增长效应体现在合理有效的公共支出可以提高劳动者素质，产生良好的社会经济效应，促进经济增长。

联合国2030年可持续发展目标强调，让所有人在没有经济困难的情况下获得所需的优质医疗保健服务，世界卫生组织（WHO）的报告显示，世界范围内仅2015年就有约9.3亿人家庭年收入的10%以上用于医疗保健，约2.1亿人支出超出25%。全世界自费医疗支出导致的贫困人口比例从2000年的1.8%上升至2015年的2.5%。近年来，我国经济开始逐渐由快速增长走向成熟，社会公众对医疗卫生的需求逐步上升，国家也越来越重视医疗卫生体系的构建和完善。国家卫生健康委员会发布的《中国卫生健康统计年鉴2020》的数据显示，2010—2019年我国卫生总支出呈现逐年上升趋势，2020年卫生健康支出19201亿元，同比增长15.2%，其中，受新冠疫情影响，与疫情防控直接相关的公共卫生支出增长74.9%。十三届全国人大四次会议中，财政部向大会提交的《关于2020年中央和地方预算执行情况与2021年中央和地方预算草案的报告》（下称《报告》）中披露，2020年，财政部门优先保障疫情防控经费，各级财政疫情防控资金支出超过4000亿元，对参加疫情防控的一线医务人员和防疫工作者给予临时性工作补助，疫情防控期间湖北省（含援鄂医疗队）补助标准提高一倍，对紧缺的重点医疗物资实施政府兜底收储。《报告》中指出，2021年财政部门将加强基本民生保障，强化公共卫生投入，居民医保人均财政补助标准增加30元，达到每人每年580元，同步提高个人缴费标准40元，达到每人每年320元。基本公共卫生服务经费人均财政补助标准提高5元，达到每人每年79元。同时，继续做好疫情防控相关工作，对医保基金负担的新冠病毒疫苗及接种费用给予补助，支持实施居民免费接种政策，加强对公立医院、基层医疗卫生机构、卫生健康人才队伍建设等方面的支持。

为了更好地保障人民生命健康安全，《中共中央关于制定国民经济和社会发展第十四个五年规划和二〇三五年远景目标的建议》也提出，在未来，要改革疾病预防控制体系，强化监测预警、风险评估、流行病学调查、检验检测、应急处置等职能。我们需要建立稳定的公共卫生事业投入机制，改善疾控基础条件，强化基层公共卫生体系，健全医疗救治、科技支撑、物资保障体系，提高应对突发公共卫生事件能力。

（四）公共投资性支出

公共投资性支出指在政府财政支出项目中具有投资性质的支出，如经营基础产业、经营公用事业、主持公共工程等方面的支出。公共投资的规模大小与经济体制和经济发展阶段有关。实行市场经济的国家，非政府投资在社会总投资中所占比重较大；实行计划经济体制的国家，政府投资所占比重较大。发达国家政府投资占社会总投资的比重较小；欠发达国家和中等发达国家的政府投资占社会总投资的比重较大。

为了妥善处理政府与市场的关系，使市场在资源配置中起决定性作用，政府投资更多地用于公益性和基础性建设，维护公平竞争的市场环境，为社会资本创造更广阔的投资空间。政府在农林水利、生态环保、公共服务、基础设施、区域开发、战略性新兴产业、先进制造业等重点领域创新投入方式、加大支持力度，引导带动更多社会投资参与重点领域和薄弱环节建设。

公共基础设施的支出是同人民的生活紧密相连的。对基础建设的大规模投入，既有效刺激国内需求带动经济发展，又能避免重复建设，有利于改善投资与经济基础结构，而且投资风险小，长期经济效益与社会效益好，为社会创造更多的就业机会，有利于增加城乡居民消费，从而实现国民经济的良性循环与长期稳定发展。同时，某些社会公共基础设施还具有防护次生灾害和自然灾害的职能，通过兴建这些基础设施做到防患于未然，也是公共支出的社会效益不可或缺的一部分。例如，农田水利设施、供水供电管道和防护林带等公共基础设施，作为国民经济系统的组成部分和改善民生条件的重要保障，其发挥的社会效益是显而易见的。

“新基建”是当前中国经济新旧动能转换的内在要求和未来创新驱动型发展的基础，前瞻性布局至关重要。2020 年初在新冠疫情冲击之下，以基建投资为抓手的逆周期调控呼声强烈，“新基建”进程提速，主要发力领域包括：5G 基建、特高压、城际高速铁路和城际轨道交通、新能源汽车充电桩、大数据中心、人工智能和工业互联网。“新基建”投资需求并非疫情催生，疫情只是加快了“新基建”的进程。逆周期调控政策需加大力度稳增长和保就业。公共财政投资作为宏观逆周期调控最重要的抓手，在当前形势下，其托底经济的作用将更加突出。基建投资在当下被赋予经济起动机和助推器的重任。“新基建”投资既能对经济增长形成有力支撑，又能为创新驱动注入强劲动力。

二、转移性支出

转移性支出是政府无偿向居民和企业、事业以及其他单位供给财政资金，包括社保支出、财政补贴、税收支出。转移性支出体现的是政府的非市场型再分配活动，在财政支出总额中，转移性支出所占的比重越大，财政活动对收入分配的直接影响就越大。

转移性支出的资金是由政府定向地、无偿地注入到非政府部门之中。如果转移性支出的对象是公民，这些支出会直接转化为公民个人的可支配收入，从而以这些个人边际消费倾向的大小而形成或多或少的私人消费意向和动机。如果转移性支出的对象是企业，这些支出作为企业的营业外收入计入企业的资产负债表后会转化为企业的可支配收入，其中一部分有可能形成企业的投资并扩大再生产的资本积累，从而利用扩大生产的方式增强商品或者劳务的产出，使其进入社会“生产—消费—再生产”的循环中创造经济价值；另一部分则通过增加资本和劳动力的报酬的途径而转化为个人或家庭的可支配收入，从而进一步形成社会消费需求。还有一种方式是企业利用这一笔转移支出进行技术或管理的改进从而提升劳动生产率，创造出更多的剩余价值用以进行分配。财政部部长助理欧文汉在介绍“十四五”期间的财政安排时表示，在未来将继续完善转移支付制度，加大对欠发达地区财力支持，逐步实现基本公共服务均等化，更好促进发达地区和欠发达地区、东中西部和东北地区共同发展。支持创新驱动发展战略，大力支持加快科技自立自强，进一步优化科技投入结构和支持方向，推动完善国家创新体系。

（一）社会保障支出

社会保障支出是用于社会保障制度的运作，为居民的最低生活水准提供保障的一种支出形式。社会保障包括社会保险、社会救助、社会福利和社会优抚四方面内容。我国社会保险项目主要有老年保险、失业保险（待业保险）、医疗保险、疾病保险、生育保险、工伤保险、伤残保险等。社会救助以保障救助对象的最低生活为标准，主要包括贫困救济、灾害救济和特殊救济等。社会福利是社会保障的最高阶段，是指在保障基本生活条件下，通过福利事业或福利服务不断改善社会成员生活状况的一系列措施的总和。社会优抚是指对有特殊贡献者及其家属提供褒扬和优惠性质的物质帮助，以保障其生活不低于当地一般生活水平的制度。

从经济学角度来讲，社会保障是介于私人产品和公共产品之间的一种产品，这种产品必须由政府介入才能有效发挥作用。个人抵抗风险能力较弱，在劳动过程中工人可能发生工伤风险、疾病风险和失业风险，部分职工会丧失劳动能力和劳动岗位，失去和减少维持生活的收入来源。此外，劳动者也必然会步入老年而丧失劳动能力。如果这些人的基本生活得不到保障，他们就难以生存下去，这将会严重影响社会的稳定和发展。为了保持社会稳定以及人民的健康，政府会强迫居民购买保险，并在全社会范围内分散风险。社会保障制度可以分散劳动者可能遇到的各种风险，也是对市场经济缺陷的一种弥补。社会保障的本质是维护社会公平进而促进社会稳定发展，完善的社会保障体系已经成为社会文明进步的重要标志之一。《中华人民共和国宪法》规定："中华人民共和国公民在年老、疾病或者丧失劳动能力的情况下，有从国家和社会获得物质帮助的权利。"习近平总书记在中央政治局第二十八次集体学习时强调社会保障是保障和改善民生、维护社会公平、增进人民福祉的基本制度保障，是促进经济社会发展、实现广大人民群众共享改革发展成果的重要制度安排，是治国安邦的大问题。我国社会保障覆盖范围持续扩大。围绕全民覆盖、人人享有社会保障的目标，通过实施全民参保计划，精准推进重点群体参保，建成世界上规模最大的社会保障体系。2012 年以来，我国基本养老保险参保人数从 7.88 亿人增加到 10.07 亿人，失业保险参保人数从 1.52 亿人增加到 2.18 亿人，工伤保险参保人数从 1.9 亿人增加到 2.67 亿人。6098 万建档立卡贫困人口参加基本养老保险，参保率稳定在 99.99%以上，基本实现应保尽保。[①]

社会保障对国民经济再分配格局也起着重要的影响。社会保障支出的资金来源于各个纳税人在国民收入初次分配中所得的各种收入，如工资、利息、股息、利润等，通过调整，高收入阶层的一部分收入转移到低收入阶层的公民手中，以促进消费并调节好效率与公平的关系。此外，在市场经济条件下，劳动力作为主要的生产要素，需要在不同地区、不同所有制的企业合理流动，如果没有社会化的社会保障制度为劳动者提供养老、医疗、失业等保障，劳动力就无法流动，就无法实现劳动力资源的合理配置。完善的社会保障体系，有利于保证劳动力平等进入市场，参加竞争，使劳动力资源得到充分开发和合理利用，以维护经济更快更好地发展。

党的十九届五中全会明确了健全多层次社会保障体系的目标任务，习近平总书记提出健全覆盖全民、统筹城乡、公平统一、可持续的多层次社会保障体系，进一步织密社会保障安全网，为广大人民群众提供更可靠、更充分的保障，不断满足人民群众多层次多样化需求的总体目标。共同富裕是社会主义的本质要求，是人民群众的共同期盼，我们应始终坚持以人民为中心的发展思想，充分发挥社会保障再分配功能，充分调动社会各方面广泛参与进来，在发展中不断保障和改善民生，实现从"有没有"到"好不好"的转变，从而更好地适应人的全面发展和全体人民共同富裕进程。

---

① 张纪南：《开启社会保障事业高质量发展新征程》，《求是》2021 年第 6 期。

（二）财政补贴

财政补贴是政府为了达到特定的政策目标，而无偿向家庭、企业或私人提供的补助和津贴。我国现行财政补贴主要有价格补贴、亏损补贴、职工生活补贴和利息补贴等。财政补贴是政府调节国民经济和社会生活的一种手段，其目的在于支持生产发展，调节供求关系，稳定物价，维护生产经营者或消费者的利益。市场失灵的存在是财政补贴出现的重要因素，在自然垄断领域，市场价格无法有效配置资源，例如公共交通、煤气、水电等。政府对于这些项目往往采取低价政策，从而向社会提供福利。此外，国家也对弱势产业进行补贴，从而调动劳动人民积极性，促进产业发展。

财政补贴在一定时期内的适当运用有益于协调政治、经济和社会中出现的利益矛盾，起到稳定物价、保护生产经营者和消费者的利益、维护社会安定和促进经济发展的积极作用。财政补贴在优化国民收入分配方面也有重要作用，如企业生产补贴，其资金来源于各种税收。税收是政府在国民收入初次分配和再分配中取得的收入，通过征税和转移性支出的过程，国民收入中的一部分就会从纳税人的手中，转移到享受补贴的企业中，从而形成国民收入在纳税企业与居民和获得补贴的企业之间的转移。向企业发放补贴的目的，就是要保障其所得的利润不低于应有的水平，鼓励企业对利润较低或风险较大的行业进行投资，鼓励企业进行技术进步从而形成企业的竞争优势和良性产业布局，或者使有亏损的企业得以维持原有的生产规模继续经营。因此，企业生产补贴通过对一些在国民经济中占有重要地位的企业给予支持，帮助其克服生产经营中的各种困难，可以在促进生产发展或遏制生产规模萎缩方面发挥重要作用。这样，这种转移就更有利于国民收入分配的合理化，帮助一些有发展潜力却资金紧张的企业，从而有利于充分促进就业，维持良好的营商环境。当然，政府财政补贴范围不宜过广，项目不宜过多，否则会加重财政负担，影响政府宏观调控能力。由于财政补贴是在商品价格之外，它会使价格关系扭曲，掩盖各类商品之间的真实比价关系，不利于企业经营管理水平和促进企业之间的公平竞争；此外，给以按劳分配为原则的工资制度改革带来不利影响，不利于控制消费、减少浪费和提高经济效益。

习近平总书记在《努力成为世界主要科学中心和创新高地》一文中强调，“科学技术从来没有像今天这样深刻影响着国家前途命运，从来没有像今天这样深刻影响着人民生活福祉……关键核心技术是要不来、买不来、讨不来的。只有把关键核心技术掌握在自己手中，才能从根本上保障国家经济安全、国防安全和其他安全。”芯片产业是整个信息产业的核心部件和基石，也是国家信息安全的最后一道屏障，芯片高度依赖进口使得整个国家安全受到严重威胁。2020 年 8 月 4 日，国务院发布《新时期促进集成电路产业和软件产业高质量发展的若干政策的通知》，在一系列支持政策中，财税支持政策含金量最高，尤其是最高免 10 年企业所得税可谓“前所未有”，国家鼓励的集成电路线宽小于 28 纳米（含），且经营期在 15 年以上的集成电路生产企业或项目，第 1 年至第 10 年免征企业所得税；对国家鼓励的集成电路线宽小于 65 纳米（含），且经营期在 15 年以上的集成电路生产企业或项目，延续之前“五免五减半”政策；对国家鼓励的集成电路线宽小于 130 纳米（含），且经营期在 10 年以上的集成电路生产企业或项目，按“两免三减半”政策；对国家鼓励的线宽小于 130 纳米（含）的集成电路生产企业纳税年度发生的亏损，准予向以后年度结转，总结转年限最长不得超过 10 年。此次的财政支持政策覆盖集成电路产业发展全链条，政策支持对于产业链的发展完善会产生重大推动作用，能够激励企业投入研发、生产、装备制造，进而自发地满足产业链上下游的生产需要，加速半导体国产化进程，而对重点设计及软件企业的政策支持，有望帮助我国摆脱重点芯片以及 EDA 软件短板。

第四节　我国公共支出存在的问题及解决对策

一、当前我国公共支出存在的问题

当前，我国的经济发展态势正在由高速发展向高质量发展转变。“新常态”“新动能”等一系列活动对现状的描述，对公共支出的管理提出了更高的要求和更规范化的引导。十九大以来，中央多次强调，要创新公共预算管理方式，要加强和提升绩效管理水平，通过公共支出绩效评价，推动财政资金的使用真正落地生根，并且最大程度提质增效。当前我国公共支出管理过程中出现的一些问题不仅制约着公共支出的有效落地，而且还对公共支出的规范化管理和公共支出的绩效考核造成了影响。

（一）公共支出绩效有待提升

任何形式的公共支出的活动都需要依托于当地政府的财政收入进行布局和安排。但是个别地方政府出于发展不平衡、不充分的客观条件和不重视公共支出绩效等主观因素导致公共支出绩效较差，未能够发挥公共支出的最优绩效。尤其是在东部沿海地区以及大中城市，当地地方财政收入相对丰厚，政府组织人力资源充足且质量高，使得这些地方在公共支出的绩效方面能够非常好地依托既有的公共支出，从而达到公共支出绩效的平衡性和发展性的统一。而一些中西部地区和乡镇，出于经济资源的匮乏和政府人力资源的欠缺，以及基础设施薄弱等因素，公共支出的绩效往往就难以和较为发达的地方抗衡，发展自然也就很难实现平衡和充分。

此外，1994 年分税制改革后，我国中央和地方支出存在不平衡的现象。我国支出格局中中央财力充裕，而地方财力紧张。中央本级直接支出仅占全国财政收入的 15%左右。而经合组织国家中央财政本级支出平均为 46%，英国为 73%，美国为 54%，日本为 42%，[①] 我国中央政府直接支出比重明显偏低，下放事权明显过多，事权与支出责任不够匹配。由于中央与地方的信息不对称，中央财政的一般性转移支付和专项支付制度不完善、不规范，科目和项目繁杂、资金分散、配套要求过多，导致管理的难度太大，管理的效率不断降低，财政支出绩效呈现逐年下降的趋势。[②]

（二）公共支出绩效评价体系不完善

首先，公共支出绩效评价目标设定不明确。公共支出绩效评价目标是公共支出在一定期限内达到的产出和效果，它的设定应符合量化、细化及可执行可操作的特点。但是在具体的操作过程中，许多公共支出绩效评价目标的设定存在着让人难以把握的问题：第一是制定公共支出绩效评价目标时没有明确的目标性，描述存在随意性和无指向性，选择参照编制不恰当，对于存在的问题难以精准命中；第二是制定的公共支出绩效目标不能细化量化，仅仅做一些主观性的描述，缺乏制度性的约束，随意性较强；第三是个别政府在制定支出目标时好大喜功，没有坚持从实际出发，没有对公共支出绩效评价项目进行求真务实的研讨论证，不考虑当地的财税收入状况和财政赤字，盲目扩大或是盲目缩减公共支出的目标，从而导致了财政的进一步困难或是没能够让公共支出发挥应有的效果。

其次，一些地方政府在公共支出绩效评价指标的选择上存在误区。个别政府对共性指标和个性指标在具体的支出项目所反映的信息效用上认识不到位，在选

① 楼继伟：《财税改革纵论：财税改革论文及调研报告文集》，北京：经济科学出版社，2014 年版，第 8 页。

② 林光彬、车广野：《中央财政收入占比问题的政治经济学分析》，《中央财经大学学报》2021 年第 4 期。

择共性指标还是个性指标上缺乏辨识度，没有选择与绩效目标有直接关系、能够恰当反映绩效目标实现程度、最能代表评价对象、反映评价要求的核心指标。同样，在有些评价指标的选择上，评价方法过于主观，没有坚持主观与客观相结合的要求，凭借"个人喜好"或是"上级喜好"将各种指标进行随意排列，权重分配不合理，最终"失之毫厘，谬以千里"。此外，还有一些地方在选择公共支出绩效评价指标时过于简单，不能明确地反映出各个指标之间的相互关联性以及单个指标与总体目标之间的逻辑关系，导致在最终进行评审的时候出现"指标倒挂"的问题。

最后，作为整个公共支出绩效评价工作的具体成果，公共支出的绩效评价结果不仅反映公共支出的使用效果，而且更需要看重其实用性和可操作性。但是很多地方在进行公共支出评价的时候"扎扎实实走过场，认认真真搞形式"，实施财政支出绩效评价工作仅仅是为了向上级部门汇报工作成果，并且用于申请下一年度资金，而不能把评价结果作为"指南针"和"晴雨表"，对当年的公共支出存在的优点和不足加以说明和改进，同时利用评价结果指导下一年的工作。

二、公共支出问题的解决对策

（一）优化公共支出结构

实现新常态下国民经济的高质量发展，关键在于转变经济结构发展方式。而经济结构发展方式的转变又主要依托以公共支出为主体的经济活动和更好地发挥市场在资源配置中的决定性作用。优化公共支出结构要把有限的资金用在"刀刃"上，聚焦增强对国家经济社会发展大局的支撑能力，着力促消费、稳投资，释放内需潜力。[①] 第一，持续增加财政专项扶贫资金规模，支持贫困地区加快经济社会发展、改善扶贫对象基本生产生活条件，化解当地政府的资金困难；第二，优化支出结构，加大民生支出，始终把保基本民生摆在重要突出位置，多管齐下聚焦民生领域，保障"弱有所扶"、促进"学有所教"、推动"老有所养"、聚焦"住有所居"，统筹各项民生政策落地落实；第三，利用公共支出这一抓手推动产业升级和产业转移，优化在地营商环境，大力发展先进装备制造业和现代农业、现代服务业，推动高素质劳动者培养工程；第四，坚持和完善公有制为主体的基本经济制度，在公共支出中扩大公有制经济相关扶持内容，利用公共支出

① 曾金华：《"十三五"以来支出结构不断优化——积极财政政策护航高质量发展》，《经济日报》2020 年 10 月 28 日。

的作用优化公共经济和国有企业的经济布局和战略结构，增强公有制的经济控制能力和国有企业活力，防范系统性风险和结构性风险，从而形成公共支出在全球化大背景下参与国际竞争的新优势。

除此之外，解决中央和地方财政收支分配关系之间的矛盾，应当兼顾中央与地方两方面的利益，在巩固中央统一领导的前提下，必须发挥地方的积极性，适当扩大地方的权力，给地方更多的独立性，让地方办更多的事情，这样才能更好地发挥央地两方面的发展积极性。

（二）完善公共支出绩效评价体系

首先，准确设定公共支出的绩效评价目标。绩效考评是在战略目标指导下，通过科学的程序、方法和制度，对组织或员工的绩效行为或绩效结果进行客观的评价与衡量。作为公共组织的各级政府部门设定公共支出绩效评价目标时，应该明确、清晰，能够恰当反映绩效评价对象所要追求的状态。同时必须坚持细化量化的原则，让绩效考评有据可依，拥有一定的可操作性。并且，设定目标的时候也必须坚持求真务实，不能够仅仅因为某些方面的因素就设定不切合实际的目标。

其次，公共支出绩效评价指标要标准化、科学化，以保证财政支出绩效评价指标能反映财政支出项目总体目标和主要工作任务的关键因素，反映达到的产出和效果；优先选择定量指标，同时注重定性指标发挥的作用，保障指标在应用过程中要具有标准化的导向；可以利用标杆基准法，将自身的公共支出绩效与同一层级的部门的公共支出的绩效作为基准进行评价与比较，分析绩效形成原因，在此基础上建立公共支出绩效可持续发展的关键绩效目标及绩效改进的最优策略的程序与方法。

再次，重视绩效结果导向。如果想要发挥公共支出绩效评价结果的最大效能，就需要对其数据背后所存在的现象和问题进行深入研究和判断，不能仅仅停留在对公共支出绩效评价结果的获取上。一是可以借绩效评价结果作为每年预算资金安排和调整的重要依据；二是将绩效评价结果与年度考核形成联动，作为公共支出的决策者尽责情况考核的依据；三是将绩效评价结果作为检视公共支出的决策者是否存在短期行为，是否会给当地发展环境和群众生活带来不利影响的必要考评因素；四是可以借此进行政府信息公开，打造“透明政府”“阳光政府”，作为让社会公众和舆论了解和监督公共支出效用和公共政策落实的一个渠道。

最后，注重增强公共支出绩效的公平性，坚持统筹兼顾。公共支出事实上是一项关乎于民生工程的支出，既然作为实现政府社会管理职能和公共服务职能的重要途径，就必须增强其公平性，用统筹兼顾的根本方法来进行绩效的管理。公共支出领域需要树立以人为本的管理思想，坚持全面协调可持续的基本要求，统筹好城镇与乡村、东部沿海地区和中西部地区、发展环境与生态保护等要素，坚持统筹区域发展，促进东部地区、中部地区、西部地区和东北地区良性经济互动。另外，更应该处理好短期利益和长期利益的关系，在谋求短期公共支出绩效成果的同时，注重扎扎实实，久久为功，对长期的公共支出蓝图做到不动摇，对增强公共支出绩效公平性做到不懈怠。

课后习题

一、名词解释

公共支出　购买性支出　转移性支出　公共投资性支出　成本—收益分析　净现值　最低费用选择法

二、简答题

1. 公共支出所遵循的原则包括哪些？影响公共支出的因素有哪些？

2. 购买性支出与转移性支出分别包括哪些方面？我国目前的公共支出结构有什么特点？

3. 简述应用公共支出成本—效益分析法进行项目决策的优缺点。

4. 公共支出的绩效评价体系包括哪些内容？如何完善公共支出的绩效评价体系？

“特色小镇死亡名单”是一记警钟

2016年，国家相关部委决定联合开展特色小镇培育工作，特色小镇很快就呈现“遍地开花”之势。多地纷纷出台创建标准、评选办法等指导性文件，有的地方甚至提出利用三五年时间打造100个特色小镇，并以“世界一流水平”为建设标准。

近期，一份“中国特色小镇死亡名单”在网络上流传。文章称，不少特色小镇资金链断裂、商户逃离甚至沦为“空城”，至少有100个“文旅小镇”处于烂尾、倒闭状态。特色小镇从“扎堆开建”到“批量倒闭”，最终沦为“空心镇”“鬼镇”。表面看多是客流减少或项目烂尾所致，根本原因则是规划建设、产业结构、文化底蕴、项目定位、运行模式等方面先天不足。

当年《关于开展特色小镇培育工作的通知》提出的基本原则，第一条便是

“坚持突出特色”，明确提出要从当地经济社会发展实际出发，发展特色产业，传承传统文化，注重生态环境保护，防止“千镇一面”。建设特色小镇前期投入大、回报周期长、运营难度大，要求地方政府要找准特色小镇发展定位，确定建设目标后再进行财政支出投资。但是，有的特色小镇，在创建中失去了“特色”，清一色的仿古建筑，添加几件老物件，再配一个略带古韵的名字，便敢冠以“历史文化古镇”，最后难免成为千篇一律的“旅游小吃一条街”。以此来看，特色小镇建设跑偏，与地方政府官员盲目跟风、追求政绩的官僚主义、机会主义作祟等不无关系。

如果事先规划科学、政府目标明确，建设得当，特色小镇原本可以成为产城融合、跨界融合的典范，从而推动新型城镇化和新农村建设，但现在只能对动辄数千万元甚至上亿元的财政投入感到惋惜与痛心。(资料来源：新华网)

从公共支出角度谈谈你对特色小镇“烂尾”的看法。

「第十三章」 公共收入

财政和税收是一个国家权力的基础和人民生存的命脉所在。财政是国家基础权力的展现，税收是国家参与国民收入分配最主要、最规范的形式，是财政收入的主要来源，在促进实现经济行稳致远、社会安定和谐中发挥着重要作用。

从1994年分税制改革开始，我国的财税体制经历了彻底的变革和长远的发展。“十三五”时期，我国税制改革迈入快车道，现代税收制度初步建立，18个税种中有11个已完成立法，基本建立具有中国特色的现代增值税制度，综合与分类相结合的个人所得税制度成功落地，初步形成了绿色税收体系，对扩大中等收入群体、优化收入分配、有效发挥税收调节作用、促进社会公平起到重要推动作用。在税收征管方面，近年来，历经全面深化国税、地税合作和省以下国税、地税机构合并“两合”，我国也初步构建起优化高效统一的税收征管体系。十九届五中全会指出，“十四五”时期，要建立健全有利于高质量发展、社会公平、市场统一的税收制度体系，提高税收征管效能，优化税制结构，适当提高直接税比重，使直接税和间接税搭配更加合理，健全地方税体系，更好发挥中央和地方积极性，充分发挥税收职能作用，积极服务全面建设社会主义现代化国家。

第一节 公共收入概述

一、公共收入的含义

公共收入（Pubic revenue）也称财政收入、政府收入，是政府为履行公共管理、公共服务等职能以及满足公共支出的需要而向家庭、企业等筹集的一切资金的总和。主要包括税收、公共收费、公共企业收入、公共资源和资产出让的溢价收入、公共性基金收入、公共租金、公共债权收入、捐赠收入、纸币发行收入、特别收入等形式。一国政府既需要向社会提供公共物品和服务以提高居民生活质量，又要抑制垄断、消除外部性等“市场失灵”现象以保持经济稳定增长，还要调节收入分配以促进社会公平。公共收入的规模要以满足上述社会公共需要为目的和界限，同时公共收入的规模也影响着政府政策发挥作用的领域范围和力度，因此各国政府都十分重视公共收入的管理，努力设定科学的财政收入的规模、结构、范围及形式。尽管在满足公共需要过程中有时会产生一定的利润，但其出发点始终是非营利性。公共收入的取得要与公共支出相适应，在实践中，绝对的“以支定收”或“以收定支”都是很少见的，更多的是二者综合运用，通过建立规范的公共财政收入制度来实现政府的经济意志，从而有效履行政府职能。

二、公共收入的特征与原则

（一）公共收入的特征

在公共财政理论与政策中，公共收入是制约财政运行、衡量政府公共资源和宏观调控能力的重要标志，是化解公共风险、保证政府公共经济活动的物质基础，同时也是实现经济可持续发展和构筑和谐社会的重要手段。[①] 公共收入的特征主要体现在以下四个方面。

1. 公共性

公共收入是为了满足社会公共需要而产生，是政府经济手段的体现，政府所取得的收入应用于社会公众，而不受单独的官僚集团的控制而刻意安排。

2. 强制性

从公共收入的来源来看，公共收入是政治权力和经济权力两种权力共同运用的结果。政治权力是国家所独有的，凭借该权力，国家可以取得具有强制性、无偿性和稳定性的税收收入。

3. 规范性

公共财政收入主要取自家庭、企业的所得，因此为了保护公众的利益，应当建立完整的规范体系，在获取公共收入的过程中要依据相应的法律、法规或政策，做到有章可循，依法行事，避免侵害公众的利益。

4. 稳定性

为保障政府能够稳定地行使职能，公共收入的取得不仅有明确的规章制度，还需要有稳定的来源和明确的规模，这体现了公共收入的客观的稳定性。

（二）公共收入的原则

在谈到公共收入的原则时，我们考察的是现实中的公共收入实际遵循和在现

① 郭北辰、樊长才：《公共收入的基本特征与规模》，《财会研究》2005 年第 9 期。

阶段应当遵循的原则，包括以下三点。

1. 与生产力水平相适应原则

生产力发展水平决定了社会财富总量和公共收入总量的大小。我们所探讨的公共收入，特指市场经济体制下一国政府财政收入的水平。同样是实行市场经济体制的国家，因生产力水平不一样，不能采用同一标准。各国应根据本国生产力水平确定相应的标准，并尽可能做到最少征收，让本国居民有较多财力去扩大再生产，发展经济。

2. 效率原则

效率原则是指公共收入在社会资源配置中极力追求的一种最优状况。以税收为例，在征税过程中，不仅要使公共收入能够保证政府运行的效率，同时还应注重征税成本和征税所得的大小，使社会收益大于社会成本。效率原则从两方面理解，一是税收的中性原则，即征税之后对市场相对价格和纳税主体的经济行为没有影响，减少税收给社会带来的额外负担。二是税收的节约与便利原则，即以最小的税收成本取得最大的税收收入。税收成本除了税务机关的行政管理费用外，还包括纳税人付出的成本，如花费的时间、精力、税务咨询费用等。节约与便利原则要求税种简明且易征集，减少纳税中间成本，便于税务部门的管理。

3. 公平原则

公平原则包括横向公平和纵向公平两方面。简单来说，横向公平是指享受相同福利水平的人付出相同的成本。纵向公平则指享受不同福利水平的人付出不等的成本。从其他方面来看，公平原则也可称为受益原则和能力原则。受益原则是指受益人承担税收负担的分配应该以其从政府所提供的公共产品和服务中受益的大小为分配标准。能力原则是指根据个人能力的大小、收入的高低，缴纳数额不等的费用，以税收为例，收入高的人应当多纳税，收入低的人可以少纳税。

第二节　公共收入的主要形式：税收

一、税收的内涵与分类

（一）税收的内涵

税收（Taxes）是公共收入的最主要形式，是国家为提供公共产品、满足社会共同需要，通过国家政治权力，依照相关法律与规章制度，向社会成员强制地、无偿地取得财政收入的一种规范形式，是国家进行宏观调控的重要方式，也是国家进行整体经济部署以及建设的重要资金保障。税收在本质上是政府为向国民提供公共物品和公共服务而从国民处获得的融资，体现了一定社会制度下国家与纳税人在征税纳税的利益分配上的一种特定分配关系。① 税收是现代国家形成的直接动因，基于纳税人同意的税收，使国家完成了从“掠夺之手”到“扶助之手”的转型。② 税收不仅仅是经济问题，不合理的税收制度将会引起政治动荡。

在社会主义现代化建设中，我国格外注重税收体制的改革，致力于实现在不同经济发展阶段下对资源的优化配置，保证收入分配的科学性合理性，为社会经济的持续稳定发展创造良好的条件。在“十四五”新阶段，财政部表示，未来我国将在保持现阶段税制基本稳定的基础上，进一步建立健全有利于高质量发展、社会公平、市场统一的税收制度体系。健全地方税、直接税体系，适当提高直接税比重。积极推进后移消费税征收环节改革，进一步完善综合与分类相结合的个人所得税制度等。全面完成税收立法任务，以法律形式巩固税制改革成果，更好发挥税收筹集财政收入、调节分配格局、促进结构优化和推动产业升级的作用。

税收与其他公共收入形式相比具有以下三个基本特征。

一是强制性。国家以社会管理者身份，用法律形式要求纳税人必须纳税，国家征税不受财产直接所有权归属的限制，对不同所有者都可以行使征税权。社会主义的国有企业，是相对独立的经济实体，国家与国有企业的税收关系，也具有强制性特征。强制性是国家取得财政收入的基本前提，也是国家满足社会公共需要的保证。

二是无偿性。无偿性是指国家取得的税收收入，既不需要返还给纳税人，也无须对纳税人直接支付任何报酬。从税收的产生看，国家本身不进行物质资料的生产，不能创造物质财富，只能通过税收等来取得财政收入，以保证国家机器的正常运转。税收的无偿性，使得国家把分散的资金集中起来统一安排，更有效率地贯彻国家的政策，改变国民收入使用额的构成和比例，正确处理消费和储蓄的比例关系。由此，税收的无偿性是至关重要的，体现了财政分配的本质，它是税

① 唐任伍：《公共经济学》，北京：中国人民大学出版社，2018 年版，第 151 页。
② 颜昌武：《中国现代国家建设的财税逻辑》，《学海杂志》2021 年 3 月 30 日。

收三个基本特征的核心。

三是固定性。固定性是指政府在征税前预先规定征税对象和征收数额，不经批准不能随意改变。税收的固定性既是对国家的约束，也是对纳税人的约束。国家以法律形式规定了经济组织和个人是否应纳税、应纳税种类、纳税数额，这表明国家与纳税人的根本关系具有固定性。而纳税人只要取得了税法规定的应税收入，或发生了应税行为，就必须按规定的比例或定额纳税，不能自行减免和降低标准，这也体现了税收的固定性。

（二）税收的分类

税收制度的主体是税种，当今世界各国普遍实行由多个税种组成的税收体系。在这一体系中各种税既有各自的特点，又存在着多方面的共同点。因此，从不同的角度对各种税进行分类研究，把性质相同的或近似的税种归为一类。按照不同的分类标准，税种的分类方法一般有以下几种。

1. 按课征对象来分，可分为所得税、商品税、财产税和行为税等

这是最基本的分类方法，为世界各国普遍使用。所得税是对纳税人的应纳税所得额征收的税，目前我国开征的所得税主要有企业所得税、个人所得税和外商投资企业和外国企业所得税。所得税按照纳税人负担能力来收取，实行“所得多的多征，所得少的少征，无所得的不征”的原则，它对调节国民收入分配，缩小纳税人之间的收入差距有着特殊的作用。商品税也称为流转税，是对商品或劳务的流转额课征的税类。财产税，顾名思义就是对纳税人所拥有或支配的财产所征收的一种税。行为税是针对纳税人的某种特定行为而征收的一种税。

2. 按税负是否可以转嫁，可以分为直接税和间接税

二者的主要区别在于纳税人与负税人是否一致。由纳税人直接承担税负的是直接税，主要包括所得税、遗产税等；间接税是指纳税人将全部或部分税负转嫁给他人负担的税收，例如消费税、增值税和关税等。

3. 按计税标准分类，可分为从价税和从量税

从价税是以征税对象的价值量为标准按一定比例计算征收的税收。从量税，是按征税对象的重量、件数、容积、面积等为标准，采用固定税额征收的税收。从量税具有计算简便的优点。但税收收入不能随价格高低而增减。

4. 按税收与价格的关系分类，可分为价内税和价外税

构成价格组成部分的税收称为价内税，如消费税；凡是价格之外的附加额的税收称为价外税，如增值税。实行价内税有利于国家通过对税负的调整，直接调

节生产和消费，但往往容易造成对价格的扭曲。价外税与企业的成本核算和利润、价格没有直接联系，能更好地反映企业的经营成果，不致因征税而影响公平竞争，同时，不干扰价格对市场供求状况的正确反映，因此，更适应市场经济的要求。

5. 按税收管理和使用权限分类，可分为中央税、地方税、中央地方共享税

通过这种划分，可以使各级财政有相应的收入来源和一定范围的税收管理权限，从而有利于调动各级财政组织收入的积极性，更好地完成一级财政的任务。由全国统一立法和统一管理的税种，列为中央税。一些与地方经济联系紧密，税源比较分散的税种，列为地方税。一些既能兼顾中央和地方经济利益，又有利于调动地方组织收入积极性的税种，列为中央地方共享税。

除以上主要分类以外，还有其他几种分类标准。以征收实体为标准，可以分为实物税、货币税和劳役税三类；以是否直接依纳税人的纳税能力征税可以分为对人税和对物税；按征收机关划分税收又可分为工商税系、关税税系和农业税系三大类。

二、税收的要素

税收要素指构成税收制度的基本因素，说明谁征税、向谁征、征多少以及如何征。税收要素主要包括纳税人、课税对象、税率、纳税环节、纳税期限、税收优惠和违章处理等要素，其中纳税人、课税对象和税率被称为税收的三大要素。

（一）纳税人

纳税人是税法规定的负有纳税义务的单位及个人，表明国家向谁征税或谁向国家纳税，包括自然人和法人两大类。所谓自然人是指具有权利主体资格，能够以自己的名义独立享有财产权利，承担义务的个体。自然人是纳税人的重要组成部分。法人是依法成立的能够独立行使权利和履行义务的社会组织，如企业、厂商等。纳税人必须依法向国家纳税，否则要受到法律的制裁，惩罚措施包括加收滞纳金，处以罚款等。纳税人在履行纳税义务的同时，也有自己的权益，例如依法享受减免税的权利，依法要求税务部门为自己的经济活动保密的权利，依法打税务官司的权利等。

（二）课税对象

课税对象又叫征税客体，是指税法规定的对什么征税，是征纳税双方权利义务共同指向的客体或标的物，是税收分类和税法分类的重要依据，是税收制度的

核心要素。如消费税的课税对象是消费税条例所列举的应税消费品，房产税的课税对象是房屋等。通常将税收分为相应的四大类，即流转税（或称商品和劳务税）、所得税、财产税和行为税。

每一种税首先要确定它的课税对象，课税对象体现着不同税种征税的基本界限，决定着不同税种名称的由来以及各个税种在性质上的差别，并对税源、税收负担问题产生直接影响。税源则指税收的价值源泉或税收负担的最终归宿，税源大小体现着纳税人的负担能力。

税源与课税对象虽有密切联系，但不是同一概念，有的税种税源与课税对象一致，比如个人所得税的课税对象和税源都是个人所得。但也有不一致的情况，例如：增值税的课税对象是应税的货物或劳务，而税源则是包含在销售额中的纯收入；房产税的课税对象是房产，税源则是房产收益或房产所有人的收入。

（三）税率

税率即课征数额与课征对象的比例关系。税额和税负的大小取决于税率的高低。税率的高低，体现税收深度，反映国家财政收入水平和纳税人的负担程度。因此，税率是税收政策和制度的中心环节，被称为“税收的眼睛”。税率可分为三种。

1. 比例税率

比例税率是针对同一征税对象，不考虑数量与金额的多少，只按规定的比例来征税的税率。一般运用于课征流转税，如营业税、产品税、关税等。比例税率计算简便，对同一征税对象适用一个比例，有利于鼓励竞争，实行规模经营，是税负横向平衡的重要体现。实际运用中，比例税率可以分为统一比例税率和有差别的比例税率。统一比例税率是指一种税只设一个比例税率，所有的纳税人都按这一税率纳税；差别比例税率是指一种税设两个或两个以上比例税率，根据不同征税项目设定税率，不同纳税人要根据特定征税项目分别适用不同的税率。实行差别比例税率有利于贯彻区别对待、公平税负的原则，也有利于贯彻国家对经济的奖限政策，使税收成为国家调节经济的有力杠杆。在现行的税制中，差别比例税率包括产品差别比例税率、行业差别比例税率、地区差别比例税率和幅度差别比例税率等。

2. 累进税率

累进税率是根据课税对象数额大小，分等级规定的多级税率。课税对象数额越大，税率越高。累进税率体现量能负担原则，使纳税人的负担水平与负税能力相适应，但税款计算较为复杂。累进税率可分为阶梯累进型和连续累进型两大形式。阶梯累进税率又分为全额累进税率和超额累进税率两种；连续累进税率则有指数型、直线型、折线型等多种税率模式。

3. 全额累进税率和超额累进税率

全额累进税率是课税对象按照与之对应等级的累进税率而计算征税额的征税方法。课税对象数额越大，所适用的税率越高。超额累进税率是把课税对象按数额的大小划分为若干不同等级部分，对每个等级部分分别规定相应的税率，然后分别计算税额。一定数额的课税对象可能同时使用几个等级部分的税率，每一等级部分都有相应税率，分别计算的税额加在一起，即为应纳税额。全额累进计算比较简单、取得税收多，但全额累进税负担不尽合理，主要表现为累进分界点上下负担相差悬殊。如表 13-1，5000 元所得额按 30%税率课征所得税，税收为 1500 元，5000 元以上所得额按 40%税率课征所得税，则 5001 元所得额应纳税收为 2000. 4 元，这样所得额增加了 1 元，税额却要增加 500. 4 元。表 13-2 体现了采用全额累进税率和超额累进税率的应纳税所得额的差别，超额累进的幅度比较缓和，一定程度上克服了全额累进的缺陷。

表 13-1　全额累进和超额累进税率等级

应税所得额 X	$0<X<1000$	$1000<X<2000$	$2000<X<5000$	$5000<X$
适用税率	10%	20%	30%	40%

表 13-2　全额累进税率和超额累进税率应纳税额比较

应税所得额	适用税率	全额累进税额	超额累进税额
1000	10%	100	100
2000	20%	400	1000×10%+（2000-1000）×20%＝300
5000	30%	1500	300+（5000-2000）×30%＝1200
10000	40%	4000	1200+（10000-5000）×40%＝3200

4. 定额税率

定额税率是指按单位课税对象直接规定一个固定税额，是比例税率的一种特殊形式。定额税率同价格没有直接联系，一般适用于从量征收。定额税率适用于征税对象的规格质量规范、价格稳定、收入均衡的税种。如一辆汽车缴纳一定的牌照税，一个个体业主缴纳一定的营业执照税等。商品经济中，当征税对象的价值量难以计算或其价值量不代表纳税能力时，也需要按征税对象的实物量规定定额税率。实行这种税率，税额只随实物量的变化而变化。从经济方面看，它能促使提高单位征税对象的利用效率或增加单位实物量的价值量，对提高经济效益有重要作用，但从贯彻社会政策角度看，它使税收的负担能力与负担量相脱节，无法做到公平负担。

三、税收的原则

税收原则是指导一国税制建立、发展和制定税收政策的准则或规范。任何国家的税收制度和税收政策都要奠定在一定的税收原则基础上。税收原则体现一国占统治地位阶级的意志。霍布斯基于社会民约论形成他的赋税交换学说，他明确把公平征税纳入平等正义的范围，“税收的公平则不依赖于财富的平等，而依赖于每人由于受到保卫而对国家所负债务的平等”①，因此税收的平等取决于消费本身的均等。威廉·配第赋税理论带有霍布斯哲学色彩，他认为赋税是国家给予国民利益的代价，所有国民必须按各自的财富情况缴纳赋税，他在论述国内消费税时认为：“每个人按其实际享受缴税，符合自然的正义。”② 在配第等人税收思想的基础上，亚当·斯密提出的“赋税四原则”即公平原则、确定原则、便利原则和经济原则，第一次将税收原则提升到理论高度，反映了新兴资产阶级在税收方面的历史要求，奠定了古典税收理论的基础。斯密认为：“一国国民，都须在可能范围内，按照各自能力的比例，即按照各自在国家保护下享得的收入的比例，缴纳国赋，维持政府。”③民众的一切收入，无论是来自工资、利润抑或地租，都应该成为征税的对象和源泉，如果赋税负担仅仅落在其中之一，其他两者不受影响，其结果必然是不公平的。德国官房学派的代表尤斯蒂站在赋税利益说的立场，提出赋税六原则：促进自发纳税的课税方法；不得侵犯臣民的合理的自由和增加对产业的压迫；平等课税；具有明确的法律依据，征收迅速，其间没有不正之处；挑选征收费用最低的货物课税；纳税手续简便，税金分期缴纳，时间安排得当。④我国历史上，魏晋之际著名学者傅玄首次系统地揭示出赋税应该遵循的至平、有常、积俭趣公等原则。⑤我国社会主义税收原则，根据不同时期国

① ［英］霍布斯：《利维坦》，黎思复，黎廷弼译．北京：商务印书馆，1996年版，第269页。

② 威廉·配第：《赋税论》，陈冬野译．北京：商务印书馆，1978年版，第93页。

③ ［英］亚当·斯密：《国民财富的性质和原因的研究（下）》，郭大力、王亚南译．北京：商务印书馆，1983年版，第384页。

④ ［日］坂入长太郎：《欧美财政思想史》，张淳译．北京：中国财政经济出版社，1987年版，第135、151页。

⑤ 傅玄的赋税原则，在《傅子》一书中并未有一个清晰的概括，后世学者根据该书各篇的相关内容，做了不同的归纳。胡寄窗将其归纳为至平、积俭趣公、有常三原则，见胡寄窗：《中国经济思想史》（中），上海：上海财经大学出版社，1998年版，第243-244页；孙文学将其罗列为至平、节俭趣公、有常、壹制四原则，见孙文学：《中国财政思想史》（上），上海：上海交通大学出版社，2008年版，第164-166页。

家政治、经济形势变化的需要，经历了逐步发展、完善的过程。现代税收原则包括财政原则、公平原则、效率原则、适度原则和法治原则。

（一）财政原则

一国税收制度的建立和改革，都必须有利于保证国家的财政收入，满足国家各方面支出的需要。税收还应具有一定的弹性，能够随着政府支出的变化而变化。自国家产生以来，税收一直是财政收入的基本来源。在保证国家的财政需要的同时，还要兼顾纳税人的负担能力，处理好国家、企业和个人三者之间的利益关系。

（二）公平原则

公平原则要求以公正、平等为目标，通过税收调节实现合理负担，为市场的经济行为主体创造平等竞争的环境。在这一原则下，每个国民、社会阶层都有纳税的义务，按照受益原则和负担能力纳税。① 相同条件者按同一税率纳税即满足横向公平，而对条件不同者应加以区别对待满足纵向公平。税收作为主要手段来纠正市场在收入分配方面存在的缺陷，由市场决定的收入分配可能不符合结果公平和规则公平的要求。因此，税收的公平原则既应该包括创造平等竞争环境，从而使市场按贡献原则进行的收入分配符合规则公平和起点公平，更应强调缩小收入差距，对高收入者多征税，对低收入者少征税或不征税，从而实现结果公平。②

（三）效率原则

税收效率原则，就是政府征税包括税制的建立和税收政策的运用，应讲求效率，遵循效率原则。要求政府征税有利于资源的有效配置和经济机制的有效运行，提高税务行政的管理效率。税收不仅应是公平的，而且应是有效率的，这里的效率，通常有两层含义：一是行政效率，也就是征税过程本身的效率，它要求税收在征收和缴纳过程中耗费成本最小。税收行政效率可以用税收成本率即税收的行政成本占税收收入的比率来反映，要求以尽可能少的税收行政成本征收尽可能多的税收收入，即税收成本率越低越好。二是经济效率，就是征税应有利于促进经济效率的提高，或者对经济效率的不利影响最小。经济决定税收，税收又反作用于经济，税收分配必然对经济的运行和资源的配置产生影响，这是必然的客观规律。税收经济税率要求通过税收分配来提高资源配置的效率，税收分配是政府干预经济的有效手段。税收政策运用得当，不仅可以降低税收的经济成本，而

---

① ［日］坂入长太郎：《欧美财政思想史》，张淳译．北京：中国财政经济出版社，1987 年版，第 135，151 页。

② 蒋洪：《公共经济学》，上海：上海财经大学出版社，2016 年版，第 196-197 页。

且可以弥补市场的缺陷，提高经济的运行效率，使资源配置更加有效。

（四）适度原则

税收适度原则，就是政府征税包括税制的建立和税收政策的运用，应兼顾需要与可能，做到取之有度。这里，“需要”是指财政的需要，“可能”则是指税收负担的可能，即经济的承受能力。遵循适度原则，要求税收负担适中，税收收入既能满足正常的财政支出需要，又能与经济发展保持协调和同步，并在此基础上，使宏观税收负担尽量从轻。如果说公平原则和效率原则是从社会和经济角度考察税收所应遵循的原则，那么适度原则则是从财政角度对税收的量的基本规定，是税收财政原则的根本体现。

（五）法治原则

税收的法治原则，就是政府征税，包括税制的建立和税收政策的运用，应以法律为依据，依法治税。法治原则的内容包括两个方面：税收的程序规范原则和征收内容明确原则。前者要求税收程序——包括税收的立法程序、执法程序和司法程序——法定；后者要求征税内容法定。税收与法律是密切相关的，税收分配的强制性、无偿性、固定性和规范性，都是以税收的法定为基础的。也就是说，税收法治原则，从根本上说，是由税收的性质决定的。

第三节　税收的公平与效率

一、税收与公平

（一）横向公平与纵向公平

税收公平原则意味着所有纳税人在税收中应享有平等地位，税收负担应合理分配给每个纳税人。随着全球经济交流的深入和人才交流的日益频繁，横向公平和纵向公平代表了经济发展趋向一体化背景下税收公平原则的及时性。

税收横向公平原则，是指拥有一定收入的人要承担其相同的税收负担，只不过在现实生活中，很难达到绝对的收入平衡。横向公平原则是一个相对的概念，可以从个人的消费水平、拥有的财产、收入水平等角度衡量其经济能力。除了特殊群体需要免税之外，税收是国家中的每一个公民都要履行的义务，这也是体现税收在法律面前一律平等的重要原则。目前，在经济全球化趋势下，不仅要在一个国家内实施税收公平原则，而且税收负担也不应因国籍的不同而不平衡，所以在法律的规定下，对外对内都要保持同一性。

税收纵向公平原则，是指根据公民获取经济的能力不同来缴纳相应的税额。纵向公平主要体现在面对经济能力不同的纳税人进行收入分配时，要如何进行干预和控制来体现公平性。① 以比例税率和累进税率为例，在累进税率的模式下，经济收入较高的纳税人缴纳的税额要高于经济收入较低的纳税人缴纳的税额。通过税法来调整高收入和低收入人群的初始分配格局，从而形成一种新的再分配格局。然而，比例税率模式将使高收入者和低收入者承担相同比例的税收，并且不会改变初始分配期间形成的模式。从此处的差异就可以看出实行累进税率的模式比实行比例税率的模式更符合税收纵向公平的内涵。

例如，“营改增”过程中消除了营增并存二元税制，实现了货物劳务税制的科学、统一，它简化了税制，打通了增值税抵扣链条，增强了税收中性，消除了重复征税，实现了税制的横向公平，对销售商品和服务使用相同税制。但是，由于不同纳税人所从事的行业和规模等因素影响，事实上也存在一些税负差异。一些劳动密集型和科技型中小企业，因人工成本占比较高，原材料等一次性投入占比偏低等因素，导致无法实现充分抵扣而出现税负波动，为了适应经济新常态，推进供给侧结构性改革，消除因行业、规模等因素而引起的税负差异，大量税收优惠政策相继出台，特别是关于高新技术企业、中小企业和小型微利企业的各类税收优惠政策纷纷发力，大力助推“营改增”，促进了税制的纵向公平。

（二）受益原则与能力原则

衡量税收公平原则的标准有两个，即受益原则和能力原则。受益原则是根据纳税人从政府处获得的公共物品中受益的多少，判定其应纳税的多少和税负是否公平，根据受益原则，横向公平表现为受益相同者承担相同的税负，纵向公平表现为受益多者承担较多的税负。在受益原则下，个人缴纳的份额反映了其从公共产品与劳务中得到的边际效用，这不仅体现了等价交换的原则，也使经济资源在公共部门与私人部门之间得到最佳配置。又因为受益原则把纳税多少、税负是否公平同享受利益的多少相结合，因此又称为“受益税”。受益税的确适用于公路使用的课税和社会保险方面以及城市设施的建设，但是受益税不适用于大多数的公共产品，如国防、教育、社会治安方面。

能力原则是指根据纳税人的纳税能力来判断其应纳税额的多少和税负是否公

① 段晓峰:《基于税收公平原则视角下对我国个人所得税的探讨》,《中国管理信息化》2019 年第 6 期。

平。根据能力原则，横向公平表现为能力相同者承担同等税负，纵向公平表现为能力不同者承担不同的税负，纳税能力强的人多缴税。由于能力原则侧重于把纳税能力的强弱同纳税多少、税负是否公平相结合，因此又称为“能力税”。能力原则的关键在于怎样度量社会成员的支付能力。关于度量标准分为客观说和主观说两种观点。客观说主张以能客观观察并衡量的某种指标来衡量支付能力，指标包括收入、消费以及财产等。主观说认为人的支付能力不仅取决于客观上的某些指标，还取决于主观上的效用评价或者满意程度，收入相同的人由于其拥有不同的境遇而拥有不同的福利水平，福利的差别也会因每个人对收入的效用评价不同而不同。主观说主张以纳税人因纳税而感受到的效用牺牲程度大小来衡量其支付能力，具体可以分为均等牺牲、比例牺牲和最小牺牲三种尺度。均等牺牲是指每个人因税收而造成的损失应该相等；比例牺牲是指每个人因税收而造成的损失与其税前所得福利成同一比例；最小牺牲是指每个人因税收而造成的损失之和最小，即每个负担者的边际效用相等。

二、税收与效率

制定和执行税收制度和税收政策，既要考虑税收收入，更要考虑税收的实际效率，即以最少的成本损失取得应有的税收收入。税收的效率包括税收的经济效率和行政效率。

（一）税收的经济效率

税收的经济效率是指政府通过税收制度在把数量既定的资源转移给公共部门和实行税收调节的过程中，尽量使税收对资源的配置和使用的扭曲所造成的福利损失和效率损失最小化，同时发挥税收对提高资源配置效率的作用。即衡量税收的经济效率的标准是税收超额负担和福利损失最小化以及税收额外收益最大化。征税过程必将对公共经济产生影响，如果这种影响只局限于征税数额本身，那税收对经济只是造成正常负担，如果超过正常负担，社会经济活动和社会资源配置状态会受到干扰与阻碍，那就产生了税收的额外负担。

实现税收的经济效率的根本途径在于保持税收对市场机制的“中性”影响。税收中性理论最初起源于古典学派“自由放任”和“自由竞争”的经济政策主张。马歇尔认为，政府对货物的课税会使被课税的货物价格上涨，消费者不得不更多地购买非税的货物，从而改变了商品原来的比价以及生产和消费的决策。现在税收中性原则指税收对市场机制、资源配置等经济活动和人们的行为选择所造成的不良影响减少到最低限度，不给社会和纳税人造成超额负担。但税收中性只是理想状态，现实中任何税收都是“中性”与“非中性”的权衡，在实际经济生活中，政府试图以税收作为调控工具体现政策意图。

（二）税收的行政效率

税收的行政效率是指使税收行政化，要求最大限度地减少国家征税对产业活动的额外负担，以最少的行政费用，取得最多的税收收入。行政费用包括征税成本和纳税成本。前者主要指税务当局为设计税制、保证税法顺利实施和及时、正确、足额计征税款所发生的费用，包括办公设备、用品以及人员经费等。后者是指纳税人按照税法要求完成纳税事务所耗费的全部费用，包括纳税人完成纳税义务所花费的时间、精力和有关费用，用于税务咨询和税务代理等方面的支出，扣缴义务人支出的费用等。衡量税收行政效率的两个指标是征税成本和纳税成本。征税成本和纳税成本越高，税收行政效率越低，反之亦然。土地财政新规将四项非税收入征缴划转税务部门，从国家和政府的角度来看，这可以有效配置政府的征管资源。由于税务部门征管人员较多，专业化和信息化程度高，四项收入划转税务部门可以降低整个政府收入的征缴成本。从缴费人来看，税务部门在确定职责划转后的征缴流程后，要实现办事缴费“一门一站一次”办理，这可以避免缴费人跑多个部门、报多份材料，实现便利缴费，有利于优化我们国家的税费营商环境，降低市场交易成本，提高市场的运行效率，是深化“放管服”的又一大进展。

第四节 税收的转嫁与归宿

一、税收转嫁与归宿的含义与形式

在市场经济中，一种税的最终负担者往往不是法定直接纳税人，所以我们需要研究税收的转嫁与归宿，确定税收的最后归宿点，分析各种税收对国民收入分配和社会经济的影响。

税收转嫁是纳税人将所缴纳的税款通过各种途径和方式转由他人负担的行为和过程，最终承担税款的人被称为负税人。税负归宿是指税负经转嫁后的终点或最后归着点。税负归宿与税负转嫁之间有内在的联系。由于税负转嫁这种经济现象可能发生也可能不发生，相应地，税负归宿也就有直接归宿和间接归宿之分。税负直接归宿，也称税负的法定归宿，是指纳税人所缴纳的税款无法转嫁，由纳税人自己负担，换言之就是法律上的纳税义务人与经济上的实际负担者相一致。税负间接归宿，又称税负的经济归宿，是指因纳税人将税负部分或全部转嫁给了他人，致使税收法律上的纳税义务人与经济上的实际税负承担者不一致，税负最终归宿到了被转嫁者身上。

税负转嫁方式主要有前转、后转、混转、消转、税收资本化等方式。

(一) 前转

前转指纳税人将税款附加在价格之上，顺着商品流转方向，转嫁给商品的购买者或最终消费者负担的形式。前转是卖方将税负转嫁给买方负担，通常通过提高商品售价的办法来实现，是最典型和最普遍的税收转嫁形式。由于前转是顺着商品流转顺序从生产到零售再到消费的，因而也叫顺转。前转的过程可能是一次，也可能经过多次，例如对棉纱制造商征收棉纱税时，棉纱制造商通过提高棉纱出厂价格将所缴纳的税款转嫁给棉布制造商，棉布制造商又以同样的方式把税负转嫁给批发商，批发商再以同样方式把税负转嫁给零售商，零售商也以同样方式把税负转嫁于消费者身上。前转顺利与否要受到商品供求弹性的制约，税负前转实现的基本前提条件是课税商品的需求弹性小于供给弹性。当需求弹性大时，转嫁较难进行；供给弹性大时，转嫁容易进行。

(二) 后转

后转即纳税人通过压低进货价格或者压低工资、延长工时的办法，将其所纳税款按逆商品流转的方向，向后转移给商品的提供者。例如对某种商品在零售环节征税，零售商通过压低进货价格，把税负逆转给批发商，批发商又以同样的方式把税负逆转给制造商，制造商再以同样方式压低生产要素价格把税负逆转于生产要素供应者和工人。税负后转实现的前提条件是供给方提供的商品需求弹性较大，而供给弹性较小。在有些情况下，尽管已实现了税负前转，但也仍会再发生后转的现象。

（三）混转

混转又叫散转，是指纳税人将自己缴纳的税款分散转嫁给多方负担。混转是在税款不能完全向前顺转，又不能完全向后逆转时采用。同一笔税款一部分通过前转转嫁出去，另一部分通过后转转嫁。例如织布厂将税负一部分用提高布匹价格的办法转嫁给印染厂，一部分用压低棉纱购进价格的办法转嫁给纱厂，一部分则用降低工资的办法转嫁给本厂职工等。严格地说，混转并不是一种独立的税负转嫁方式，而是前转与后转等的结合。

（四）消转

消转是指纳税人用降低课税品成本的办法使税负在新增利润中求得抵补的转嫁方式。纳税人不提高售价，通过改进生产技术、提高工作效率、节约原材料、降低生产成本，从而将所缴纳的税款在所增利润中求得补偿。因为它既不是提高价格的前转，也不是压低价格的后转，而是通过改善经营管理、提高劳动生产率等措施降低成本增加利润，使税负从中得到抵消，所以称之为消转。与一般的转嫁明显不同的是，消转情况下税负并未发生转移。判断税收是否发生转嫁的标准是是否影响纳税人的收益。如果纳税人收益完全未受影响或仅部分受到影响，则是发生了税收的转嫁；如果纳税人的收益减少了与税款相同的税额，则税收未发生转嫁。

（五）税收资本化

税收资本化是税收转嫁的一种特殊方式。政府如向资本的收益征税，在这项资本出售时，买主会将以后各期应纳的税款折成现值，从所购资本价格中一次性地预先扣除，从而使资本的价格下降。此后名义上虽由买方按期付税，实际上税款是由卖方负担的。与一般意义上的后转的不同之处是，税收资本化是将累次应纳税款作一次性转嫁。税收资本化主要发生在土地等某些能产生长久收益的资本品的交易中。税收资本化的计算公式和步骤如下。

首先，计算资产的税收现值，计算公式为：

$$PV_n = \frac{R_1}{1+r} + \frac{R_2}{(1+r)^2} + \cdots + \frac{R_n}{(1+r)^n} = \sum_{i=1}^{n} \frac{R_i}{(1+r)^n}$$

式中，R_i 为资产在 n 期中各期收益，r 为折现率。

其次，计算对资产收益征税后资产的现值，计算公式为：

$$PV = \frac{R_1 - T_1}{1+r} + \frac{R_2 - T_2}{(1+r)^2} + \cdots + \frac{R_n - T_n}{(1+r)^n} = \sum_{i=1}^{n} \frac{R_i - T_i}{(1+r)^n}$$

式中，T_i 为资产在 n 期中各种应缴纳的税款。

最后，计算税收的资本化，即买主后转给卖主的税负：

$$PV_n - PV = \sum_{i=1}^{n} \frac{T_i}{(1+r)^n}$$

二、税收转嫁的局部均衡分析

税收的局部均衡分析是在其他条件不变的情况下，分析一种产品或一种生产要素的供给和需求达到均衡时的价格决定。我们对从量计征产品税的情况进行分析。

（一）向购买者征税

征税前某产品的供给曲线和需求曲线如图 13-1 所示。D 为需求曲线，S 为供给曲线，均衡点为 E，P_0，Q_0 分别为均衡价格和均衡产量。

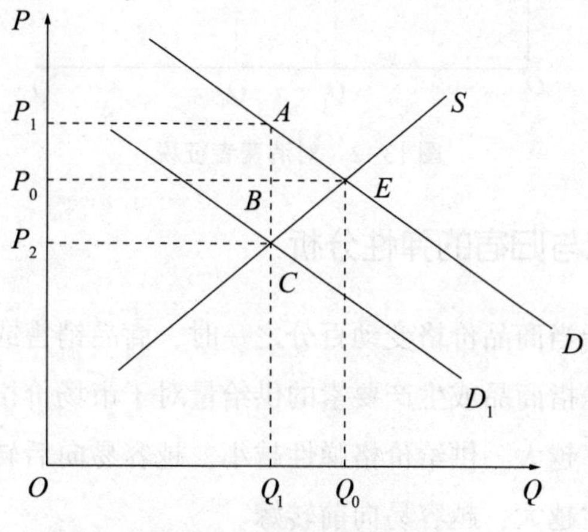

图 13-1　对购买者征税

当向购买者征税时，需求价格提升，需求曲线从 D 向下平移至 D_1，需求量从 Q_0 减少至 Q_1，均衡点从 E 变为 C，P_1 为消费者支付的价格，P_2 为生产者获得的价格。图中，ACP_1P_2 为政府获得的税收，其中生产者承担了 P_0P_2，消费者承担了 P_1P_0。

（二）向生产者征税

如图 13-2，S 为供给曲线，D 为需求曲线，均衡点为 E，P_0，Q_0 分别为均衡价格和均衡产量。当向生产者征税时，生产者的成本上升，为了保持和征税前相同的收入水平，销售价格就会上升，供给曲线 S 向上平移到 S_1，达到新的均衡点 A，产量从 Q_0 下降到 Q_1，消费者得到的价格从 P_0 上升至 P_1，生产者得到的价格从 P_0 下降到 P_2，政府获得的税收为 ACP_1P_2，其中生产者承担了 P_2P_0，消费者承担了 P_0P_1。

从上述分析中可以看出，税收最终由谁负担与名义上由谁纳税无关，无论是向买者征税还是向卖者征税，最后都是由买者和卖者共同承担。税负的转嫁和归宿是由税后的均衡价格决定的，买者支付的价格比税前均衡价格提高的部分由买者承担，税收的其余部分必须由卖者向后转嫁或自行承担。

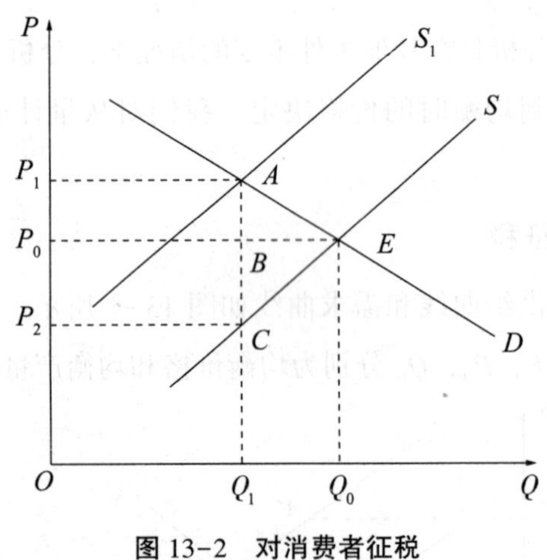

图 13-2　对消费者征税

三、税收转嫁与归宿的弹性分析

供需价格弹性指当商品价格变动百分之一时，商品销售或者需求量变动的百分比。供给弹性，是指商品或生产要素的供给量对于市场价格升降所做出的反应程度，供给曲线斜率越大，供给价格弹性越小，越容易向后转嫁；供给曲线斜率越小，供给价格弹性越大，越容易向前转嫁。

供给完全无弹性时（见图 13-3），供给曲线 S 与横轴垂直，此时无论需求曲线向下变化多少，其均衡数量一直不发生变化。因为政府征税之后，价格会发生变化，但生产量 Q_0 不变，这说明厂商的生产条件完全不能适应税收和市场的变化。处于绝对被动的不利地位，税收会全部向后转移或不能转嫁，由生产要素的提供者或生产者承担。在供给弹性较小时（见图 13-4），生产量的减少幅度小于价格相对下降的幅度，厂商实际承担的税收比消费者承担的要多，供应课税商品的厂商处于被动地位，生产条件不能适应课税变化，所以税收不易向前转嫁，而向后转嫁的可能性较大；在供给弹性较大的情况下（见图 13-5），生产量减少的幅度大于价格相对下降的幅度，说明该商品的生产者在与消费者关系上处于比较主动的地位，所以税收易于向前转嫁；当供给曲线是一条与横轴平行的线，表示供给完全有弹性（见图 13-6），价格一变，供给随之而变，厂商在征税后，税负会全部通过涨价形式向前转嫁给购买者。

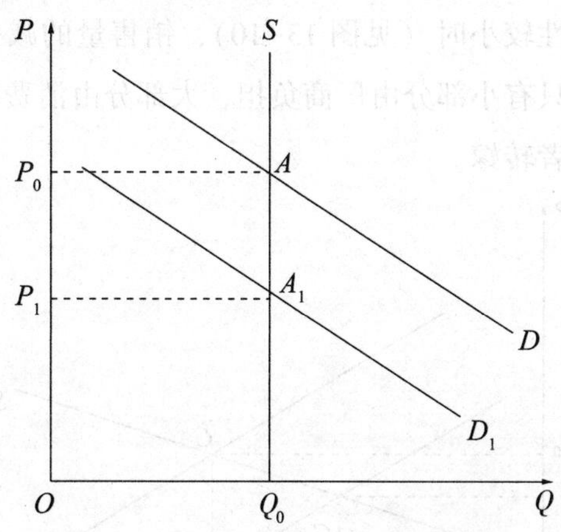

图 13-3　供给无弹性时的税收转嫁

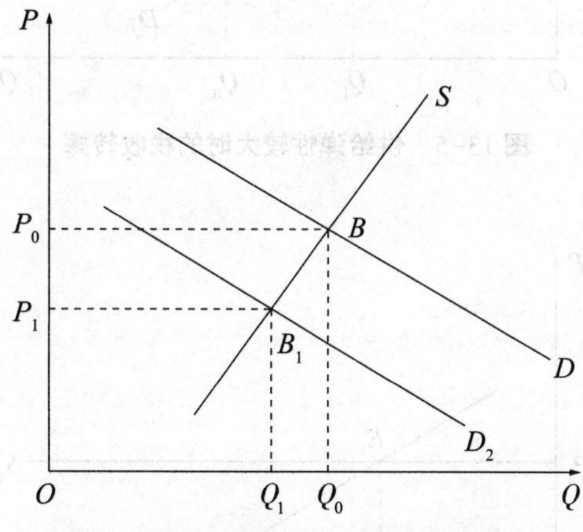

图 13-4　供给弹性较小时的税收转嫁

需求弹性是指商品或生产要素的需求量对于市场价格升降所做出的反应程度。对于需求曲线来说，由于斜率为负，所以斜率越小，表示需求越缺乏弹性，越容易向前转嫁；斜率越大，表示需求越富有弹性，越容易向后转嫁。需求曲线与横轴垂直，表示需求完全无弹性（见图 13-7），政府征税后，商品或生产要素价格提高的数额与所征税额一样，税前税后价格发生变化，但购买量不受影响，

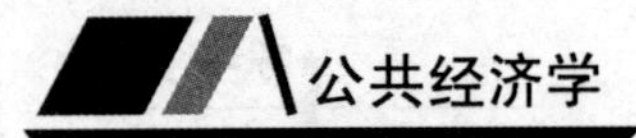

反映征税商品是必需品且没有替代品，在此情况下，税收完全可以向前转嫁，即转嫁给购买者。当需求完全有弹性时（见图 13-8），需求曲线是一条与横轴平行的线，价格稍有上升，消费者完全采用替代品或停止购买该商品，该商品只能采用固定标价，纳税人不能通过提高价格的方式向前转嫁，而只能向后转嫁。当需求弹性较大时（见图 13-9），销售量减少幅度大于价格提高的幅度，消费者易于改变消费选择，在遇到加税价格上涨时，选择不购买征税品，而选择购买税低价低的替代品来少负担或不负担增加的税收，由此税收向前转嫁困难，只能更多地向后转嫁。当需求弹性较小时（见图 13-10），销售量的减少幅度小于价格提高的幅度，增加的税收只有小部分由厂商负担，大部分由消费者负担，因此税收会向前转嫁，即向购买者转嫁。

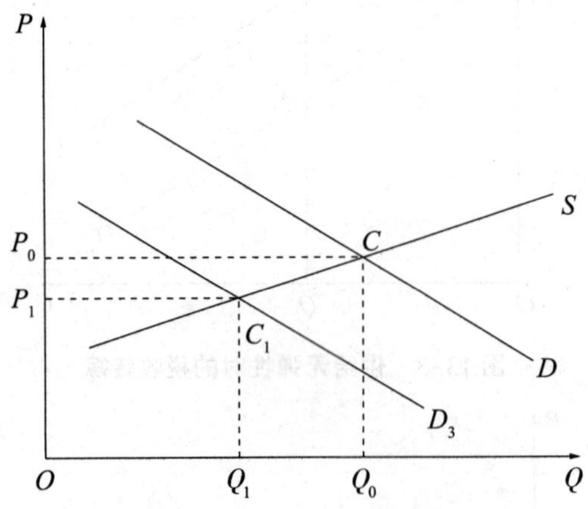

图 13-5　供给弹性较大时的税收转嫁

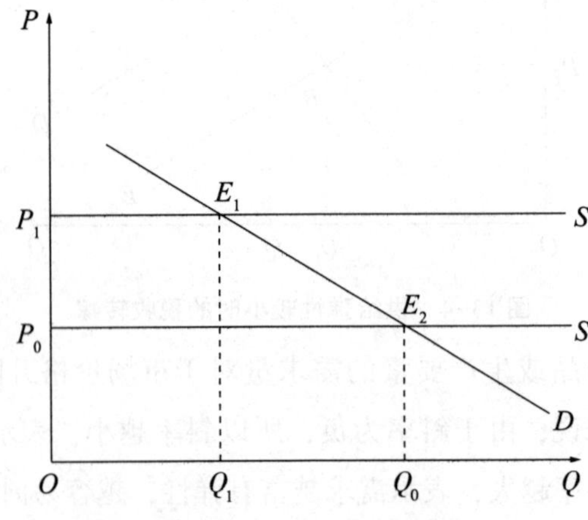

图 13-6　供给完全弹性时的税收转嫁

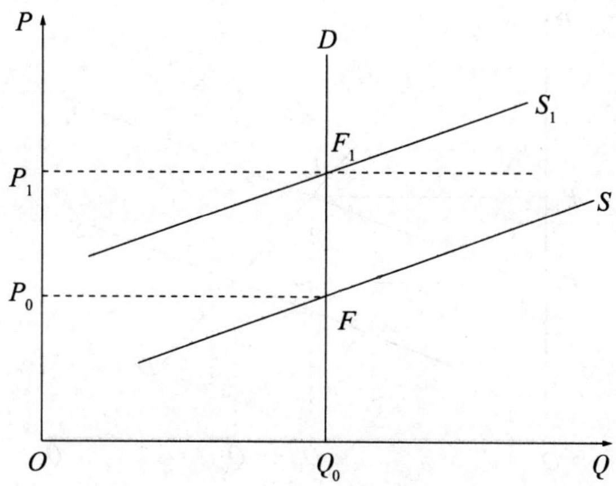

图 13-7　需求完全无弹性时的税收转嫁

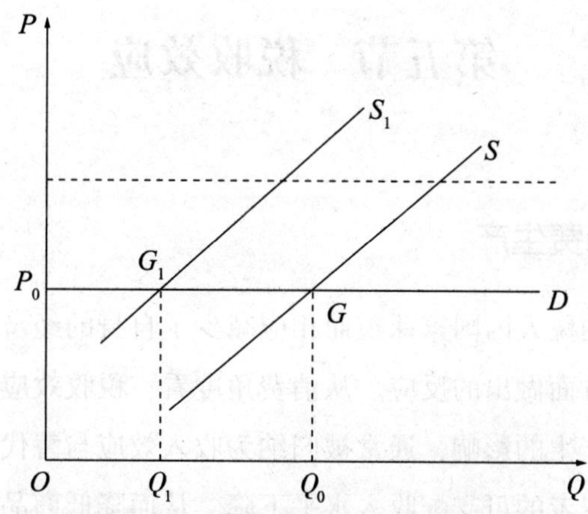

图 13-8　需求完全有弹性时的税收转嫁

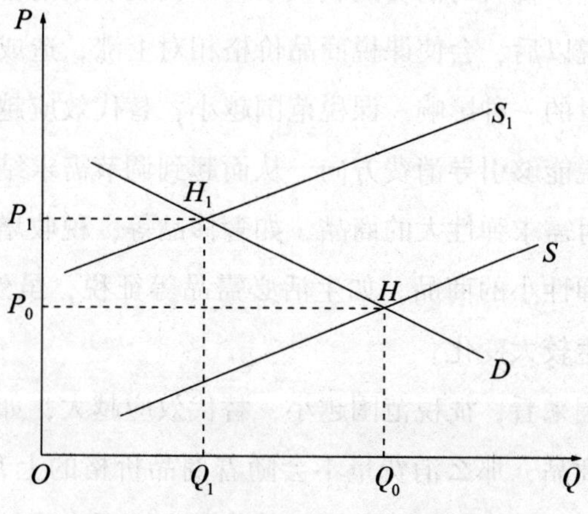

图 13-9　需求弹性较大时的税收转嫁

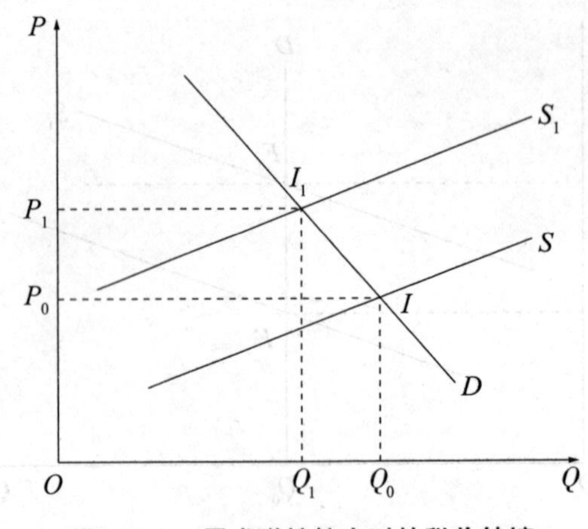

图 13-10　需求弹性较小时的税收转嫁

第五节　税收效应

一、税收与消费生产

税收效应是指纳税人因国家课税而相应减少了自身的经济利益，进而在其经济选择或经济行为方面做出的反应。从消费角度看，税收效应是指国家课税对消费者的消费行为所产生的影响，通常被归纳为收入效应与替代效应。

政府征税使消费者的可支配收入水平下降，从而降低商品购买量，使消费居于较低的水平上，税率越高消费总量降低得越多，反之实行低税率就能有效提高消费总量，这就发生了税收对消费的收入效应。税收政策的替代效应是指当政府对某些特定商品课税以后，会使课税商品价格相对上涨，造成消费者减少对课税或高税商品的购买量的一种影响。课税范围越小，替代效应越明显，因而对某些商品提高或减少课税能够引导消费方向，从而起到调节需求结构的作用。从商品本身的性质来看，对需求弹性大的商品，如奢侈品等，税收增加，价格上涨，消费会骤减；对需求弹性小的商品，如生活必需品等征税，虽然征税后价格上涨，但消费数量不会发生较大变化。

从税款征收范围来看，征税范围越小，替代效应越大，如果课税范围涉及大部分商品或者全部商品，那么消费量不会随着商品价格的上升而产生明显下降。从纳税人的经济实力来看，低收入者由于其收入主要用来维持基本生活需要，征税后，收入减少迫使其降低消费水平，消费量减少的数额与所负担的纳税额大体相等；而对于高收入者征税，纳税人一般不会因纳税而减少消费，只会减少其一部分储蓄，即使其消费较以前有所降低，也不会与其所纳税额相等。由此可见，国家征税对低收入阶层消费的影响大于高收入阶层。

二、税收与投资储蓄

税收对储蓄的影响主要是指个人所得税课征对居民储蓄的影响，该影响表现为收入效应和替代效应。税收对纳税人在储蓄方面的收入效应表现为政府课税会减少可支配的收入，从而促使纳税人减少现期或预期消费，为维持既定的储蓄水平而增加储蓄。也就是说，政府征税会促使纳税人相对增加储蓄，这时税收对私人储蓄就产生了收入效应。收入效应的大小取决于平均税率的水平，平均税率越高，收入效应越大。所得税对纳税人储蓄的替代效应表现为政府对储蓄利息课税，减少纳税人的利息收入，使储蓄对纳税人的吸引力降低，从而引起纳税人以消费或用其他投资形式代替储蓄。也就是说，政府课税造成了居民储蓄的下降。政府除了对纳税人的收入征税，还要对其储蓄收入所得的利息征税，这样的重复征税使纳税人会减少储蓄数额，相应增加消费数额，或者说纳税人以现期消费替代了将来消费，这就是所得税对储蓄的替代效应。替代效应的大小由所得税边际税率决定。边际税率越高，累进程度越大，税收对储蓄的阻碍作用也就越大。

纳税人的投资行为，是为了追求利益最大化，当投资者生产的边际成本低于边际利润时，纳税人会继续增加投资。在政府征税的条件下，纳税人的投资行为取决于税后收益的大小，即由投资收益的状况所决定。决定投资收益的是税后的可支配投资收益，所以税收对投资的影响是通过影响纳税人的投资收益率和折旧而实现的。税收对总收益率的影响，由于纳税的缘故，总收益率下降，影响降低了投资对纳税人的吸引力，造成纳税人以消费替代投资，即发生了税收对投资的替代效应。总收益率下降的趋势，也可能受到其他因素的限制，比如折旧因素。由于折旧可以直接从应税收入中扣除，可以降低课税所得。如果其影响减少了纳税人的可支配收益，促使纳税人为维持以往的收益水平而增加投资，即发生了税收对投资的收入效应。

三、税收与劳动供给

劳动供给的增加，将会导致整个社会经济效益的提高；反之，则会导致经济效益的下降。一个社会的劳动供给取决于人口规模和个人的平均工作量。税收对劳动供给的影响主要表现在个人所得税上，因此，谈税收与劳动供给的效应主要是分析个人所得税对劳动投入的影响。

现代福利经济学认为，个人福利水平的提高不仅在于个人收入水平绝对提高所产生的物质享受的增加，还在于通过闲暇的增加，获得个人更多的精神享受和身心全面、健康的发展。由于个人所得税是对个人劳动所得的征税，它必然减少个人提供劳动所获得的纯收益，因此，可以预期个人所得税的征税行为必然影响个人劳动供给的决策。

个人所得税对劳动供给的收入效应是指政府征税后减少了个人可支配的收入，从而促使其为维持既定的生活水平而增加工作时间。对劳动供给的替代效应是指征税改变了劳动和闲暇的相对价格，引起个人用闲暇替代工作。由于不同的个人其收入水平不同，对收入的需求弹性不同，因此，个人所得税的效应对不同的个人具有不同的表现。一般在收入水平较低时，纳税人的需求弹性小，收入的边际效应较大，税收产生的收入效应较大，即征税结果会促使劳动的更多投入。在收入水平较高时，收入的需求弹性大，收入的边际效用较小，税收产生的替代效应就较大，尤其是高边际税率的个人所得税会产生更大的替代效应。

四、税收与经济结构

在整个国民经济中，对一定产业实施税收支出政策，会随着征税产业的税负再分配，引起资本向税收优惠产业或地区流动，从而实现资源的再配置，落实国家的产业政策。

政府对不同产业实行不同的税收政策，会影响资源的流向，从而起到促进经济结构调整的作用。如果某一产业需要负担税收，而其他产业不需要负担税收或负税较轻，则经济资源将从这一产业中流出；如果纳税人权衡因资源的重新配置导致收入损失低于支付较少税收后的所得，则经济资源的重新配置于纳税人是有效率的，反之则是无效的。政府可以有意识地采用不同产业的税收政策影响各种不同产业的均衡、协调发展，从而实现经济结构的科学化、合理化。如某一地区的资本与劳动的税收过高，该地的资源就会到其他税负较轻的地区。政府运用税收的再分配作用，可以进行地区之间的资源重新配置，即通过征税，促使某些地区的资源向其他地区移动，实现地区经济结构的调整。尽管有时区域之间存在的税制差异会为纳税人避税创造条件，但政府出于各种目的，有时会有意地制定地区之间的税制差异。

当今世界正在经历新一轮大发展“大变革”大调整，保护主义、单边主义抬头，经济全球化遭遇更大的逆风和回头浪。为了推进高水平开放，建立开放型经济新体制，2020 年 6 月，中共中央、国务院印发了《海南自由贸易港建设总体方案》，宣告建立海南自由贸易港。2021 年 1 月初，海关总署发布《海南自由贸易港交通工具及游艇“零关税”政策海关实施办法（试行）》；3 月初，海关总署发布《海南自由贸易港自用生产设备“零关税”政策海关实施办法（试行）》；4 月，国家发改委、商务部发布《关于支持海南自由贸易港建设放宽市场准入若干特别措施的意见》。一批宣示开放的政策落地实施，一批贯彻新发展理念的制度集成创新广泛应用，海南自由贸易港成为全国关注的重点。海南建立以“零关税”为基本特征的货物贸易制度，出台“一负两正”3 张清单，在洋浦保税港区率先实行“一线放开、二线管住”的货物进出境管理制度，让贸易更便利；放宽市场准入特别措施，让投资更自由；出台支持旅游业、现代服务业、高新技术产业发展政策文件 17 份，让发展空间更广阔，海南已成为国际投资热土。

第六节　有偿的公共收入形式：公债

一、公债的定义与分类

公债（Government bonds）是政府为解决财政收支平衡问题而采取的借债。政府借债对象包括社会的企业、事业机构及个人，或者向中央银行借债，也可向国外借债。我们可将公债定义为国家或政府举借的债，是国家或政府以债务人的身份，采取信用的方式，向国内外取得并承诺在一定时期支付利息和到期偿还本金的一种债券债务凭证，是国家财政收入的一种特殊形式，是政府调节经济的一种重要手段。

从财政角度看，公债是财政收入的补充形式，是弥补赤字、解决财政困难的有效手段，是筹集建设资金的有效方法。当国家财政一时支出大于收入、遇有临时急需时，发行公债比较简捷，可济急需。从长远看，公债还是筹集建设资金的较好形式。一些投资大、建设周期长、见效慢的项目，如能源、交通等重点建设，往往需要政府积极介入。从经济的角度看，公债是政府调控经济的重要政策工具。公债采用信用的方式，只是获得了一定时期内资金的使用权，没有改变资金的所有权，适当发行公债，可以使储蓄和消费的比例关系趋于合理化。在投资方面，可以调节投资结构，促进产业结构优化，对经济结构调整起着重要作用。

公债也可以被用来调节金融市场、维持经济稳定。公债是一种金融资产、一种有价证券，公债市场可以成为间接调节金融市场的政策工具。

（一）公债的特征

公债的特征主要体现在以下六个方面。

第一，公债是作为国家各级政府的债务而存在的。政府完全以法人身份承担债务负担，体现了政府与公债投资者之间的债务和债权关系。

第二，公债是国家信用的表现。以信用为基础，凭借国家信用，按照一般信用原则建立起来的信用关系。与税收不同，税收是政府通过公共权力强制地、无偿地、固定地取得的财政收入，而公债是自愿的、有偿的、流动的。

第三，公债是财政分配的一种形式。它体现了国家财政参与货币流通和国民收入再分配所形成的特殊分配关系。

第四，公债政策是国家财政宏观经济政策的重要组成部分。对国民收入分配、社会总供求和国民经济运行都发挥着重要的调节作用。

第五，公债的认购具有一定的爱国意义。因此在某些特殊情况下，公债的发行具有强制性。

第六，由于公债收入最终需要还清本息，并且主要是依靠以后年份增加税收来偿还，这相当于税收后移，因此，国际上一般不把公债列入正常的财政收入，而作为财政赤字的弥补。

（二）公债的分类

按照发行地域的不同，分为国内公债（也称政府内债）和国外公债（也称政府外债）两类。国内公债（简称内债）是对本国企业、居民和社会组织等发行并在国内流通和偿还的公债。内债的发行与还本付息均以本国货币为计量单位。内债局限于本国境内，对国际收支和国内资源总量没有较大影响，但会引起国内资源的重新配置。国外公债（简称外债）是一国政府向其他国家政府、银行、金融机构的借款以及发行的债券。外债的发行会影响本国资源总量的变化，外债会使用外汇，所以会引起国际收支的变化。外债的发行与还本付息都以外币作为计量单位。

按照发行主体分类，可以分为中央公债和地方公债。中央公债是由中央政府作为债务人而发行的债务，所筹集资金由政府来进行分配使用，期满后由中央政府负责还本付息。地方公债是由地方政府为筹集地方建设性投资等活动所需的资金而发行的债务。

按照不同的发行方式，可以分为国家借款和发行债券。国家借款是国家以非债券形式举借的债务，一般应用于一国政府向外国政府、国际金融组织或国际商业组织借款。发行债券是政府在金融市场上发行一定数额的债券进行筹集资金，这种方式以信用为基础，具有安全、稳定、流动性高等优点。

按债务存续期限长短的不同，可分为短期公债、中期公债和长期公债。期限在一年以内的债务是短期公债，短期公债流动性强，但债权人所获得的收益也相对较低。政府可以通过发行短期公债来弥补资金不足。此外短期公债可以调节货币供应量，是政府实行货币政策的一个重要手段。中期公债是期限在一年以上、十年以下的债务，这种债务从发行到偿还间距时间较长，可满足中长期投资。长期公债是期限在十年以上的公债，由于发行时间较长，会受到物价和币值波动的影响。

按流通性可以分为可流通公债和不可流通公债。可流通公债是指能够在证券市场上自由流通转让，这种债券的发行往往以不记名的形式进行。可流通公债使投资者可以随时兑现公债，降低投资者的机会成本，提高其投资收益率，进而对投资者有较大的吸引力。不可流通公债不能在证券市场上公开出售，只能由政府到期还本付息，这种债券的发行有时采用记名的形式。不可流通公债流动性差导致投资的机会成本也比较高，国家往往在利率、偿还方式等方面给予更优惠的条件，必要时还要给予保值补贴。

二、公债的还本付息方式

公债到期后要按照债券面额还本付息。决定还本付息额大小的因素主要有债券面额、公债利率、偿债期限等。还本付息的计算方法有单利计算法和复利计算法。

（一）单利计算法

单利计算法下，只按公债本金计算利息，无论期限长短，对其所生利息不重复计息。以单利计算法计算公债还本付息额的公式如下：

$$A = P(1 + nr)$$

其中：A——公债还本付息额；

P——公债票面金额；

n——公债偿还期限；

r——公债利息率。

【例1】 2020年9月发行的三年期凭证式国债，年利率为3.8%。假设其利息在偿还本金时一次性付给，不计复利。此种公债共发行300亿元。试计算三年后到期日政府应支付的还本付息额。

【解】 $A=P\ (1+nr)\ =300\times\ (1+3\times3.8\%)\ =334.2$（亿元）

需要特别指出的是，在单利计算法中，P 指的是票面金额，而不是发行价格。债券发行分为平价发行、折价发行和溢价发行。上例中的公债是以平价法发行的，票面金额和发行价格相等。当以折价方式或溢价方式发行公债时，公债票面金额与发行价格就不相等了。折价发行是发行价格低于债券票面金额，到期还本时依照票面金额偿还的发行方法。正常情况下，折价发行可以提高债券的吸引力，扩大债券的发行数量，加快发行速度，有利于发行者在短期里筹集较多的资金。溢价发行是以高于票面金额的价格出售证券，到期按票面金额偿还。溢价发行增加了发行收入，为发行者提供了在不增加债券发行数量的条件下获取更多资金的途径。但是，它要求发行者信用较高，同时，溢价发行债券利率较高，发行者到期偿还时将支付较高的利息。

（二）复利计算法

复利计算法是指将经过一定期间（通常为一年）所生出的利息加入本金再计利息。西方国家和国家间债权债务往来通常采用复利方法计算还本付息额。其计算方法如下：

$$A=P\ (1+r)^{n}$$

其中：A——公债还本付息额；

P——公债票面金额；

n——公债偿还期限；

r——公债利息率。

【例2】 仍以例1为基础，假设对到期公债的还本付息额以复利计算。

【解】

$A=P\ (1+r)^{n}=300\times(1+3.8\%)^{3}=335.52$(亿元)

在复利计算条件下，公债发行收益的计算公式为：

$B=M\ (1+r)^{n}-P\ (1+r)^{n}=(1+r)^{n}(M-P)$

其中：M——公债发行收入；

B——发行收益额。

【例3】 以例2为基础，假设政府以折价发行法发行公债，折价率为10%，则 300 亿元面额公债的发行收益为 270 亿元。计算发行收益。

【解】

$$B = (1 + r)^n(M - P) = (1 + 3.8\%)^3(270 - 300) = -33.55(亿元)$$

即当债务期满时的发行收益额为-33.55 亿元。

比较上述各例可以知道，在不同的发行方式和利息计算法下，政府的还本付息额和发行收益额不同。因此，政府在发行公债时，必须充分考虑到发行方式与还本付息负担之间的关系。

三、公债发行规模的影响因素

公债作为弥补财政赤字、筹集建设资金的重要手段，在公共经济中有着重要作用，但其发行并非不限量，公债规模也存在一个适度的问题，如若发行规模失控，会给经济生活带来巨大消极影响。公债发行量受到很多因素制约，主要包括社会应债能力、国家偿债能力、社会经济制度以及宏观经济政策等。

（一）社会应债能力

一国政府在发行公债时需要考察社会的应债能力，这是制约公债发行规模的重要因素，一般来说，公债发行规模不能超过全社会的应债能力。应债能力主要表现在国民应债能力和应债机构的承受能力两方面。国民的应债能力与其收入水平和社会平均消费水平相关，公债认购能力与其收入水平成正比，与社会平均消费水平成反比。居民收入水平越高，社会平均消费水平越低，则其收入中购买公债的资金就会越多，对公债的承受能力也就越强。各应债机构的承受能力是指一定时期各经济实体对公债的认购能力，制约这一能力的因素也有两个，即各经济法人实体自有资金的数量和维持正常积累及兴办各项事业对资金的正常需要量。各经济实体对公债的认购能力与前者成正比，与后者成反比。即各经济实体自有资金越多，企业积累规模及事业发展对资金的需要量越小，则其中可用于购买公债的份额越大，反之亦然。

（二）国家偿债能力

一国政府在发行公债时需要考察自身的偿债能力，即政府是否有足够的能力来偿还逐年累积的债务以及是否有足够的社会资金来承担债务的规模，通常由国民生产总值和公共收入的增长速度来衡量偿债能力。GDP 反映的是一定时期经济发展的状况及国民经济发展对公债的承受能力，公共收入增长速度反映了一定时期财政收入规模扩大的趋势，GDP 增长速度是根本，公共收入增长速度则取决于政府的公共收入政策。如果GDP增长速度越快，则一定时期的GDP在满足正常的投资和消费后，此时，如果正常的公共收入不足以抵偿债务，政府可以通过继续发行新债来归还旧债，从而缓解政府的还债负担。在GDP增速一定的情况下，公共收入的规模越大，则公共收入在满足了其他正常支出后，可能用于归还到期公债本息的资金越多，政府对公债的偿还能力越强，反之则越弱。此外，公债总额与GDP的比值应当保持在一个相对适当的水平。根据相关统计，目前美国国债总额超过为28万亿美元，GDP约为20.9万亿美元，国债总额占GDP的134%，这已经严重超标，毫无疑问，这不仅使得很多的美债持有国承受了风险，同时也为美国自身未来的经济发展埋下了不小的隐患。

（三）社会经济制度

从社会经济制度角度来看，不同社会经济制度的国家，公债举借的规模有很大的不同。资本主义公债主要用于弥补财政赤字，将本用于生产经营的资本转用于非生产性方面，这样相对于其经济规模来说，资本主义赤字公债的举借就应小一些。社会主义公债主要用于筹集建设资金，而且社会主义公债的发行对社会再生产的正常运行的危害性可能相对小一些。这样，社会主义公债的发行规模可以相对大些。当然，社会主义公债的发行也有其客观限制，并不是因为公债收入被用于经济建设而例外。

（四）宏观经济政策

从宏观经济政策角度来看，国家政策规定的政府职能范围会影响一国财政赤字的规模，而财政赤字的存在则是公债产生的最初动因。国家在特定时期实行的某种宏观经济政策也会在一定程度上影响公债的规模。财政政策通常包括扩张性财政政策和紧缩性财政政策。如果实行紧缩性财政政策，财政赤字规模就小，公债规模也会相对减小；但若实行扩张性财政政策，拉动总需求必然以扩大公债发行为条件。我国近几年来实行积极的财政政策主要就是靠发行公债来支撑的。从货币政策来看，政府主要是通过公开市场业务来操作的，公开市场业务的有效进行需要一个健全的金融市场，这样才能容纳吸收更多的债务。从2020年新冠肺炎疫情暴发至今，美国累计的印钞规模已经超过了5万亿美元之多。在这种情况下，联邦政府的财政赤字以及债务水平严重超标。即便是身处这种局面，美国也依然没有停下“经济大放水”的想法。2021年5月28日，拜登又公布一项新的财政预算案，而该预算方案的总规模达到了惊人的6万亿美元（折合人民币约38万亿元），新一轮的财政预算案会将美国已处于历史高峰的国债，再次拉升到新的高度上。

十九届五中全会明确指出，“十四五”时期，要进一步健全政府债务管理制度，既有效发挥政府债务融资的积极作用，又坚决防范化解风险，增强财政可持续性。根据财政政策逆周期调节的需要以及财政可持续的要求，合理确定政府债务规模，依法构建管理规范、责任清晰、公开透明、风险可控的地方政府举债融资机制。完善政府债券发行管理机制，优化国债和地方政府债券品种结构和期限结构，健全政府债务信息公开机制，促进形成市场化、法治化融资自律约束机制。

第七节　中国税收制度与改革

一、中国税收制度的演变

我国税制的发展演变，不只是单纯的技术问题或者经济问题，本质上还是一个政治问题。自新中国成立以来，我国的财税体制一直在探索中不断变革，税制的变革史折射了中国现代国家建设艰辛而恢宏的历史进程，如约瑟夫·熊彼特所言：“一个民族的精神、文化水平、社会结构以及由政策产生的行为，所有这一切以及更多的东西，都写在民族的财政史中，无须任何修饰之词。懂得在此处聆听财政史传达出来的信息的人，比起那些身居他处的人，更能清晰地识别出世界史的巨响。”①

新中国成立之初，国民经济遭到严重破坏，财政收入分散现象较为严重，国家财政承受着巨大的赤字压力。国家为了促进国民经济的恢复，在财政体制上实行了高度集中、统收统支的管理模式。1951—1960 年，实行集中统一与分级管理相结合的财政管理体制；1961—1965 年，由于三年“大跃进”导致的巨大损失，再加上连续发生严重的自然灾害，党中央巩固加强集中统一的财政管理体制；“文化大革命”期间，中央不适当地、过多地下放了经济管理权限和财权；自 1977 年开始，政府又重新调整了部分企业的隶属关系，上收了部分财政税收、物资管理权。从这一系列过程中可以看出，在我国财税体制前期的探索时期，一方面，“统收统支”高度集中的财税体制助长我国当时衰弱的国民经济迅速恢

① 颜昌武：《中国现代国家建设的财税逻辑》，《学海杂志》2021 年 3 月 30 日。

复；另一方面，分级管理方法的实行开创了财税体制分级管理之先河，并为后来所沿用创新，充分调动了各地方的积极性，有益于地方市场经济的发展。①

相较前期不成熟的财税体制，改革开放之后的财税体制更加体系化，也更加稳步前进。改革开放40多年来，中国税制改革进程可以划分为经济转轨时期的税制改革（1978—1993年）、建立社会主义市场经济体制时期的税制改革（1994—2012年）和全面深化改革时期的税制改革（2013年至今）三个阶段。

（一）经济转轨时期的税制改革（1978—1993年）

1978—1993年这一时期的税制改革围绕建立涉外税制、调动企业特别是国有企业的积极性，激发企业活力而展开。1980年，为了配合对外开放的政策、完善对外投资环境以及更好地吸引外资、发展经济，我国建立涉外税制，解决对外征税问题。在所得税方面，通过法律形式明确中外合资经营企业、外国企业、外籍人员的所得税；在流转税方面，对中外合资经营企业、外国企业继续征收工商统一税；在财产税方面，对外商投资企业、外国企业和外籍人员恢复征收城市房地产税和车船使用牌照税。为了调动企业积极性，激发企业活力，在1983年和1985年对国营企业实行“利改税”改革，即由上缴利润改为缴纳税款，税后利润由企业自行支配。通过改革，将国家和企业的分配关系通过税收的形式固定了下来，税收收入规模和增速以及占财政收入的比重显著增加。1985—1988年，实行“划分税种，分级包干，核定收支”，实行两步“利改税”改革、复税制改革等措施，使得税收在经济层面作用的范围更广、程度更深。1992年邓小平推动了我国新一轮税制改革。

（二）建立社会主义市场经济体制时期的税制改革（1994—2012年）

1994年进行了一次新中国成立以来规模最大、影响最深远的分税制改革。分税制改革分设中央和地方两套税收征管机构，在划分中央和地方事权和财权的基础上，按税种划分了中央和地方的收入及各级财政的支出范围，并且确定了分省税收返还；全面改革了流转税制，实行了以比较规范的增值税为主体，消费税、营业税并行，内外统一的流转税制；改革了企业所得税制，将过去对国营企业、集体企业和私营企业分别征收的多种所得税合并为统一的企业所得税；改变了长期以来国营企业、集体企业、私营企业之间所得税负担不公状况。经过这次税制改革和后来的逐步完善，中国初步建立了适应社会主义市场经济体制需要的

① 叶琛：《新中国成立70年来财税体制改革变迁及基本经验》，《中国集体经济》2020年第5期。

税收制度，税制逐步简化、规范，税负更加公平，对于保证财政收入，加强宏观调控，深化改革，扩大开放，促进经济和社会的发展，起到了重要的作用，并为以后全面深化税制改革奠定了坚实的基础。与此同时，分税制也为之后带来一些问题，例如，财政管理体制在激发地方政府积极性的同时也引发了地方激烈的竞争，各地为了取得竞争优势，纷纷进行变相税收优惠、干预税收征管、制造税收洼地，导致市场秩序被扰乱，地方市场分割，妨碍统一大市场的形成，削弱了税收嵌入经济、调节经济的效果，也不利于经济结构优化和科学发展。①

（三）全面深化改革时期的税制改革（2013 年至今）

21 世纪以来，社会主义市场经济体制逐渐建立，我国又推行了一系列税制改革。自 2013 年起，国家税务总局逐步实施了营业税改征增值税的试点。其中，自 2016 年 5 月 1 日起全面推行此项试点；2017 年废止了营业税暂行条例，修改了增值税暂行条例。此外，调整了增值税的税率、征收率，统一了小规模纳税人的标准。在消费税方面，陆续调整了部分税目、税率。在关税方面，进口关税的税率继续逐渐降低。2017 年，修改了企业所得税法的个别条款，财政部、国家税务总局等单位陆续做出了关于部分重点行业实行固定资产加速折旧的规定；小微企业减征企业所得税的规定，而且减征的范围不断扩大；提高企业研究开发费用税前加计扣除比例的规定；提高职工教育经费支出扣除比例的规定等等。

在个人所得税方面，2018 年，全国人民代表大会常务委员会修改了个人所得税法，税法指出自 2019 年起，调整居民个人、非居民个人的标准，部分所得合并为综合所得征税，调整税前扣除和税率，完善征管方面的规定。此外，国家税务总局公布了修改以后的《个体工商户个人所得税计税办法》；经国务院批准，财政部、国家税务总局等单位陆续联合作出了关于上市公司股息、红利差别化个人所得税政策、完善股权激励和技术入股有关所得税政策、科技人员取得职务科技成果转化现金奖励有关个人所得税政策等规定。2018 年，为了降低征纳成本，理顺职责关系，提高征管效率，为纳税人提供更加优质、高效和便利的服务，省级及以下国家税务局、地方税务局合并，具体承担所辖区域以内各项税收、非税收入征管等职责，实行以国家税务总局为主与省（区、市）人民政府双重领导的管理体制。党的十九届五中全会进一步提出，要“完善现代税收制度，健全地方税、直接税体系，优化税制结构，适当提高直接税比重，深化税收征管制度改革”。这不仅为理顺央地关

① 吕冰洋、张兆强：《中国税收制度的改革：从嵌入经济到嵌入社会》，《社会学研究》2020 年第 7 期。

系提供了通道，也为理顺国家与社会关系指明了方向。

通过上述改革，中国的税制进一步简化、规范，税负更加公平并有所减轻，税收的宏观调控作用进一步增强，在促进经济持续稳步增长的基础上实现了税收收入的持续稳步增长，有力地支持了中国的改革开放和各项建设事业的发展。

二、分税制改革与国地税合并

（一）分税制改革

关于“分税制”改革理论与政策的研究，最早始于 20 世纪 80 年代中期的“价税财连动”改革方案，但该方案最终没有被付诸实施。1992 年 6 月，财政部发布《关于实行“分税制”财政体制试点办法》，在财政部调研过的 13 个省、市中，选择 9 个作为分税制改革的试点。1992 年 10 月，中央在党的十四大上明确了建立社会主义市场经济体制改革目标。因此，分税制财政体制改革也必须围绕着建设社会主义市场经济体制这一根本目标来实施。1993 年 11 月 14 日，中共十四届三中全会通过《中共中央关于建立社会主义市场经济体制若干问题的决定》，提出在中国建立市场经济制度的总体规划和若干重点方面的改革方案设计。1994 年财税体制改革充当改革的先锋，根据事权与财权相结合的原则，将税种统一划分为中央税、地方税、中央与地方共享税，建起了中央和地方两套税收管理制度，并分设中央与地方两套税收机构分别征管；在核定地方收支数额的基础上，实行了中央财政对地方财政的税收返还和转移支付制度等，成功地实现了在中央政府与地方政府之间税种、税权、税管的划分，实行了财政“分灶吃饭”。

分税制实施的当年，财政收入就得到大幅提高，达到 4349 亿元，比上年增长 24.8%，与财政收入的高速增长相对应，地方财力也保持了较高的增长态势，有力地保障了地方经济发展，人民生活水平有了大幅度提高。中央财力扩大后，集中力量解决各地亟须解决的问题，得到地方政府的高度赞赏，中央与地方的关系更协调了。分税制改革的特点可以体现在以下几点。

第一，按照税源大小划分税权，税源分散、收入零星、涉及面广的税种一般划归地方税，税源大而集中的税种一般划为中央税。一般来说，不可能把大税种划为地方税，地方税不仅对法人（公司、企业）征收，而且更多的是对个人征收，所以，税源分散在千千万万个纳税人手中，同时地方税税种小而多，征收范围面小，几乎涉及所有单位和个人。

第二，部分税种的征收管理权归地方。地方税的特点是地方政府可以对地方税因地制宜、因时制宜地决定开征、停征、减征税、免税，确定税率和征收范围。由于赋予地方以较大的机动权限，从而能合理照顾地方利益，调动地方的积极性，同时，由于地方税一般均属于对财产（不动产）、行为和部分所得以及不涉及全面性商品流通的经济交易课征，所以，即使各地执行不一致，也不影响全局，从而不至于影响全国性的商品流通和物价。

第三，税款收入归地方。在我国当前的社会主义市场经济条件下，财力完全集中于中央或过多地分散于地方，都不能适应经济发展的需要。实践证明，在保证中央财政需要的同时，给地方一定规模的财力及适当的支配权，才能调动地方政府发展经济的积极性和主动性。因此，实行分税制，建立中央与地方相对独立的分级财政，给地方政府发展地方经济、加强文化建设提供资金保证，就成为我国预算管理体制改革的必然方向。

分税制是市场经济国家普遍实行的一种财政体制，是符合市场经济原则和公共财政理论要求的，是市场经济国家运用财政手段对经济实行宏观调控较为成功的做法。市场竞争要求财力相对分散，而宏观调控又要求财力相对集中。这种集中与分散的关系，反映到财政管理体制上就是中央政府与地方政府之间的集权与分权关系问题，分税制较好地解决了中央集权与地方分权问题。经过分税制改革政策的一系列措施，我国中央财政税收收入和地方财政税收收入水平基本能够保持一致，我国中央政府的宏观调控能力得到了较大的提升，有效促进了我国经济结构的改革发展，推动了我国国民经济的快速稳定发展。但是分税制改革为我国经济发展带来机遇的同时也使地方政府的财政迎来了极大的挑战。

一是分税制改革让地方政府财政收支失衡。分税制改革在集中中央财力的同时并没有改变中央和地方的事权划分格局，未从根本上调整政府间财政支出责任。地方税收收入占全国税收总收入的比例在逐年下降，其他实施分税制改革的国家地方平均税收收入能够达到全国税收总收入的7%以上，而我国该比例只有6%。除此以外，随着地方政府承担越来越多的事权与支出责任，地方财政支出规模不断扩大，地方财政支出占全国财政总支出的比例始终保持在一个较高水平，地方政府财政收入与支出出现失衡现象，这对地方政府行使权力、治理地方以及地方经济发展造成阻碍。

二是分税制改革导致地方税种划分不合理。由于我国的分税制改革缺乏针对中央和地方的规范性税收划分标准，出现了税种划分混乱的现象，中央与地方的税收种类出现交叉重复，导致地方税收主要税种缺失的现象，对地方税收的收入造成严重不良影响。在我国的分税制改革中，个人所得税和营业税在我国的税收比例中占比非常高，但是在地方政府的税收收入中，这两种税收不具备稳定性，其中还要分出来很大一部分与中央政府共享，政府在提供了大量的服务之后却不能得到基本的税款，导致我国地方政府税收中主体税种缺乏，税收税源存在明显的误差。而这些税收问题一般都存在于省级以下政府中，导致了政府的服务和税收分配存在差异，地方政府的财政收入和财政分配也因此变得更加混乱，这严重影响了地方政府的财政税收收入，给地方政府的财政造成了巨大的压力。

总而言之，分税制是在中国改革开放后税制改革的基础上，经过多年的理论研究和实践探索，积极借鉴外国税制建设的成功经验，结合中国国情实施的一项改革。分税制改革增加了中央税收的收入水平，维持了中央财政收支的平衡，但同时也给地方政府带来了巨大的挑战，地方政府的税收权限不足导致了地方政府的税收结构发生变化，尤其是对于基层政府来说，其财政收入不能保持稳定，加上上级政府的转移支付经手人员较多，不仅降低了地方政府的行政效率，还增加了贪污腐败情况的发生，对地方政府的经济发展造成严重的消极影响。

（二）国地税合并

随着社会经济的发展，我国的分税制度越来越难以适应经济的发展，爆发出诸多问题如地方税主税种缺失、国地税业务不均衡、地税征管效率低下等。为此我国政府已经对税收政策进行了几次重大的改革，包括 2002 年的所得税改革，2016 年的“营改增”等。在此基础上对国地税征管体制进行改革迫在眉睫。2018 年国务院机构改革方案第二点第十一条明确指出，“将省级和省级以下国税地税机构合并，具体承担所辖区域内的各项税收、非税收入征管等职责。国税地税机构合并后，实行以国家税务总局为主与省（区、市）人民政府双重领导管理体制。”机构合并后，全国税务系统两万余名领导干部由正职转为副职，改革完成后，省市县乡税务机构数量大幅“瘦身”，其中厅级税务局数量较合并前减少 45 个，省级、市级、县级税务局内设机构、事业单位和派出机构分别减少 709 个、5349 个和 2.49 万个，撤销县局稽查局 3900 多个。

国地税的合并能够降低征纳税成本，促进纳税人的纳税意愿。征税成本与纳税成本是影响税收征管效率的关键因素，征税成本包括税务机关为了获得税收收入而支付的各种费用，例如税务人员的薪酬、办公基础设施以及用于纳税服务的相关支出；纳税成本也称为税收遵从成本，指纳税人按照税制要求计算缴纳税款过程中所支付的各项费用，广义的纳税成本不仅仅包括纳税人的货币支出，还包括相关的时间成本与心理成本。从征税成本来看，国税地税机构合并有利于降低由于职能相同、机构分设而产生的重复性行政支出，进一步促进资源的优化配置，减少国家税收征收成本。从纳税成本来看，国地税合并能够消除纳税人“两头跑”现象，纳税人只向一个税务机关办理涉税事宜，可以节省纳税支出费用，能将更多的时间与精力投入到生产经营中去。因此，国税地税合并能够降低纳税人的人力成本、时间成本甚至心理成本，间接有利于增强纳税人的遵从意识，减少税收流失，实现税收管理上“双重红利”效应。

国地税税务机关的合并不仅仅是两大税务机构的合并，而且是两大税务系统与其他国家机构内部信息系统的整合，在国家的统一部署下打通了公安、住建、金融、民政、国土、工商管理、交通运输、社会保障等多个部门最终形成了金税三期系统。该系统的上线使企业和个人的一切经济活动受到税务机关的监管，防止了偷税漏税的发生。合并后税务机关的监管力度随之加强，避免了因为系统不完善、信息无法共享、监管不到位等漏洞对企业及个人收入进行合理避税的现象。

此外，国地税的合并使国家的税收政策得到统一。在此之前，地方政府为了促进地方经济发展会出台一些与国家税务相矛盾的税收政策，从而出现少征、免征或退税现象，又或是地税机关为了完成地方政府规定的税收任务，对企业提前征税，使企业资金周转困难。但在国地税税务机关合并后，实行以国家税务总局为主及省级政府双重领导的管理制度，使税收政策在制定时不会过多考虑地方政府的意见，征收税款时也不需要考虑到对地方招商引资的影响。由此可见，国地税税务机关的合并将大大加强征管力度，杜绝了企业利用地方税收政策的优惠措施进行合理避税的途径。

这次国地税合并非常复杂，既涉及垂直管理的国税系统，又涉及横向交叉的地税系统。如何处理好国地两税职能定位与运行内容，把中央和地方收入体系改革协同起来，最大限度地保障各方利益需要，促进社会经济的有序高效发展是急需解决的问题。因此建立健全职责清晰、高效运行的一整套管理制度和细则是之后着重研究的问题。

三、营业税改增值税

改革开放以来，我国坚定不移地走具有中国特色的社会主义市场经济道路，在这一经济体制的支持之下，我国经济进行全方面改革升级，也在税收制度方面重新调整。为了更好地扶持企业发展，达到有效降低企业税务负担的目的，我国积极实行了营业税改增值税的税制改革，对我国经济发展具有重要意义。结合我国当前的税收体制以及企业的经营管理实际，营业税改增值税既是税制改革的必要措施，同时也是降低企业税务负担的重要手段。

（一）营业税改增值税的必要性

第一，增值税在所有税收中所占的比例是最大的，所以增值税也被称为我国的第一大税，但是营业税却与之不同，是地方第一大税，一直以来二者都处于平行状态。随着我国经济的迅猛发展，其中的弊端日益暴露出来，在一定程度上打击了企业的生产、销售积极性，所以为了提升企业的工作积极性，也为促进国民经济的发展，进行营业税改增值税势在必行。

第二，营业税存在重复征税现象，营业额是以企业的销售额或者是营业额为计税的依据，而且不存在抵扣的情况，正是这一因素的影响，就容易对企业造成重复征税。营业税对于中间环节较多的企业而言，每一个环节都要征收营业税，从而加重了企业的负担，不利于企业的资本积累，想要实现长远发展的难度也将不断增加。

第三，增值税虽然是我国第一大税，但是它的抵扣链条相对而言并不完整。从理论上来讲，增值税是建立在普遍征收的基础之上，并且征收和抵扣二者之间有着密切的关联，二者之间环环相扣，形成了一个完整的税收链条，促进企业发展的同时也能维持税收收入。但是在现实的税收中却并非如此，现行的增值税的征收范围是比较狭小的，因为第三产业以及交通运输业都是征收营业税的，这就导致增值税的征收被打断，导致“增值”名不副实。

第四，增值税征收领域相对较窄，将服务产业排除在外。第三产业服务业的中间环节较多，而且还主要征收营业税，这就导致在出口的过程中无法像征收增值税那样进行出口退税，所以导致第三产业在世界舞台上的竞争力有所欠缺，不利于我国产品打开国际市场。

（二）营业税改增值税的实施过程

2011 年 10 月，国务院决定开展“营改增”试点工作，逐步将征收营业税的行业改为征收增值税。2012 年 1 月 1 日，“营改增”在上海开展“1+6”行业率先试点，其中“1”为陆路、水路、航空、管道运输在内的交通运输业，“6”包括研发、信息技术、文化创意、物流辅助、有形动产租赁、鉴证咨询等部分现代服务业。2012 年 9 月 1 日至 2012 年 12 月 1 日，交通运输业和部分现代服务业“营改增”试点由上海市分 4 批次扩大至北京市、江苏省、安徽省、福建省（含厦门市）、广东省（含深圳市）、天津市、浙江省（含宁波市）、湖北省 8 省（直辖市）；2013 年 8 月 1 日起，交通运输业和部分现代服务业“营改增”试点推向全国，同时将广播影视服务纳入试点范围；2014 年 1 月 1 日起，铁路运输业和邮政业在全国范围实施“营改增”试点；2014 年 6 月 1 日起，电信业在全国范围实施“营改增”试点。至此，“营改增”试点已覆盖“3+7”个行业，即交通运输业、邮政业、电信业 3 个大类行业和研发技术、信息技术、文化创意、物流辅助、有形动产租赁、鉴证咨询、广播影视 7 个现代服务业。

2016 年 3 月 5 日，国务院总理李克强在第十二届全国人民代表大会第四次代表会议上所做的《政府工作报告》中提出，5 月 1 日起全面实施“营改增”，并承诺确保所有行业税负只减不增。2016 年 3 月 18 日，国务院常务会议审议通过了全面推开“营改增”试点方案，明确自 2016 年 5 月 1 日起，全面推开“营改增”试点，将建筑业、房地产业、金融业、生活服务业纳入试点范围。2016 年 3 月 23 日，财政部、国家税务总局联合发布《关于全面推开营业税改征增值税试点的通知》，自此，营业税开始彻底退出历史舞台，一整套比较完整的消费型增值税制度基本确立。此次“营改增”试点改革主要包括两个方面内容。

一是扩大试点行业范围，将建筑业、房地产业、金融业、生活服务业 4 个行业纳入“营改增”试点范围。其中，建筑业和房地产业适用 11%的税率，金融业和生活服务业适用 6%的税率。这些新增试点行业，涉及纳税人近 1000 万户，是前期“营改增”试点纳税人总户数的近 1.7 倍；年营业税规模约 1.9 万亿元，约占原营业税总收入的 80%。

二是将企业新增不动产纳入增值税抵扣范围，同时，新增试点行业的原有营业税优惠政策原则上延续，对特定行业采取过渡性措施，确保所有行业税负只减不增。从“营改增”试点实施效果来看，此次“营改增”试点贯通了行业之间的抵扣链条，从制度上消除了重复征税，使税收的中性作用得以发挥，加上政策配套出台的多项优惠措施，“营改增”试点改革减税效应初步显现。

由于增值税仅仅对产品增值部分及附加值进行征税，所以“营改增”政策的颁布，不但能够在抵扣体系的作用下防止重复纳税现象出现，减少企业税负，引导企业健康发展，同时还能规范税法相关要求。此外，随着营业税改增值税政策的颁布，营业税和增值税实现高度统一，各个企业在纳税过程中，只需对产品增值部门和附加值产品纳税，简化了税务流程，有效地减少税务风险出现。

（三）营业税改增值税的意义

首先，“营改增”有效解决了重复征税的问题，减轻了企业的税收负担。

“营改增”政策一方面扩大了增值税的征税范围，另一方面改变了计税方式。纳税人不需要对整个流程进行纳税，只需要对自己参与的环节纳税，这样就可以将产品和服务全部纳入增值税的范畴中来，不对服务行业增收营业税，从根本上避免重复征税。从2012年进行营业税改增值税的试点推广工作，到现在已经进行了10年的时间，已经从试点变为全面执行，营业税改增值税对于我国企业的发展具有极大的促进作用，降低了企业税负，帮助企业实现可持续发展。在2018年的“营改增”深化改革中，再一次调整小规模纳税人的标准，增值税小规模纳税人标准调整为年应征增值税销售额500万元及以下，避免了重复征税的问题，减轻了企业负担，进一步扩大降费减税政策效应的效果。相关报告显示，截至2019年，一共有112万家试点企业借助营业税改增值税的政策，减负550亿元，效益十分明显。在深度剖析的过程中发现，95%的企业在实现“营改增”的财政变化后实现了减负，5%的企业出现了企业税负增加的状况。与之相对应的所有的小规模纳税人以及个体工商户都实现了减税，减税的幅度达到40%，降低了大多数企业的税负。

其次，“营改增”政策有利于降低企业生产成本，促进产业结构的调整和升级。当公司负税压力减小时，企业利润和股东权益收益上升，改善企业经营状况，推动行业发展，从而促进国家整体经济发展。“营改增”使企业留存收益增加，扩大再生产上可分配到的资金增加，有利于企业的可持续发展和行业内的发展和升级。减税减负政策使企业发展步入新阶段，提升企业的核心竞争力和国际竞争力，使得企业在新一轮的世界减税潮中稳步发展，有利于巩固和提高我国在国际上的经济地位。

最后，促进第二、第三产业发展，加快了第二、第三产业的融合步伐。在进行“营改增”之前，增值税的征税范围是十分狭窄的，只是涵盖交通运输业和相关的服务行业。“营改增”之后，征税范围不仅包括上述二者，更向着二、三产业迈进，加速二者融合。同时，“营改增”对部分行业和小微企业的政策优惠，有利于新兴产业、第三产业和小微企业的存活和发展以及我国产业结构调整和产业升级。此外，行业内的发展和升级使得企业发展进入新阶段，对服务环节和技术环节投入资金加大，有利于第三产业的发展和科技进步，从而提高国际竞争力。

四、2018年个人所得税改革

个人所得税为征税机关依法向国内公民以及暂住在国内的个体应税所得征收税费的一种税种，用于协调征税机关与自然人（居民、非居民人）在所得税征纳方面的平衡。[①] 个税制度是调节民众收入差距、增加政府财政收入、维护社会和谐公平的有效工具。近年来，随着我国经济发展速度加快，民众收入水平不断提高，新时代下的个税改革成为社会和政府关注的热点。

我国个人所得税从 1980 年开始，至今已有 40 多年的征收历程。直到 2018 年个人所得税制度得到了彻底性变革。2018 年 8 月 31 日，十三届全国人大常委会第五次会议表决通过修改《中华人民共和国个人所得税法》，随后国务院又印发修订后的《中华人民共和国个人所得税法实施条例》及《个人所得税专项附加扣除暂行办法》，我国新的个税法于 2019 年 1 月正式开始实施，将采用全新的计税方法，进入分类与综合相结合的时代。

在征税模式和征税内容上，此次个税改革前，我国一直实施的是分类制的征收模式，即对个人收入中的工资、股息等十一项内容进行按月征税。个税改革后，将工资薪金、劳务报酬、稿酬以及特许权使用费四项劳动性所得合并为综合所得，统一实行超额累进税率，同时还调整了超额累进税率的级距，也就是说在每月发放工资时都要汇总之前月份的收入、减除费用、专项扣除、五险一金、已纳税额，运用公式直接适用全年综合所得扣缴税款的税率和速算扣除数，得出当月应预扣预缴的税款。

在征税内容上，为了更好地发挥个人所得税的收入再分配功能，相比往次个人所得税改革仅注重免征额调整，本次税改除基本的减除费用、专项扣除以外，还增加了专项附加扣除，包括子女教育、继续教育、大病医疗、住房贷款利息、住房租金及赡养老人六项，促进不同负担家庭之间的税收公平。

此次税改的另一个备受关注的亮点是起征点变化，由原来的 3500 元提高到了 5000 元。值得一提的是，缴费时间也由按月交改为按年交，意味着减少了工资月收入不稳定且年收入在 6 万元以下的部分群体的税负。个税起征点是个人所得税工薪所得减除费用标准或免征额，个税起征点与个税高低的关系最为直接，成为广大工薪阶层关注的重点。此政策下，起征点的提升，惠及广大的工薪阶层，具有改善低收入群体生活质量的作用，也有利于解决新时期的新矛盾。[②]

此次改革在综合征收、专项附加扣除、自主申报、汇算清缴等方面取得了重大进步，力度空前，是历次改革影响最为深远的一次，无论在制度设计上还是在征管模式上均有很大的创新，设立专项附加扣除，在降低纳税人税负的同时，也

---

① 阳芳、何冬明、毕晓云：《个人所得税调节收入分配效应研究——基于 2006—2011 年三次个税改革的比较》，《价格理论与实践》2018 年第 7 期。

② 阮智鹏：《2018 年个税改革分析》，《中国集体经济》2020 年第 9 期。

充分考虑了不同纳税人之间的支出差异，体现了个税的公平性和科学性。但就个税整体改革而言，仍有大量的工作需要研究和完成。

第一，税收收入差距调节力度较弱。纵观当前我国个人所得税的征收制度，收入不高的工薪阶层承担着超过50%的个人所得税税收金额，而高收入阶层的个人所得税征收标准却相对偏低。工薪阶层收入来源渠道比较单一，完税率相对较高；而高收入群体，他们的收入渠道具有多样性，享受多源扣除的权利。再加之当前我国的个人所得税征收监管体系尚未完善，这些高收入群体在缴税过程中可能会出现偷税、漏税行为。针对这些现象，我们应当进一步加强分类制和综合制的有机结合，促进收入公平。针对工薪阶层收入水平偏低的情况和高收入阶层容易偷税漏税的情况，建议国家相关税务部门在持续完善薪金项目免征等措施之外，可以在个人所得税征收范围内纳入附加福利收入来扩大税基。

第二，税前扣除相关制度不够合理。近年来物价变化与公民收入的发展变化速度较快，而相比较这一变化速度，我国的个人所得税的起征点调整不够灵活。不同的地区经济发展、物价水平和公民的收入存在较大的差距。如我国东南部沿海城市的经济发展较快，这一区域的公民个人收入较高，而西北部地区经济发展则相对缓慢，公民的工资标准偏低，我国实行的个人所得税征收制度又是全国统一的，这对不发达地区低收入人群不公平。目前我国的个人所得税的税前扣除已经涵盖了基本养老、医疗、住房公积金等项目内容，随着社会的不断发展和民众需求的变化，在将来国家还应当考虑更多的税前扣除项目，如再教育费用、住房抵押贷款利息等，国家可以根据实际情况来灵活调整税前扣除制度，逐步推动税前扣除制度的健全与完善。

第三，目前我国公民自觉纳税的意识不足。其中主要体现在高收入群体，他们的收入来源具有多元化的特点，除了基本的工资收入之外，还有理财投资、创办公司、兼职等多种渠道，而这些渠道的收入目前我国的税务部门监管难度较大，这就造成了这部分高收入群体偷税、漏税。在接下来的个人所得税改革中，建议国家应当持续完善基础性的税收相关法律法规，保证个人所得税征收工作有法可依。此外，借助于互联网、普法教育等多种渠道和形势来不断强化关于公民纳税的宣传，进一步深化公民对个人所得税的认知，营造自觉纳税的良好环境。

五、大数据与税收管理

大数据是具有国家战略意义的重要资源，被誉为“21世纪的新石油”。习近平总书记在中共中央政治局就实施国家大数据战略进行第二次集体学习时指出：

“要运用大数据提升国家治理现代化水平。”如何运用大数据助推税收治理现代化的实现，成为税务部门面临的重要问题。

税务机关必须要充分认识到信息化已步入“互联网+”、大数据时代，应秉承开放、创新的互联网思维并结合前沿技术，统筹安排税收信息化建设的各项工作。随着我国税制改革的不断深入，纳税人的数量呈几何级数增长，纳税方式趋于多元化，税收征管的难度愈发显现。而大数据能够为现代税收治理的决策执行、信息反馈、监督保障等各个环节提供数据支撑，及时地反映税收征收情况及经济运行情况。①

要使大数据在税务管理过程中充分发挥作用，税务部门就要及时把好的经验、做法线上化、数字化，形成大数据资产，构建大数据平台，以便于实时分析利用，提高风险的感知、预测、防范能力。《国家税务总局关于进一步深化税务系统“放管服”改革优化税收环境的若干意见》中提出依托税收大数据，推行“实名办税+分类分级+信用积分+风险管理”的征管方式。大数据最重要的特点是低密度、高价值，可以快速完成对内对外涉税（费）信息的采集，实现税务、海关、银行、公安等部门之间，以及淘宝等第三方涉税信息部门之间的数据共享，挖掘数据潜在价值，多视角、多层次地分析纳税人信息，并对疑点问题进行预警。此外，大数据的出现使整个税务征管过程更加清晰透明，通过构建内、外部信息的共享机制，营造快速响应、有弹性征纳的互动环境，建立大数据采集、大数据分析、大数据预测、大数据发布、大数据执行的管理决策机制，实现税务机关的执法过程透明、公正、公平，从根本上减少信息的不对称性。②

当前我国各个单位、企业都在不断探索，以期通过大数据技术来对税收征管起到推动作用。如针对纳税人诚信水平难评价、偷逃骗税难发现等问题，税友软件集团股份有限公司与西安交通大学合作研究了“税务大数据计算与服务关键技术及其应用”项目，提出“纳税人利益关联网络”概念，创造性地将复杂网络理论应用于税务数据分析，并在税务系统的大数据技术与服务领域取得了良好的应用与推广效果。③ 但我国目前仍在技术手段、管理思维、人员专业性、法律规制等方面存在不足。传统数据存储方式难以满足海量涉税数据的需要，在数据文

① 王葛杨：《关于运用大数据推进税收治理现代化的思考》，《税务研究》2020年第11期。

② 孙存一：《大数据视角下的税收风险管理》，《税务研究》2019年第7期。

③ 邓学飞、贺照耀：《大数据在纳税缴费信用体系建设中的应用研究》，《税务研究》2020年第5期。

件读写处理方面存在磁盘性能瓶颈；同时，数据壁垒[①]的存在，使数据的整理仍局限于纵向对比与收集，部门之间尚未形成真正的互通互用，数据分析模式单一，分析自动化程度不高，导致结果不够准确[②]；许多业务人员仍停留在传统的线下模式，对于互联网技术或对计算机业务操作不熟练，既有专业税务技能，又能掌握计算机技能的人才稀缺；作为一门新兴产业，我国在大数据方面的法律法规不够健全，有待进一步完善。

六、中国财税体制改革的趋势

中国税制改革进入新时代，国内外政治经济形势发生结构性变化，逆全球化和贸易保护主义再次盛行，全球产业合作呈现地区性、排他性特征，新冠肺炎疫情在全球的蔓延重构了经济主体的行为方式。新一轮科技革命和产业升级正在兴起，数字经济蓬勃发展，老龄化加速对传统的经济增长方式带来冲击，中国税制改革面临前所未有的挑战。

我国目前税制的特点主要有以下几点。首先，个人所得税税负由于不可转嫁和可觉察性强，成为税制改革的重点和难点。[③]个人所得税存在的主要问题是税收过于依赖劳动所得，如股息、利息、红利、财产使用权转让等资本利得和财产利得纳入综合计征，导致居民消费动力不足，热衷于投资，造成资产价格高估的现象。其次，从优化税制结构角度来看，我国税收收入构成中直接税比重过低，现阶段我国有70%的税收收入来自间接税，来自直接税的仅30%。直接税改革阻力加大不利于税收结构的平衡。再次，我国税制特别依赖于少数几个税种的收入，第一大税种增值税占税收总收入的40%，第二大税种企业所得税占22%，也就是说前两个税种已经占据了总收入的62%。此外，我国税收特别依赖于企业部门，很少依赖于居民部门，从税收的直接来源角度看，企业部门共享了90%的税收收入，居民部门税收收入仅占10%，即居民部门的税收负担相对较轻，而企业部门的宏观税负相对较重，也说明了我国的税收主要取自于商品的消费部分，而非利润或收入部分。最后，传统的税收监管和税收规则难以应对数字经济带来的新挑战，数字经济对我国税制带来的挑战主要体现在具体税种的征收和纳税征收

① 数据壁垒的存在使数据只能在部门内部之间互通应用，而未能与其他部门从横向上形成数据互通、信息整合的通道，数据的价值也因此不能真正体现，只有把数据大规模整合、分析、运用，才能让数据活起来，才能对政府决策有意义。

② 张云华、商永亮：《大数据时代税收管理的机遇与挑战探析》，《税务研究》2018 年第 9 期。

③ 范子英、高跃光：《如何推进高质量发展的税制改革》，《探索与争鸣》2019 年第 7 期。

管理机制上。数字经济带来商业模式转变，交易方式和交易内容的数字化使价值衡量成为难题，在此状况下所得税应税所得的计算和分类十分复杂，原有税收规则中对各类收入的划分标准不能应对数字经济带来的新变化。同时在数字经济交易中，纳税人身份和纳税对象界定困难，跨国企业滥用税收协定和税收规则使避税变得更加容易，直接影响纳税征管。①

在我国经济发展进入新时代之时，我们要加快完善社会主义市场经济体制，建设现代化经济体系，努力解决发展不平衡不充分问题，这对税制改革提出了更高要求。

第一，税制应当逐渐适应全球化的要求，建立符合国际惯例、具有国际竞争力的现代税收制度。引进外资、企业“走出去”和“一带一路”建设也要求我国税制与国际接轨，更好地融入全球经济体系。经济数字化使得经济增长方式、经济形态、商业模式、贸易投资、生产生活正在发生巨大而深刻的改变，如何划分税收管辖权成为焦点问题，要完善地方税税制，培育地方主体税种，合理配置地方税权，理顺税费关系，按照中央与地方收入划分改革方案，后移消费税征收环节并稳步下划地方。

第二，针对数字经济带来的交易新业态，制定适合数字经济特点的纳税主体确定规则和收入定性分类规则，并对纳税地点、纳税方式、纳税周期和国际避税制定相应规范是接下来需要进行解决的。以大数据思维为指导，建立健全纳税信用评价监督体系，打造以纳税人为中心，以信用评价、监控预警、风险应对为内容的信息化税收征管模式，构建纳税信用动态评价制度，使评价主体更加多元，评价信息来源更加多样化。② 数字经济时代需要有前瞻思维和国际视野的数字人才，要推动设立税务学科高校产学研基地建设，加大技术研发力度，努力突破数据整合瓶颈，加快数字经济时代税务理论研究和税务实务人才培养。

第三，税制改革适应市场化的要求，形成税法统一、税负公平、调节有度的税收制度体系，促进科学发展、社会公平和市场统一。十九大报告指出，我国经济已由高速增长阶段转向高质量发展阶段，建设统一开放、竞争有序的市场体系，体现效率、促进公平的收入分配体系，是建设现代化经济体系的重要内容。这就需要秉承税收中性的理念，最大限度地消除重复征税，对不同经济成分适用统一税制，减少税收对经济活动的扭曲，提高市场配置资源的效率。十九届五中

① 陶一桃、程静：《经济下行风险中的中国税制改革探索》，《理论探讨》2020年第9期。

② 任国哲：《大数据时代完善税收征管制度体系的思考》，《税务研究》2019年第9期。

全会指出，要健全直接税体系，逐步提高直接税比重，健全以所得税和财产税为主体的直接税体系，逐步提高其占税收收入比重。同时进一步完善综合与分类相结合的个人所得税制度，适时推进个人所得税改革修法，合理扩大纳入综合征税的所得范围，完善专项附加扣除项目，完善吸引境外高端人才政策体系。

第四，税制改革要适应法治化的要求，要全面落实税收法定，增强税收确定性和稳定性。中国税制现代化进程中，法治理念从税收法制到税收法治，税法税制从内外有别到一体化，税收改革从行政思维到法治思维，制度建设从行政主导到税收法定。按照“立法先行、充分授权、分步推进”的原则，积极稳妥推进房地产税立法和改革。建立健全个人收入和财产信息系统。坚持依法治税理念，提高政府税收和非税收入规范化、协调化、法治化水平，加快建立权责清晰、规范统一的征管制度。

第五，改革税制需要解决税收公平问题。规范收入管理，将不同来源收入纳入统一征管，实行公平一致的税率，实现横向公平；在进行专项抵扣时，充分考虑个体负担异质性，实现纵向公平，从而提高全民税收道德水平，使依法纳税、诚信纳税成为经济主体的行为惯性。

随着市场经济开放程度的深化，税制税种构架不断完善，税收调节功能日益提升，取消农业税制度、内外资企业所得税合并、增值税转型和“营改增”等一系列措施表明我国对经济领域征税主体框架的改革已取得实质性成效。未来将改革目光放在税制、体制和法治三大建设中，优化税制结构，建立更加公正、更加简明、更加高效的税收制度，在新时期服务国家治理体系和治理能力现代化上，全面提升税收治理方略和税收国际竞争力。

课后习题

一、名词解释

公共收入　税收原则　横向公平　纵向公平　能力原则　受益原则　全额累进税　课税主体　增值税　税负转嫁　税收资本化　税负归宿　公债　营改增

二、简答题

1. 税收的转嫁形式有哪些？不同类型物品征税对税负转嫁和归宿产生什么影响？

2. 税收是如何在调节社会公平方面发挥作用的？

3. 结合图形简述税收的局部均衡。

4. 怎样理解税收的公平原则和效率原则？

5. 简述我国国地税合并的必要性，以及未来中国税制改革应该注意哪些方面？

娱乐圈乱象须整治，“阴阳合同”成明星的利益链条

众所周知，明星一直都是一个高收入群体，自2017年以来，明星“限薪令”层层收紧，处罚方式不断升级，但对账面收入进行约束后，很多明星依然挂着出品人、制作人等身份赚钱，或将部分片酬转化为投资、股权等分红，甚至干脆签订“阴阳合同”弄虚作假。自2018年，某明星“阴阳合同”被曝光后，社会看到了圈内乱象的“冰山一角”，也掀起了行业税收秩序整顿工作，大批明星背后的税务问题也开始被质疑。

所谓“阴阳合同”是指合同当事人就同一事项订立两份以上的内容不相同的合同，一份对内，一份对外，其中对外的一份并不是双方真实意思表示，而是以逃避国家税收等为目的；对内的一份则是双方真实意思表示，可以是书面或口头。例如，近日另一明星被爆料，疑似在出演某电影时片酬高达1.6亿元，折合日薪约200万元，天价片酬引起社会一片哗然。为逃避“限薪令”，该明星将片酬拆分为4800万元和对疑似其母亲持股的公司增资1.12亿元，从而实现偷逃税款。显然，“阴阳合同”这种逃税行为已不是一般的道德问题，而是严肃的法律问题，被查处签订“阴阳合同”的艺人需要付出法律代价。

本应按劳分配、多劳多得，若一些明星仅靠一张脸及出格言行就轻松敛财，身处财富金字塔尖还偷税漏税，社会效应何其恶劣，又让普通劳动者情何以堪？在这个意义上，严查不法行为，整顿“天价片酬”，也是守护社会公平、捍卫劳动精神与奋斗价值。

纳税是每个公民的义务，作为公众人物更应该自律自重，一方面他们对于民众尤其是青少年有着引导作用，另一方面他们享受着社会的福利，更应该具有时代责任感，只有这样才能对得起所谓的“流量”和身价。（资料来源：人民网、光明网）

从纳税角度来谈谈对明星“阴阳合同”的看法。

「第十四章」 收入分配

近年来，我国居民收入水平不断提高，消费结构不断升级，民生福祉不断改善，兜底保障不断夯实。党的十九届五中全会提出，到2035年全体人民共同富裕取得更为明显的实质性进展。但当前，我国发展不平衡不充分问题仍然突出，第一，城乡居民人均收入绝对差距不断扩大，人均收入相对差距虽有减小趋势但城乡差距仍在2.5倍以上；第二，城乡居民人均消费绝对差距逐年增大，相对差距虽逐年减少但消费差距仍在2倍以上；第三，城乡差异成为导致中国人均居民收入与消费差距的主要因素。①促进共同富裕需要选取部分条件相对具备的地区先行先试、做出示范。

2021年6月10日，《中共中央 国务院关于支持浙江高质量发展建设共同富裕示范区的意见》公布，该意见紧扣推动共同富裕和促进人的全面发展，明确了包括提高发展质量效益、夯实共同富裕的物质基础、深化收入分配制度改革、多渠道增加城乡居民收入、缩小城乡区域发展差距、实现公共服务优质共享等在内的六个方面举措。在新发展阶段，“共同富裕”是新时代下中国特色社会主义制度优越性的集中体现，共同富裕绝不是均贫富，也不是同步富裕、同等富裕，而是全民共富、全面富裕、共建共富和逐步共富。如何在全国经济总量稳步增长的同时，寻找到一条走出区域与区域之间、城市与农村之间的资源收入分配不平衡的“破局之路”，是此次“共同富裕示范区”的意义所在。

第一节 收入分配方式

收入分配问题研究需要结合生产方式、生产关系、生产目的进行系统的分析。马克思在《政治经济学批判》导言中提出“分配本身是生产的产物，不仅

① 李国正、艾小青：《“共享”视角下城乡收入与消费的差距度量、演化趋势与影响因素》，《中国软科学》2017年第11期。

就对象说是如此，而且就形式说也是如此”，“作为生产要素的分配，它本身就是生产的一个要素。因此，一定的生产决定一定的消费、分配、交换和这些不同要素相互的一定关系”。① 在经济学体系中，生产问题和分配问题始终占据着重要地位。生产关乎经济增长，核心问题是“效率”；分配尤其是功能性收入分配则主要同“经济增长成果的分享”有关，核心要求是“公平”与“公正”。② 按照亚当·斯密的观点，经济增长在很大程度上取决于独立平等的市场主体是否能够通过分工和自愿交易，主动地参与到市场体系之中，也即经济增长有赖于人们的普遍分工与合作，但这种分工与合作的必要前提是参与各方能够在分工合作中获得恰当的报酬、占有恰当的份额。

一、功能收入分配

功能收入分配（Function income distribution）也被称为要素收入分配，根据各种生产要素在各自生产过程中发挥的作用或做出的贡献来获得相应生产成果，涉及的主要是初次分配，反映的是收入分配的公正性。功能收入分配是从收入来源的角度研究分配，关注的是资本和劳动的相对收入份额，反映了以要素贡献的大小来确定其报酬或要素价格水平高低的基本要求，而合理的要素价格是生产资源合理配置的前提条件之一。

英国的工业革命促使传统经济开始向市场经济转变，生产技术、组织方式也快速变革，社会各阶层利益格局也急剧变化。这一时代的古典经济学家的首要任务是对这种新的生产方式和利益格局调整做出理论阐述，同生产密切相关的功能性收入分配自然成为其关注重点。李嘉图更是将功能性收入分配的支配法则视为“政治经济学的主要问题”。英国工业革命基本完成之后，英国等经济体先后进入成熟的市场经济体系，19 世纪 70 年代的“边际革命”，将经济理论带入新古典时代。新古典经济学认为在完全竞争情形下，每种生产要素都将根据它们的生产过程获得各自的边际报酬，即边际收益等于边际产出，此为“边际原理”。每种生产要素恰好依各自贡献得到各自收益，各生产要素之间不存在剥削、剩余和冲突；也正因为如此，新古典经济学的潜在价值判断是：自由竞争市场上的功能性收入分配是公正与效率兼容的，不存在效率和公正、经济增长和成果共享方面的冲突。边际原理的分配理论是新古典经济学对功能性收入分配理论的重大贡

① 《马克思恩格斯选集（第 2 卷）》，北京：人民出版社，2012 年版，第 695-699 页。

② 胡怀国：《功能性收入分配与规模性收入分配：一种解说》，《经济学动态》2013 年第 8 期。

献，且已成为现代经济学的重要组成部分和经济学常识之一。

20世纪五六十年代，随着经济学界将目光从凯恩斯的短期分析转向经济增长等长期问题，功能性收入分配理论再次取得重要进展，如索洛等借助于柯布-道格拉斯生产函数[①]和简洁的增长模型，为新古典经济学的功能性收入分配理论提供了更加成熟的形式。20世纪的最后30年是规模性收入分配的时代。20世纪70年代末、80年代初，主要发达经济体的劳动份额开始持续下降，发展中国家在90年代也开始表现出类似的趋势性变化，劳动份额乃至功能性收入分配重新引发了人们的关注。20世纪末，经济理论界的新一轮经济理论创新浪潮，如新增长理论、新贸易理论等为人们探讨功能性收入分配问题提供了新的理论基础；此外，对功能性收入分配进行经验分析所需要的数据得到了进一步的丰富，可资利用的计量技术也得到了快速发展，人们对功能性收入分配领域的旧命题和新问题又开始展开了经验研究。

21世纪以来，面对新经济增长理论的技术密集型产业增长与收入分配中劳动份额相对下降，美国金融危机、欧洲主权债务危机、“占领华尔街”运动与“种族主义”崛起等一系列现实要求经济学家们开始反思和批判资本的贪婪。[②]在这种情况下，资本属性、资本应得的报酬、重回实体经济、回归制造业乃至合理的劳动份额等一系列同功能性收入分配相关的论题开始重新进入社会公众和政府的视野当中。可以说，现实、理论、数据、方法以及金融危机以来的社会关注和公众情绪共同推动功能性收入分配的强势回归。[③]

法国经济学家托马斯·皮凯蒂（Thomas Piketty，1971—　）在《21世纪资本论》中指出，当资本的利润增长率超过经济增长率时，劳动收入份额就会下降。经济越不平等，财富越集中，资本—收入比率就更趋向攀升，国民收入中分配给资本所有者的份额就会上升，分配给劳动力所有者的份额就会下降，这最终可能导致经济以爆发危机收场。中国收入分配在过去20年有两个重要特征：一是劳动收入份额曾持续下降，一直到2008年金融危机后才略有回升；二是收入不平等持续增加，自2009年后略有下降。[④] 基于过去20多年的现实来看，劳动

① 柯布-道格拉斯生产函数是美国数学家柯布（C. W. Cobb）和经济学家保罗·道格拉斯（Paul H. Douglas）共同探讨投入和产出的关系时创造的生产函数，在生产函数的一般形式上引入了技术资源这一因素，用来预测国家和地区的工业系统或大企业的生产，分析发展生产的途径的一种经济数学模型。公式为 $Y = A(t)\ L^{\alpha}\ K^{\beta}\mu$，其中 Y 为工业总产值，$A(t)$ 为综合技术水平，L 为投入的劳动力，K 为投入的资本，α 是劳动力产出的弹性系数，β 是资本产出的弹性系数，μ 表示随机干扰的影响，$\mu \leqslant 1$。

② 刘文勇：《社会主义收入分配的思想演进与制度变迁研究》，《上海经济研究》2021年第1期。

③ 胡怀国：《功能性收入分配与规模性收入分配：一种解说》，《经济学动态》2013年第8期。

④ 汤灿晴、董志强：《劳动收入份额和收入不平等存在相互影响吗》，《当代财经》2019年第8期。

收入份额变化对收入不平等有反向影响，即劳动收入份额下降会加剧随后的收入不平等，劳动收入份额上升会降低收入不平等。提高劳动收入份额不仅是改善初次分配的需要，也有助于改善收入不平等状况。当前，中国正处于经济发展与改善民生的关键时期，在这个过程中，经济增长、结构调整和民生改善缺一不可，功能性收入分配有助于探讨经济增长和结构调整中的效率与公正。

二、规模收入分配

规模收入分配（Scale income distribution）也被称为个人收入分配或家户收入分配，其探讨的是不同个人和家庭的收入总额，关注的是不同阶层的人口或家庭得到的相对收入份额，它同人们的生活水平、相对地位以及能否享有“有尊严的生活”息息相关。规模收入分配涉及收入的初次分配和再分配领域，关注于收入分配的经济增长效应以及社会福利的增进。规模收入分配与功能收入分配之间的基本关系是：功能收入分配的差别越大，规模收入分配的差别也就越大。收入的功能分配对收入的规模分配具有决定作用。这是因为在经济活动中，生产要素的分配是第一位的，功能性收入分配的状况决定了规模收入分配的性质和数量。在社会的不同阶层中，那些在功能收入分配上占据优势的群体，在规模收入分配上也必然居于上峰。

判断居民收入差距的重要指标一般有两个：一个是居民收入差距指数，计算公式是“全国居民人均可支配收入”的平均数除以中位数，另一个判断居民收入差距的指标是基尼系数。基尼系数是国际通用的用来衡量一个国家或地区居民收入差距的常用指标。基尼系数最大为“1”，最小等于“0”。基尼系数越接近0表明收入分配越趋向平等。国际惯例把0.2以下视为收入绝对平均；0.2—0.3视为收入比较平均；0.3—0.4视为收入相对合理；0.4—0.5视为收入差距较大；当基尼系数达到0.5以上时，则表示收入悬殊；基尼系数为1时，表示居民收入分配极度不公平，即100%的收入被一个单位的人全部占有了，这只是在理论上的绝对化形式，在实际生活中一般不会出现。我国居民可支配收入基尼系数在2009—2019年10年间都处于0.46以上的较高水平，表明我国当前居民收入差距较大，居民可支配收入差距问题仍比较突出。虽然在2008年金融危机后，政府开始重视收入分配调节，我国居民可支配收入差距略有改善，但整体上仍然居于高位。表14-1将我国居民可支配收入基尼系数同部分OECD成员国相比可以发现，OECD 成员国可支配收入基尼系数远低于我国。①

表 14-1　2009—2019 年我国及部分 OECD 成员国基尼系数

年份	中国	芬兰	加拿大	英国	葡萄牙	捷克
2009	0.490	0.259	0.316	0.374	0.336	0.257
2010	0.481	0.264	0.316	0.351	0.341	0.260
2011	0.477	0.264	0.313	0.354	0.337	0.257
2012	0.474	0.260	0.317	0.351	0.337	0.254
2013	0.473	0.262	0.320	0.358	0.341	0.259
2014	0.469	0.257	0.313	0.356	0.338	0.257
2015	0.462	0.260	0.318	0.360	0.336	0.258
2016	0.465	0.259	0.307	0.351	0.331	0.253
2017	0.467	0.266	0.310	0.357	0.320	0.249
2018	0.468	0.269	0.303	0.366	0.317	0.249
2019	0.465	—	—	—	—	—

2020 年肆虐的新冠疫情，不仅给各国的经济带来了巨大的冲击，同时也对不同阶层民众的收入产生了很大的影响。近期研究表明，疫情防控期间全世界富豪特别是欧美富豪的收入是增加的，而穷人的收入是减少的。这是因为，过去一年全球股票市场表现良好，使得财产性收入和财富效应在收入分配结构中的作用更加凸显。背后的逻辑是，在各国采取量化宽松政策的背景下，大规模的货币投放使得拥有资产的人由于资产价格的上升而获得了更多的财富。从我国来看，共同富裕是我们的长期目标，改善收入分配结构任重道远。虽然人们很早就非常重视收入不公平问题，但基于过往经验来看，各国政府在改善收入分配结构方面的努力往往难以奏效。改革开放 40 多年来，我国居民收入已经大幅度提升，但如果参照世界的标准，我国中等收入阶层的比重仍处于较低水平。2021 年 4 月 7 日，国新办就贯彻落实“十四五”规划纲要，加快建立现代财税体制有关情况举行新闻发布会。财政部部长助理欧文汉表示，“十四五”期间，财政部将大力支持高质量发展，做大经济“蛋糕”，改革完善收入分配政策，分好经济“蛋糕”，进一步规范收入分配秩序，推动形成公正合理的收入分配格局，扎实推进共同富裕，着力提高低收入群体收入，扩大中等收入群体，加快补齐农村流通短板，促进居民消费。

① 岳希明、张玄：《优化税收收入分配效应的思考》，《税务研究》2021 年第 4 期。

第二节　收入分配的目标与原则

一、收入分配的目标

收入分配既要实现公平也要讲求效率，不能将二者简单对立起来。效率与公平作为一个整体，相互依存，二者之间既有统一性也有一定的矛盾，片面强调任何一方都有可能损害另一方。收入实现公平分配，这包括两个方面的含义，其一是所有社会成员都按统一规则参与经济活动，按照对生产的贡献份额获得相应的收入份额，这种公平属于市场公平，遵循市场原则，这种公平强调的是要素投入和要素收入的相对称；其二是强调劳动成果在分配上的均等，该种均等属于社会公平，遵循社会道德标准，社会公平是指将收入差距维持在现阶段社会各阶层居民所能接受的合理范围内。平均不等于公平，甚至是与社会公平相背离，社会公平不意味着收入分配的平均，而是要把收入差距控制在社会可以容忍的范围内。公平是效率的前提，收入差距过大，一方面阻碍经济的稳定发展，引起社会治安的不稳定，在一个动荡的社会环境中，效率是不可能实现的；另一方面，收入分配的不公使更多的财富流向消费倾向较低的高收入阶层中，降低整个社会的需求水平，造成供求总量的失衡。因此，只有在收入分配公平的条件下，才会激发经济活力和保持社会稳定。此外，在承认人的能力、才智、积极性的差距以及由此带来的劳动生产率差别的基础上，财产与收入的适当差异更可以激发人们的热情，在效率原则下，能够激励社会成员更加积极地工作，更好地利用社会资源，使资源得到优化配置，也为更高层次的公平奠定了基础。

在市场经济中，影响收入分配的因素主要有两个：一是资本禀赋，指个人或经济主体拥有的要素数量，其取决于先天继承和后天积累；二是生产要素在市场上的价格，例如凭借付出劳动力获得工资，通过资本的获得取得利润等。然而因为很多不公平的因素影响着由市场机制决定的分配格局，例如出身的不平等，每个人获取收入的机会不均等，过分的悬殊会被社会认为不公平。因此，为了在一定程度上缓解收入分配的不公平，政府必须出面进行干预，调整市场机制所形成的收入分配差距，以此来改善特定群体的状况，这也是维持社会稳定发展的前提条件。

我国的收入分配制度聚焦于初次分配、再分配、第三次分配的“三线齐发”。[①] 在初次分配领域，市场在资源配置中“基础性作用”向“决定性作用”的转变，强调的是市场对资源的优化配置功能，但是政府的市场监管、社会管理与公共服务职能是市场决定性作用发挥的前提和基础，反垄断与促进公平竞争的法律法规，最低工资、正常工资增长与集体协商的制度设计都为初次分配的公平起到了极大的促进作用。在再分配领域，我国财政在税收制度、社会保障、转移支付等方面发挥着重要调节作用，以期缩小收入分配差距，提高财政使用效率，包括调整个人所得税，降低企业所得税率，实施深化财税体制改革，取消不合理税收，严格税收征管等，为社会福利性支出夯实了转移支付基础，在住房、医疗、养老、失业等领域健全和完善社会保障体系，确保了全体国民满足基本生存需求并向满足发展需求过渡。在第三次分配领域，由民间组织、企业和个人力量组成的慈善事业是前两次分配的重要补充，习近平总书记指出要“大力扶持职业教育，支持志愿服务、慈善事业健康发展，保障弱势群体合法权益”。[②] 一方面，第三次分配通过对低收入群体技术要素以及资本要素的补给，提高低收入者的收入水平，调节差距，其本身也符合市场效率要求，弥补了市场失灵；另一方面，第三次分配可以弥补因税收问题、转移支付等造成的收入差距，弥补市场失灵。所有的措施，都围绕着促进收入分配公平、提高收入分配效率这一目标进行，以保障全体人民能够共享发展成果。

二、收入分配的原则

收入分配关注的核心是收入分配的公平正义问题。收入分配的公正与否直接关系到执政党的威信和执政的合法性，关系到社会的稳定和经济的可持续发展。国内外都将完善收入分配制度作为稳定社会、实现经济发展的重要保障，例如日本以终身雇佣制为基础的企业均衡制度、美国的职工持股计划[③]、俄罗斯的退休养老金及社会福利和救济制度、巴西的“家庭补助金计划”、秘鲁的“洪托斯计划”等，均是国外执政党为实现收入分配的公平正义而采取的重要举措。

我国的收入分配较其他国家来说有所不同，这也与中国的市场经济体制相适应，按劳分配与按生产要素分配相结合是中国的主要收入分配方式，这样的分配

---

① 刘文勇：《社会主义收入分配的思想演进与制度变迁研究》，《上海经济研究》2021 年第 1 期。

② 习近平：《坚持可持续发展 共创繁荣美好世界》，《人民日报》2019 年 6 月 8 日。

③ 于国安：《我国现阶段收入分配问题研究》，北京：中国财政经济出版社，2010 年版，第 107，110 页。

制度在市场经济条件下能形成有效的激励方式，以按劳分配为主体并承认其他要素的贡献，既能兼顾公平也能促进市场效率的提高。进入21世纪后，分配不公问题更为突出，甚至严重影响效率的进一步提高，多年效率优先的分配原则使收入差距日积月累，基尼系数居高不下。实践证明，收入拉开差距可以促进效率，但差距过大与过去的“平均主义”一样，是一种不正常不合理的收入分配状态，它不仅在实践中会影响社会稳定、损害经济效率，而且在理论上得不到支持和论证。

在人均GDP水平达到一万美元的情况下，面对“中等收入陷阱”的威胁，我国在收入分配上不能再继续实行让一部分人先富起来的大政策，而是要通过共享发展，让大多数人富起来。从党的十七大开始不再使用效率优先、兼顾公平的提法，而是要求初次分配和再分配都要处理好效率和公平的关系，再分配更加注重公平，逐步提高居民收入在国民收入分配中的比重以及劳动报酬在初次分配中的比重，并且要求逐步扭转收入分配差距扩大趋势，这意味着“让一部分地区一部分人先富起来”的政策需要转向“让大多数人富起来”，也意味着我国由效率优先、兼顾公平的分配原则转向同时兼顾效率和公平的原则。①

目前，我国社会主要矛盾发生了变化，这一阶段的收入分配制度改革被赋予了新的时代精神。在机制建设上，合理的收入分配需要通过两个环节实现：初次分配要确保按贡献大小的比例进行分配，体现公平原则，以便激励每个人努力工作，保持经济体系具有较高的效率；再分配领域要确保最终的收入差距处于适当的水平，以便与社会主义核心价值观所强调的“平等”原则相适应。现阶段的收入分配结构坚持劳动报酬提高和劳动生产率提高基本同步。“两个同步”是实现公平分配、确保居民个人收入和劳动者个人收入稳步增长的基本要求。居民收入增长和经济增长基本同步是确保所有国民共享改革开放红利和经济发展成果的必要前提，这是再分配能够实现的目标；劳动报酬提高和劳动生产率提高基本同步，则是保证劳动者按其贡献获得合理报酬的基本原则，是初次分配能够实现的目标。“两个同步”意味着在收入分配改革中，初次分配领域将要不断强化劳动贡献与收入的联系，也就是尽可能地体现多劳多得的公平原则，这里的“劳动”同时包括体力劳动和脑力劳动；在再分配领域，将会更加注重平等性，尽可能缩小收入差距，实现发展成果由人民共享的承诺。

① 洪银兴：《兼顾公平与效率的收入分配制度改革40年》，《经济学动态》2018年第4期。

第三节 我国收入分配现状以及公平与效率的关系

一、中等收入陷阱

中等收入陷阱（Middle-income trap）是指一个国家凭借某种优势，如自然资源、人口，实现经济的快速发展，使人均收入达到中等收入水平，但由于不能顺利实现发展战略和发展方式转变，长期停留于此，以致造成市场萎缩、产业升级乏力、增长停滞不前、经济对外依赖性增强等一系列问题的状态。

一个国家发展到中等收入阶段即人均国内生产总值 1 万—1.2 万美元时，可能出现两种结果：一种是持续发展，逐渐成为发达国家；另一种就是经济体发现自己卡在劳动力成本上涨和成本竞争力下降的中间，既无法与高技能创新的先进经济体相比较，又不可与低收入低工资的经济体在廉价生产制成品上相竞争，导致经济发展徘徊不前。进入这个时期，经济快速发展积累的矛盾集中爆发，原有的增长机制和发展模式无法有效应对由此形成的系统性风险，经济增长容易出现大幅波动或陷入停滞。截至 2018 年，先后有 36 个国家及地区由中等收入成长为高收入，但其中部分国家在成长为高收入国家之后，又退回中等收入乃至低收入水平。通常，处于中等收入陷阱国家的特点主要表现在投资比例低、制造业增长缓慢、产业结构不够多元、国民受教育程度较低、人口老龄化严重、收入不均、内需不足等。

国际上公认的较为典型的成功跨越“中等收入陷阱”的国家有日本、韩国、以色列和新加坡，而拉美地区和东南亚一些国家则被认为是陷入“中等收入陷阱”的典型代表。像巴西、墨西哥、哥伦比亚等国在 20 世纪 70 年代均进入了中等收入国家行列，但至今这些国家仍然陷入增长的停滞期。“中等收入陷阱”发生的原因主要是各类要素成本大幅上升，环境治理等要求提高，因制度和技术等创新力不足，整个国民经济效率低，在低效率下形成的高速增长（泡沫经济）会拉动各类要素价格上升，使低效率的扩张难以支撑。在国际市场竞争加剧的条件下，整个国民经济难以从主要依靠要素投入量的扩大向主要依靠要素效率提升的竞争优势转变。

“中等收入陷阱”的根源在经济发展不同阶段找公平与效率的平衡点，在进入中等收入国家阶段后，若仍然采用在低收入国家阶段时以牺牲社会公平尤其是牺牲大多数居民的福祉为代价换取片面的经济增长，从而提高效率的方式，最终只会带来经济增长扭曲，并成为社会经济持续增长的障碍。反之，公平的社会环境能够为经济发展提供一个稳定的中等收入阶层消费市场，促进国内消费需求的发展，提高效率，拉动经济增长。当一个国家进入中等收入阶段后，应当继续维持效率，唯有突出社会公平，建立社会收入公平分配的机制，建设“橄榄型”社会收入结构，扩大国内消费需求，转变经济发展方式，实现“包容性”增长，才能够产生足够的推力，强劲助推经济跨越“陷阱”。

产业是经济增长的引擎，产业从劳动与资源密集型转型为资本与技术密集型是各国成功迈入高收入国家的基础，是保持经济增长内生动力的关键。① 回顾大国经济起飞历史，第一、二、三次产业结构不断优化，一般经历第一产业比重迅速下降、第二产业比重先升后降以及第三产业比重不断提高的过程。以韩国为例，20 世纪 60 年代韩国开始由进口替代向出口导向转变，积极吸引外资、技术和设备，发展加工制造业和出口贸易，依靠最初的以轻纺、水泥等劳动密集型产业出口，韩国完成最初的资本积累，之后加快外资引进步伐，大力发展造船、钢铁、机械、汽车等重化工产业，将产业结构逐渐向资本密集型靠拢。完成工业化后，在全球信息科技飞速发展的背景下，韩国将产业发展方向转向创新活动，重点发展电子、通信、信息、化学等产业，扩大科技投资规模，提升科技产品的出口份额，三星等财团崭露头角。1993 年，韩国人均国民总收入达到 9000 美元，成功跻身高收入国家行列。

日本、韩国、以色列等之所以能够避免陷入中等收入陷阱，另一主要原因是这三个国家拥有大量的核心科技。技术创新是成长为高收入国家的主要推动力，加强自主创新，由要素投入驱动转向创新驱动发展，是突破增长瓶颈的必由道路。日本靠机器人、人工智能、半导体新材料等高技术都走在了世界的前列；而韩国的三星，提供了全球 70%的 DRAM 内存，韩国造船业发达，造船总吨位占全球的 40%以上；以色列则是靠出售先进的军工技术实现经济的增长。这样通过高新技术带来的高附加值，使这几个国家从中高收入国家一跃变成了发达国家。在很多领域创新具有边际报酬递增特点，研发环境和基础越好的国家，越能促进新的发明创造。对于后发国家，政府在基础领域和关键共性技术创新中发挥重要作用。在亚洲，转型成功的韩国 1996 年研发经费占 GDP 的比重为 2.26%，比同期仍处于中等收入阶段的泰国高出 1.14 个百分点，至 2017 年韩国已经达到

① 张来明：《中等收入国家成长为高收入国家的基本做法与思考》，《管理世界》2021 年第 2 期。

4. 55%，是泰国的 4. 6 倍。[①] 后发国家要加大科研经费投入，推动自主创新，才能够实现可持续发展。

2019 年，我国人均 GDP 迈上 1 万美元，这一方面意味着中国经济迈上了一个新的台阶，同时也意味着中国经济到了能否突破所谓的"中等收入陷阱"、真正迈入高收入国家水平的关键时刻。依据中国经济发展的内在趋势，2025 年之前中国将很有可能跨过高收入国家的门槛，跻身高收入国家行列。但是，对于中国这么一个庞大的经济体而言，在经历 40 多年的高速增长之后，经济增长减速是正常的。中国的崛起改变了全球政治经济的格局，我国的快速发展已引起欧美国家的高度警惕，以美国为首的发达国家开始限制我国企业发展与科技进步，未来很难继续从外界获取高科技技术和产品。

习近平总书记指出，"对中国而言，'中等收入陷阱'过是肯定要过去的，关键是什么时候迈过去、迈过去以后如何更好向前发展。我们有信心在改革发展稳定之间，以及稳增长、调结构、惠民生、促改革之间找到平衡点，使中国经济行稳致远。"我们需要做的是吸取拉美等国在收入分配、改革整体推进以及制度建设方面停滞从而丧失巨大机遇的教训，促进产业升级，紧紧抓住新一轮产业革命机遇，加快智能制造、互联网+、5G 通信、3D 打印等新技术研发，深化产业链分工，打造新产业、新技术、新模式和新动能，实现由生产型制造向服务型制造转变。面向市场的技术创新体系，加快产、学、研高度融合，注重人力资本投资的效率和质量，激发科技人才活力，加强知识产权保护和基础领域研究，加大创新支持科技成果转化力度，落实创新驱动发展战略。同时，深化金融供给侧结构性改革，加大逆周期调节力度，实施稳健的货币政策，保持合理充裕的流动性，保障金融体系的安全与稳定。加大对外开放力度，积极拓展"一带一路"，掌握运用国际市场规则，积极应对贸易争端，主动参与国际竞争，才能增强本国经济系统的抵抗力，提升在全球市场的竞争力。只有在改革和制度建设层面做出有力的回应，在一些改革层面上推动实质性破局，才能抓住下一个周期经济变化的历史机遇，实现向高收入国家的跨越。

二、我国收入分配现状

"十三五"以来，党中央高度重视工资收入分配工作，破藩篱、促公平，坚持在发展经济的基础上，努力使劳动者和居民分享经济社会发展成果，全面深化

① 张来明：《中等收入国家成长为高收入国家的基本做法与思考》，《管理世界》2021 年第 2 期。

工资收入分配制度改革，使工资分配制度体系日趋健全，工资收入差距扩大的趋势得到遏制，国民收入分配格局有所优化，居民可支配收入在国民可支配收入中的比重、劳动报酬在初次分配中的比重均有所提高；城乡、地区、行业、不同群体工资收入差距呈现缩小趋势，特别是私营单位就业人员平均工资水平和农民工工资年均增速，均超过城镇单位就业人员工资涨幅，农村居民人均收入水平超过城镇居民人均收入水平，不同群体之间工资收入差距趋势由扩大转为缩小。再分配机制也在不断完善，在社会保障、转移支付、税收等方面的政策不断优化，建立了世界上覆盖人群最多的社会保障计划，推进更大力度减税降费政策加快落地，进一步提高中央调剂金比例，多路推进医保改革等举措，为社会再分配提供了更强有力的支持。

虽然收入分配制度改革取得了巨大改善，但依旧面临着一些亟须解决的问题，目前我国收入分配基本状况存在的不足主要体现在以下五点。

第一，收入不平等问题仍然突出，不平等程度长期居高不下。2003—2019年，基尼系数总体上呈现出先升后降的变化态势，基尼系数从2008年以后呈现出一定的改善，但始终保持在较高的水平上，个别年份收入分配不平等程度也出现了反弹趋势。从国家统计局发布的中国家庭收入统计数据来看，最低20%的低收入户的人均可支配收入不到最高20%的高收入户的10%，并且这种收入差距还在进一步扩大。再从近年来的各地经济数据以及刚刚发布的人口普查结果来看，均展现出年轻人口向长三角、珠三角、成渝等发达核心区域聚集意愿强烈，而区域发展也出现“头部现象”，沿海富裕地区与内陆落后地区的差距似有拉大的趋势。同时，信息技术革命又进一步加剧收入差距，数字化、自动化正在颠覆劳动力市场，目前的技术进步多是技能偏向型的技术进步，而这又会加大脑力劳动者和体力劳动者之间的收入差距。

第二，劳动收入份额占比仍然较低。2000年以来我国劳动收入份额的走势呈现出U形态势，2000年劳动收入份额为51%，之后快速下降至2007年的40%，2008年后略有回升，目前在45%左右波动。在经过一系列的收入分配政策的调整之后，我国劳动收入分配有所改善，但与世界其他主要经济体相比，仍然处在较低的水平，这一方面反映出了我国劳动收入份额在初次分配中的问题，另一方面也反映出劳动生产力在不同国家之间的差异。

第三，城乡发展失衡，差距日趋扩大，这是当前我国经济社会发展中存在的突出矛盾，而且已经达到国际公认的结构失衡程度。我国是一个比较典型的城乡二元结构的国家，二元经济结构问题较为突出。随着改革开放的深入发展，城乡之间的收入差距并没有得到较为有效的改善，如果这种差距不加以遏制，不但会加剧长期以来的二元经济结构问题，不利于城乡协调发展；而且会严重制约我国农业农村经济发展，阻碍农民生活水平的提高，并会影响我国人力资源强国目标的实现，甚至导致经济规模的萎靡。

第四，当前中等收入群体规模还有很大的提升空间，且中等收入群体存在东西部差异，东部拥有最庞大的中等收入群体。中等收入群体的消费大多涉及生产性消费和人力资本提升方面，对社会发展起到重要作用。对此，《中华人民共和国国民经济和社会发展第十四个五年规划和二〇三五年远景目标纲要》提出接下来要实施扩大中等收入群体行动计划，以高校和职业院校毕业生、技能型劳动者、农民工等为重点，提高高校、职业院校毕业生就业匹配度和劳动参与率，提高技能型人才待遇水平和社会地位，实施高素质农民培育计划，运用农业农村资源和现代经营方式增加收入，完善小微创业者扶持政策，支持个体工商户、灵活就业人员等群体勤劳致富，[①] 继续坚持“橄榄型社会”，不断提高中等收入群体比重，努力改善收入分配现状。

第五，户籍制度是导致收入分配不公的重要因素。户籍制度限制了劳动要素的自由流动，具有较高人力资本的居民的跨区流动性较差，较低人力资本的居民，如农民工，反而具有较强的跨区流动性。户籍制度的限制使这些流动居民无法享受当地的一些民生性服务，这在很大程度上限制了“用脚投票”机制的作用发挥，也导致地方政府缺乏改善民生性公共服务的动机，进一步加剧了地方政府“重资本、轻民生”的支出行为倾向，这不利于低收入群体的收入增加，却有利于高收入群体的增收，因而可能增大居民收入分配差距。

除此之外，人口老龄化对收入分配的影响也不容小觑。当前社保体制以基本社保为主，企业年金和商业保险发展并不充分，导致养老金替代率难以达到较高水平，中等收入群体在退休后有可能会滑入低收入群体，再加上老龄人口具有支出不稳定、医疗支出负担较高等特征，家庭的养老压力也会传导到正处在劳动年龄的收入群体中，高收入、中等收入以及低收入群体都会受到老龄化带来的压力。

我国 2035 远景目标中提出，在未来“人均国内生产总值达到中等发达国家水平，中等收入群体显著扩大，基本公共服务实现均等化，城乡区域发展差距和

① 选自《中华人民共和国国民经济和社会发展第十四个五年规划和二〇三五年远景目标纲要》第四十八章，第三节。

居民生活水平差距显著缩小，……人民生活更加美好，人的全面发展、全体人民共同富裕取得更为明显的实质性进展”。针对收入不平等问题，我们需要理出新思路，借鉴过去四十年全球收入不平等现象中呈现出的新问题、新规律、新理论思考、新实践举措，为我们实现社会主义现代化提供新的思路。同时，我们必须要思考各国目前面临的各种问题，并前瞻性地研究这些问题，争取利用我们的制度优势来为解决全球共同面临的收入不平等问题提供“中国方案”。

三、公平与效率的关系

世界经济发展史表明，资本主义私有制和传统的社会主义公有制，都无法从根本上解决公平与效率这个矛盾。什么是公平与效率？国内外有着相同的定义，效率一般包含两层含义：经济效率和生产效率，经济效率也称配置效率，是经济资源的有效利用程度，即一个社会资源配置不可能通过重新组织生产来使任何一个人境况变好而不使另外一个人的境况变坏；生产效率是指单位时间内投入与产出之比，讲的是一定资源产生的最大价值。其中，生产效率是基础，没有生产效率的提高就谈不上经济效率的形成，经济效率是最后表现形态，因为所谓的效率的指向就是我们能够得到的价值，经济效率提高的具体表现就是以最少的花费满足人们不断增长的需求。提高效率以及实现效率的最大化就是为了使人更好地生活。然而，关于什么是公平，多数经济学家的认识还是基本相同的，认为经济公平不仅包括机会公平，也包括结果公平。托马斯·皮凯蒂明确强调公平的内涵包括结果公平，他说：“尽管我们身处世界各地，但大家要面对同样的问题——调和经济效率、社会公平与个人自由之间的矛盾，防止全球化及贸易、金融开放带来的利益被少数人独占。”①

（一）资本主义下的公平与效率的矛盾

西方许多著名经济学家认为建立在生产资料私有制基础之上的市场经济有着不可比拟的优越性，认为依靠“看不见的手”可以化解资本主义的各种矛盾，并据此断定资本主义制度可以有效地解决公平与效率这个人类难题。如美国著名学者西蒙·史密斯·库兹涅茨（Simon Smith Kuznets，1901—1985）在20世纪50年代提出，收入不平等必然会出现先扩大后缩小的过程，不管经济政策如何选择或者不同国家间的其他差异，收入不平等将在资本主义发展的高级阶段自动降低，并最终稳定在一个可接受的水平上。库兹涅茨的理论在当时曾被浓缩为这样

① ［法］托马斯·皮凯蒂：《21世纪资本论》，北京：中信出版社，2014年版，序言。

一句名言："经济增长的大潮会使所有船只扬帆起航。"然而不幸的是，西方发达资本主义国家的发展实践却无情地使一度被人们信奉的库兹涅茨曲线理论[①]化为泡影。如今那些曾经被认为将会消失的贫富差距卷土重来，当前贫富分化程度已经逼近甚至超过了历史高点。

西方许多著名经济学家曾为解决资本主义社会的公平与效率矛盾提出了很多解决方法，如罗宾斯、哈耶克、弗里德曼的"效率优先说"，"效率优先"是资本主义市场经济自由思潮的产物，自由思潮中表现的是人们在自由平等的条件下，会促进效率的提高。同时，效率是市场经济的动力，效率提高是人们追求的最大价值目标。勒纳、罗尔斯、琼·罗宾逊的"公平优先说"，罗尔斯在《正义论》中指出："所有社会基本价值必须被平等分配，如果允许某种不平等的存在，那一定是这种不平等对所有人都有利，否则它就是非正义的。"萨缪尔逊、凯恩斯、布坎南、奥肯等人的"公平与效率兼顾说"。但是所有方法都失灵了，因为他们忽视了导致西方发达国家贫富差距无法缩小的根本原因——资本主义经济制度本身。资本主义的经济制度是生产资料私人所有制，资本的本性是逐利，资本家的天性是追逐利润最大化，所以资本主义越发展，科学技术以至社会生产力越发展，资本、生产资料、劳动产品就会越来越集中在少数资本家手里，资本主义国家的贫富差距就会越来越大。马克思和恩格斯认为在资本主义生产方式下，公平与效率具有二重性。从公平的角度看，资本主义流通领域商品和服务的交换遵循价值规律，市场主体平等交易，因此，具有形式上的公平性。但在生产领域，资本家强迫工人延长劳动时间，进行剩余价值生产活动，资本家在市场上购买的是工人的劳动力价值，而劳动力价值在资本主义生产过程中却创造出比劳动力价值更大的价值，即剩余价值。也就是说，在资本主义生产方式下，资本家和工人之间形式公平背后隐藏着实质上的不公平。

资本主义生产是以先进科学技术为基础的社会化大生产，由生产、分配、交换、消费构成相互联系、相互作用的有机整体。在资本主义生产方式下，由于生产资料被资本家占有，资本家创造条件提高效率就是为了获得更多的财富，追求的效率优先会使其本身越来越富有。工人除了劳动力以外没有任何生产资料，因此在生产过程中处于被支配的地位。资本家在市场上购买了工人的劳动力价值

---

① 又称库兹涅茨倒U字假说，在经济未充分发展的阶段，收入分配将随同经济发展而趋于不平等。其后，经历收入分配暂时无大变化的时期，到达经济充分发展的阶段，收入分配将趋于平等。如果用横轴表示经济发展的某些指标（通常为人均产值），纵轴表示收入分配不平等程度的指标，则这一假说所揭示的关系呈倒U字形，因而被命名为库兹涅茨倒U字假说，又称库兹涅茨曲线。

后，强迫工人生产高于劳动力价值以上的剩余价值，这种由雇佣工人劳动创造的成果本该由劳动者享有，却被装进资本家的腰包，工人被雇佣的悲惨经济地位决定了他必然接受资产阶级剥削。资本主义生产是面向市场的社会化大生产，生产出的巨大财富要满足市场消费，而不是只满足个别人的消费。在资本市场中，由于产品分配按照资本家的意志进行，资本家虽然拥有巨大的社会财富，但其人数极少，个人消费能力有限；工人阶级和广大人民群众人口众多，但由于遭受资本家的残酷剥削，虽有强烈的消费意愿，但因支付能力所限而导致消费需求不足，这样会造成社会生产与需求的不平衡，引起资源的浪费，甚至有可能爆发经济危机，这又给社会发展效率带来灾难性后果。

二战以来，西方发达国家主张改良主义的政党也会提倡在不牺牲效率的前提下倡导经济与社会公平，但这些改良措施只能对资本主义生产关系进行调整和修补，并不能从根本上改变资本主义经济制度，因而也不可能从根本上解决资本主义社会的公平与效率这对矛盾。①

（二）社会主义下的公平与效率

关于社会主义下的公平与效率，也经历了漫长的研究与总结过程。从马克思与恩格斯的理论创立、斯大林与列宁的实践首创，直至毛泽东与邓小平的中国化发展，几代思想家与实践家的不懈努力和探索，为新时代中国特色社会主义收入分配思想奠定了丰富的思想底蕴并积累了成功的实践经验。习近平新时代中国特色社会主义下的公平与效率是从经典中传承、在实践中升华的宝贵思想精华与理论认识创新集萃。②

马克思和恩格斯强调了私有制是资本主义公平与效率矛盾的主要根源，提出了未来社会中的初级分配方式——按劳分配和高级分配方式——按需分配；列宁的收入分配思想经历了从平均主义到注重效率与公平兼顾的发展转变，传承了马克思与恩格斯的收入分配思想，更加强调共享劳动成果与共同富裕，反对不劳而获，重视对激励劳动实践积极性的制度引导与制度设计；斯大林在“按劳动多少进行分配”、“没有差别的平均主义不是公平，差别正是对公平的体现”的基础上首次提出了“各尽所能、按劳分配”的思想，认为这就是马克思主义的“社会主义公式”，即“共产主义社会的第一阶段公式”。③

① 冯根福：《中国特色基本经济制度：攻克人类“公平与效率”难题的中国贡献》，《当代经济科学》2017年第39期。

② 刘文勇：《社会主义收入分配的思想演进与制度变迁研究》，《上海经济研究》2021年第1期。

③ 斯大林：《斯大林全集（第13卷）》，北京：人民出版社，1953年版，第104页。

在新中国成立之初，我国主要实行的是单一的公有制形式，即社会主义全民所有制和社会主义劳动群众集体所有制形式，在经济体制方面，主要是实行高度集权管理的计划经济，这种经济体制超越了我国当时的生产力发展水平，导致经济效率低下，致使“多劳多得，少劳少得，不劳动不得食”的按劳分配制度实际上被“干多干少一个样、干好干坏一个样”的平均主义分配收入结果所替代。缺乏公平的平均主义分配制度，全面抑制了劳动者的积极性、主动性和创造性，从而导致生产效率低下，又进一步加剧了收入分配上的不公平，使公平与效率陷入不良循环的怪圈，因而难以从根本上解决社会主义发展中的公平与效率的矛盾。如果不及时对传统的社会主义所有制形式进行改革和调整，势必会给社会主义的经济发展带来不堪设想的严重后果。

解决人类经济社会发展的公平与效率的矛盾，实现公平与效率的有机统一，必须建立合理的社会经济制度。中国所实行的社会主义基本经济制度作为一种“以公有制为主体的混合经济制度”，符合我国生产力发展水平的客观要求，符合社会化大生产条件下市场经济规律要求，有利于实现公平与效率的有机结合，是真理标准和价值标准的有机统一。[①] 中国特色社会主义是党和人民长期实践取得的根本成就。中国特色社会主义的本质和原则，充分地体现了公平与效率的有机统一。邓小平同志指出：“社会主义的本质，是解放生产力，发展生产力，消灭剥削，消除两极分化，最终达到共同富裕。”这里所说的解放生产力、发展生产问题，实际上说的就是效率问题；共同富裕问题，实际上说的就是公平问题。

改革开放以来，中国共产党牢牢把握社会主义初级阶段这个最大国情，创建了与社会主义初级阶段生产力水平相适应的社会主义基本经济制度，为解决长期困扰人类经济社会发展的公平与效率这个难题提供了一种崭新的解决方案。一方面，中国特色社会主义基本经济制度可以保障最大限度地实现经济公平；另一方面，可以保障最大限度地提高整个社会经济效率。社会主义基本经济制度为公有制和非公有制经济主体创造了良好的发展环境。

经济主体的多样化和经济利益的多元化，必然要求建立和发展社会主义市场经济。社会主义市场竞争机制又会驱使公有制和非公有制经济主体充满寻求生存与发展的动力。此外，公有制经济尤其是国有企业效率在不断提高，国有企业同市场经济融合的步伐在不断加快。随着国有企业改革的深入推进，国有企业的活

① 丁春福：《社会主义市场经济：公平与效率有机结合的中国方案》，《广西社会科学》2019 年第 4 期。

力在不断增强。全球化的市场竞争的不断加剧，民营企业和外资企业又从外部迫使国有企业不断深化内部改革，提高经济效率。

中国特色社会主义基本经济制度在解决经济公平与效率问题上若要有效发挥作用，一是必须有党的坚强领导和坚持实行按劳分配为主原则做保障。只有党的坚强领导、基本经济制度和实行按劳分配为主原则有机形成“三位一体”，才能产生集合效应，才能保障基本经济制度调节经济公平与效率功能得以有效发挥。二是社会主义基本经济制度必须有合理的所有制结构做保障。要坚持公有制为主体、多种所有制经济共同发展，同时要使公有制经济和非公有制经济在数量上保持一定比例关系，且该比例关系是不断变化调整的。如果公有制经济失去了对国民经济的整体控制力，社会主义基本经济制度有效解决经济公平与效率问题也就失去了基础和保障。

提高经济效率和促进经济公平是新时代我国面临的一个主要矛盾，所以公平与效率必须同时兼顾。习近平新时代中国特色社会主义收入分配论述的发展与创新集中体现了马克思主义收入分配思想在当代的中国化成就。从收入分配原则视角，坚持并完善按劳分配与按要素分配的体制机制，促进了收入分配的更加合理与有序发展，坚持人民主体地位，以“人民群众对美好生活的向往”为行动牵引，努力实现两个“同步”和两个“提高”。习近平总书记指出“中国要实现共同富裕，但不是搞平均主义，而是要先把‘蛋糕’做大，然后通过合理的制度安排把‘蛋糕’分好”。不断把“蛋糕”做大，实际上就是要求经济不断发展和更有效率；不断把做大的“蛋糕”分好，实际上就是要求收入分配上更加公平，让人民群众享受更多改革与发展的成果。随着中国特色社会主义进入新时代以及中国特色社会主义基本制度的不断完善，中国在未来新的发展阶段要不断实现更有效率和更加公平的目标，同时政府也要以多种身份参与市场经济活动，在社会主义市场经济运行中发挥更加全面治理的功能，而不是靠政府简单的事后调节，正如习近平总书记所说，“在市场作用和政府作用的问题上，要讲辩证法、两点论，‘看不见的手’和‘看得见的手’都要用好，努力形成市场作用和政府作用有机统一、相互补充、相互协调、相互促进的格局，推动经济社会持续健康发展”①，促使公平与效率达到真正的有机统一。

（三）实现收入分配公平的重要意义

收入不平等仍然是当今世界的重点问题之一，自20世纪80年代以来全球不

---

① 习近平：《习近平谈治国理政》，北京：外文出版社，2014年版，第116页。

平等问题加速恶化，美国和欧洲前1%的高收入人群收入占国民收入的比重从20世纪70年代的8.5%和7.5%持续上升到2018年的19.8%和10.4%。在新技术革命、经济全球化和全球金融化浪潮中，高收入群体，特别是顶级收入群体的收入占比急剧上升，成为全球收入分配最显著的特征。工资差异出现大幅度上升，尤其在创新型国家，工资最高10%的人群所占工资份额在21世纪以来全面提高，工资收入成为主导收入分配差距的重要因素。收入分配涉及每个人、每个家庭的切身利益，社会收入分配差距过大，不仅不利于经济发展，而且还会导致很多社会问题。

首先，实现收入分配公平是中国特色社会主义的内在要求。我国是社会主义国家，社会主义国家与资本主义国家相比的优势之一就是按劳分配，实现收入分配公平，最终目的在于实现共同富裕。资本主义国家建立在生产资料私有制基础上，导致社会收入分配差距悬殊甚至贫富分化问题严重。而社会主义是对资本主义制度的超越，经济基础是以生产资料公有制为主体，这决定了收入分配公平是社会主义的内在要求。

其次，公平的收入分配助推经济质量的改善，收入分配通过需求结构和供给结构对经济增长质量的提升产生了较深层次的影响，而这两个结构层面所涵盖的中间要素恰恰对应着构成经济增长质量的评判体系。同时，经济运行过程中，存在着一种双向促进和推动的一体化双向循环机制。经济的增长为改善收入分配状况提供物质基础，进而促进公平收入分配的实现；收入分配状况的改善和公平的收入分配又可以对经济增长中各要素所有者产生有效激励和刺激，提高资源配置的效率以及经济增长的质量，从而促进经济增长。

众所周知，消费、投资和出口是拉动经济增长的“三驾马车”，经济发展的初期，可以依靠投资和出口来拉动经济增长，那么到了一定阶段，经济增长的主要动力就会回归到消费上来，要想依靠消费拉动经济增长，收入分配格局就要呈现“橄榄型”，也就是说需要形成一个较大规模的中产阶层，来满足消费需求的提升，从而带动经济的增长。

再次，实现收入分配公平是跨越“中等收入陷阱”的现实需要。成功成长为高收入的国家，要在追求市场效率的同时能够兼顾社会公平，尤其是通过缩小收入分配差距，加强教育、医疗、社保、养老等公共服务的均等化，减少贫富分化和社会矛盾，全面提升国民福祉。一些国家掉入“中等收入陷阱”的原因是多方面的，但收入分配不公导致的贫富两极分化是其最重要的原因之一，还以拉美国家为例，基尼系数远远超出0.4的国际警戒线，造成内需不足，经济活力下降，社会问题丛生，甚至激化社会矛盾，造成政局动荡，严重影响正常的经济发展秩序。收入差距扩大是发展中国家快速发展时期的共同现象，当前，中国正处在经济新常态，经济下行压力加大，我国经济社会存在很多迫切需要解决的问题，如看病难、看病贵；农村外出务工严重，村子里只有留守儿童和老人，整个农村变成了“空心村”，导致农业发展受到影响等。这些问题的背后，折射的都是居民收入分配不公的问题，只有从根本上解决这一问题，社会才能实现和谐稳定发展。我们要吸取一些西方国家收入分配上的教训，在收入分配上更加注重公平，才能跨越“中等收入陷阱”，顺利进入高收入国家行列。实现收入分配公平是促进社会和谐稳定的重要保证。

公平的收入分配除了能够扩大内需、助力经济发展和资源优化配置之外，还有利于人力资本的有效积累。在收入差距扩大的情形下，高收入群体拥有较为丰富的初始禀赋，因而具有较高的储蓄率，其物质资本和人力资本积累程度都相对较高，这种储蓄率的提升是以牺牲大部分低收入人群的必要消费和人力资本积累为前提的，本应用于配置教育支出和培训支出中的社会财富却被配置在了高收入人群的物质资本积累中，所以，收入差距不利于社会的人力资本积累。此外，对于一个经济体来说，收入在高、中、低群体中的合理分配，会影响该经济体中的消费者对创新产品的需求能力和需求空间，进而影响微观企业创新活动的整体实现能力，一定规模的中高收入阶层，可以为高价格的新产品提供一个有效的市场需求，从而激励微观企业的创新活动；另外，高收入分配结构会压制中低收入阶层对高价格新产品的需求能力，缩小新产品的市场规模，进而阻碍微观企业创新活动的盈利能力，抑制经济增长。研究结果显示，收入分配不平等的加剧会显著抑制消费者对企业创新产品的需求，进而减少国内的创新行为和研发投入。

第四节　国外收入分配的改革实践

一、孟加拉国的小额信贷计划

小额信贷产生于发展中国家，在亚洲、南美洲、非洲都有不同程度的发展。其中，亚洲以孟加拉国、印度尼西亚等国的实践为代表；南美洲中，玻利维亚、秘鲁等国发展最为突出；非洲则以南非、坦桑尼亚为代表。小额信贷是指向低收入客户、个体经营者等服务对象提供小额度、持续性、制度化的无抵押无担保的短期贷款，是一种重要的扶贫方式。

孟加拉国是世界上最贫困且人口密度最高的国家之一，国土面积 14.75 万平方公里，人口约 1.6 亿，85%的人口生活在农村，全国一半人口都在贫困线以下，国际组织和世界多国政府都为孟加拉国提供贷款或捐助，但效果甚微。1976 年 8 月，孟加拉国经济学教授尤里斯用自己的财产做担保，进行小额贷款试验并取得不错成果，在此基础上，孟加拉国中央银行和政府有关机构成立了乡村银行（Grameen bank），从事面向贫困人民的小额贷款服务。孟加拉国乡村银行主要向有生产经营能力但缺乏资金支持的穷人，尤其是妇女提供贷款。针对服务对象大多是农民这一实际情况，乡村银行不要求贷款人提交各种复杂的书面材料，而是由工作人员帮助评估放贷的可行性，为资金需求者提供极大的便利。在组织结构上，乡村银行由总行—分行—支行—乡村中心四级构成，村中每 5 个人组成一个小组，形成“互助、互督、互保”的组内制约机制，任何一个组员的信用都会影响到其他组员的贷款资格；每 6 个组为一个乡村中心，定期召开会议，检查贷款项目落实情况，交流项目经验。

乡村银行提供的小额贷款一般在 100—500 美元额度之间，要求贷款人每周还贷一次，一年之内还清，同时组织贷款人定期参加活动，对于遵守纪律、按期还款的贷款人给予连续放款的政策。孟加拉国乡村银行的小额信贷模式为原本经济落后的孟加拉国及其人民创造了脱贫致富的神话。乡村银行共向贫困农民发放近 57 亿美元的贷款，扶持农村贫困人口 768 万人开展生产性创收活动，累计还款率均在 98%以上，乡村银行成为最有效和效益最好的农村扶贫项目。同时，孟加拉国乡村银行形成了庞大的乡村银行网络，目前有 1 个总行，12 个分行，108 个支行，实现了自身的可持续发展，同时也保障了农民使用资金的可持续性。

二、美国的职工持股计划

按照美国员工持股协会的定义，员工持股计划是一种使员工投资于雇主的员工受益计划，或者说，它是一种使员工成为本企业的股票拥有者的员工受益机制。员工持股计划，首先要建立起一个信托基金，由信托基金会持有企业或股东提供给职工的资产（股票和现金），并用这些现金购买企业的股票。信托基金的受托管理人可以是银行或信托公司，或是与企业利益不相关的个人、公司管理者。

员工持股计划有杠杆型和非杠杆型两类。杠杆型的员工持股计划主要利用信贷杠杆来实现。由公司作为担保，基金会以实行职工持股计划的名义向银行贷款购买公司股东手中的部分股票，并利用购买股票获得利润及其他补偿性资金来归还银行贷款的利息和本金。随着贷款的归还，按比例将股票逐步转入职工账户，贷款全部还清后，股票即全部归职工所有。非杠杆型的员工持股计划则由公司每年向该计划提供股票或用于购买股票的现金，职工不需做任何支出，基金会定期向员工通报股票数额及其价值，当员工退休或因故离开公司时，将根据一定年限的要求相应取得股票或现金。

为鼓励企业推行职工持股计划，美国国会通过了一系列法律，为实行员工持股计划的企业及有关各方提供税收优惠，例如规定向职工持股计划提供贷款的金融机构所获得利息收益的50%可免收联邦所得税；职工持股计划基金会分得的用于归还贷款的股份收入可以减免税收等。在各种激励政策下，员工持股计划覆盖了美国几乎所有的产业。

对于员工来说，持有本公司股票，可以分享公司的经营成果和资本增值，获得更多的额外收入，获得股东的地位；同时由于自身收益与企业经营状况相关联，会激发员工的工作积极性。对于股东来说，实行员工持股可以收回自己的投资，又因向员工出售股票可以减免增值税，从而可以在获得收入的同时减轻本身税负。从国家层面来看，实行员工持股可以扩大公众对资本的占有，缩小社会的贫富差距，促进经济发展，同时对降低失业率也有一定作用。

三、巴西的家庭补助金计划

为了扭转贫困与不平等现象的加剧，20 世纪 90 年代后期，巴西政府开始采取一系列前瞻性措施。2003 年提出家庭补助金计划，该计划目标人群是极度贫困家庭，主要通过对有劳动能力的贫困家庭提供现金补助，以达到短期内消除贫困的目的，同时又引导人们对人力资本投资，以期打破贫困的代际相传。

家庭补助金计划要求首先建立一个社会计划登记系统，注册登记家庭人均收入在最低工资一半以下的家庭信息，以方便今后开展扶贫项目使用。其次对贫困家庭进行分类，针对不同的情况给予不同的补助。人均月收入低于 70 雷亚尔的家庭为极度贫困家庭，基本补助为 70 雷亚尔，若有子女可额外获得儿童补助和青少年补助；人均月收入在 70—140 雷亚尔的为一般贫困家庭，对于这类家庭，没有基础补助，但可以领取儿童补助和青少年补助。当然，对于补助的领取，会有额外的附加条件，如：在教育方面，受益家庭中 6—15 岁的儿童必须上学，出勤率要达到 85%，16—17 岁的青少年出勤率要达到 75%；医疗卫生方面，受益家庭成员要按时接种疫苗，定期进行体检；在社会服务方面，要求可能沦为童工的儿童和青少年参加社会矫正教育等等。若受益家庭并未遵守约定，那么政府就会终止向其提供救济甚至将其从救济名单中剔除。

巴西家庭补助计划帮助贫困家庭解决教育、医疗卫生、社会服务等问题，致力于缩小居民收入差距，同时以发展的眼光注重人力资本的培养，推动了“巴西零饥饿”国家战略的实施，极端贫困人口大幅度降低，极大程度上缓解了社会不平等现象。

第五节　中国特色社会主义下的收入分配改革实践

分配公平问题长期受到我国社会各界的关注和热议，也是党和政府着力解决的工作重点。党的十七大提出：合理的收入分配制度是社会公平的重要体现；初次分配和再分配都要处理好效率和公平的关系，再分配要更加注重公平。党的十八大进一步指出：初次分配和再分配都要兼顾效率和公平，再分配更加注重公平；调整国民收入分配格局，加大再分配调节力度，着力解决收入分配差距较大问题，使发展成果更多更公平惠及全体人民。党的十九大强调“促进收入分配更合理、更有序”，“拓宽居民劳动收入和财产性收入渠道”，“缩小收入分配差距”，中国特色社会主义的分配公平，是科学社会主义理论与中国特色社会主义实践的内在要求。为了实现收入分配公平，保障全体人民走向共同富裕，发展成果由人民共享，我国采取了一系列措施，并取得丰硕成果。

一、两不愁三保障

2011 年 12 月，中共中央、国务院印发《中国农村扶贫开发纲要（2011—2020 年）》，主要内容围绕深入推进扶贫开发，帮助困难群众特别是革命老区、贫困山区困难群众早日脱贫致富，并提出到 2020 年，要稳定实现扶贫对象不愁吃、不愁穿，保障其义务教育、基本医疗和住房的目标。党的十八大以来，党中央把消除农村贫困作为全面建成小康社会的重要内容，做出打赢脱贫攻坚战的重大决定，要求“到 2020 年，稳定实现农村贫困人口不愁吃、不愁穿，义务教育、基本医疗和住房安全有保障。实现贫困地区农民人均可支配收入增长幅度高于全国平均水平，基本公共服务主要领域指标接近全国平均水平。确保我国现行标准下农村贫困人口实现脱贫，贫困县全部摘帽，解决区域性整体贫困”。贫困人口义务教育有保障，主要是指除身体原因不具备学习条件外，贫困家庭义务教育阶段适龄儿童、少年不失学辍学，保障有学上、上得起学；贫困人口基本医疗有保障，主要是指贫困人口全部纳入基本医疗保险、大病保险和医疗救助等制度保障范围，常见病、慢性病能够在县乡村三级医疗机构获得及时诊治，得了大病、重病基本生活有保障；贫困人口住房安全有保障，主要是指对于现居住在C级和D级危房的贫困户等重点对象，通过进行危房改造或其他有效措施，保障其不住危房。

在实现“两不愁，三保障”过程中，我国政府坚持精准扶贫、精准脱贫，逐村逐户开展贫困识别，对贫困村、贫困户建档立卡，通过“回头看”和甄别调整，不断提高识别准确率；同时，选派机关、国有企事业单位干部参加驻村帮扶，增强一线扶贫力量，打通精准扶贫“最后一公里”；此外，提出实施“五个一批”工程，即发展生产脱贫一批、易地搬迁脱贫一批、生态补偿脱贫一批、发展教育脱贫一批、社会保障兜底一批。中央转移支付向深度贫困地区和贫困人口多、贫困发生率高、脱贫难度大的贫困地区倾斜，优先安排资金项目，引导东西部扶贫协作、对口支援、中央单位定点扶贫和各类企业、社会组织等帮扶资金用于支持地方解决“两不愁三保障”突出问题。

2019年6月，国务院扶贫开发领导小组印发《关于解决“两不愁三保障”突出问题的指导意见》的通知，要求中央和国家机关有关部门要聚焦“两不愁三保障”突出问题，优先安排项目、优先保障资金、优先落实措施。教育部、住房城乡建设部、水利部、国家卫健委、国家医疗保障局等主管部门要把解决“两不愁三保障”突出问题作为重点工作。在教育方面，加强乡镇寄宿制学校、乡村小规模学校和教师队伍建设，扎实推进义务教育控辍保学工作，对家庭经济困难学生加大资助力度；在医疗卫生方面，健全基本医疗保障制度，注重加强县乡村医疗卫生机构建设，做到贫困人口看病有地方、有医生、有制度保障。在危房改造过程中，对深度贫困地区倾斜支持并提供技术帮扶，采取多种措施保障了贫困人口基本住房安全。

经过全党全国各族人民的共同努力，“两不愁三保障”已全面实现，贫困地区农民人均纯收入增长幅度高于全国平均水平。在“两不愁”方面，国家贫困县98.94%的建档立卡户随时能吃肉蛋奶或豆制品，非国家贫困县99.03%的建档立卡户随时能吃肉蛋奶或豆制品；建档立卡户一年四季都有应季的换洗衣物和御寒被褥。在义务教育方面，贫困人口义务教育得到保障，到2020年9月15日，全国义务教育阶段辍学学生减少到2419人，建档立卡贫困家庭辍学学生数首次实现动态清零。在基本医疗保障方面，中国建成了世界上规模最大的基本医疗保障网，发挥了巨大的防贫减贫作用。在住房方面，住建部全力推进农村危房改造，对所有建档立卡贫困家庭的住房逐一进行安全性评定，将存在安全隐患的房屋全部纳入改造范围；贫困人口饮水安全问题得到全面解决，八成以上的农村人口用上了自来水，水质明显得到改善。一系列现实数据表明，我国脱贫攻坚战取得丰硕成果。

二、建立多层次社会保障体系

习近平总书记指出，社会保障是保障和改善民生、维护社会公平、增进人民福祉的基本制度保障，是促进经济社会发展、实现广大人民群众共享改革发展成果的重要制度安排，是治国安邦的大问题。

我们党历来高度重视民生改善和社会保障，党的十八大以来，党中央把社会保障体系建设摆上更加突出的位置，对我国社会保障体系建设做出顶层设计，推动我国社会保障体系建设进入快车道。我们通常所说的多层次社会保障，既包括基础性保障，又包括补充性保障。基础性保障指保障社会成员的基本生存、基本发展和基本尊严，往往是涉及人民群众切身利益、关乎社会和谐稳定与公平正义的基本风险，如贫困、疾病、失业、教育等；补充性保障则由各种企业或社会组织提供，可以是营利性的，也可以是非营利性的，社会成员根据自身的情况自主决定、自愿参与并且完全自费。

近 20 多年来，国家逐步建立起面向各类社会成员的基本保障制度。主要体现在：统一城乡居民基本养老保险制度，实现机关事业单位和企业养老保险制度并轨，建立企业职工基本养老保险基金中央调剂制度，工伤保险、生育保险和失业保险等社会保险项目覆盖范围不断扩展；健全城乡居民基本医疗保险制度，全面实施城乡居民大病保险，组建国家医疗保障局，推进全民参保计划，不断降低社会保险费率，同时完善特困人员供养、自然灾害救助、医疗救助、教育救助、就业救助、住房救助、司法救助、临时救助等制度；积极发展养老、托幼、助残等福利事业，人民群众不分城乡、地域、性别、职业，在面对年老、疾病、失业、工伤、残疾、贫困等风险时都有了相应制度保障。目前，我国以社会保险为主体，包括社会救助、社会福利、社会优抚等制度在内，基本建成世界规模最大的社会保障体系，基本医疗保险覆盖 13. 35 亿人，基本养老保险覆盖达 9. 99 亿人。在此基础上，中高收入群体可能根据自己的保障需求和付费能力，再去获得适合自己的补充性保障。

党的十九届五中全会强调，要“健全覆盖全民、统筹城乡、公平统一、可持续的多层次社会保障体系”。围绕多层次社会保障体系的构建，《人力资源和社会保障事业发展“十四五”规划》中提出“十四五”期间，社保待遇水平稳步提高，基本养老保险参保率要达到95%；建立实施企业职工基本养老保险全国统筹制度，补充养老保险基金规模超过4万亿元；失业保险、工伤保险参保人数分别达到2.3亿人、2.8亿人。健全多层次社会保障体系，有助于优化收入再分配，强化互助共济功能，为广大人民群众提供更可靠、更充分的保障，促进我国社会保障事业高质量发展、可持续发展。社会保障关乎人民最关心、最直接、最现实的利益问题，在未来，我们应该把握好新发展阶段、新发展理念、新发展格局提出的新要求，将目光放远，统筹推进“五位一体”总体布局，协调推进“四个全面”战略布局，不断推动幼有所育、学有所教、劳有所得、病有所医、老有所养、住有所居、弱有所扶取得新进展，推动人的全面发展和全体人民共同富裕的进程。

三、设立最低工资标准

最低工资标准，是指劳动者在法定工作时间内或劳动合同约定的工作时间内提供正常劳动所获得的最低劳动报酬，其中不包含延长工作时间工资，劳动者在夜班、高温、低温、井下等特殊工作环境、条件下的津贴及其他劳动者福利待遇等。《最低工资规定》于2003年12月30日颁布，2004年3月1日起施行。最低工资标准的确定和调整方案，由各省、自治区、直辖市人民政府劳动保障行政部门会同同级工会、企业联合会或企业家协会研究拟订，并报经劳动和社会保障部同意。最低工资制度是国家层面以法律形式干预工资分配并保障低收入劳动者基本生活的制度，是一项保护劳动者的政策，对我国缩小收入分配差距具有重要作用，也是政府调节经济活动、保障劳动者权益、促进社会公平的重要手段和工具。

全国31个省区市都实施了最低工资标准，且各地区的最低工资标准都在逐渐上升。2021年，北京、天津、江西、黑龙江、陕西、新疆、西藏陆续上调最低工资标准。根据各地经济发展水平及消费水平，各地做出的调整幅度不尽相同。北京最低工资标准上调至每月2320元；天津从每月2050元调整为每月2180元，最低小时工资标准由每小时20.8元调整为每小时22.6元；江西省一类区域最低为1850元/月，二类区域最低为1730元/月，三类区域最低为1610元/月；黑龙江省按区域分为三档，第一档为1860元，第二档为1610元，第三档为1450元；陕西省一、二、三类区由1800元、1700元、1600元分别调整为1950元、1850元、1750元；新疆最低工资标准分四个档次，月最低标准分别为1900元、

1700元、1620元、1540元，均上调80元；西藏自治区将最低工资标准由1650元调整为1850元，现行小时最低工资标准16元调整为18元。截至目前，上海、北京、广东、天津、江苏、浙江6省份的第一档月最低工资标准超过2000元。其中，上海最高为2480元。最低工资上调，在一定程度上有利于提高低收入群体的收入，保障其合法权益；另外在一定程度上缩小了不平等的收入差距，有利于维护社会稳定，预防和减少工资克扣现象的发生。在进行工资上调过程中，要处理好保障职工劳动报酬权益和企业承受能力两者之间的平衡关系，最低工资标准在我国薪酬体系中主要发挥托底作用。通常企业分档发放工资，最低档工资提高后，会对有些企业的其他档工资起到一定撬动作用。所以在提高最低工资标准过程中，既要满足保障低收入劳动者及其赡养人口基本生活的需要，又要确保企业能够承受最低工资上涨推动的人工成本增加并实现可持续发展。

四、调整个人所得税

目前，劳动力市场的初次分配机制不足以缩小现存的收入差距，还需要完善再分配机制、加大再分配政策力度，利用税收、社保、转移支付等手段，合理调节收入。高收入国家主要是通过再分配手段调节实现的，其中，个税的改革是关键。个税作为直接税，是调节收入分配的重要工具。

我国个人所得税从1980年开始，至今已有40多年的征收历程。自2018年起，以新个税法的修订为标志，我国历史上第七轮个税改革拉开大幕，这也是历次个税改革中力度最大的一次。首先，将个税起征点由3500元提高到5000元；同时，除了工资、薪金所得之外，还将劳务报酬所得、稿酬所得、特许权使用费所得也一同纳入综合征税范围，适用统一的超额累进税率；此外，还添加了包括对子女教育、继续教育、大病医疗、住房贷款利息、住房租金和赡养老人等在内的六项专项附加扣除；这一系列改革很大程度上减轻了人们的纳税负担。2020年12月4日，国家税务总局网站发布的《国家税务总局关于进一步简便优化部分纳税人个人所得税预扣预缴方法的公告》中对个税缴扣提出了新的计算方式，即在纳税人累计收入不超过6万元的月份，暂不预扣预缴个人所得税；在其累计收入超过6万元的当月及年内后续月份，再预扣预缴个人所得税，这项举措又对收入较低者带来利好消息。

个人所得税的不断改革，征缴方式的不断变化，是国家对现行税制不断完善的客观要求。我国在现行所得税制的过程中可能存在一些问题，例如不同的所得项目之间存在的税负平衡等因素，修改个人所得税法是必然的，也是符合社会发展规律的。近年来，我国居民收入差距较大，完善的税收制度有助于降低居民中低收入者的税收负担，能够更好地调节收入再分配，缩小居民收入差距。

五、减负稳岗扩就业

就业是最大的民生。党中央、国务院将就业摆在“六稳”“六保”首位。习近平总书记多次强调要实施好就业优先政策，减负稳岗扩就业并举，要完善多渠道灵活就业的社会保障制度。李克强总理要求，就业优先政策要继续强化、聚力增效，要认真研究促进灵活就业的政策措施。

近年来，我国出台多项就业创业扶持政策，主要体现在以下几方面：实施普惠性失业保险稳岗返还政策、以工代训扩围政策、就业见习补贴提前发放政策、失业保险保障扩围政策等；发放困难人员培训生活费补贴，放宽技能提升补贴申领条件；大力支持服务业、劳动密集型企业、小型微型企业和创新型科技企业发展，创造更多就业岗位；完善公益性岗位、岗位培训补贴政策；促进以高校毕业生为重点的青年、农村转移劳动力、城镇困难人员、退役军人就业，支持毕业生基层就业和升学入伍，支持毕业生自主创业。在支持灵活就业方面，强化政策服务供给，将灵活就业岗位供求信息纳入公共就业服务范围，在公共就业服务网站和机构开设灵活就业专区专栏，免费发布供求信息，按需组织专场招聘；研究制定灵活就业人员参加城乡居民基本养老保险的兜底措施；推动放开灵活就业人员在就业地参加社保的户籍限制；开展平台灵活就业人员职业伤害保障试点，对灵活就业的重点群体，给予一定期限的社保补贴，使其可以选择灵活的缴费基数和缴费时间，参加职工基本养老保险，为灵活就业创造好的环境。

2020 年，为应对新冠肺炎疫情冲击，党中央、国务院及时推出一系列超常规、阶段性的减负稳岗扩就业举措，全年支出就业补助和专项奖补资金超 1000 亿元。在各方共同努力下，2020 年全国累计实现城镇新增就业 1186 万人，城镇调查失业率全年平均为 5.6%，年末城镇登记失业率为 4.2%，均低于预期控制目标，就业局势保持总体稳定。

积极完善劳动、资本、技术、管理等要素按贡献参与分配的初次分配机制，实施就业优先战略和更加积极的就业政策，扩大就业创业规模，创造平等就业环境，有利于提升劳动者获取收入的能力，实现更高质量的就业，缩小收入差距，从而形成合理有序的收入分配格局，促进经济持续健康发展和社会和谐稳定。

六、农业支持保护政策

农业税始于春秋时期鲁国的“初税亩”，到汉初形成制度。新中国成立以后，第一届全国人大常委会第九十六次会议于1958年6月3日颁布了农业税条例，自此农业税成为国家财力的重要基石，但也给农民带来沉重负担。转折始自2004年，国务院开始实行减征或免征农业税的惠农政策，2005年末，国家最高权力机关依法废止农业税条例，于2006年1月1日起正式生效。农业税的取消是中国农业发展与世界惯例接轨的标志性事件，也是中国农民命运发生重大变化的开始。取消农业税后，国家又连续出台了一系列税收扶持政策，极大地推动了农业发展，主要从四个大的方面进行扶持：一是支持农村集体产权制度改革。2017年，财税部门印发了《关于支持农村集体产权制度改革有关税收政策的通知》，对农村集体产权制度改革过程中的清产核资、确权到户、折股量化等事项出台了一系列税收优惠政策，如对进行股份合作制改革后的农村集体经济组织承受原集体经济组织的土地、房屋权属，免征契税等。二是支持发展新型农业经营模式。对采取“公司+农户”经营模式从事畜禽饲养的农户可免征增值税。“公司+农户”模式就是指公司与农户签订委托养殖合同，公司负责向农户提供畜禽苗、饲料、兽药及疫苗等，农户负责饲养畜禽苗至成品后交付公司回收，之后公司将回收的成品畜禽用于销售，这样所取得的收入属于农业生产者销售自产农产品，按规定免征增值税。三是支持农村金融发展。对农民专业合作社销售本社成员生产的农业产品免征增值税，增值税一般纳税人从农民专业合作社购进的免税农业产品，可按9%的扣除率计算抵扣增值税进项税额等。四是支持现代农业发展。为支持农业设施建设，对农田水利占用耕地，以及占用园地、林地、草地、农田水利用地、养殖水面、渔业水域滩涂以及其他农用地建设直接为农业生产服务的生产设施的，不征收耕地占用税等。

针对目前农村产业的日趋繁荣，为推动各地做好农业农村工作，进一步增强农民群众的获得感、幸福感、安全感，2020年我国出台65项强农惠农富农政策，主要体现在以下四个方面：一是农业支持保护，如耕地地力保护补贴政策、农田建设支持政策、农机报废更新补贴试点政策、牧区良种推广政策等；二是资源环境保护，如国家农业绿色发展先行区建设政策、绿色高质高效行动政策、耕地轮作休耕制度试点政策等；三是产业发展方面，包括农村创新创业支持政策、乡村特色产业发展政策、贫困地区产销对接支持政策等；四是农村改革及其他方面，包括农村土地“三权”分置政策、农村宅基地管理和改革政策、农村改革试验区建设支持政策等。

党的十九届五中全会指出，优先发展农业农村，全面推进乡村振兴，提高农业质量效益和竞争力，实施乡村建设行动，深化农村改革，实现巩固拓展脱贫攻坚成果同乡村振兴有效衔接。我国对农业产业的支持与大力扶持，有利于提高农民生产积极性，带动农村经济发展，让更多人享受社会发展成果，从而缩小贫富差距，提高全体人民的幸福感。

七、为小微企业个体商户纾困解难

小微企业和个体工商户是我国经济韧性、就业韧性的重要支撑。目前，全国小微企业总数超过4400万户、个体工商户超过9500万户，成为我国就业主力军。当前国内外环境复杂严峻，因自身抗风险能力较弱，小微企业更容易受到外部不利因素的冲击，生产经营仍面临较大困难，呵护小微企业成长是扎实做好“六稳”工作、全面落实“六保”任务的重要内容，是服务经济社会发展大局的关键之举。

2020年以来，国家在原有支持小微企业发展的税费优惠政策基础上，出台了包括减征小型微利企业所得税、提高小规模纳税人增值税起征点、小规模纳税人减按1%征收率征收增值税等在内的一系列税费优惠政策，同时为了让小微企业及时享受政策红利，各级税务局拓展了便利化办税通道，科学统筹服务资源，简化办税流程，着力提升小微企业获得感。在金融支持方面，加大普惠金融力度，扩大对小微企业信用贷款、首贷、中长期贷款、无还本续贷业务规模，推广随借随还贷款，考虑缩短商业承兑汇票的期限，减轻企业占款压力。面对上游原材料涨价问题，支持大型企业搭建重点行业产业链供需对接平台，引导供应链上下游稳定原材料供应和产销配套协作，做好保供稳价。各地按规定对小微企业、个体工商户给予稳岗就业补贴，同时，努力做好基本保障兜底，推动个体工商户及灵活就业人员参加社保。为保障政策的公平有序实施，加强公正监管，严格落实公平竞争审查制度，对各类主体一视同仁，清理废除歧视、妨碍各类市场主体参与市场经济活动的政策和法规。同时，深入推进反垄断、反不正当竞争执法，依法查处为抢占市场份额恶意补贴、低价倾销等行为。

国家税务总局表示，未来将进一步落实落细各项减税降费措施，打造“点线面结合、中长期兼顾”的助力小微企业发展模式，加强诉求收集快速响应、重点行业重点帮扶，帮助小微企业稳定发展。① 工业和信息化部表示，在未来建立健全涉企数据信息共享机制，使用以大数据分析为核心的综合性信用评价，使小微

① 王雨萧：《国务院部署多项举措支持小微企业个体工商户纾困和发展》，新华社，2021年5月27日。

企业获得更多银行信贷支持。习近平总书记强调："中小企业能办大事"。拥有独特优势的中小微企业，是保市场主体的重要对象、保就业的重要力量，也是构建新发展格局的有力支撑，为中小微企业发展注入更多信心和底气，既要有"雪中送炭"的帮扶，也要有"添砖加瓦"的培育，随着中国经济进入高质量发展阶段，中小微企业唯有加快转型升级，增强内生动力，更好适应市场变化，提升自我造血功能，才能不断将政策红利化为创新活力，将历史机遇转为前行动力，踏踏实实办好企业，不断拓展新的增长空间。

课后习题

一、名词解释

功能收入分配　规模收入分配　基尼系数　中等收入陷阱　公平　效率

二、简答题

1. 简要分析引起收入分配差距的原因。
2. 医疗保障、精准扶贫等在保障公平、缓和两极分化上起了什么作用?
3. 结合我国现状分析，如何降低我国当前的基尼系数?

案例

我国脱贫攻坚战取得全面胜利

2021 年 2 月 25 日上午，习近平总书记在全国脱贫攻坚总结表彰大会上向世界庄严宣告，经过全党全国各族人民共同努力，在迎来中国共产党成立一百周年的重要时刻，我国脱贫攻坚战取得了全面胜利。

贫困是人类社会的顽疾。反贫困始终是古今中外治国安邦的一件大事。从党的十八大以来，脱贫攻坚取得丰硕成果。现行标准下 9899 万农村贫困人口全部脱贫，832 个贫困县全部摘帽，12.8 万个贫困村全部出列，区域性整体贫困得到解决，完成了消除绝对贫困的艰巨任务。脱贫地区农村居民人均可支配收入从 2013 年的 6079 元增长到 2020 年的 12588 元，翻了一番多，年均增长 11.6%。"两不愁三保障"全面实现，脱贫群众吃穿不愁，义务教育阶段辍学问题实现动态清零，脱贫人口全部纳入基本医疗保险、大病保险和医疗救助，"看病难、看病贵"问题有效解决，790 万户、2568 万脱贫人口告别泥草房，住上安全房，低保、特困救助供养、基本养老保险实现应保尽保。特殊困难群体福利水平持续提高，2400 多万困难和重度残疾人拿到了生活和护理补贴。脱贫地区基础设施建设突飞猛进，经济实力不断增强，社会事业长足进步，整体面貌发生历史性巨变。行路难、吃水难、用电难、通信难等问题得到历史性解决。

脱贫攻坚战对中国农村的改变是历史性的、全方位的，是中国农村的又一次伟大革命，有力推动了中国农村整体发展，为全面建设社会主义现代化国家、实现第二个百年奋斗目标奠定了坚实基础。为全球减贫事业发展和人类发展进步做出了重大贡献。(资料来源：央视网)

结合本章内容谈谈我国脱贫攻坚取得丰硕成果的意义。

「第十五章」　公共企业

国有企业是中国特色社会主义的重要物质基础和政治基础，是党执政兴国的重要支柱和依靠力量。为加快国有企业改革步伐，2018 年 8 月，国务院推出国企改革“双百行动”，先后选取 400 余户中央企业子企业和地方国有骨干企业，深入推进综合性改革，并在改革重点领域和关键环节率先取得突破，积累了一大批经验成效，这些企业中八成以上建立了董事会，实现外部董事占多数；半数以上实施了混改；100 余户开展了股权、分红权等不同方式的中长期激励；全员劳动生产率超出中央企业平均水平 50.7%，大部分“双百企业”都释放出改革红利，在改革中取得长足发展。

为抓住改革关键时机，乘势而上，2020 年 6 月 30 日，中央全面深化改革委员会第十四次会议审议通过了《国企改革三年行动方案（2020—2022 年）》，这是未来三年落实国有企业改革“1+N”政策体系和顶层设计的具体施工图，对国有企业制度、国资监管体制、提高国有企业效率、增强国有经济“五力”等方面提出新的要求与目标，这则方案的提出对做强做优做大国有经济，增强国有企业活力，提高办事效率，加快构建新发展格局具有重要意义。

第一节　公共企业的性质

公共企业（Public enterprise）概念发源于西方，主要涉及邮政、电信、供电、供水、供气、供热和公共交通等为公众提供产品、服务或由公众使用的业务或行业。公共企业是由政府所有并控制经营，且各国普遍存在的一种特殊企业，其集公共性和企业性于一身，是公共部门的一个重要组成部分，是政府为了解决市场失灵问题，出于向社会公众提供必不可少的公共产品和服务、解决外部效用问题、增进社会公正、调节和平衡宏观经济发展等目的所经营的企业。一般认为，政府拥有公共企业全部或部分特定产权，直接生产或提供商品和服务，以满足社会群体的集体需要。①

公共企业虽然不排除营利目的，但有一定的公益性和社会福利性质。公共企业或者其他具有独占地位的经营者所享有的独占地位是法律赋予的，因而具有合法性，但是如果具有独占地位的经营者利用自身独占地位和经济优势来排斥或限制其他经营者参与竞争，则是对这种地位的滥用，会受到法律的规制。20 世纪 90 代以来，社会上反垄断的情绪高涨，《反垄断法》呼之欲出。个别厂商搞价格同盟或其他卡特尔进行经济垄断，纵向限制竞争的行为损害了市场经济自由竞争的精髓，也直接损害了消费者的权益。

一、兴办公共企业的目的

早在 1936 年，凯恩斯就提出了公共事业应由政府投资并经营。他在《就业利息和货币通论》中提出，“最后，还有一类日趋重要的投资，由政府从事，由政府负担风险。从事这类投资时，政府只想到对于未来社会之好处，至于商业上利益如何，则在所不计。”随后，20 世纪 50 年代，萨缪尔森又提出了“公共产品理论”，并用模型论证了公共产品由政府生产并提供的合理性，后续的研究也指出随着社会经济的发展，政府要提供公共产品的范畴也在不断扩大。政府经营公共企业就是满足社会公共需要，其与行政事业单位协调配合，共同完成满足社会公共需要的资源配置任务。公共企业在提供公共产品和服务、推动工业化和信息化建设、弥补私人企业的缺陷和维护国家经济主体等多领域发挥作用。

习近平总书记在全国国有企业党的建设工作会议上强调：“使国有企业成为党和国家最可信赖的依靠力量，成为坚决贯彻执行党中央决策部署的重要力量，成为贯彻新发展理念、全面深化改革的重要力量，成为实施‘走出去’战略、‘一带一路’建设等重大战略的重要力量，成为壮大综合国力、促进经济社会发展、保障和改善民生的重要力量，成为我们党赢得具有许多新的历史特点的伟大斗争胜利的重要力量。”我国兴办公共企业的目的具体有以下四项。

（一）纠正市场失灵

市场失灵是市场不能满足社会需求的现象。一般认为，导致市场失灵的原因包括垄断、外部性、公共物品和不完全信息等因素。市场失灵在某些经济体的存在通常引起究竟是否应由市场力量引导运作的争论，而这也产生要用什么来取代

① Pikkei L. K. Yeung. Public Enterprise Governance：KCR Corporation and Its Governance Controversies，2005，7（4）.

市场的争议。最常见的对市场失灵的反应是由政府部门产出部分产品及劳务。政府想解决市场失灵的问题，首先要做好提供公共物品的工作，搞好基础设施建设以保证整个国民经济有良好的硬件条件。同时，政府还要承担起那些投资规模大、资金回收期长而又对经济发展起重大作用的项目，这样，既解决了市场不能提供公共物品的有效供给问题，保证了国民经济正常运行；同时政府投资在过程中还可以解决一部分下岗工人的再就业问题，也可以带动其他相关产业的投资和生产，从而推动经济的繁荣。而对于经济发展中的垄断问题和其他不正当竞争问题，政府要站在仲裁者的立场，通过建立健全各项法律法规并严格执法加以解决。正如里斯所说：由政府控制一些企业或许是“保持单一卖者的成本优势的一种途径，可以防止追逐利益的垄断行为所导致的资源的低效配置”。

（二）改变经济中的支付结构

改变经济中支付结构的一种方式是对公共企业的产品价格广泛而普遍地实行交叉补贴，那就意味着要改变特定个人或集团所获得的利益，改变支付结构的获利者可能包括员工、顾客或政府。公共企业的产品价格定价简称公共定价，是指政府对公共企业生产的商品和服务的定价或政府对私人部门定价的管制。包括两个方面：一是纯公共定价，即政府直接指定产品价格，如通信和交通等公用事业以及煤、石油、原子能、钢铁等基本品行业的价格。二是管制定价和价格管制，即政府规定竞争性管制行业如金融、农业、教育和保健等行业的价格。政府定价可以提高社会资源的配置效率，使公共产品得到更有效的分配与使用。政府在选择公共定价标准后，具体可以采用以下定价方法。

第一种是单一定价法，即根据消费者消费公共物品的数量与质量，确定一个单位价格收费的方法，如自来水公司规定水费单价。第二种是二部定价法。公共物品成本可分为资本成本与经营成本。资本成本是建造公共设施时所耗费的成本，属于固定成本；经营成本指公共设施在使用过程中所发生的成本，属于变动成本。二部定价法就是在公共定价时分为两部分，一部分是承担资本成本的准入费，这一部分费用是固定的；一部分是承担经营成本的使用费，使用费则随着使用量的增加而增加。第三种是高峰负荷定价法。有一部分公共设施在使用时间上分布不均衡，存在集中使用的高峰期，此时就会存在资源配置的拥挤成本问题，而其他时间设施可能不完全充分利用。对于这类设施，在采用二部定价的基础上，在使用高峰期再加收部分费用，以缓解高峰期供给紧张状况，均衡资源有效配置。

（三）推动中央的长期经济规划

经济规划是社会主义经济的一个基本特征。实行经济规划，必须从国民经济实际情况和自然资源特点出发，根据社会主义建设的需要，有计划地安排国民经济各部门之间的发展比例关系，合理地分布生产力，有效地利用人力、物力、财力，搞好生产与需要之间的平衡。公共企业在经济发展与经济规划中往往发挥着重大作用，正是公共企业的存在，才会建立起市场所不能提供的基础设施，促进国民经济的协调发展，从而满足国家建设和人民日益增长的物质和文化生活的需要。

（四）稳固社会主义经济性质

从马克思主义政治经济学视角分析，人类的生产和生活活动实质是资源的占有和利用过程，资源由谁占有，以什么样的方式占有，决定了谁在资源的使用中获取利益，从而决定了人在社会中的阶层和阶级属性。“在不同的财产形式上，在社会生存条件上，耸立着由各种不同的，表现独特的情感、幻想、思想方式和人生观构成的整个上层建筑”。①因此，区别社会主义制度与资本主义制度最根本的因素就是生产资料的占有方式，无论社会主义处在何种发展阶段，生产资料公有制都是最基本的核心要素特征。“社会主义经济”是从所有制性质角度界定的一个概念，即指国有经济、集体经济和国有、集体控股的混合所有制经济。社会主义国家的公共企业与资本主义国家的公共企业的根本不同在于，其不仅是社会主义制度的重要物质载体，而且是实现社会主义优越性的重要手段，也是社会主义国家发展经济的最重要的依靠力量。②

二、公共企业的性质

公共企业是公有制经济的重要组成部分和实现形式。在经济发展方面，公共企业是火车头；在科技创新方面，公共企业是排头兵；在“走出去”方面，公共企业是先锋队。公共企业的性质包括公共性、企业性和管制性。

（一）公共性

公共企业的公共性主要表现在公共企业与政府部门一样都服从于公共利益的需求，这种公共利益主要体现在市场缺陷的弥补上。在政治学视阈下，政府行

---

① 《马克思恩格斯选集（第1卷）》，北京：人民出版社，2012年版，第695页。

② 王鸿：《辩证认识国有企业的制度功能、社会功能和经济功能》，《红旗文稿》2017年5月25日。

为、政府责任、政府目的都具有公共性。[①] 公共性强调公共企业的生产和经营要以公共利益为出发点和落脚点，与私人企业有着明显的区别。公共企业占有和支配着特定公共资源，提供着关乎公众基本生活和生产需求的公共产品。这种职责天然地具有“公共性”特色，且这种公共性具有法定性。[②] 此外，从产权关系上看，公共企业的注册资本全部或者大部分由政府出资。公共企业包括政府独资公共企业和政府控股经营企业，前者资本金全部由政府出资，后者资本金有一部分是民间出资，但政府出资部分仍是主要来源。出资成立公共企业时，政府不是代表其他市场主体出资，而是本身就作为一种市场主体而存在，这也是公共企业具有公共性的重要原因。

（二）企业性

公共企业的企业性，主要表现在公共企业与私人企业一样具有企业法人地位。私人企业的经营目标就是利润最大化，而公共企业归属于政府所有或受政府控制，虽然也追求利润，但同时也追求社会目标。可以说，公共企业某种程度上是以效率和经济利益一定程度的牺牲为代价来换取公共利益和公共责任。[③] 当然，公共企业的经营行为不得以逐利为目的并非意味着公共企业可以无限牺牲或放弃自身的经济利益。没有经济利益和经济效率的公共企业也将失去其提供公共产品的制度优越性和存在的合理性。只有融公共性与企业性于一体的经济实体才是公共企业。

（三）管制性

公共企业产品的定价及价格的调整需要接受政府和公众的共同监督，与私人企业可以在法律允许的框架下自有组织生产和经营活动不受政府监督不同，公共企业的管制性特别强调政府对于公共企业的管理和监督。政府对公共企业的投资决策、人员安排及利益分配等，都具有一定的控制权和决策权，尽管企业本身有一定的自主权，但和私人企业相比，其自主权要受到很大限制。此外，公共企业在一定程度上被政府赋予一定的管制权力。当政府将公共产品的供给责任交给公共企业这一市场主体去承担的时候，政府与公共企业之间实际上形成了一种委托关系。有时，公共企业在政府委托的事项范围内，拥有“某种权力以履行类似政府职能的经济职能”，例如，许可权、禁止权、处罚权、强制权、确认权和裁决

---

① 胡改蓉：《论公共企业的法律属性》，《中国法学》2017 年第 3 期。

② 同上。

③ 李辉生：《论公共企业的公共责任》，《中国行政管理》2006 年第 7 期。

权等公权力。①

三、公共企业存在的领域

我国国家工商行政管理局发布的《关于禁止公用企业限制竞争行为的若干规定》中，将公共企业定义为供水、供电、供热、供气、邮政、电讯、交通运输等公用事业或行业的经营者。我国公共企业的使命在基本内涵不变的前提下，根据国家不同时期的经济社会发展需要扮演不同的角色，经历了从在国民经济中所有领域发挥作用，到只需要在关键领域中发挥作用，进而向保障国家安全中发挥作用的变化。公共企业涉及的领域发生了三大段的变化，第一段是 20 世纪 80—90 年代，公共企业通过实施战略性改组，集中力量支持大中型企业做大做强，目标是退出非关键性的生产和生活资料提供领域，从为当地提供商品的小煤矿、小炼油、小水泥、小玻璃、小火电，以及服务当地的小规模商品零售、批发、餐饮企业中退出；第二段调整围绕既能保持控制力和影响力，又能增强国有经济活力的目标，在原材料、能源、基础设施等领域的实力有所增强，在生活资料领域的占比持续下降；第三段调整发生在最近 20 年，随着多种所有制经济共同发展格局的形成和社会主义市场经济体制的基本建立，公共企业开始加快向关系国家安全、国民经济命脉和国计民生的重要行业和关键领域集中，朝着重点保障经济、政治、社会、生态安全方向转变，在应对经济风险、开放风险、自然灾害风险等方面发挥不可替代的作用，2008 年应对国际金融危机以及 2020 年应对新冠肺炎疫情影响中的行动都有所体现。② 目前公共企业主要存在于具有以下特征的行业。

（一）具有高度外部性的公共产品提供行业

公共企业多分布在产业链上游的基础产业，为产业链的发展提供了“基础设施建设”的作用。在公共设施、公共服务、交通运输和通信等具有高度外部性的公共产品提供领域中，大部分国家的公共企业比重都超过了 50%。公共企业具有产业链的带动效应，在关键的投资领域发挥着不可替代的作用，能源电力供应网络、便捷的交通通信服务、完备的基础设施体系，均是一国制造业腾飞的先行条件，无论是英美工业革命、日韩崛起还是中国发展都无一例外地证实了这一点。此外，公共企业也会参与国土整治、矿山开发、地质勘探等基础产业和基础设施建设，所提供这些服务是一切企业、单位和居民生产经营工作和生活的共同

① 胡改蓉：《论公共企业的法律属性》，《中国法学》2017 年第 3 期。

② 盛毅：《我国国有经济使命变迁历程回顾与“十四五”取向》，《经济体制改革》2021 年第 3 期。

的物质基础，是社会设施正常运行的保证，既是物质生产的重要条件，也是劳动力再生产的重要条件。除了带动产业链的发展外，公共企业还具有很强的行业内带动效应，经常充作“第一个吃螃蟹的人”，在重点领域进行持续投入和尝试，为整个行业的发展做出示范。很多行业在发展初期都需要一些基础性、公用性的技术，这些技术和经验的缺乏成为制约行业发展的瓶颈。公共企业通常可以发挥自身优势，最先进行尝试，在其成功立足并打开国内外市场后，其所获得的技术和管理经验也往往具有溢出效应，使得行业内很快出现一批中小型企业跟随效仿。

（二）具有规模效应的自然垄断行业

公共企业大多属于垄断行业中的自然垄断行业，这些行业具有两大特征：自然垄断性和政治敏感性。自然垄断是由产品特性决定的，其内在根据是规模经济原理。自然垄断的基本特征是生产函数呈规模递增状态，一个企业生产一定数量产品的总成本，要比两个或者两个以上的企业共同生产同样数量产品效率要高，总成本要低。如果一个行业最后只能容纳一家企业，那么该企业就会扩大产量，低价竞争，将其他对手挤出市场，从而形成垄断。以天然气供给来说，输送煤气需要铺设管道，其成本十分高昂，但一旦铺设完毕，向管道泵注入更多的煤气则不需要更多的资金注入，以至于边际成本趋向于零，同时，资金一旦投入就难以在短时期内收回，也难改为其他用途。这种投资金额巨大且有“沉淀成本”的项目或行业只能由政府所有或控制的公共企业来建设。此外，自然垄断行业具有一定的公益性，即自然垄断行业主要是为社会公众提供公共服务的行业，它所提供的私人边际效用小于其社会边际效用，对国民生命安全、社会安稳、经济正常运转都具有至关重要的作用。自然垄断行业并非没有竞争，有些业务是可竞争的，如电力设备供应、电力生产（发电）、高压输电、低压配电和电力供应等多种业务领域，这些业务中只有高压输电和低压配电属于自然垄断业务，而电力设备供应、电力生产和供应则属于竞争性业务。自然垄断领域的民营化已经开始，并将持续下去。然而，出于政治因素的考虑，尽管政府可能不再拥有公用事业的所有权，但没有一个政府会完全与公用事业脱离关系。即使将公用事业出售给私营企业，政府仍然可能通过管制而保持对公用事业的牢固控制。

（三）关系到国家安全保障的行业

公共企业在一些关乎国家安全、需要长期投入和高度创新的领域中具有不可替代的作用，如军工行业领域。现在我国有十大军工集团，包括中国航天科技集团有限公司、中国航天科工集团有限公司、中国航空工业集团有限公司、中国航空发动机集团有限公司、中国船舶集团有限公司、中国兵器工业集团有限公司、中国兵器装备集团有限公司、中国核工业集团有限公司、中国电子信息产业集团有限公司、中国电子科技集团有限公司。军工集团公司坚持把科技作为第一生产力，加强科技创新体系建设，在武器装备型号研制和预先研究上突破了一大批关键技术，国防基础科研、技术基础、国防科技重点实验室等专项计划稳步推进。对于国防和航天这种对我国国家安全以及未来战略具有重要影响又投资不菲的行业，必须由国家来进行控股投资，为整个研发过程提供高昂费用，这种费用是民营企业远不能承担的。除了在军事国防领域，公共企业在应对公共卫生突发事件时，同样扮演重要角色，如在此次应对新冠肺炎疫情的过程中，公共企业勇挑重担，在应急保供、医疗支援、复工复产、稳定产业链供应链等方面发挥了重要作用。

第二节　政府对公共企业的规制

公共企业的政府规制，是行政机构直接干预公共企业所处行业的市场配置机制，或间接改变公用企业及其消费者的供需决策的一般规则或特殊行为。[①] 公共企业由政府所有或控制，缺乏市场约束和追求效率的积极性，政府在市场进入、生产过程、工人与薪酬等方面进行规制，可起到替代市场进行约束的作用，所以公共企业是政府规制的重要对象。公共企业的特征在于必须向社会提供公共产品或准公共产品，同时公共企业是一个经济实体，以企业的方式运行，必然强调运营效率和盈利能力，强调投入和产出的实际收益。追求经济利益和履行公共义务之间矛盾的解决在于政府的科学规制，政府的价格管制、强制缔约管制等，使得公共企业在实际运作时主动或被动地考虑到公共责任，不能像一般营利性企业那样以利润最大化为唯一存在目标，而公共企业在经济利益上的一定程度的牺牲可以以政府补贴为补偿，政府出资与政府控制也使得政府的规制和补贴具有了产权基础。[②]

① 磨玉峰、卢璟：《公用企业政府规制研究综述》，《商业时代》2009 年第 30 期。

② 张安毅：《论公益性国有企业概念的理论缺陷与公共企业制度的建立——以中国国企分类改革为背景》，《东疆学刊》2014 年第 4 期。

一、市场进入的规制

从经营行业看，政府对市场进入的规制，目的是弥补公共企业的自然垄断等特性所带来的问题以及由此造成的社会福利损失。公共企业主要局限在非竞争性领域，大多为自然垄断领域，一般由政府全面控制公共企业的资本金来源。政府独资经营的公共企业，其资本金全部来源于预算拨款，在此情况下，公共企业完全由政府决策，公共企业的董事长也不由董事会选举产生，而是由政府直接任命或者由政府官员直接任职，因而，董事长要直接对政府负责。政府控股经营的公共企业，其资本金有一部分来源于私人投资，但主要部分仍来源于预算拨款。此外，政府通过特许权或执照的审核和许可，才允许厂商进入某一特定产业，即要求进入市场的个人与实体必须符合政府规定的标准。这种政府对市场进入的规制目的在于避免自然垄断的公用事业因为重复投资、过度竞争而造成社会资源的浪费。①

我国从20世纪90年代左右开始打破公共企业垄断、引入竞争机制的政策和法律规范。在公共事业领域内培育多个相互竞争的企业，拆分现存的垄断企业，在非垄断环节引入竞争，鼓励和支持非公有资本进入公共事业以及法律法规未禁止的其他行业或领域。在市场准入环节上，通过招投标确定企业的特许独家经营权，在特许经营期满后再通过招标选择独家经营者，形成多家企业在市场准入环节上的竞争格局，有益于进一步加快打破行业垄断的坚冰。虽然在自然垄断领域可以获得极大收益，但由于其公共性，公共企业必须承担社会责任，将社会利益放在首位，所以政府只允许公共企业获得微利。

二、对产品定位及价格的规制

公共企业生产的产品种类、档次、质量标准等是直接或间接由控制决策的政府决定的。公共企业的产品种类较少，如要求军工产品和高新技术行业讲究质量和尖端生产技术；在自然垄断行业，如水、电、气等产品只需单纯的市场化生产；电信行业的各种电信设备、传输设备、交换设备和终端设备等均需满足质量标准和技术标准，产品定位规制运用于多个行业，只是每个行业所遵循的标准与要求是不同的。市场价格不是由经营者自主制定或通过市场竞争形成的，而是由政府直接确定或指导制定的。

① 磨玉峰、卢璟：《公用企业政府规制研究综述》，《商业时代》2009年第30期。

价格规制主要是防止公共企业的垄断定价。实践中通常由政府规制机构以成本与收益、需求与供给等理论为主要依据，决定公共企业产品或服务的某一价格范围或是计价公式，然后报请立法机关核定。价格规制有利于保护消费者免遭剥削，并保障企业拥有合理报酬率，使之能持续经营。政府对公共企业的价格规制方式有以下几种：第一种是授权企业自行定价，这是指基本的价位及价格走势由政府控制，但公共企业可以自主决定具体的价格，并非由企业完全根据市场供求关系自主定价。第二种是政府直接定价，政府直接规定产品的具体价格，企业无条件地参照执行，直接定价的目的是保证某些产品价格具有统一性和稳定性，直接定价并不意味着价格一成不变，可以随着原材料、工资等生产成本的变化而做出调整。第三种方式是政府限价，限价分为上限和下限两种，企业的产品价格不能突破上限，或者不能突破下限，政府限价的目的是给企业一个较大的活动空间，让企业自行决定，它既是政府直接定价的不明确表示，又是企业自主定价的明确指导。还有一种是制定浮动价格，即先确定基准价格，再限定浮动的幅度，制定浮动价格的目的是给企业更大的定价空间，对于企业来说，可在政府规定的范围内做出比较合理的选择。

三、对工人与薪酬的规制

公共企业员工工资标准大多参照政府公务员，董事长和董事本身就是由政府官员兼任的，只从政府拿酬金，不再从公共企业里拿工资，因为他们在公共企业中的工作是职责范围内的事，企业本身是政府的，因此不必另外付酬。公共企业的经理层人员，虽然也是政府委派的公务员，但他们是专职在公共企业工作的，因而工资由企业支付，但工作标准与公务员级别相对应。公共企业中除公务员以外的其他雇员，其工资由企业支付，但同样受到政府的控制，这是因为公共企业不能以本企业为范围决定工资，许多公共企业本身是亏损或保本的，若由公共企业自行决定工资，企业显然留不住员工。

公共企业的政府规制是一项长期而艰巨的工作，是一项系统性工程，从规制者到被规制者，从政府和企业到消费者，既要兼顾部门利益也要兼顾公共利益，只有严格的规制才能使公共企业提高效率，更好地履行自身职责。此外，一直以来，国有企业开展采购，缺乏相关文件予以规范，更缺乏具体的操作指引。2020年6月15日我国首个国有企业采购管理规范团体标准——《国有企业采购管理规范》开始实施，该标准对国有企业采购战略管理、实施管理、采购信息管理、供应商管理、绩效评价和监督管理等进行制度规定，基本覆盖企业采购管理的全部主要内容，是企业采购管理、监督体系建设的指导文件，也为国企采购领域未来的立法工作提供基础素材，同时也是对我国对公共企业规制方面的一个有力补充。

第三节　公共企业效率与国有企业混合所有制改革

一、公共企业效率标准

从以下几个方面判断企业效率的标准：第一，投入成本需求是否有竞争性。企业购买生产要素时，其价格达到生产要素市场中通过竞争所实现的水平，就是说，投入成本要求竞争性。第二，生产需求的最优组合是否使用最先进的技术：在现有可能利用的技术条件下，实现生产要素的最优组合，也要使用最可能的先进技术。第三，是否使用最优生产规模生产带来生产效率。第四，是否以最优的销售渠道进行销售带来配送效率。第五，企业的劳务、人工、财务方面是否存在“经营上的松懈和懈怠”。

从效率角度来看，公共企业的整体效率不如私人企业高，主要在于以下三点。第一，产权界定不清晰。产权是指财产所有权以及与财产所有权有关的经营权、使用权等财产权。公共企业分为政府独营或政府控股，产权不清晰会导致严重的委托代理问题，无法实现对国有企业有效的监督，因而其效率必然低于私有企业。第二，预算约束软化。企业预算约束是指以收抵支的财务原则对企业经济行为的制约作用。如果企业的经济活动经常违反收支相抵原则，在收不抵支的情况下可以通过豁免税收获得补贴等方式加以补偿，那么就可以说企业的预算约束是软化的。在公共企业产生亏损或面临破产时，常常能够从政府处得到援助，也就是说，公共企业面临的预算约束是“软性的”，这造成公共企业的行为和决策难以受到竞争的压力，即使经营糟糕也没有被收购或接管的威胁，因此造成企业管理的低效率。第三，预期目标多元化。政府创办公共企业往往有许多预期目标，如提供混合产品、控制自然垄断行业、占领经济“制高点”，获取公共收入、维持就业水平、稳定市场价格、有效利用资源、推动产业升级、维护国家尊严等。上述一系列的目标，归结起来可以分为两类，即利润目标与社会目标。评价公共企业是否成功，最关键的是衡量公共企业对于这些目标的实现程度，衡量目标实现程度的指标分别是财务收益与社会收益，但财务收益与社会收益往往是相互矛盾的，追求企业的财务收益往往会影响社会收益。

公共企业效率低下问题，与其本身的职能及特征有关。公共企业根本目标是实现经济整体效益最大化而并非企业自身效益最大化。在技术引进消化吸收的过程中，公共企业需要更为集中地使用资源，遵循国家整体技术规划；在技术研发中，公共企业需要承担更大的技术研发风险，增大技术研发投入，从而更好地实现技术外溢效应，推动技术升级和产业进步。公共企业所扮演的角色是为带动整个社会的经济发展，所以不可能一味追求自身效率的提升。

当然，我们有必要在现有水平上进行公共企业改革来尽可能提升公共企业的效率。公共企业改革是我国社会主义市场经济改革的重要组成部分，公共企业改革的目标是破除现阶段存在的政企不分、产权不清、责权不明、效益低下等问题，建立产权多元、充分竞争、市场运行、政府监管的新型制度，这就要求改变传统公共企业不适应社会主义市场经济的旧的产权关系、组织机构、管理方式，理顺企业与政府之间的关系，企业与社会的关系，在保证社会利益的前提下，提升自身效率。

二、我国国有企业改革历程

改革开放 40 年来的国企改革之路依循产权改革的方向，以建立现代企业制度、增强国有企业竞争力为目标，取得了明显的成效，国有经济布局调整取得明显进展，国有企业效率有所提高。

（一）放权让利阶段（1978—1983 年）

党的十一届三中全会是新的改革历史起点，我国开始步入改革开放新轨道。《党的十一届三中全会公报》明确指出国营企业的弊端和改革方向，认为“权力过于集中”是我国经济管理体制的一个严重缺点，“应该有领导地大胆下放，让地方和工农业企业在国家统一计划的指导下有更多的经营管理自主权；坚决实行按经济规律办事，充分调动干部和劳动者的生产积极性”，认为企业不应该成为行政的附属物，而是国民经济的主体，是独立的商品生产者和经营者，应具有独立的经济利益。1978 年 10 月，四川省率先选择 6 个企业作为扩大企业自主权试点。1979 年 7 月，国务院发布了《关于扩大国营企业经营管理自主权的若干规定》等 5 个文件，启动开展扩大企业自主权的改革试点，以放权让利为重点的企业改革开始在全国范围内全面推行，以下放财政和物资分配权，增加工资、发放奖金、实行利润留成等手段，刺激地方政府、企业员工和经营者的积极性，使企业转变为具有一定自主权的商品生产单位，摆脱计划经济时代“等、靠、要”的思想。

（二）两权分离与承包经营责任制阶段（1984—1992 年）

1984 年党的十二届三中全会提出了新的国企改革目标要求“使企业真正成为相对独立的经济实体……成为具有一定权利和义务的法人”，提出“所有权同经营权是可以适当分开的”，国企改革开始向着实行政企分开、所有权与经营权相分离的方向发展，由此形成了“两权分离”的改革思路。1986 年 12 月 5 日，国务院发布的《关于深化企业改革增强企业活力的若干规定》明确提出：“推行多种形式的经营承包责任制，给经营者以充分的经营自主权”，国有小型企业可试行租赁制、承包经营制；国有大中型企业要实行多种形式的经营责任制；少数有条件的国有大中型企业，可以进行股份制试点，这是我国对所有权与经营权分离的初步探索。1988 年国务院规定了“包死基数，确保上交，超收多留，歉收自补”的承包原则，进一步明确了企业承包制在国有企业改革中的地位，但在 1990 年后，承包责任的弊端开始逐渐暴露，如企业利润下降，约 2/3 的企业处于实际亏损状态。企业技术水平落后，库存积压，企业冗员过多等。在这种情况下，企业认为政府放权不足而政府担心放权过度致使企业失去控制，这样一对矛盾是这个时期的问题，说明政企不分的现象并没有得到根本性解决。1992 年邓小平发表南方谈话，极大地推动了当时有些陷于停顿的改革开放进程，也促进了国企改革领域的思想解放。

（三）建立现代企业制度（1993—2002 年）

1993 年党的十四届三中全会通过《中共中央关于建立社会主义市场经济体制若干问题的决定》，提出“建立适应市场经济和社会化大生产要求的、产权清晰、权责明确、政企分开和管理科学的现代企业制度”，正式确定通过产权结构的改革建立现代企业制度的目标，成为我国国有企业改革的一个重要转折。1995 年党的十四届五中全会要求着眼于搞好整个国有经济，对国有企业实施战略性改组，首次提出了“抓大放小”战略。1997 年党的十五大进一步明确了“抓大放小”战略，指出国有经济成分主要在关系国民经济命脉的行业和领域起主导作用，在其他领域可以充分开展资产重组和结构调整，大中型国有企业可以改革成为国有独资、有限责任公司及股份制公司，中小型国有企业可以出售给集体和个人。此后，国家又采取了鼓励兼并、规范破产、下岗分流、减员增效等一系列举措来激发国有企业活力。到 2000 年末，国有企业基本实现脱困，83.7%的试点企业初步建立了现代企业制度。

（四）国有资产监管阶段（2003—2013 年）

在之前“抓大放小”过程中，国有资本流向利益更多的资源、能源、化工等战略性部门，并逐渐在这些部门形成了一定的主导和垄断地位。垄断不可避免会带来寻租行为与腐败，处于弱势地位的国有企业职工权益就无法得到保障，此时我们需要建立一个与社会主义市场经济体制相适应，符合现代市场经济原则的国有资产管理体制。2003 年，国务院国有资产监督管理委员会（简称国资委）成立，将国有企业管理的权力全部划归国资委，建立起管资产与管人管事相统一的国有资产监督管理体系，开启了国有企业管理体制改革的新阶段。国资委的成立使各级国资监管机构之间，国资委与中央企业之间的组织体系明确，并形成了激励约束机制，解决了以往国有经济管理部门机构臃肿、监管效率低下的问题，同时也使国有企业改制和国有产权转让、重组和交易更加规范，信息更加透明，交易更加公平。此外，应对垄断问题，党的十六届三中全会提出对部分垄断行业实施深化改革和重组，拉开了国有企业股份制改革的大幕。2007 年党的十七大进一步提出了更加鲜明的股份制导向，除极少数必须由国家独资经营的企业以外，都要积极推行股份制。在上述精神鼓励和引导下，国企股权多元化进程显著提速，到 2010 年，我国基本完成国有企业的战略性调整和改组，形成一个较为合理的国有经济布局和结构。

（五）全面深化国有企业改革（2013 年至今）

为了进一步深化和巩固产权制度改革成果，本阶段将混合所有制改革作为重要突破口。2013 年 11 月，党的十八届三中全会通过的《中共中央关于全面深化改革若干重大问题的决定》提出要发挥市场在资源配置中的决定性作用和更好发挥政府作用，将混合所有制作为中国经济制度的重要实现形式和国有企业改革的推进方向，我国国有企业进入全面深化改革阶段。十九届五中全会指出“深化国资国企改革，做强做优做大国有资本和国有企业，加快国有经济布局优化和结构调整”。从 2015 年起我国相继推出“十项改革试点”“员工持股试点”“双百行动”“区域性国资综合改革试验”等行动，2020 年又推出“科改示范行动”“深化国企改革三年行动”，这一阶段始终把发展混合所有制摆在突出位置，旨在促进国有企业转换经营机制，提高资本配置效率运行效率，增强创新力和国际竞争力，以应对日益激烈的国际竞争和挑战。

三、国有企业混合所有制改革

（一）国有企业混合所有制改革的概述

一直以来，国有企业都是国民经济的命脉所在，并在国民经济发展的过程中起着支柱性的作用。各国都通过设立国有企业向社会提供所需的使用价值（如产品）和经济价值（利润），[①] 履行国有经济的使命。混合所有制是全球化时代市场经济条件下生产资料占有社会属性的客观要求，它使得生产和资本的社会化推进到新的高度，在一定范围内适应了全球化时代社会生产力的发展。

国有企业混合所有制改革应该包括三个递进层次的内容。第一，国有企业。国有企业不仅是国家出资，同时受到国有资产管理法律法规政策的规制，它更是一种制度安排，是在一种特有制度下运行的企业。第二，国有企业混合所有制。在一个企业中，既有国家出资即国有资本，也有非国有资本，形成多元产权混合，若企业运行仍受国有资产管理法律法规政策的规制，混合所有制国有企业的行为同原来的国有企业就不会有所不同。第三，国有企业混合所有制改革。国有企业在实行混合所有制后，它的制度安排要发生变化，即进行企业体制机制的变革。推动国有企业混合所有制改进关键在于两点：一是对现有国有企业存在的国有股权进行转让减持；二是通过增加国有企业固定资本对现有的国有股权进行稀释。从长远看，实现国有企业混合所有制帕累托改进有利于多方利益共荣共存。

国有企业实行混合所有制的目的应当明确是融资、增加资本投入，还是要进行制度安排上的变革，或者是两者兼而有之。更重要的是明确混合所有制不是为“混”，而是要进行“改”，“改”才是目的。“改”即改革，国有企业需通过混合所有制进行体制机制的转换，[②] 从而使国企在改革中能够增加竞争力和活力，混合的目的是为企业打造一个符合现代企业治理的有竞争力和创新力的治理体系。

（二）国有企业混合所有制改革的实践过程

早在改革开放初期，我国国有企业改革便经历了“放权让利”阶段。在这一阶段，企业的经营自主权得到扩大。随着改革开放的深化，以国有企业控股、参股为主体的，兼容外商投资企业或其他社会资本的股份制企业为主要形式的混

① 陈小洪：《国有经济的功能和分类：理论、趋势和政策》，《产业经济评论》2015 年第 1 期。

② 许保利：《深化国有企业混合所有制改革：“混”已经完成了 70%，“改”是重点》，《中国经济周刊》2021 年 4 月 1 日。

合所有制得到较快发展。

从政策层面来看，党的十五大明确提出公有制经济为主体，多种所有制经济共同发展，为国有经济不再包揽一切提供了理论指导；党的十六大强调，以提高国有企业整体素质和竞争力为目标，将继续调整国有经济布局和结构，改革国有资产管理体制，作为深化经济体制改革的重大任务，推动了政企分开、政资分开、经营权和所有权分离的改革，促进了国有经济管理体制框架的形成；党的十八届三中全会通过的《中共中央关于全面深化改革若干重大问题的决定》（以下简称《决定》）明确指出积极发展混合所有制经济，推动国有企业完善企业制度，支持非公有制健康发展，强调国有企业改革重点在于规范经营决策、资产保值增值、公平参与竞争、提高企业效率、增强企业活力、承担社会责任。《决定》对于国有企业改革提出的新要求、新任务也说明新时期我国国有企业改革思路已经由“活化机制”逐渐转向“综合能力提升”；2015 年 8 月，中共中央、国务院下发《关于深化国有企业改革的指导意见》指出，“推进国有企业混合所有制改革，以促进国有企业转换经营机制，放大国有资本功能，提高国有资本配置和运行效率，实现各种所有制资本取长补短、相互促进、共同发展”；2016 年，中央经济工作会议明确指出将混合所有制改革作为新时期国有企业改革的重要突破口；国务院在 2017 年政府工作报告中再次强调国有企业在国有资产领域深化改革的重大意义；随着近些年的改革，混合所有制经济已经成为我国基本经济制度的重要实现形式，国家允许更多的国有经济和其他所有制经济通过参股、控股或并购等多种形式发展为混合制经济，实现股权多元化或股权社会化。2019 年，十九届四中全会又再次强调“发展混合所有制经济，增强国有经济竞争力、创新力、控制力、影响力、抗风险能力”；2020 年，国企改革三年行动正式启动实施，党的十九届五中全会指出深化国资国企改革，做强做优做大国有资本和国有企业，这为激发国有企业活力进一步指明了方向；2021 年是国企改革三年行动的攻坚之年、关键之年，主要任务能否落地、是否见效，直接决定着 2022 年能否全面实现预期目标，2021 年政府工作报告提出深化国有企业混合所有制改革，这对推进国有企业改革具有方向性的意义。

在实践探索中，我国国有企业混合所有制的发展主要采取三种路径：一是引入非国有资本参与，鼓励参与者以出资入股、收购股权、认购可转债、股权置换等多种方式，参与国有企业改制重组与经营管理，并从法律层面保证非国有资本与国有资本享有同股同权，切实保障混合所有制国有企业的各类出资人的产权权益。二是引入战略投资者平台，充分发挥国有资本投资、运营公司的资本运作平台作用，通过市场化方式，以公共服务、高新技术、生态环保和战略性产业为重点领域，对发展潜力大、成长性强的非国有企业进行股权投资。例如山东省交通运输集团有限公司通过引入济南国惠兴鲁股权投资基金合伙企业（有限合伙）、济南福道长瑞股权投资基金合伙企业（有限合伙）、新余国寿尚信健隆投资中心（有限合伙）等多家战略投资者完成混改，优化了股权结构，完善了治理机制，经营业绩得到较大提升。三是采取增资扩股、出资新设等方式探索实行企业员工持股计划，优先支持人才资本和技术要素贡献占比较高的科技型企业开展员工持股。2020 年以来，国企上市公司员工持股计划数量明显增加，数据显示，2020 年，共有 18 家国有上市公司发布了 19 单员工持股计划，其中，11 单已经实施完成，包括长城企业、柳工集团、南航通用航空有限公司等。

1998 年至 2008 年的十年，是混合所有制改革缓慢发展的尝试阶段；2013 年至今，特别是 2016 年末中央经济工作会议提出“混合所有制改革是国企改革的重要突破口”之后，混合所有制改革节奏明显加快，取得的进展显著。主要表现在：一是混合所有制企业户数不断增加；二是重要领域混合所有制改革实质有序推进，石油、铁路、民航、电信、军工等领域先后试点推进，进一步放大国有资本功能，提高国有资本配置和运行效率；三是国有控股混合所有制员工持股试点推进，国有资本的布局和结构得到不断优化。经过多年来国有企业混合所有制改革的试点工作实践，一批国有企业通过改制发展成为混合所有制企业或正在积极探索混合所有制改革，并取得了显著成效。

此外，国家还出台相关优惠政策助力混合所有制改革。在税收政策方面，发展改革委、国资委会同有关部门共同制定出台了《关于深化混合所有制改革试点若干政策的意见》（发改经体〔2017〕2057 号）、《国家发展改革委办公厅关于印发〈国有企业混合所有制改革相关税收政策文件汇编〉的通知》（发改办经体〔2018〕947 号），对混合所有制改革过程中符合税法规定条件的有关情形，可享受相应的财税政策支持，包括股权收购、合并、分立、债务重组、债转股等，可享受企业所得税递延纳税优惠政策，改革中涉及的土地增值税、契税、印花税，可享受相关优惠政策等。在土地处置支持政策方面，混合所有制改革过程中涉及的土地处置事项，按照《国务院关于促进企业兼并重组的意见》（国发〔2010〕27 号）、《国务院关于进一步优化企业兼并重组市场环境的意见》（国发〔2014〕14 号）等相关规定办理，主管部门对拟混改企业提出的土地转让、改变用途等申请，加快办理相关用地和规划手续等。

（三）深化国有企业混合所有制改革的意义

国有企业混合所有制改革，是国企改革的重要举措，对进一步理清政府和市场的关系，并完善企业产权保护制度具有深远影响。

首先，深化混合所有制改革是国有企业本身的要求。国有企业具有技术和资产实力较强等独特优势，但由于自身体制机制的问题，仍存在一些亟待解决的矛盾和问题，比如一些企业市场主体地位并未真正确立，现代企业制度很不健全，国有资产监管体制有待完善等。面对日益激烈的竞争环境，需要通过深化国有企业混合所有制改革，引入或者参与非公经济，推动国有企业完善具有中国特色的现代企业制度，健全企业法人治理结构，优化国有企业控制权分配，实现激励约束相容，对提高国有企业治理效率、改善国有企业经营绩效和提高效用发挥着重要作用。

其次，深化混合所有制改革是多种所有制经济共同发展的要求。2021 年《政府工作报告》指出："促进多种所有制经济共同发展。坚持和完善社会主义基本经济制度。毫不动摇巩固和发展公有制经济，毫不动摇鼓励、支持、引导非公有制经济发展。各类市场主体都是国家现代化的建设者，要一视同仁、平等对待。深入实施国企改革三年行动，做强做优做大国有资本和国有企业。深化国有企业混合所有制改革。"国企改革最终的目的是要促进多种所有制经济共同发展，实现国有资本与非公经济的双赢。而达成这一目标的最好途径是混合所有制改革。

最后，深化混合所有制改革是完善中国特色现代企业制度的要求。《中华人民共和国国民经济和社会发展第十四个五年规划和 2035 年远景目标纲要（草案）》提出："加快国有经济布局优化和结构调整，推动国有企业完善中国特色现代企业制度，健全管资本为主的国有资产监管体制，优化民营企业发展环境，促进民营企业高质量发展。"而中国特色现代企业制度正是混合所有制改革的理论基础，混合所有制改革则是中国特色现代企业制度的有效实践，互为补充，缺一不可。只有深入推进混合所有制改革，才能探索并建立中国特色的现代企业制度，从而最终实现多种所有制经济共同发展，推进供给侧结构性改革，激发各类市场主体的活力，推进国民经济持续健康高质量发展，提高国民经济整体运行效率。

不少企业紧跟国有企业混合所有制改革的步伐，完成了自身结构蜕变，取得长足发展。以国药集团为例，2020 年底，国家药监局批准国药集团中国生物的新冠病毒灭活疫苗获批附条件上市，成为中国第一支正式批准上市的新冠疫苗。新冠病毒灭活疫苗的上市，是中国医药集团有限公司实施现代国有企业制度改革成果的一个缩影。2020 年，国药集团全年实现营业收入突破 5000 亿元，利润总额突破 200 亿元。国药集团董事长刘敬桢表示："国药集团 20 多年的快速发展，跟随着中央企业市场化改革的步伐，是国有资本以市场化方式与非公资本有效混合的历程。"通过混合所有制改革，国药集团从一个基础薄弱的传统国有企业，发展成为业务规模领先的医药健康产业集团。截至 2020 年末，集团混合所有制企业数达 1324 家，占集团企业总户数的 93%以上，混合所有制企业的营业收入、利润、资产总额对集团的贡献率均达到八成以上。混合所有制改革盘活了国有闲置资产，对国家公共卫生事业贡献巨大，国药集团紧跟混合所有制改革步伐，以落实改革三年行动为抓手，全面深化各项改革工作，有序推进国企改革专项工程，逐渐建设成为具有全球竞争力的综合性医药健康产业集团。

（四）未来国有企业混合所有制改革的方向

新时代推进国有企业改革，要把发展混合所有制摆在突出位置，加快国有企业转换经营机制，放大国有资本功能，提高资本配置效率运行效率，增强创新力和国际竞争力，以应对日益激烈的国际竞争和挑战。从目前的改革进度来看，"混"已完成 70%，仅在中央企业，通过分层分类进行混合所有制改革的混合所有制企业户数占比超过 70%。中央企业在形式上是法人企业联合体，由众多法人企业组合而成，实际上已是集团化大企业，其二级及以下各层级法人企业则是集团的战略执行单元或业务运营单位。中央企业集团旗下各法人企业显然不能都实行混合所有制，因此，单从"混"的角度看，70%的比例并不低，已经到了相当大的程度。所以，这时强调深化国有企业混合所有制改革，更多的是要对已经实行混合所有制的企业，其改革还没有到位的地方进行改革。

混合所有制经济的实质是产权制度改革，接下来要加快推进产权制度的改革与创新，健全公平、公正、公开、规范、有序的产权交易市场，建立健全股权流转和退出机制，使产权市场成为各类市场主体有序竞争、资本流动、资产重组、扩张发展的平台，明晰集体资产产权，鼓励集体资本、非公有资本和外资等各类资本参与，鼓励养老基金、社保基金等各类基金介入，从而有效推进国有企业形成适应市场经济发展的现代企业制度。

在改革过程中应当坚持分类改革，秉承"精""准""严"三要义。"精"意味着对于国有企业的功能属性以及国家使命的定位要精确，不同价值追求与职责、属性不同的国有企业在市场上的作用是不同的，政府要根据企业不同特点，有区别地考核其经营业绩指标和国有资产保值增值情况。对主业处于市场化程度很高的竞争行业和领域的国有企业，积极引入其他各类非国有资本实现股权多元化；对主业处于关系国家安全、国民经济命脉的重要行业和关键领域的商业类国有企业，要保持国有资本的控股地位，支持非国有资本参股；对公益类国有企业和具备市场化条件的其他国有垄断行业企业，则渐进规范地开展混合所有制改革。“准”指的是要针对已经清晰定位的国有企业，准确实施符合企业价值导向的改革方案，避免出现过去的“多龙头”同时监管现象。“严”顾名思义，不管是对公益类还是商业类国有企业，都要实行全面平等的监管，严格执行相关法律法规，实现政府预算从软到硬的转变，不对国有企业给予特殊待遇。

在引入非国有资本后，要注重优化多层次治理机制控制权分配，进一步确立和落实企业的市场主体地位，健全混合所有制企业的法人治理结构，在国有股股东和非国有股股东之间优化控制权分配，提高非国有股股东在国有企业经营管理中的决策权，处理好所有者与经营者之间的关系。同时，还要对国有企业“去行政化”，企业去行政化的困难，一直是制约国有企业混合所有制改革推进的因素之一。长期以来，中国的国有企业行政色彩强烈，难以实现资源配置的市场化，不利于企业生产经营效率的提升，接下来要减少政府对企业的干预，激发国有企业活力。

面对更加开放的世界，新时代国有企业改革的推进，要统筹兼顾国内外两个大局，既要切实联系中国国情，又要坚持与世界经济接轨。习近平总书记强调，把国有企业做实做强做优，是中国特色社会主义制度优越性得以充分发挥的重要保障。国有企业作为我国经济发展的领头羊，应充分发挥大型平台优势，用好资本市场平台，通过改革创新充分体现大国智慧。一方面积极推进与西方国家的交流，提升价值认同，化解冲突与矛盾；另一方面对于不当的指责，也坚决驳斥，保障正当权益不受侵害。

课后习题

一、名词解释

公共企业　公共定价　公共事业　私有化　混合所有制经济

二、简答题

1. 我国公共企业具有哪些特征？

2. 公共企业后续改革应该注意哪些问题？并讨论公共企业的改革趋势。

案例

联通集团混合所有制改革

中国联通与中国移动和中国电信，共同构成了我国电信行业三大运营商。在曾经的3G时代，中国联通抢占先机得到了当时十分难得的3G牌照，这让企业一度处于行业前沿。随后，电信行业4G时代到来，中国联通在新形势下并没有给4G应有的重视，由于起步较晚，运营和营销策略落后，不论是4G基站、投资规模、用户及收入规模方面，在三大电信营运商中均处于劣势地位，为顺应国家号召，同时提升公司的经营效率，中国联通开始进行集团层面的改革。

中国联通进行混合所有制改革的方式主要如下。

一是引入战略投资者。中国联通引入十家国有以及非国有战略投资者，多种资本类型的股东得以达到多元化目的。战略投资者通过非公开发行和股权转让的方式，于2017年10月以每股6.83元的价格完成认购联通公司共计90.37亿股股份，合计为617.25亿元。中国联通结合企业未来发展方向引入国内领先企业作为战略投资者，与腾讯、百度、阿里巴巴等互联网行业巨头的合作大大促进了企业业务的创新和发展。借助互联网公司的线上营销得到2I2C用户约五千万户，由此可见引入战略投资者的互利共赢成效显著。

二是股权激励。中国联通允许重点员工以每股3.79元的价格认购限制性股票 8.48 亿股，共计 32.13 亿元。股权激励的对象包括各类企业人才共计 7752 人。此举作为长期有效的机制能够很大程度上利于避免管理者决策的短期行为，增强了中国联通的经营活力和凝聚力，有利于提高企业绩效。

三是内部整治。中国联通为了提高企业治理效率，解决企业内部管理层繁多杂乱而导致的工作效率低下等问题，借助混改的机会调整了董事会人员的分配，进而协调企业治理方式。公司第六届董事会人数增加至 13 名，其中公司原有内部董事仅保留 3 名，其余外部董事由新引入的战略投资者担任，还有 5 名独立董事。可以看出民营资本和战略投资者的地位有所提高，在中国联通内部决策中的权力有所增加。

进行混合所有制改革后，虽然联通集团仍是中国联通的第一大股东，但联通集团公司占中国联通的持股比例由改革前的 62.74%下降到了改革后的 37.7%，持股比例降低了 25 个百分点；新增的十家战略投资者持股比例合计达到 36.2%，其他公众股东持股由改革前的 37.25%降至 26.1%，混合所有制改革后公司股权结构明显变得更加合理。

随着中国联通股权结构的优化升级，有效削弱了国有资本一股独大的情况，国有股东与民营股东的资源异质性特征明显，混改可以实现国有股东与民营股东一体化的共生；从公司治理的角度，混改能够实现不同的资本类型资源的有效整合，有利于提升中国联通的经营状况。[资料来源：张敏，张竞一．股东多元化与国有企业混合所有制改革——以中国联通为例 [J]．商业经济，2021 (4)．有删改。]

通过联通集团的改革过程谈谈你对混合所有制改革的看法。

参考书目

[1] 李国正．公共管理学［M］．北京：首都师范大学出版社，2018.
[2] 李国正．公共政策分析［M］．北京：首都师范大学出版社，2019.
[3] 黄恒学．公共经济学［M］．北京：北京大学出版社，2009.
[4] 唐任伍．公共经济学［M］．北京：科学出版社，2018.
[5] 蒋洪．公共经济学［M］．上海：上海财经大学出版社，2016.
[6] 马胜杰，夏杰长．公共经济学［M］．北京：中国财政经济出版社，2003.
[7] 孙光德，董克用．社会保障概论［M］．北京：中国人民大学出版社，2000.
[8] 吴俊培．公共部门经济学［M］．北京：中国统计出版社，1998.
[9] 高嵩．公共选择经济学导论［M］．北京：经济管理出版社，2007.
[10] 华民．公共经济学教程．上海：复旦大学出版社，1996.
[11] 陈庆云．公共政策分析［M］．北京：北京大学出版社，2006.
[12] 张成福，党秀云．公共管理学［M］．北京：中国人民大学出版社，2001.
[13] 高培勇．公共经济学［M］．北京：中国人民大学出版社，2012.
[14] 樊勇明，杜莉．公共经济学［M］．上海：复旦大学出版社，2007.
[15] 竺乾威．公共行政学［M］．上海：复旦大学出版社，2000.
[16] 邓生庆，吴军．公共行政学［M］．成都：四川人民出版社，2000.
[17] 伍启元．公共政策［M］．香港：商务印书馆，1989.
[18] 陈振明．公共管理学［M］．北京：中国人民大学出版社，1999.
[19] 陈振明．公共管理学原理［M］．北京：中国人民大学出版社，2003.
[20] 金镝．公共经济学［M］．大连：大连理工大学出版社，2007.
[21] 高培勇，崔军．公共部门经济学［M］．北京：中国人民大学出版社，2011.
[22] 李小兵．当代西方政治哲学主流［M］．北京：中共中央党校出版社，2001.
[23] 娄成武．行政管理学［M］．沈阳：东北大学出版社，2003.
[24] 何增科等．中国政治体制改革研究［M］．北京：中央编译出版社，2004.

[25] 胡鞍钢．王绍光．周建明．第二次转型：国家制度建设［M］．北京：清华大学出版社，2003.
[26] 马俊．中国公共预算改革：理性化与民主化［M］．北京：中央编译出版社，2005.
[27] 王长江．世界政党比较研究［M］．北京：中共中央党校出版社，1996.
[28] 萧鸣政．人力资源开发的理论与方法［M］．北京：高等教育出版社，2012.
[29] 萧鸣政．人才评价与开发［M］．北京：北京大学出版社，2013.
[30] 张千帆．宪法学导论：原理与应用［M］．北京：法律出版社，2004.
[31] 陈尧．新权威主义政权的民主转型［M］．上海：上海人民出版社，2006.
[32] 韩康．中国公共经济的改革与发展——中国公共经济研究报告 2009［M］．北京：经济科学出版社，2009.
[33] 萧超然．中国政治发展与多党合作制度［M］．北京：北京大学出版社，1991.
[34] 关海庭．中俄体制转型模式的比较［M］．北京：北京大学出版社，2003.
[35] 关海庭．20 世纪中国政治发展史论［M］．北京：北京大学出版社，2002.
[36] 董辅礽．经济发展战略研究［M］．北京：经济科学出版社，1988.
[37] 吴思．血酬定律：中国历史上的生存游戏［M］．北京：语文出版社，2009.
[38] 易富贤．大国空巢：反思中国计划生育政策［M］．北京：中国发展出版社，2013.
[39] 王亚南．中国官僚政治研究［M］．北京：中国社会科学出版社，1981.
[40] 张馨．公共经济学理论与应用［M］．北京：高等教育出版社，2002.
[41] 孙哲．全国人大制度研究 1979—2000［M］．北京：法律出版社，2004.
[42] 傅军，张颖，反垄断与竞争政策——经济理论、国际经验及对中国的启示［M］．北京：北京大学出版社，2004.
[43] 何增科等．中国政治体制改革研究［M］．北京：中央编译出版社，2004.
[44] 韩康．公共经济学［M］．北京：经济科学出版社，2010.
[45] 韩康．公共经济理论与实践［M］．北京：中国工商出版社，2007.
[46] 郭庆旺，赵志耘．公共经济学［M］．北京：高等教育出版社，2006.
[47] 韩康．政府管理案例［M］．北京：国家行政学院出版社，2006.
[48] 薛天栋．现代西方财政学［M］．上海：上海人民出版社，1983.

[49] 杨志勇．比较财政学［M］．上海：复旦大学出版社，2005.
[50] 周淑真．政党与政党制度比较研究［M］．北京：人民出版社，2001.
[51] 陈尧．新权威主义政权的民主转型［M］．上海：上海人民出版社，2006.
[52] 张维迎．博弈论与信息经济学［M］．上海：上海三联书店，上海人民出版社，1996.
[53] 包万超．行政法与社会科学［M］．北京：商务印书馆，2011.
[54] 刘军宁，王焱，贺卫方．经济民主与经济自由［M］．北京：生活·读书·新知三联书店，1997.
[55] 张五常．科学说需求（经济解释卷一）［M］．北京：中信出版社，2010.
[56] 陆学艺．当代中国社会阶层研究报告［M］．北京：社会科学文献出版社，2002.
[57] 张学诞．中国财产税研究［M］．北京：中国市场出版社，2007.
[58] 盛洪．经济学透视下的民主［A］//现代经济学前沿专题［M］．北京：商务印书馆，1993.
[59] 汪翔，钱南．公共选择理论导论［M］．上海：上海人民出版社，1993.
[60] 杨继绳．中国当代社会分析［M］．南昌：江西高校出版社，2011.
[61] 吴敬琏．当代中国经济改革［M］．上海：上海远东出版社，2004.
[62] 俞可平．治理与善治［M］．北京：社会科学文献出版社，2004.
[63] 李珍．社会保障理论［M］．北京：中国劳动社会保障出版社，2001.
[64] 成思范．中国社会保障的改革与完善［M］．北京：民主与建设出版社，2000.
[65] 郑功成．论中国特色的社会保障道路［M］．武汉：武汉大学出版社，1997.
[66] 周绍朋，王健．中国政府经济学导论［M］．北京：经济科学出版社，1998.
[67]［美］塔洛克．对寻租活动的经济学分析［M］．成都：西南财经大学出版社，1999.
[68]［美］亚当·斯密．国民财富的性质和原因的研究［M］．北京：商务印书馆，1996.
[69]［美］奥尔森．集体行动的逻辑［M］．上海：上海人民出版社，上海三联书店，1995.
[70]［美］奥尔森．权力与繁荣［M］．上海：上海人民出版社，2005.
[71]［美］尼斯坎南．官僚制与公共经济学［M］．北京：中国青年出版社，2004.

[72] [美] 尼古拉·亨利．公共行政学 [M]．北京：华夏出版社，2002.
[73] [美] 格罗弗·斯塔林．公共部门管理 [M]．上海：上海译文出版社，2003.
[74] [美] 尼古拉·亨利．公共行政与公共事务 [M]．北京：中国人民大学出版社，2002.
[75] [美] 詹姆斯·布坎南．公共财政 [M]．北京：中国财政经济出版社，1991.
[76] [美] 詹姆斯·布坎南．自由、市场和国家 [M]．北京：北京经济学院出版社，1998.
[77] [美] 詹姆斯·布坎南．民主财政论：财政制度和个人选择 [M]．北京：商务印书馆，1993.
[78] [美] 丹尼斯·C. 缪勒．公共选择理论 [M]．北京：中国社会科学出版社，1999.
[79] [加] 罗宾·W. 鲍德威，大卫·E. 威迪逊．公共部门经济学 [M]．北京：中国人民大学出版社，2000.
[80] [美] 约瑟夫·E. 斯蒂格利茨．政府经济学 [M]．北京：春秋出版社，1988.
[81] [美] 约瑟夫·E. 斯蒂格利茨．公共部门经济学 [M]．北京：中国人民大学出版社，2005.
[82] [美] C. V. 布朗，P. M. 杰克逊．公共部门经济学 [M]．北京：中国人民大学出版社，2000.
[83] [美] 弗朗西斯·福山．国家构建：21 世纪的国家治理与经济秩序 [M]．北京：中国社会科学出版社，2007.
[84] [美] 弗里德曼·米尔顿，罗斯·弗里德曼．自由选择：个人声明 [M]．北京：商务印书馆，1982.
[85] [美] 马丁·菲尔斯坦．中国社会保障体制改革 [M]．北京：经济科学出版社，1999.
[86] [澳] 欧文·E. 休斯．公共管理导论 [M]．北京：中国人民大学出版社，2001.
[87] [美] 西蒙·詹姆斯，克里斯托弗·诺布斯．税收经济学 [M]．北京：中国财政经济出版社，2002.
[88] [美] 热拉尔·罗兰．私有化的成功与失败 [M]．北京：中国人民大学出

版社，2011.
[89]［美］查尔斯·林德布洛姆．政治或市场［M］．上海：上海三联书店，上海人民出版社，1996.
[90]［美］拉塞尔·M. 林登．无缝隙政府：公共部门再造指南［M］．北京：中国人民大学出版社，2002.
[91]［美］戴维·奥斯本，特德·盖布勒．改革政府：企业精神如何改革着公共部门［M］．上海：上海译文出版社，1996.
[92]［美］詹姆斯·布坎南，戈登·图洛克．同意的计算［M］．北京：中国社会科学出版社，2000.
[93]［美］乔治·斯蒂纳．企业、政府与社会［M］．北京：华夏出版社，2002.
[94]［美］安东尼·唐斯．民主的经济理论［M］．上海：上海人民出版社，2010.
[95]［美］埃莉诺·奥斯特罗姆．公共事物的治理之道［M］．上海：上海三联书店，2000.
[96]［美］文森特·奥斯特罗姆．复合共和制的政治理论［M］．上海：上海三联书店，1999.
[97]［美］乔恩·埃尔斯特．社会粘合剂：社会秩序的研究［M］．北京：中国人民大学出版社，2009.
[98]［美］加布里埃尔·A. 阿尔蒙德，西德尼·维巴．公民文化［A］//五个国家的政治态度和民主制［M］．北京：东方出版社，2008.
[99]［美］R. J. 斯蒂尔曼．公共行政学［M］．北京：中国社会科学出版社，1989.
[100]［澳］罗伯特·希斯．危机管理［M］．北京：中信出版社，2001.
[101]［美］菲利普·佩迪特．共和主义［M］．南京：江苏人民出版社，2006.
[102]［英］加雷斯蒂·D. 迈尔斯．公共经济学［M］．北京：中国人民大学出版社，2001.
[103]［印］拉本德拉·贾．公共经济学［M］．北京：清华大学出版社，2017.
[104]［美］利奥尼德·荷维茨，斯坦利·瑞特．经济机制设计［M］．上海：格致出版社，2009.
[105]［美］曼库尔·奥尔森．国家兴衰探源［M］．北京：商务印书馆，1993.
[106]［美］科恩．论民主［M］．北京：商务印书馆，2004.
[107]［美］约翰·施特劳斯．政治哲学史［M］．石家庄：河北人民出版社，1993.

[108] [美] 罗伯特·B. 登哈特．公共组织理论 [M]．北京：中国人民大学出版社，2003.

[109] [美] 珍妮特·V. 登哈特，罗伯特·B. 登哈特．新公共服务：服务，而不是掌舵 [M]．北京：中国人民大学出版社，2004.

[110] [美] B. 盖伊·彼得斯．政府未来的治理模式 [M]．北京：中国人民大学出版社，2001.

[111] [美] E. S. 萨瓦斯．民营化与公私部门的伙伴关系 [M]．北京：中国人民大学出版社，2002.

[112] [美] 劳伦斯·彼德．彼德原理 [M]．北京：中国文联出版公司，1996.

[113] [美] 詹姆斯·G. 马奇，约翰·P. 奥尔森．重新发现制度——政治的组织基础 [M]．北京：生活·读书·新知三联书店，2011.

[114] [美] 道格拉斯·诺斯．制度、制度变迁与经济绩效 [M]．上海：上海三联书店，1994.

[115] [美] 亚当·普沃斯基．民主与市场：东欧与拉丁美洲的政治经济改革 [M]．北京：北京大学出版社，2005.

[116] [美] 约翰·罗尔斯．正义论 [M]．北京：中国社会科学出版社，1988.

[117] [美] 罗伯特·诺齐克．无政府、国家和乌托邦 [M]．北京：中国社会科学出版社，2008.

[118] [美] 桑贾伊·普拉丹．公共支出分析的基本方法 [M]．北京：中国财政经济出版社，2000.

[119] [美] 施密特，谢利，巴迪斯．美国政府与政治 [M]．北京：北京大学出版社，2005.

[120] [美] 霍华德·威亚尔达．新兴国家的政治发展：第三世界还存在吗？[M]．北京：北京大学出版社，2005.

[121] [美] 迈克尔·麦金尼斯．多中心体制与地方公共经济 [M]．上海：上海三联书店，2000.